CITATIONS CHOISIES
ET FANTAISIES QUODLIBETALES

DU MÊME AUTEUR :

• *Manifeste pour le salut de la vraie Droite*, Éditions Vincent Reynouard, 2002 (en collaboration avec Vincent REYNOUARD).

• *L'Universalité du danger gnostique, vrai ou faux ?*, Éditions Vincent Reynouard, 2004.

• *Réflexions sur le nationalisme : En relisant 'Doctrines du nationalisme' de Jacques Ploncard d'Assac*, Samizdat Publications, 2005/Reconquista Press, 2019 (enrichi d'une préface d'Yvan BENEDETTI).

• *Antidote : Pour une pensée libérée de la tyrannie judéo-maçonnique* (préface de Jérôme BOURBON), Reconquista Press, 2018.

• *Abécédaire mal-pensant : Manuel de combat du traditionalisme révolutionnaire*, Reconquista Press, 2019.

• *Une réponse nationaliste au mondialisme : Doctrine élémentaire du bien commun*, Reconquista Press, 2020.

• *Idées portraiturées et fantaisies quodlibétales*, Éditions Chrysalide, 2023.

signés Joseph MÉREL :

• *Fascisme et Monarchie : Essai de conciliation du point de vue catholique*, (préface de Claude ROUSSEAU), Éditions Vincent Reynouard, 2001/Reconquista Press, 2018.

• *Nihilisme, subjectivisme et décadence* (2 tomes), Samizdat, 2009.

• *Présentation de l'institut Charlemagne sous le patronage de l'archange saint Michel*, Éditions Dominique Martin Morin, 2016.

• *Pour une contre-révolution révolutionnaire*, Reconquista Press, 2017.

• *Désir de Dieu et organicité politique*, Reconquista Press, 2019.

• *Paganisme versus catholicisme : Le conflit non surmonté du nationalisme*, Reconquista Press, 2020.

• *Comme un agneau muet…*, Reconquista Press, 2021.

• *Pour un fascisme du jour d'après*, Éditions Chrysalide, 2022.

• *L'Essence de Dieu est-elle seulement d'exister ?*, Éditions Chrysalide, 2022.

Collaboration aux ouvrages :

• *Serviam : La Pensée politique d'Adrien Arcand* (Anthologie), Reconquista Press, 2017. (Essai)

• MISCIATTELLI (Piero), *Le Fascisme et les Catholiques*, Reconquista Press, 2018. (Postface)

Sous le pseudonyme de STEPINAC :

• *De quelques problèmes politico-religieux contemporains*, Samizdat, 2011.

• *Du problème du rapport entre nature et grâce dans le thomisme et le néo-thomisme, et de ses enjeux politiques contemporains*, Samizdat, 2011.

• *Éléments de philosophie politique* (préface de Claude ROUSSEAU), Éditions Franques, 2013.

• *Politique et Religion, Immanence et Transcendance : Amour difficile et mariage de raison*, Reconquista Press, 2021.

Jean-Jacques STORMAY

Citations choisies et fantaisies quodlibétales,

pensées amères, drolatiques, fastidieuses ou grinçantes.

Éditions Chrysalide

ISBN : 978-2-9581793-6-6 v1.1

Le cœur de la pensée d'un philosophe est « quelque chose de simple, d'infiniment simple, de si extraordinairement simple que le philosophe n'a jamais réussi à le dire. Et c'est pourquoi il a parlé toute sa vie (…) Toute la complexité de sa doctrine, qui irait à l'infini, n'est donc que l'incommensurabilité entre son intuition simple et les moyens dont il disposait pour l'exprimer » (Bergson, *La Pensée et le Mouvant*, Puf 1975 p. 119).

PREAMBULE

§ 1. Les charmes du bric-à-brac.

Un sinistre vieillard énurétique friand de célébrité, religieux moderniste, sévissait il y a peu encore dans les médiats. Idiot utile vaniteux, tiers-mondiste et chaleureux partisan de l'invasion de l'Europe par l'avidité haineuse des barbares innombrables à peau sombre, il avait, jadis, été un député MRP qui s'était fait connaître par sa promptitude à réclamer, « pour l'exemple » et au nom du « Bien », la peine de mort pour les jeunes « collabos » peu après la défaite française et européenne de 1945. Pour le moins, il ne suscite aujourd'hui guère la sympathie chez les vrais Français. Pourtant, certains Réprouvés de ce début de XXIème siècle éprouvent pour lui une espèce d'indulgence marginale, parce qu'il est le fondateur des centres de vente des Pèlerins d'Emmaüs. Il y a désormais dans ces endroits de plus en plus de Blancs et de moins en moins de Nègres et d'Arabes, depuis que la criminelle entreprise de subversion des nations occidentales est parvenue à exténuer les classes moyennes au point de rendre les envahisseurs naguère indigents plus riches que maints autochtones ; c'en est au point qu'on y trouve presque moins d'étrangers que dans les rues des quartiers huppés. Ces endroits puent la pauvreté, et c'est pourquoi on y jouit de cet autre privilège de ne rencontrer aucun Juif. Mais ces lieux ne manquent pas du charme des choses désuètes ; et puis les Réprouvés sont rarement riches, ce qui les dispose à se vêtir chez les chiffonniers. On y trouve encore parfois des objets de piété bien utiles, et de bons livres issus du bradage des bibliothèques d'ecclésiastiques et de pères de familles chrétiennes enivrés par l'esprit suicidaire de nouveauté répandu depuis la crise de Vatican II.

§ 2. L'art de choisir ses citations.

Ainsi avons-nous, dans l'un de ces centres bariolés et crasseux, riches de ce mauvais goût devenu sympathique par son pouvoir d'évoquer les années soixante du XXème siècle, déniché, parmi d'autres titres prometteurs, deux ouvrages délaissés par les fouineurs et chineurs de tous acabits. Le premier est intitulé *Le petit philosophe de poche*, conçu dans la forme d'un dictionnaire constitué de textes réunis par Gabriel Pomerand (1962, le Livre de Poche), compagnon d'Isidore Isou, peintre et poète lettriste. Le second est un « Dictionnaire des citations du monde entier » de Karl Petit (essayiste et historien belge, Gerard et Cie, 1960). Nous avons retenu, de ces nombreuses citations, une bonne soixantaine de formules que nous avons trouvées savoureuses et qui nous semblaient illustrer, de manière saisissante, certains des développements que nous avions proposés dans le tome I du présent ouvrage, en particulier tous ceux qui traitent directement des manifestations du subjectivisme. Nous voudrions aujourd'hui communiquer au public un peu du plaisir que nous avons pris à découvrir ou à redécouvrir ces citations. Commençons par résumer (ici des §§ 3 à 11) ce qui fut développé dans ce premier tome.

§ 3. Paganisme exténué.

De l'avis de maints contemporains du crépuscule de l'ère païenne, qui se sont exprimés sur ce sujet, le paganisme était exsangue quand survint le christianisme. Ceux que l'on ne nommait pas encore les « intellectuels » se complaisaient, quant au diagnostic issu de leur simple raison, dans un scepticisme amer à l'égard des dieux ; mais ce jugement était doublé, quant à leur cœur tourmenté avide de croire, d'une crédulité sentimentale dégradante à l'égard des religions orientales faisant l'assaut du monde gréco-romain fatigué, et que le christianisme chassa progressivement. Aussi peut-on dire que toutes les nations occidentales issues de la décomposition du monde romain sont chrétiennes par essence. Elles sont le produit de ce que le christianisme parvint à sauver des grandeurs spirituelles du monde antique. Sauver les nations européennes actuelles de la profonde décadence dont elles sont affligées, cela suppose que l'on comprenne les vraies raisons de leur décadence mais, si le christianisme leur est consubstantiel, comprendre les raisons de leur décadence revient à comprendre aussi les raisons de l'effondrement de l'influence de l'Eglise.

§ 4. 1. Nature et grâce.

En ce qui concerne les causes profondes de cet effondrement, il y a tout lieu d'être aussi perplexe qu'intimidé, parce que c'est là un problème immense. Certains évoquent Philippe le Bel et Nogaret contre Boniface VIII, c'est-à-dire la sortie de l'esprit théocratique médiéval et l'avènement de la laïcité ; d'autres évoquent Luther (qui au contraire faisait retour à sa manière à l'augustinisme politique, c'est-à-dire à l'esprit théocratique), d'autres encore l'invasion de l'Europe par les Gnostiques à la suite de la chute de Constantinople, c'est-à-dire les débuts de ce que l'on appellerait la Renaissance et qui s'est révélé contenir les germes des idées fausses dont nous ne sommes pas émancipés encore aujourd'hui. Tout cela est vrai certes, mais insuffisant : un tel effondrement s'est-il produit par excès, ou par déficit de laïcité ? Par témérité ou par pusillanimité intellectuelles ?

Notre idée est que toute l'histoire du christianisme, ainsi de l'Eglise (« Jésus répandu et communiqué » comme la définit Bossuet), est le long processus de ré-assomption, par l'homme que la vie surnaturelle transfigurait, des grandeurs naturelles du paganisme, parce que la nature est le sujet de la grâce. Et cette ré-assomption, par la pensée chrétienne, des richesses de l'héritage païen, passe logiquement par la question du rapport entre fin naturelle et fin surnaturelle, dont l'harmonisation, pour le moins, est problématique.

La surnature, ou grâce, soigne la nature blessée par la Chute et la surélève dans un même acte ; tel est l'enseignement de saint Thomas d'Aquin (*Somme théol.* IIa IIae q. 23 a. 7). La soignant, elle la restitue à elle-même autant qu'il est possible, dans l'acte de la faire s'excéder, la surélevant, en direction d'une vie de charité qui rend l'homme ami de Dieu, ce qui suppose la grâce qui déiforme l'âme ; la surnature fait coïncider à nouveau la nature avec elle-même, redressant son désaxement, en lui faisant paradoxalement violence — au moins en apparence — puisqu'elle l'invite à s'arracher à elle-même en la faisant se faire focaliser par un terme transcendant qui lui est, par définition, incommensurable.

Par-delà, ou en deçà du fait du péché originel, ce qui fait que l'homme est homme, homme parmi les hommes, homme immergé en ce monde fini, c'est sa limite ou finitude même, cependant que l'homme, par son désir incoercible, n'est fait que pour l'infinité. Et c'est à cette disproportion congénitale que, semble-t-il, il plut à Dieu, gratuitement, de répondre en instaurant le règne de la grâce. S'il est impossible, aux yeux du chrétien conscient de la dilacération du péché originel, de se passer de la grâce ou surnature pour faire fonctionner même l'ordre naturel, ce même croyant demeuré orthodoxe maintient tout de même qu'un régime de pure nature eût été possible, et que, pour cette raison, une nature humaine non blessée eût disposé du moyen non surnaturel de combler d'une certaine façon ce fossé entre fini et infini, entre volonté qui aime et intellect qui sait.

Ce que nous nous proposons d'étayer dans un premier temps, c'est la thèse suivante : *le christianisme a trouvé, dans les difficultés — théoriques et pratiques — à faire s'unir fin naturelle et fin surnaturelle, les conditions de son effacement contemporain.* Aussi n'est-il possible d'envisager une résurrection spirituelle et charnelle de nos peuples européens qu'à proportion de notre pouvoir de dépasser ce conflit tant spéculatif qu'existentiel qui secoue tout croyant, non sans détourner maints incroyants du désir de se convertir. Pareillement, *la croissance tératologique du subjectivisme dans les rangs de l'anti-modernisme a pour cause principale le caractère non résolu du problème du rapport entre nature et grâce.*

§ 4.2. Homme de droite, antimoderne, fasciste, réactionnaire.

Ainsi faut-il reconnaître en l'homme l'existence d'une espèce de béance congénitale, une distorsion principielle, laquelle est non peccamineuse puisque naturelle : ce que les chrétiens nomment la Chute se contente, si l'on peut ainsi parler, de rendre insurmontable, par des forces seulement humaines, le négatif constitutif de cette distorsion. On peut regretter un tel déséquilibre, n'y voir qu'une maladie, ou la contrainte d'un effort rebutant. Mais ce sont la reconnaissance et l'aveu déclaré du caractère fécond de cette différence de potentiel entre fini et infini, qui font l'identité de celui que l'on nommera le Réactionnaire ; loin de s'en plaindre, de dénoncer en une telle différence une calamité scandaleuse appelée à se résorber, il reconnaît en elle une source de grandeur morale parce qu'elle est, en tant même que génératrice de souffrance, une invitation à se trouver en s'excédant, à s'accomplir en renonçant à soi. L'homme de gauche est progressiste, il tient pour certain que le petit d'homme, dès sa naissance, est en droit d'exiger que ses désirs soient satisfaits ; pour lui, il est scandaleux qu'il faille souffrir et subir la frustration ; le paradis doit se réaliser dès ici-bas, l'infini actuel dans l'ordre du bien doit être accessible et pouvoir être possédé dans l'élément du temps et de l'espace, ainsi du devenir, ce qui est évidement contradictoire puisque l'infini actuel, ou le divin, ou l'absolu, exclut par essence tout devenir. Ce qui fait la substance pourrie de l'homme de gauche, c'est cette attitude de principe selon laquelle il ne condescend à exister que s'il est immédiatement heureux parfaitement, reconnaissant une injustice dans le cas contraire, et prêt à accuser Dieu d'iniquité s'il a été jeté dans l'existence sans être aussitôt comblé ; c'est d'ailleurs pourquoi il se fait volontiers athée pour chasser de son existence ce Dieu qu'il ne peut pas tuer, ayant recours à la négation de Dieu au titre de substitut du meurtre de Dieu ; quand il ne se fait pas athée, il se fait gnostique, se livrant au dieu de la révolte pour donner sens à sa révolte contre Dieu.

On glose beaucoup sur le caractère obsolète des catégories de droite et de gauche. Il nous semble qu'elles demeurent métaphysiquement opératoires, et que l'illusion d'optique à ce sujet vient de ce que les libéraux ont prétendu être la droite, de telle sorte que tout ce qui se voulut antilibéral fut classé à gauche. L'homme de droite sait qu'il ne faut pas attendre de la vie terrestre le dépassement de toutes les tensions douloureuses qui la constituent, et que ces tensions doivent être accueillies parce qu'elles sont autant de conditions des vrais progrès de la vie charnelle et surtout spirituelle : le bien est victoire sur la possibilité du mal, parce que la vie a toujours la forme d'une victoire obtenue sur la mort ; plus un être est parfait, plus il est autonome, plus il est vivant, coopérateur de son maintien dans un acte d'exister qu'il exerce et ne se contente pas de subir ; mais cela suppose, si l'on se souvient qu'un vivant a en soi-même le principe de sa genèse et de son développement, qu'il se fasse le sujet d'un processus dont il est le résultat, de sorte que, en retour, il se pose tel le non-être de lui-même dans l'origine de ce processus ; est vivant ce qui assume son néant d'être et se risque en lui pour le surmonter. Tout ce qui est advenu à l'existence procède par définition du néant d'être de soi-même, néant qu'il abolit du fait de sa genèse ; est vivant ce qui maintient en soi-même l'actualité du néant d'être de soi-même afin de coopérer à l'entretien de son acte d'exister. L'acte vital se ressource dans le risque de la mort à la manière dont le souffle, en son mouvement d'inspiration constitutif, requiert celui de l'expiration au terme duquel il s'exténue.

Aussi est-il dans l'ordre que l'homme ait à lutter, d'abord contre lui-même ; la disparition de toute lutte, pénibilité, épreuve de drames, frustrations diverses, serait synonyme de mort. Pour l'homme de droite, l'esprit de gauche repose sur une *chimère.* Et le libéralisme, aussi bien philosophique qu'économique (les deux étant indissociables), est fondé sur cette chimère du progressisme immanentiste, qui voudrait que la pulsation vitale en général fût exercée de telle sorte qu'elle se dispensât de toute souffrance. Le libéral est foncièrement de gauche. Il consent certes à lutter pour se faire une place au soleil, admet la loi de l'inégalité et du conflit comme condition obligée d'accès au bonheur, mais à la manière dont on lutte contre une maladie, contre une anomalie qui a vocation à être résorbée. Son idéal, qui dessine sa conception de la normalité, est identique à celui de l'homme de gauche antilibéral. C'est pourquoi l'homme de droite n'a aucun intérêt à faire corps avec l'homme de gauche au prétexte qu'il est antilibéral, non plus qu'à s'allier au libéral pour lutter contre l'égalitarisme.

Il est nécessaire de parler d'esprit chimérique pour la raison suivante :

De manière générale, le désir aspire à se combler parce qu'il est manque et douleur ; mais il s'aime lui-même, entend se maintenir en sa vivacité coruscante d'appétit palpitant, de sorte qu'il veut et ne veut pas sa satisfaction qui l'exténue. S'il est un objet habilité à satisfaire le désir en toutes ses occurrences, ainsi selon sa vocation extatique et jusque dans son besoin réflexif, cet objet, seul doué du pouvoir de faire se surmonter la contradiction constitutive du désir, ne peut être que la racine du désir, à savoir ce qui crée le désir et non seulement ce qui s'offre à sa convoitise, par là ce qui est origine ontologique et fin du désir, ce dont le désir procède et ce en quoi il s'achève. A cette condition, ce qui, en tant qu'objet d'appétit, comble et apaise ce dernier, et le supprime en l'apaisant, est aussi ce qui le revitalise en tant que manque et lui donne de jouir de lui-même en tant même que manque. Mais un tel Objet, qui se fait aimer par ceux en lesquels il crée le manque, ne peut être que le divin, ainsi l'absolu : s'il revitalise le désir dans l'acte où il le comble, c'est qu'il le fait s'infinitiser ; ou plutôt, devrait-on dire, il actualise son infinité virtuelle et, comme Objet, il est riche d'une bonté proportionnée à cette infinité, par là il n'est autre que le Bien absolu ; si, par le désir qu'il suscite en eux, il ramène à lui ceux dont il est l'Origine, il est nécessairement, comme Cause première, ce dont les effets sont autant de similitudes, de sorte qu'il est de manière hypostatique cette loi à laquelle il soumet ses œuvres ; tout être, comme l'enseignaient les néo-platoniciens, tend à faire retour vers ce dont il procède, selon un cheminement réflexif révélateur de l'essence de sa Source, laquelle est cette Réflexion que les autres se contentent d'exercer. Aucun bien fini, représentable, circonscriptible, n'est adéquat au désir humain qui, de ce fait, paie, au prix de l'épreuve de sa contradiction douloureuse, son droit et sa jouissance d'exister et de s'exercer.

S'il est croyant, le réaliste sait que la béatitude est hors du monde et qu'il est vain de la chercher en lui ; et il s'accommode du monde et l'aime tel qu'il est, cultivant une reconnaissance à l'égard de ce monde dont l'immense mérite est de révéler le désir à lui-même, nonobstant son impuissance à le combler, mais aussi de lui parler de cet Absolu auquel il ressemble dans sa relativité même.

S'il n'est pas croyant, le réaliste considère que, malgré tout, le désir mérite, quoique gravide de souffrance reconnue comme insurmontable, d'être vécu, parce qu'il est plus beau d'accepter de vivre en consentant à souffrir et à lutter que de refuser de souffrir en refusant d'exister.

Et l'homme chimérique est celui — on l'a compris — qui voudrait ne pas renoncer au désir tout en le soustrayant dès ici-bas à sa souffrance constitutive et qui, contraint un jour de renoncer à son rêve, finit par désirer la mort et le néant. Il aspire secrètement, en-deçà du mensonge à soi qui sous-tend sa chimère, au suicide, et il se révèle nihiliste, parce qu'il est fondamentalement insurgé contre le fait de la présence de l'être régie par la loi de tout être en tant qu'être, à savoir la nécessité d'une réflexion intérieure à ce qui est identique à soi.

§ 4. 3. Suite.

On désigne l'homme réaliste, non chimérique, par le nom de Réactionnaire, ou d'homme de droite, ou de contre-révolutionnaire, ou d'antimondialiste, ou par quelque autre vocable qu'il plaira à l'homme de ce camp de choisir pour se définir. Est antimoderniste, anti-égalitaire, celui qui tient l'héroïsme pour la condition obligée de l'intégrité de la condition humaine ; et cet héroïsme consiste d'abord dans l'acceptation de ce que d'aucuns nommèrent « conscience malheureuse », conscience déchirée entre la finitude qui circonscrit l'homme dans son être, et l'infinité qui actualise son désir infini ; l'homme est en acte fini et en puissance infini, cependant que, pour actualiser cette vocation ou puissance à l'infini, il doit se maintenir en son être de réalité finie, puisque, aussi bien, il n'est de puissance que suspendue à son acte : pour accéder à l'infini sans cesser d'être homme, l'homme est en demeure de préserver sa finitude. Le *décadent* — le progressiste, homme de gauche, mondialiste, subjectiviste, individualiste et égalitaire — est celui qui refuse cette condition irréversiblement déchirante : l'homme est pour lui parfait au départ, n'est nullement invité à renoncer à soi, à accomplir une tâche douloureuse pour mériter d'exister ; il n'est en aucun cas en demeure de dépasser cette contradiction, c'est-à-dire de la reconnaître, de la vivre et de la surmonter en l'accueillant, c'est-à-dire encore en la plébiscitant. Le décadent contournera cette déchirure en substituant, à l'appétit infini d'infini, la réitération indéfinie de micro-béatitudes basses et finies, ce qui définit l'hédonisme.

§ 5. Renaissance incontournable ?

On a parlé (§ 4. 1) du double effet de l'inhabitation de la vie surnaturelle. Mais restituer la nature à elle-même, c'est aussi, tout en la subordonnant à la vie surnaturelle gratuitement devenue sa fin ultime, faire se contre-diviser l'ordre naturel à l'ordre surnaturel, ce qui se traduit par une autonomisation de la philosophie et de la politique, mais aussi des sciences et des arts, qui s'accompagne d'une certaine forme de laïcisation — non du tout antichrétienne — des activités humaines, mais soucieuse de mieux distinguer les domaines, et respectueuse de la norme désormais extrinsèque de la Vérité révélée et du magistère ecclésial.

La théocratie médiévale, qui faisait du magistère ecclésial la norme intrinsèque de la vie sociale, n'était pas, selon nous, le modèle indépassable du rapport vrai entre politique et religion, et le Moyen Âge était effectivement un âge moyen, un temps de médiation.

Une Renaissance était de toute façon inévitable, sous la pression même des ressources naturelles revitalisées par la foi catholique et plus généralement par les mœurs de la vie chrétienne : la grâce ne détruit pas la nature, elle la perfectionne, et elle la présuppose, elle ne la fait se transgresser qu'en la rétablissant, au point que c'est en l'enracinant en elle-même qu'elle la mène au-delà d'elle-même. De manière symbolique, on peut à ce sujet évoquer le conflit doctrinal qui opposa, sans offenser la charité, saint Bonaventure et saint Thomas d'Aquin. Le docteur séraphique était le continuateur — certes libre — d'un saint Bernard éminemment hostile à l'idée d'une « fides quaerens intellectum », qui ne concevait pas la vie chrétienne autrement que selon l'exigence d'un renoncement à la nature et à tous les aspects et manifestations de la vie naturelle ; avec toute la tradition augustinienne dont il était l'héritier, saint Bonaventure s'opposa autant qu'il le put à la démarche novatrice annonciatrice de modernité — par là porteuse de renaissance — de son contemporain le « bœuf muet de Sicile » éminemment soucieux d'harmoniser raison et foi, nature et surnature, immanence et transcendance. C'est du sein même du Moyen Âge, et comme fruit obligé de la Chrétienté triomphante, que se préfigura une renaissance dont celle de Pétrarque puis du Quattrocento — parce que portée, par un excès réactif, aux antipodes du surnaturalisme — fut à bien des égards l'adultération.

Si le problème du point de suture entre nature et surnature avait été traité de manière satisfaisante au terme de l'évolution de la Scolastique, on aurait pu faire l'économie tant du néo-paganisme que du cartésianisme et de la philosophie moderne, parce que ce que ces choses contiennent de bon eût été assumé par l'évolution homogène de la vie intellectuelle et des mœurs des sociétés catholiques. Parce que ce problème n'a pas été résolu par les maîtres de l'intelligence catholique de la foi, il a suscité des aspirations intellectuelles qui se sont développées de travers hors du monde catholique, et bientôt contre lui. Les aspirations naturelles ont pris l'habitude, depuis le XVIème siècle, de chercher à se développer hors de la Cité catholique, laquelle a humainement et politiquement dépéri de manière progressive, jusqu'à ce que les peuples en viennent à se déchristianiser au point de susciter la prétention de refonder la vie sociale sur des bases humanistes, c'est-à-dire au fond antichrétiennes. L'humanisme, c'est l'anthropocentrisme ; si l'homme est le centre des préoccupations de l'homme, il est pour lui-même sa propre fin ; dès lors, la fin étant première en intention et ultime en exécution, il est sa propre origine, et il est divin, parfait ; mais alors ce désir infini d'infini reçoit une acception nouvelle : au début, c'était le « fecisti nos ad Te, et inquietum est cor nostrum donec requiescat in Te » ; cela devient : Dieu se fait en et par l'homme, notre histoire est une préhistoire qui se consommera dans la naissance de Dieu, de ce dieu qui est en gestation dans l'homme et dont l'homme accouchera bientôt.

§ 6. Réaction contre décadence, cautère sur une jambe de bois.

Et à partir du moment où les aspirations intellectuelles se sont développées hors de la sphère d'influence du catholicisme, les hommes d'Eglise se sont contentés de tenter de retarder la décadence. Nous pensons que l'Eglise aurait été capable de « digérer », par sa force intrinsèque plus qu'humaine, les effets tragiques du naturalisme renaissant, de la Réforme luthérienne, de l'humanisme anthropocentriste, de l'abominable Révolution française, et même des poussées du modernisme, si le personnel humain qui la dirige avait tenté, en y mettant toute sa force, de régler philosophiquement, en en tirant toutes les conséquences pratiques, le problème du point de suture entre fini et infini, nature et grâce, immanence et transcendance, bien commun politique et souverain bien céleste.

Vatican II est foncièrement mauvais, inspiré par des tendances modernistes, mais les questions qui l'ont fait naître étaient légitimes, et les responsables de la Tradition catholique contemporaine n'ont pas su, eux non plus, reconnaître leur existence, et n'ont même pas essayé, de ce fait, de résoudre les problèmes dont elles procédaient. Le traitement du problème de la nature d'un tel point de suture entre créé et incréé eût convoqué des ressources conceptuelles qui auraient obligé les théologiens à faire se réconcilier les deux grands courants de la philosophie catholique, à savoir le thomisme et le scotisme, l'analogie de l'être et son univocité, afin de rendre accessible *par concept* l'être en tant qu'être sans abolir la transcendance de l'Etre absolument être : l'objet de la métaphysique — l'« ens qua ens » — doit être défini pour que soit élaborée une ontologie réellement philosophique, déconnectée de la théologie révélée ; élaborer une ontologie systématique, c'est exposer un système de la raison naturelle capable de fonder sa puissance — sa souveraineté sur le connaissable — dans et par l'acte d'attester et de définir ses limites : la raison humaine n'est pas divine, mais elle est dans le sillage de la raison divine, et elle peut en rendre raison par ses propres moyens. Si les clercs en avaient eu le souci, l'Eglise n'eût pas été en position défensive, c'est-à-dire en état de subir défaite sur défaite. Si les théologiens du XVIème siècle avaient eu l'audace de saint Thomas au XIIIème (il fit une révolution en faisant adopter l'aristotélisme contre les traditionalistes augustiniens, au point de risquer le bûcher), l'Eglise eût conservé le monopole de la vraie modernité, de la curiosité intellectuelle, et elle aurait coupé l'herbe sous le pied des hérétiques et des propagateurs de l'athéisme. De même qu'on ne se défend bien qu'en attaquant, de même une réaction saine n'est féconde qui si elle est, en même temps, révolutionnaire.

Il n'en peut être autrement. Qu'une doctrine révèle qu'elle peut être attaquée de manière efficace, cela prouve au moins, supposé qu'elle soit une doctrine vraie, qu'elle ne s'est pas suffisamment enracinée en elle-même pour prévenir toutes les manières dont elle pourrait être contestée. Elle ne peut donc réagir aux attaques ivres de nouveautés, revenir en arrière, qu'en se réformant, ainsi en avançant ; on ne revient en vérité jamais en arrière, on avance toujours, et l'on doit tenter d'avancer en direction de ce que l'on est, de ce que l'on n'a jamais cessé d'essayer d'être et que l'on n'était pas complètement. Ce n'est pas le passé qui est norme idéale du présent, c'est l'extrême du futur qui est non seulement principe régulateur du présent mais principe de genèse du passé lui-même.

§ 7. 1. Subjectivisme et réaction.

Dans le tome I de ce travail, nous avons tenté de circonscrire les raisons pour lesquelles le subjectivisme, maladie centrale de la modernité, était parvenu à contaminer les milieux les moins susceptibles de l'être, à savoir les milieux catholiques traditionalistes, les milieux nationalistes, les milieux hostiles au mondialisme, à l'esprit démocratique, et en révolte contre ce monde moderne dont la différence spécifique est précisément la déification du Moi de chacun. C'est un fait aussi évident que fâcheux que, malgré les bonnes volontés armées de dévouement, malgré les talents déployés, le courage manifesté, la générosité gaspillée, malgré tout cela l'esprit de division, de contestation l'emporte toujours, dans ces milieux hostiles à la décadence, sur l'esprit de concorde et d'obéissance, et sur le souci d'efficacité. La vérité est unitive d'elle-même, parce qu'elle fait taire les subjectivités diviseuses en les subordonnant à la réalité. Si donc les hérauts du magistère de la vérité objective se révèlent incapables de faire taire leurs pulsions subjectivistes, c'est que quelque chose du côté de leur conception de la vérité souffre d'une carence inaperçue d'eux.

On doit faire toute sa place à l'idée de personne, non suffisamment honorée par l'Antiquité, parce que la nature humaine, qui lui donne sa dignité, se fait par essence exister dans une forme qui ne peut être que personnelle ; c'est là une exigence qui sera développée plus bas. Ainsi doit-on faire sa place à la dangereuse grandeur de la subjectivité, mais sans faire s'insurger les uns contre les autres des individus que leur statut de personne pourrait inviter à absolutiser leur liberté. Pour ce faire, il est nécessaire de les faire s'ordonner à un même bien commun qu'ils aimeront en se rapportant à lui, ainsi en s'oubliant dans le service d'un tel bien. Et ce bien immanent requerra d'être pensé telle la préfiguration terrestre d'un souverain Bien transcendant et lui-même personnel, seul habilité à combler les désirs d'une personne humaine ; il s'agira bien de concilier l'oubli de soi dans le service de la Cité et l'aspiration du Moi à l'absolu extra-mondain ; il s'agira plus généralement, sachant que la surnature ne détruit pas la nature mais la parfait, de maintenir l'existence d'une fin définitionnelle de la nature humaine, mais qui soit compatible avec celle d'une fin surnaturelle faisant s'accomplir l'homme, coïncidant avec lui-même, en le sommant de s'excéder ; il s'agira de maintenir l'existence d'une double fin naturelle et surnaturelle, mais sans faire se déchirer l'homme entre deux destins antinomiques, et sans frustrer l'une au profit de l'autre.

Il faut donc s'interroger sur la manière dont la fin naturelle politique subsiste dans la recherche de la fin ultime qu'est le salut. Si le politique est cantonné dans l'ordre purement temporel et au fond matériel et instrumental, il est moyen de la fin surnaturelle, et l'on ne voit pas qu'il puisse jamais avoir raison de fin pour les personnes d'une société que ces personnes, inévitablement, se subordonneront. Le bien commun politique, loin de se subordonner les membres de la Cité, sera alors réduit à l'ensemble des conditions de possibilité temporelles d'acquisition des biens surnaturels. Et ce ne sera plus le bien commun, meilleur bien à raison de sa communicabilité même, commun d'une communauté de causalité et non seulement de prédication.

Il est donc nécessaire que le bien commun immanent et politique ait raison de fin naturelle pour l'individu, et que cette fin soit assumée sans être abolie par la fin surnaturelle qui est le salut.

§ 7. 2. Nature humaine et personne.

Nous avons annoncé plus haut, non sans réticence, voire non sans crainte, le développement d'une idée délicate, à savoir que la nature humaine ne peut subsister que dans la forme d'une personne. Il nous paraît inévitable d'exposer ce développement, quelque rébarbatif qu'il soit, afin de ne pas imposer au lecteur une assertion qui pourrait lui paraître gratuite, mais aussi et surtout dans le but de conjurer l'erreur personnaliste ; que la nature humaine soit en demeure de se faire personne pour subsister n'implique pas que la personnalité aurait raison de fin pour la nature humaine ; la nature humaine n'est pas nature pour être personne ; elle se fait personne pour être nature.

Il est définitionnel de la nature humaine de se donner le statut de personne pour exister, parce que plus une nature ou essence est élevée en dignité, plus elle est spirituelle (ce qui est matériel est corruptible, incapable de coïncider avec lui-même et donc en conflit plus ou moins accusé avec soi-même) ; ce qui est spirituel est pensant, et ce qui est pensant contracte la forme d'un cogito : penser est penser que l'on pense, et l'on doit savoir que l'on pense pour savoir ce que l'on pense, s'il est vrai que l'on doit prendre acte de ce que quelque chose est donné à penser au Moi — ainsi au cogito — pour que ce dernier se mette à le penser ; si le « Je » pense quelque chose sans savoir qu'il le pense, « cela » pense en lui, ce n'est pas lui qui pense, et au vrai il n'y a pas de pensée de tout ; une activité pensante incapable d'accéder à la conscience d'elle-même est une pensée en puissance, une pure puissance à être de la pensée, et non point une pensée en acte ; ce qui n'est pas « Je » est chose, ce qui est chose est extérieur à lui-même, « partes extra partes », et ce qui est extérieur à soi ne se *comprend* pas, aux deux sens du mot « comprendre » ; comment pourrait-il comprendre (contenir) quelque chose s'il ne se comprend pas lui-même, se révèle étranger à soi ? Cela dit, s'il faut penser que l'on pense pour s'habiliter à penser, on est mis en demeure d'avoir fait retour sur soi avant de s'être élancé vers ce qui est à connaître, car même si le Moi aspire à se connaître indépendamment de tout le reste, il doit pour ce faire se prendre pour objet, tendre vers lui-même en tant qu'autre mais, dès lors que se penser est présupposé par la pensée de quelque chose, un savoir de soi du Moi exige d'être revenu sur soi pour se diriger vers soi, et la difficulté demeure : il doit, pour le faire, avoir déjà fait ce qu'il doit faire. Par conséquent, si le cogito est présupposé par toute pensée, lui qui est réflexion sur soi, c'est que le Moi pensant exige une réflexion précogitive — ainsi une réflexion qui ne peut, à ce titre, être qu'ontologique — à l'origine de la réflexion noétique. Être un sujet pensant, c'est être un être dont l'opération réflexive (capacité de se penser) est comme le prolongement ou l'expression de sa structure ontologique ; c'est donc être un être dont la forme ou essence est celle d'une réflexion ; et ce qui consiste dans l'acte de revenir sur soi est contradictoire, parce qu'il pose ce qu'il présuppose, vérifiant les réquisits d'une *cause de soi* dont le propre est d'exister pour causer, tout en n'existant pas pour être ce qui est à causer. Ce qui est contradictoire sans être « flatus vocis » est ce qui se repousse pour s'attirer mais tout autant ce qui, en s'attirant, ne coïncide avec soi que pour se repousser de soi, dans la réitération d'un mouvement circulaire incapable, semble-t-il, de se fixer dans la stabilité d'un être, c'est-à-dire incapable de se reposer en lui-même, alors que seul un être reposant en lui-même jouit du privilège d'être ce qu'il est, de faire un avec lui-même : être un *être*, c'est être *un* être, comme l'enseignait Leibniz. Remarquons que ce qui coïncide avec son acte de devenir soi-même et qui ne devient soi-même que pour se quitter — telle est bien une réflexion subsistante —, c'est ce dont l'être est son propre devenir, c'est-à-dire ce qui se convertit immédiatement en être immobile : si un être *est* son devenir, lequel est le devenir de son *être*, c'est que ce devenir devient ; et puisque devenir consiste, de manière générale, à nier ce que l'on était pour se reposer dans le contraire de ce dont on partait, alors un devenir de devenir se résout dans l'immobilité. Le caractère éminemment non contradictoire de ce qui surmonte la contradiction latente de ce qui est matériel, par là de ce qui est en conflit avec soi, c'est ce qui vérifie l'exigence d'une contradiction assumée et dépassée.

Un être qui est son devenir, c'est un être qui se résout en immobilité pure, au point que ce qui est véritablement immobile est ce qui assume en la surmontant la contradiction du devenir. Mais il se résout en immobilité pure parce qu'il réduit le devenir qu'il est à un moment de lui-même : ce qui s'identifie réflexivement à lui-même au terme de sa fuite de soi pose l'acte de se poser (par réflexion) qu'il est, ainsi se fuit derechef mais, par là, il fuit l'acte de se fuir qu'il est ; il *est* son objectivation et s'objective son *être*, aussi s'objective-t-il l'objectivation de soi qu'il est ; or s'objectiver, c'est se projeter tout entier dans soi-même, ce qui revient ici, puisque le Moi est réflexion, à faire se projeter le terme de la réflexion dans le moment d'elle-même intestin qui lui est opposé. Se réduire à un moment de soi-même, c'est le fait de ce qui s'intériorise tel un tout (le tout de ses moments) doué du pouvoir de se faire contenir tout entier par une partie (un moment) de lui-même sans cesser de les envelopper toutes et qui, en vertu de ce pouvoir, s'habilite à avoir ce qu'il est, par là à *avoir* la contradiction qu'il est, contradiction dont il s'émancipe du fait d'entretenir à son égard une relation d'avoir. Cela dit, un tel être, jouissant d'un pouvoir d'être entendu comme victoire sur son propre non-être, d'une immobilité ou identité avec soi victorieuse de sa mobilité ou non-coïncidence avec soi, c'est un être qui, ayant ce qu'il est, se fait le sujet d'exercice de soi-même, et telle est la personnalité ; est une personne ce qui se révèle être le sujet dernier d'attribution de tout ce qui peut être prédiqué de lui, et qui ne se peut prédiquer de rien. Si le prédicat désigne ce qu'est une chose, ce qui la *détermine* à être cette chose-ci, alors le sujet dont il se prédique n'est rien de *déterminé* et, à ce titre, ne possédant rien en propre, il se confond avec ce que le prédicat lui apporte, cependant que, réellement sujet de ses prédicats, il s'en différencie ; mérite d'être nommé suppôt — lequel est « personne » quand ce suppôt est spirituel — ce qui est identique à ce dont il se différencie en ce sens qu'il a (pour s'en différencier) ce qu'il est (et avec quoi il se confond). Mais ce qui a la forme d'un cogito s'est révélé avoir la structure même d'une réalité capable d'avoir ce qu'elle est. Donc il revient bien à une nature spirituelle de ne consentir à exister qu'en contractant le mode d'être d'une personne, singularité ineffable qui ne se contente pas d'exister, mais qui se fait sujet d'exercice de l'acte d'exister qui la constitue.

Une forme de cercle incarnée dans l'airain est identique à un bloc d'airain habité par une forme de cercle ; de même, une essence dotée d'un acte d'exister, une essence existante, est identique à un acte d'exister spécifié par une certaine manière d'être, ainsi par une essence : l'essence existante, en tant qu'*essence* en acte, est identique à *l'acte d'exister* de cette essence en tant qu'il est investi en elle ; cette identité de l'essence et de l'exister est l'identité à quoi se réduit une essence recevant son acte d'exister, ce possible recevant son acte d'être réel : il faut être pour être essence, et pourtant cette essence reçoit son être puisqu'elle n'est pas réelle en tant qu'elle est simple possible ; donc elle est supposée recevoir ce qu'elle doit posséder pour être douée du pouvoir de le recevoir, ce qui revient à dire qu'elle est, contradictoirement, identique à ce qu'elle reçoit ; mais une telle identité de l'essence et de l'exister surmonte sa contradiction en consentant à faire exercer, par l'essence, la différence de l'essence et de l'exister : se met à exister, à exercer (et non plus seulement à recevoir) l'acte d'exister, cette essence qui sait se différencier de son acte d'être sans cesser de maintenir l'identité de l'essence et de l'exister ; l'essence de l'exister (de cette essence) est cette essence (dont on dit qu'elle existe) mais en tant qu'elle se fait ou est intronisée tel le *sujet* d'exercice d'une réflexion ontologique.

§ 7. 3. Personnalisme et subjectivisme.

Le lecteur peut s'interroger sur le bien-fondé, surtout à cette place, de l'exposé qui précède. Il n'est déjà guère courtois de solliciter de sa part un effort de patience et d'attention requis par une technicité rébarbative, mais la chose deviendrait franchement grossière si elle n'était pas exigée par le projet même de l'ouvrage.

En fait, il est nécessaire, *ici*, de montrer que la personnalité n'a pas raison de fin pour la nature humaine, ou que *le personnalisme est une trahison de la vraie dignité de la personne*, parce que la personne dit la subjectivité, et que *la trahison de la dignité de la subjectivité est le subjectivisme.* Or c'est bien de subjectivisme qu'il est ici question.

Ce n'est pas le sujet psychologique, couramment désigné par le Moi conscientiel, qui a raison de fondement des attributs essentiels par lesquels on le qualifie ou définit, comme s'il était leur cause — par définition dépositaire du secret de ce dont elle est cause —, ou encore comme si ces attributs essentiels n'avaient d'autre consistance que celle de phénomènes du Moi ineffable clos sur lui-même en son ultime solitude, telle une « haeccéité » soustraite à toute nature normative et à tout concept. C'est bien plutôt l'essence ou nature humaine, principe ontologique du Moi et son principe d'intelligibilité, qui est le *sujet* premier de l'acte par lequel l'essence se constitue en existant singulier concret, dans la forme de la personnalité.

On voudra bien remarquer que cette inversion de la relation de causalité entre essence et personne est en quelque sorte la matrice, issue d'une dénaturation du christianisme, de toutes les formes de subjectivisme, jusques aux plus délirantes, même chez ceux qui font profession d'antichristianisme et d'antisubjectivisme.

Le paganisme était innocent du subjectivisme parce qu'il méconnaissait la dignité de la personne mais, pour cette raison même, il méconnaissait les ressources de la nature humaine elle-même.

Le christianisme intègre — ainsi le catholicisme — a exalté sans la dénaturer la personne entendue comme « imago Dei ».

Et le néo-paganisme s'est mis à critiquer le christianisme en le rendant responsable du subjectivisme, sans s'apercevoir qu'il est lui-même un subjectivisme, parce qu'il entend faire de la condition humaine, à laquelle lui sera refusé le statut de cause de la personnalité, un résultat du vouloir héroïque de la subjectivité nue. Sous ce rapport, le néo-païen est un rejeton impur du christianisme, une maladie de ce dernier. Mais cette espèce de maladie l'apparente au chrétien moderniste qui, personnaliste, absolutise la liberté au détriment de la raison, et les élans fermentés de la vie intérieure au détriment du dogme.

En retour, le subjectivisme insidieux auquel est consacré le présent ouvrage est celui de l'Antimoderne portant haut le drapeau de l'antisubjectivisme ; l'Antimoderne est comme malgré lui emporté par la logique du subjectivisme, qui lui enjoint de relativiser la valeur normative de l'essence humaine, en tant qu'elle est *nature* ; et sa manière de l'abaisser sans la renier — chose qui lui est interdite par son statut d'Antimoderne — consiste à verser dans le *surnaturalisme.* Le surnaturalisme est l'effet d'une pulsion subjectiviste qui ne veut pas s'avouer telle et qui, plutôt qu'à faire s'insurger franchement la subjectivité ivre de liberté contre la causalité d'une nature humaine, manifeste son hostilité à l'égard de cette dernière en se juchant sur le point de vue sublime de la vie surnaturelle. Il instrumentalise la surnature, dont il a plein la bouche, afin d'abaisser la dignité de la nature, et à seule fin d'exalter sa subjectivité. « Ma nature est blessée, elle est congénitalement mauvaise, elle me fait mal agir, mais *je* m'objective ma nature et sa blessure, je la regarde telle une réalité hostile qu'il faut mater ou dont il faut s'émanciper, et de ce fait je ne puis me réduire à une simple individuation de cette nature pourrie ; mais alors ce

« je » que je suis est au fond innocent de la blessure de sa nature, il est tout propre et parfait, il est pétri de surnature, il a une nature qu'il peut regarder de haut et dont il n'a pas à subir la férule normative, sa vraie nature est la surnature, et le « je » en vient à s'apparaître à lui-même tel un absolu ».

§ 8. 1. Bien commun et souverain bien.

Revenons, après cette fastidieuse (mais brève) lecture, au point où nous en étions restés au terme du § 7. 1.

Le bien commun immanent et politique doit avoir raison de fin naturelle pour l'individu, et cette fin doit être assumée sans être abolie par la fin surnaturelle qui est le salut. Ces exigences cumulées sont rendues possibles — c'est là ce que nous avons tenté d'établir — à deux conditions.

« A parte subjecti », il faut que quelque chose en l'homme soit une aptitude, une disponibilité pour un au-delà de la nature, mais une disponibilité — ainsi une puissance — qui demeure naturelle et qui par là n'échappe pas à la causalité normative de la nature humaine sur l'individu entendu comme subjectivité. L'épisode du jeune homme riche, rapporté dans l'évangile selon saint Matthieu, résume à sa manière le destin du chrétien : si tu veux être parfait, vends tes biens, donne-les aux pauvres et suis-moi ; soit : renonce à tout ce à quoi tu tiens, renonce ainsi à toi-même, et tu Me trouveras, c'est-à-dire : tu *te* trouveras, puisque Je suis ta fin, et que tu n'es toi-même que dans le repos de toi-même en cette Fin. Tu dois renoncer à toi, être prêt à tout abandonner — santé, honneurs, réussites sociales, délectations terrestres —, aussi dois-tu apprendre à t'affirmer dans ta négation : *tu* renonces à toi, tu t'affirmes comme volonté de te déposséder de toi, tu entretiens à l'égard de toi-même une relation d'avoir ; ce que tu es, tu l'es de telle sorte que tu puisses corrélativement l'avoir.

« A parte objecti », il faut que le bien ultime naturel de l'homme soit superlativement assumé, de toute éternité, par le Bien absolu ou divin, de sorte que, tendant vers le premier, l'homme tende en quelque sorte vers une anticipation de soi du Bien absolu, c'est-à-dire vers quelque chose ayant raison du bien absolu lui-même considéré en un moment de lui-même ; et c'est cela qui conjure le risque de faire se déchirer l'homme entre deux fins, mais qui en retour veut que le Bien absolu soit pensé comme un infini actuel ne dépassant toute finitude qu'en l'assumant, se rendant éternellement victorieux du fini en lequel il se risque indépendamment de la création du monde et d'un esprit fini. Dieu, dont la possession est la béatitude, veut que tous les degrés de perfection soient illustrés par sa création, parce que, du point de vue de Dieu, l'univers ne serait pas parfait s'il ne contenait qu'une seule créature, fût-elle éminente (I[a] q. 47, 2 et C. G. q. 45) ; il est définitionnel d'un bien d'exercer sa communicabilité, parce que le bien est par essence « diffusivum sui », et ainsi le supérieur requiert l'inférieur afin de former un tout qui se révélera meilleur que sa partie la plus éminente prise isolément.

Mais, en tenant à se faire participer selon divers degrés de bonté, Dieu se manifeste lui-même dans la manière dont il se fait participer, puisque la création parle de son Auteur et le révèle toujours d'une certaine façon. Dès lors, Dieu est, considéré en lui-même, non seulement le plus haut degré de bonté, l'absolu du Bien, mais il est maître de sa perfection et assume en lui-même, de toute éternité, indépendamment de la création du monde, tous les degrés de bonté. Il assume par là aussi ce degré fini de bonté qu'est le bien commun politique. Mais parce que ce dernier bien est superlativement assumé par Dieu, dût-il surexister en Dieu selon un mode divin qui n'est pas le mode selon lequel il subsiste dans la création, alors, quand nous tendons vers le bien commun comme vers notre fin naturelle, nous tendons déjà, comme il vient de l'être dit, vers une anticipation de soi du Bien absolu.

« A parte subjecti » comme « a parte objecti », l'être fini ou infini doit contracter la forme d'une *réflexion*, c'est-à-dire la forme de ce qui n'*est* ce qu'il est qu'à proportion de son pouvoir d'*avoir* ce qu'il est ; ce qui consiste dans l'acte de revenir sur soi est en effet — on l'a vu plus haut — tel qu'il *est* son objectivation cependant que, s'objectivant son *être*, il s'objective nécessairement l'objectivation de soi qu'il est, ce qui revient à dire qu'il se pose, lui qui est résultat de sa réflexion, tel un moment de la réflexion dont il est le résultat ; et c'est à ce titre qu'il a ce qu'il est, sans contradiction : il a des moments et il est l'un d'eux ; il est infini — ou capable de l'infini — en tant qu'il est victoire sur tous ses moments, et il assume le fini en tant qu'il se réduit à un moment du processus subsistant qu'il achève en et comme son résultat ; seul Dieu est raison suffisante de la réflexion qu'il exerce, l'homme est le résultat d'une réflexion dont il n'est pas l'origine. Notons que l'Absolu ainsi conçu est parfaitement simple et immobile dans la pureté de son acte émancipé de tout devenir, précisément parce qu'il se révèle sublimation exhaustive de tout devenir qu'il assume ; Dieu possède l'infinie vitalité d'un devenir sans fin dans l'immobilité d'un acte signant sa perfection plénière ; tout degré fini de perfection, qui le différencie de tout autre, réalisé en ce monde ou réalisable dans une création possible, trouve en Dieu son paradigme idéel, lequel s'identifie dans l'essence divine dont l'absolue simplicité est riche de toute différence.

Ce qui est tellement mobile qu'il en vient à s'identifier — on l'a vu aussi — à son devenir, c'est ce qui réduit son devenir à un moment de celui-ci ; or le propre d'un moment est de passer ; donc ce qui est son devenir se révèle être, dans la richesse insondable de sa pulsation vitale infinie, le dépassement intemporel et immobile de tout devenir. Saint Thomas enseigne à juste titre que ce qui est subsistant à l'état fini et séparé dans le monde créé préexiste en Dieu en l'état d'unité et infini, l'infinité de chaque perfection considérée dans son ordre propre l'invitant à se confondre avec les autres perfections. Mais saint Thomas enseigne aussi — contre l'égalitarisme ontologique d'Origène qui attribuait au péché l'inégalité des créatures — que la racine des différences — ainsi des inégalités — qui fait la richesse du monde, est aussi en Dieu. Dès lors, les perfections en Dieu, que signifient traditionnellement les « noms divins », sont éminemment distinctes dans leur fusion simplissime. Et c'est ainsi que l'on est invité à tenter d'apporter une explication rationnelle à cette paradoxale exigence logique d'identité dans la différence des perfections considérées en leur état originaire, là où elles sont le plus pleinement elles-mêmes, à savoir en Dieu.

§ 8. 2. Toute dissension naît de la présence d'un problème non résolu parce qu'il est ignoré.

Faute d'une telle solution (formulation d'un concept de l'identité concrète de l'être et de l'avoir, de l'identité et de la différence), la double conjugaison, en l'homme, d'une fin naturelle et d'une fin surnaturelle d'une part, du souci du bien commun et du souci du souverain bien d'autre part, devient impensable, difficilement appétible, et elle fait s'affaisser sur elle-même la subjectivité individuelle incapable de s'excéder en se trouvant, de se combler en se sacrifiant. Le serviteur de l'ordre des choses, le réactionnaire héroïquement insurgé contre le collapsus subjectiviste investi dans le mondialisme, ainsi donc l'ennemi principiel du subjectivisme, se voit glisser lui-même, malgré lui, dans cette forme de subjectivisme qu'est la tendance morbide à la division, conjuguée à l'aigreur des ambitions mégalomaniaques déçues.

Dans l'incapacité où il est de conceptualiser la continuité dans la rupture des fins naturelle et surnaturelle, l'insurgé contre le monde moderne vit sa révolte pourtant noble et salutaire sur le mode d'un état de confusion et déchirant, dans un malaise qui le rend haïssable à lui-même et lui fait honteusement désirer, sans qu'il se l'avoue, le ralliement au collapsus de la décadence. Son amour pour la vérité, c'est-à-dire son plébiscite de la réalité, son aversion pour les chimères de l'utopie, devraient être payés par le sentiment d'une légitimité morale, par la paix intérieure ; à défaut d'être au pouvoir et d'organiser la société selon l'ordre des choses, le réactionnaire devrait pouvoir se reposer dans un exil intérieur le gratifiant d'une assurance sereine et désabusée ; sa sagesse devrait le tenir à distance des faiblesses humaines liées au subjectivisme et au relativisme : orgueil, vanité, convoitises sensibles, aigreurs, envie. Or il n'en est rien, parce qu'il pressent la fragilité de la base de la théorie qu'il revendique. Alors il nourrit malgré lui une tentation secrète envahissante de rallier la modernité et d'y faire son trou, une tentation douloureuse qu'un mélange de sentiments contradictoires et non toujours nobles le retient de libérer : le sentiment d'appartenir à une élite de la pensée raidie contre la séduction du mensonge ; une hystérèse d'amour pour le vrai et le bien ; une bonne dose d'amour-propre l'empêchant de se déjuger et de confesser qu'il était dans l'erreur, au moins en partie ; la crainte de ressembler à la caricature que le monde moderne lui renvoyait de lui-même. Il convient d'évoquer enfin le calcul inavouable — même à lui-même — suivant : le Réprouvé peut toujours imputer ses échecs divers — professionnels, moraux, amoureux, culturels, universitaires, politiques, familiaux — à sa condition de paria social, ainsi se dispenser d'être mis en demeure de prendre conscience de sa médiocrité.

A défaut de diriger contre lui-même sa haine objective de soi, il la dirige vers ses compagnons de combat d'une part parce qu'il lui faut bien trouver des objets pour satisfaire ses pulsions de haine, d'autre part parce qu'il se reconnaît, horrifié, dans ceux qui partagent le même sort que lui ; il reconnaît, croit ou veut reconnaître en eux l'absurdité de sa propre condition. Il se hait lui-même en eux, ce qui le dispense de faire se retourner sa haine contre elle-même et de se libérer d'elle, parce que cette libération lui enjoindrait de résoudre le problème qu'il s'est révélé incapable de poser et dont la solution peut seule le réconcilier avec lui-même en restituant leur cohérence à ses engagements métaphysiques, moraux et politiques.

Quand on est certain de posséder la vérité ; quand on se sait appartenir à l'ultra-minorité des hommes libres — libres parce que lucides ; quand on constate de surcroît que le mal « fait mal », que l'esprit de jouissance affaiblit, que l'erreur rend idiot, on est pour le moins surpris, scandalisé, douloureusement étonné que les méchants l'emportent toujours et que, toujours, l'histoire donne tort à ceux-là seuls qui, en droit, disposent d'une clé permettant effectivement de la rendre véritablement intelligible. Le subjectivisme naît aussi, chez l'antisubjectiviste de doctrine, quand ce dernier, secoué par le sentiment d'un tel scandale, se met à imputer ses échecs non à une faille résiduelle de sa vision du monde, mais à l'impuissance des tenants du bon combat à faire valoir leur volonté ; quand donc vient au jour l'idée que les dépositaires des idées vraies n'auraient pas su, aujourd'hui comme dans le passé, incarner ces doctrines supposées impeccables et complètes :

« Autrui, tant hier qu'aujourd'hui, n'a pas su personnifier les idées vraies, mais je me fais fort, moi, par l'office de ma seule volonté, de les rendre actives en leur donnant de se vouloir en moi ». Le subjectivisme peut ainsi naître, chez l'objectiviste, quand la méconnaissance des failles ou de l'incomplétude de son système théorique en vient à lui faire croire à l'efficacité d'une espèce de volontarisme décisionniste en lequel il s'exalte, car c'est alors que la doctrine finira par n'avoir de valeur qu'à proportion du poids de volonté qui la sous-tend. Il est indubitablement rationnel que le rationnel ne se puisse incarner que par une volonté dont l'impulsion excède toujours les raisons particulières qu'elle se donne pour se déterminer ; mais ce n'est pas à dire que l'intensité du vouloir décidant pourrait pallier les défauts de rationalité. Ainsi voit-on, à chaque génération, dans les milieux réactionnaires, se lever des dictateurs charismatiques en herbe aussi suffisants que niais, rivalisant de « forte personnalité », de « caractère d'élite », pour se pousser du col, portant des jugements sans appel sur leurs aînés, ou sur leurs rivaux ; ainsi voit-on, tout autant, de vieilles barbes aigries et frustrées tenter leur dernière chance de s'imposer en faisant des grimaces de vieux singes, ressassant, devant des auditoires de jeunes gens naïfs et désemparés, les mêmes vérités partielles — et avec elles les mêmes erreurs — par lesquelles leur jeunesse fanée s'était jadis fait séduire.

§ 9. Dogme contre psychologie dogmatique.

Il y a encore ce fait que le réactionnaire, qui se *veut* antisubjectiviste, adopte spontanément un mode de penser dogmatique, lequel, légitime dans le domaine spéculatif, induit une *psychologie* dogmatique ou dogmatisante beaucoup moins fondée, et gravide d'effets pervers. Une telle psychologie tend, sous la pression sournoise de passions on ne peut plus subjectives, à absolutiser ce qui est relatif, au point d'exclure la discussion à propos de tout ce à quoi le réactionnaire est sentimentalement attaché, qui veut entendre dans les besoins pressants de ses tripes l'appel des exigences de son dogme. Le souci de fonder en raison ce qui est tenu pour évident et hors de doute devient un souci suspect, en cela qu'il finit par prendre la couleur du scepticisme, du relativisme abhorré, à telle enseigne que toute invitation nouvelle à la spéculation sera ressentie comme une intrusion subjectiviste maligne. Toute dialectique relèvera du « pilpoul », toute technicité conceptuelle sera réduite à une logorrhée prétentieuse d'intellectuel constructiviste substituant le délire de ses représentations à la simplicité coercitive du réel. Et l'exacerbation des prétentions subjectives sera proportionnelle à l'éclipse du souci de mettre ses certitudes à l'épreuve d'une raison exigeante. L'un ne jure que par Garrigou-Lagrange et Cajetan, ou par l'une quelconque des manières de se dire thomiste, l'autre par saint Augustin et Duns Scot, un troisième par Maurras, un quatrième par Joseph de Maistre, ou par Nietzsche, Pareto ou Donoso Cortès, ou par telle ou telle grande figure du passé contre-révolutionnaire. Et tous se crêpent le chignon en s'anathématisant. Quand la conscience se fait jour que ces querelles sont stériles, on donne dans l'éclectisme — à droite, ce n'est pas la diversité doctrinale qui manque — qui se révèle tout aussi stérile, et qui donc renvoie au volontarisme, c'est-à-dire à des habitus subjectivistes.

Il n'est pas superflu d'insister sur le fait que l'Antimoderne, sûr de son bon droit, refoulé par son temps décadent et conspué en permanence, accumule, dans son cœur meurtri par l'iniquité, des flots incoercibles de ressentiment, d'indignation impuissante, des forces réactives de juste vengeance qui réclament leur actualisation de manière toujours plus insistante, et qu'il est contraint de ravaler en permanence parce qu'il n'a pas la force, étant ultra-minoritaire, de les diriger contre les maîtres progressistes de son temps ; alors il se soulage en dirigeant son ire sur ceux qui sont objectivement ses frères de combat mais dont il fait, subjectivement, des ennemis qu'il faut abattre, en se donnant des raisons controuvées mais passionnellement expédientes pour se justifier. D'où sa tendance à critiquer son prochain, à lui chercher des travers et des déviations doctrinales, à lui attribuer des intentions basses et à essayer de le salir ; tel spécialiste — autoproclamé — de la gnose ancestrale en effet satanique verra, par exemple, des gnostiques partout ; il pourchassera le gnosticisme jusque chez Platon et Plotin, en inquisiteur famélique et fébrile, déclarant suspecte toute pensée qui excède son pouvoir de compréhension, jetant l'anathème sur tout ce que sa subjectivité furieuse investie dans ses narines infaillibles lui désignera comme étant à abattre, ce qui est un procédé efficace pour écarter tous ceux qui pourraient relativiser la portée de ses trouvailles.

L'Antimoderne, afin de résister à cette tendance somme toute assez naturelle qui consiste à penser selon les normes de son temps (on aspire au consensus parce qu'on est naturellement animal de société, cependant qu'il faut bien frustrer cette tendance naturelle quand la société est devenue antinaturelle), est comme invité à absolutiser, pour ne pas céder au goût du consensus, la conscience de son excellence, de sa légitimité, à s'enivrer de son refus, par là à en venir à se croire infaillible. Et cette propension à se croire excellent et infaillible lui rend insupportables les objections et même les réserves de ses compagnons d'infortune.

§ 10. 1. Cause première du subjectivisme de droite.

C'est dans les milieux dits réactionnaires que le subjectivisme devrait faire le moins de ravages, et ce sont les milieux dits progressistes qui devraient se révéler divisés contre eux-mêmes, par là faibles et vulnérables. Or il n'en est rien, cependant que la vérité est assurément plus du côté des réactionnaires que du côté des progressistes. Au subjectivisme frappant l'homme de droite, on peut trouver — on vient de le voir — diverses raisons psychologiques qui tiennent aux circonstances. Mais aucune de ces raisons n'est décisive, fors l'une d'entre elles, de nature doctrinale. Ce que nous avons donc tenté d'établir, c'est que la cause première du subjectivisme répandu dans le milieu qui par nature devrait le proscrire consiste dans le non-traitement du problème ci-dessus évoqué (§§ 7 et 8), à savoir celui de l'essence du point de suture entre nature et grâce, fini et infini, immanence et transcendance, bien commun et souverain bien. L'hiatus entre le premier et le deuxième terme de chacun de ces couples, qui rend impossible la fidélité aux exigences morales qu'ils désignent, est, selon nous, la cause première de l'impuissance des propugnateurs de la Réaction à s'imposer contre les forces de la décadence. Et c'est cette impuissance vécue mais incomprise qui engendre le subjectivisme chez ceux qui devraient en être le mieux préservés.

§ 10. 2. Peut-on se subordonner corps et âme à la Cité sans la déifier ?

Le problème de l'articulation harmonieuse entre bien commun et souverain bien ne concerne pas seulement le catholique ; il concerne tout homme en tant qu'homme. En effet, on peut souhaiter se donner corps et âme au bien commun de la Cité, mais alors, si l'on exclut toute référence à un Dieu transcendant, force est d'absolutiser cette dernière, de lui reconnaître la valeur infinie d'un dieu, objet d'adoration.

Mais tout homme éprouve spontanément, devant cette conséquence, une réticence insurmontable, et cela pour deux raisons. D'une part il pressent bien que la Cité n'est pas cause première de toute chose : elle est un microcosme organisé toujours précaire, immergé dans le macrocosme universel que le premier présuppose et dont il ne saurait, de ce fait, être la raison première. D'autre part ce même homme comprend vite que la Cité n'est que par lui et ses semblables, et que ce qui dépend de lui ne mérite pas d'être adoré. L'homme est ainsi renvoyé à un absolu dont la vie politique, quelque sublime qu'elle soit, n'est qu'une similitude, une participation. Mais si seul cet absolu, quelle que soit la manière dont on le nomme et se le représente, mérite tout sacrifice et un inconditionnel dévouement, comment la Cité peut-elle requérir la subordination de l'homme à elle ?

§ 10. 3. Le bien est diffusif de soi.

Tout homme comprend d'intuition que le bien est diffusif de soi et qu'il est de ce fait, par essence, d'autant meilleur qu'il est plus commun. Rappelons succinctement les raisons qui fondent cette intuition.

Au préalable, souvenons-nous que la communauté de causalité — celle du bien commun politique — n'est pas la communauté de prédication. L'air est à sa manière un bien commun à tous les hommes puisqu'aucun homme ne peut survivre sans en jouir. Mais ce n'est pas là ce qu'on entend par bien commun d'une communauté. L'air est incapable d'être tout entier en possession de chaque homme qui, bien au contraire, n'en consomme qu'une partie, de sorte qu'un tel bien est essentiellement divisible ; l'air est un bien commun aux vivants, il se prédique de l'appétit de tous les hommes, mais il n'a pas raison de finalité pour eux : il est instrument de leur vie biologique. Une vertu morale, en revanche, peut être tout entière en chaque homme (au lieu que la masse de l'air cosmique ne peut être tout entière pour chaque vivant), elle est indivisible, elle est un bien commun à tous les hommes, mais elle n'est pas aimée comme un bien que l'on consomme, ou comme un instrument dont on use et que l'on use ; aimer la vertu, c'est aimer se rendre adéquat à son essence d'homme, laquelle se veut en l'homme singulier et se le subordonne ; nul homme n'existe pour être un singulier, c'est-à-dire un individu, parce que tout ce qui existe est un individu, aussi bien les microbes, les grains de sable que les verrues ; rien n'est plus ordinaire que d'être un individu ; mais il est meilleur d'être un individu humain que d'être un individu canin ; quand donc l'individu humain se rend adéquat à son essence humaine, il épouse, pour ce faire, des appétits qu'une telle essence fait naître en lui, et qu'elle finalise : elle se veut en chaque homme ; et sous ce rapport, dès lors que la vertu en général est ce qui permet à l'homme de se conformer aux exigences de son essence, elle participe de ce bien commun qu'est pour tout homme la nature humaine, mais cette communauté est dite de causalité, parce qu'elle désigne un bien qui a raison de cause finale, tel un bien auquel on se veut rapporté. Et un tel bien est évidemment spirituel.

Si un bien se peut offrir tout entier à plusieurs sans pour autant être tronqué, s'il peut être tout entier en chacun sans jamais être ni confisqué par personne ni arraché à lui-même, c'est que ce bien consiste — selon une condition qu'il nous appartiendra d'expliciter — dans l'acte de se donner, parce que, s'il *est* l'acte de se donner, c'est qu'il est d'autant plus qu'il se donne plus, s'enrichissant de sa généreuse effusion. Mais se donner, c'est se vider de soi-même, et il en résulte que ce qui *est* l'acte de se vider de soi, ainsi de se vider de son *être*, est immédiatement et tout aussi nécessairement l'acte de se vider de sa propre vacuité ; ce qui consiste dans l'acte de se donner conjugue en un seul acte l'aliénation et la reprise, le don de soi et sa conquête ; ce dont l'être est de se donner a la forme d'une puissance pneumatique dotée du pouvoir d'exercer en un même acte l'expiration et l'inspiration, la kénose et la régénération ; ainsi, ce qui consiste dans le don de soi ne peut être, en tant que principe d'enrichissement, qu'un don de soi-même à soi-même puisque, en l'occurrence, on s'enrichit en se donnant. Dès lors ce qui, comme donateur, consiste dans l'acte de se donner, est tel que, se donnant, il fait don au donataire de l'acte même de se donner, à telle enseigne que ce donataire enrichi de ce don qu'il s'assimile vivra son acquis sur le mode d'un désir réciproque de se donner lui-même en retour, et de se donner au donateur qu'il imite, s'étant conformé à lui en l'assimilant. Le don fait retour à son origine précisément et paradoxalement parce qu'il est oblatif. Mais, de ce fait, l'œuvre du retour à l'origine, opérée par le donataire, contracte la figure d'un mouvement par lequel le donateur se veut dans le donataire, lui enjoint de l'aimer en le servant, de l'aimer en lui voulant du bien, ainsi en se rapportant à lui au lieu de le rapporter à lui-même. D'où le sacrifice obligé, au profit de ce bien commun qu'est le donateur, de celui qui l'aime en le reconnaissant tel *son* bien. Et un bien qui se régénère et se revitalise dans l'acte de se donner est un bien d'autant meilleur que plus nombreux sont ceux qui sont susceptibles de le recevoir et auxquels il se donne. Tel est le vrai bien commun, commun d'une communauté de causalité, parce qu'il a raison de cause pour ceux auxquels il se donne puisque, se donnant à eux, il les enrichit en leur apprenant à se donner à lui. Cela dit, être tel que l'on consiste dans l'acte de se donner soi-même à soi-même, c'est avoir la configuration conceptuelle bien particulière que l'on s'efforcera de circonscrire dans les lignes qui suivent.

Un tel être est l'acte de s'objectiver, car s'objectiver consiste bien à se donner soi-même à soi-même, pour autant que cette altérité à soi s'insère à l'intérieur de son identité ; un tel être tenu pour diffusif de soi est ainsi ce qui consiste dans l'acte de s'atteindre par réflexion, de telle sorte que, sous ce rapport, il *est* son objectivation ; cela dit, on a vu que ce qui s'objective son être s'objective nécessairement l'objectivation de soi qu'il est, en faisant du terme de cette objectivation redoublée une détermination de son objectivation simple : il s'objective l'objectivation de soi (qu'il est) en et comme un moment de sa réflexion originaire sur soi-même, et c'est ainsi qu'il se donne soi-même à soi-même et consiste dans l'acte de se donner à soi. Ces formules obscures se révèlent limpides si l'on se souvient de la leçon de saint Augustin dans son *de Trinitate*, où il est établi que l'âme (humaine) *est* sa connaissance. Quand une mère demande à sa fille de faire la vaisselle, il ne suffit certes pas à cette dernière de comprendre l'ordre pour qu'il soit exécuté. En revanche, quand on dit à l'âme « connais-toi toi-même », il lui suffit d'entrer dans la compréhension des mots pour accomplir ce qu'on lui demande de faire. Comprendre le sens de l'acte de se connaître, c'est *se* connaître. Si l'on observe que le sens ou intelligibilité d'une réalité n'est autre que son essence, il est permis d'en déduire que, se connaissant en saisissant le sens ou l'essence de cette chose qu'est l'acte de se connaître, l'âme est cet acte même ; elle est son savoir, mais elle n'exerce le cogito ou savoir de soi qu'en ayant ce qu'elle est, ainsi en s'objectivant l'objectivation de soi qu'elle est. Que tirer de cette brève analyse ?

Tout simplement ceci : un bien commun a la forme — la configuration ou structure — d'un cogito, aussi inconscient de lui-même soit-il ; il a la forme d'une réalité hantée par l'appétit, inchoatif ou consommé, de se constituer en sujet pensant ; ce qui revient à confesser qu'il n'est pas de bien véritablement commun qui ne soit de nature spirituelle : est esprit ce qui est réflexif, ce qui peut se prendre pour objet. A raison de bien commun ce qui, à l'égard de ceux qui l'aiment, entretient le rapport suivant : tout doit se passer comme s'il se faisait procéder de ce en quoi il s'anticipe, autrement dit comme s'aimant lui-même à travers ceux qui l'aiment et qui, procédant de lui, aspirent à faire retour à leur origine. Est un bien commun le bien d'une totalité organique, dont les organes procèdent d'un tout qui se fait poser par eux, lesquels reconnaissent en lui ce dont ils vivent et ce pourquoi ils existent.

§ 10. 4. Comment harmoniser vocation immanente et vocation transcendante ?

Cela rappelé, quand bien même on est persuadé que le bien commun est d'autant meilleur que plus commun ; quand bien même on comprend que ce bien a vocation à être aimé non comme un bien que l'on rapporterait à soi mais comme un bien auquel on se veut rapporté, l'articulation entre bien commun politique et souverain bien (bien commun extrinsèque au monde) demeure problématique. Il en est ainsi parce que le bien commun politique est immanent, alors que le souverain bien ne peut qu'être transcendant, à peine d'embrasser le panthéisme. Or le panthéisme souffre de la difficulté suivante : si l'absolu est cet univers, il prend conscience de lui-même en l'homme, de sorte que la conscience de soi de l'absolu — par définition autorévélation de l'absolu — devrait révéler, à l'homme, le secret de l'acte par lequel l'absolu, un en sa simplicité, se manifeste de manière infiniment plurielle en tous ces aspects, modes ou moments de lui-même que sont les êtres finis — dont l'homme. Si un corps vivant était conscient de lui-même, et si ses parties étaient conscientes d'elles-mêmes et du corps dont elles sont les parties, la conscience de soi de ce corps serait la conscience que les parties de ce corps ont de lui, et de telles consciences seraient en droit d'attendre que l'acte supposé conscientiel de différenciation de soi du tout en ses parties leur fût révélé. Or il n'en est évidemment rien : l'homme est bien incapable, dans l'exercice de sa conscience du monde, qui se veut exercice de la conscience de soi du monde en lui, de se faire et de se voir dériver du tout dont il croit se reconnaître la partie, le mode ou le moment.

Dès lors, le bien commun politique étant immanent, le souverain bien — cause finale ultime de la vie humaine — se révélant transcendant, il reste difficile de penser et de se représenter la manière dont le service du bien commun peut s'inscrire sans contradiction dans le mouvement à raison duquel on poursuit le souverain bien.

§ 10. 5. Suite.

Un tel problème, qui entend harmoniser immanence et transcendance, c'est-à-dire rendre non contradictoire un appétit exercé dans l'immanence mais finalisé par un bien transcendant, prend une acuité toute particulière en contexte chrétien.

Récapitulons :

Deux principes guident le catholique dans l'épreuve de son souci d'être au monde sans être tout à fait du monde, c'est-à-dire, plus précisément, de se vouloir du monde à part entière, soumis à son ordre et honoré de le servir et de s'y subordonner, tout en nourrissant l'aspiration, enracinée dans cet amour du monde, à aller au-delà de lui :

La nature d'un être est sa fin.

La surnature ne détruit pas la nature, mais elle la parfait.

Dès lors, la fin surnaturelle ne détruit pas la fin naturelle. Mais deux fins pour un même sujet ne sauraient demeurer parallèles, indépendantes ou divergentes, car l'homme serait déchiré entre elles et se détruirait. Donc la fin surnaturelle assume la fin naturelle. En tant qu'elle l'assume, la fin surnaturelle fait s'identifier à elle la fin naturelle, cependant que la surnature, à jamais, demeure autre que la nature. Donc il existe, nécessairement, un *point de suture* entre les deux zones, qui, tout en un, fait s'identifier ce qu'il sépare, qui donc relève des deux domaines en tant qu'il les fait s'identifier, et qui s'exclut des deux domaines en tant qu'il les sépare. Dans le tome I du présent travail fut proposée une tentative de résolution qui repose sur le principe selon lequel ce qui est absolument parfait ne serait pas tel s'il n'était assomptif de tous ses degrés inférieurs de perfection, se posant en résultat victorieux de cette épreuve d'assomption de toute finitude : ce qui est tout-puissant est maître de toute chose, jusques et y compris de sa puissance même qui, en tant que soumise, est assomptive de faiblesse consentie, et se révèle consentement à la faiblesse pour la surmonter ; est absolument tout-puissant ce qui sait se faire faiblesse sans cesser d'être force ; et l'infini concret est le fini assumé et nié. Sous ce rapport, le bien commun de la Cité, bien fini, préexiste intemporellement, sur un mode divin dont l'intelligibilité échappe à nos prises, dans l'infini actuel de la vie divine, et c'est pourquoi, tendant vers le bien commun, l'homme dévoué à la Cité s'ordonne à ce qui fait pour lui figure d'une anticipation de soi du souverain bien, parce que ce dernier s'anticipe lui-même dans lui-même de toute éternité ; le « terminus a quo » radical à partir duquel l'absolu se fait raison d'être de lui-même, sujet d'exercice de la perfection qu'il est, est aussi, « materialiter », le « terminus a quo » à partir duquel la créature advient, sous couvert de la libre décision créatrice divine, à l'existence ; et ce terme commun est le point de suture recherché. En retour, parce que la créature ressemble à son Auteur, il n'est pas de perfection finie qui ne soit elle aussi victoire sur ses degrés inférieurs d'être, de sorte qu'il est nécessaire de convoquer l'existence en toute chose d'un *négatif non peccamineux*. Ce dernier enjoint à l'homme d'aimer le monde mais pour le crucifier, de l'aimer et de le vénérer autant que le païen, mais pour faire s'excéder l'homme en direction d'un bien qui transcende le monde, et dont le monde procède.

Il n'est pas facile de définir l'essence d'un tel point de suture faisant s'identifier des régimes ontologiques (nature et surnature) qui s'opposent en tant qu'ils sont incommensurables. Il ne semble pas possible de concevoir une telle exigence autrement que dans la forme suivante : ne peuvent s'identifier deux réalités qui s'opposent que si chacune est opposée à elle-même et victorieuse de son opposition à soi. A cette condition, elles peuvent coïncider sans cesser de demeurer incommensurables l'une à l'autre, dans l'unique mesure où l'extrême de l'opposition à soi intestine de chacune, non-être intérieur à son être, parvient, du fait même de son indétermination pure, à se confondre avec le non-être de l'autre, qui pourtant est constitutif de cette autre. S'identifiant dans le « rien » entendu comme moment négatif de leurs réflexions constituantes respectives, l'absolu et le relatif peuvent être tenus pour n'avoir rien de commun, n'ayant en commun que ce rien ; mais c'est là un rien qui est. Une telle réponse suppose que ce néant soit ce à partir de quoi quelque chose est créé, mais soit aussi assumé par Dieu de toute éternité.

En termes logiquement peu rigoureux mais selon une représentation aisément accessible, disons que si la taupe ne désire pas voir parce qu'il n'est pas dans son essence de le faire, l'homme aspire à la vision parce que sa nature ou essence lui prescrit d'être voyant. Tout désir manifeste, dans un être, l'absence, au niveau de ses puissances opératives, de ce qu'il est déjà dans sa nature ou essence. Aussi, quand un être épouse la dynamique d'un désir naturel, il se rend inchoativement adéquat à son essence qui, en retour, n'étant elle-même en lui qu'à s'anticiper dans le désir d'elle-même, le renvoie à son désir, ainsi à son manque, considéré « ad tergum ». Et si ce manque est radical, il est néant, il est ce néant même à partir duquel l'être advient à l'être : « omne ens, qua ens, ex nihilo fit », comme l'enseigne Heidegger. Telle est la manière dont on peut se représenter un tel « point de suture » : restitué à son essence, le sujet désirant est comblé mais, revitalisé dans son désir, il conserve la tension bienheureuse constitutive de la vie effective.

Il doit en être ainsi parce que notre désir est en attente d'être comblé, tout en aspirant à ne l'être jamais puisqu'il est désirable ou aimable de désirer ; il faut donc que l'Objet ultime du désir, cet Objet qui rassasie le désir, soit aussi la Source première du désir, celle qui crée le désir, car alors le désir, en s'abouchant à sa Source, est, dans un même acte, comblé ou rempli, et tout autant revitalisé en tant que désir. Voilà pourquoi le désir naturel, en l'homme, invite l'homme à se rendre adéquat à son essence (tout désir est bien désir d'être pleinement soi-même), de telle sorte que cette adéquation revitalise le désir (l'essence humaine est ce qui pose en nous des désirs humains, et elle ne subsiste que comme individuée, en se voulant en chaque homme en lequel elle pose le désir d'elle-même). Or cette essence existe en notre intellect comme abstraite, elle existe aussi dans les hommes comme individuée (à ce titre elle désigne leur âme), et elle existe d'abord en Dieu comme Idée créatrice.

Donc si nous ne pouvons pas, naturellement, saisir cette Idée créatrice en sa positivité, nous pouvons néanmoins naturellement, en droit sinon en fait (en état de pure nature et sans les effets du péché originel), et quand l'âme se sépare du corps et devient transparente à elle-même, saisir notre acte créateur qui est en nous, mais qui est tout autant acte du Créateur, c'est-à-dire le Créateur en tant qu'il exerce l'acte de créer (confer I^{a} q. 45) ; ce qui est possible si Dieu se rend accessible au fini du seul fait qu'il assume intemporellement tous les degrés de finitude. Dieu nous est en droit naturellement accessible en tant que son absence à lui-même est *constitutive* de lui, cependant que, comme *absence* (à lui-même), Dieu nous demeure, considéré dans sa plénitude positive, absolument transcendant. Et ce terme accessible en droit est ce à quoi nous sommes renvoyés après nous être rendus adéquats à notre essence, parce que c'est elle qui nous renvoie à lui.

La conséquence de l'adoption de ce dispositif est un *changement d'optique dans la conception du Politique.*

Se rendre adéquat à son essence, c'est faire se déployer toutes les potentialités de cette essence parce que, ce faisant, on exerce cette essence autant qu'il est possible ; or l'essence humaine est plus parfaitement réalisée dans la communauté politique que dans l'individu, parce que, si le prix à payer pour être existante est de consentir à se faire individuelle, l'essence, en s'individuant, se contracte et donc se limite : on est humain en étant homme *ou* femme, grand *ou* petit, blanc *ou* noir ; on ne peut faire s'actualiser en soi-même toutes les potentialités de sa nature, alors que ces dernières parviennent à se manifester ensemble dans la Cité ; « multitudo praeter multis non est, nisi in ratione ; multitudo tamen in multis est in rerum natura » (*de Pot.* III 16 ad 16) ; la multitude, abstraite des individus qu'elle rassemble, n'est qu'un être de raison mais, considérée avec eux, elle est une réalité effective qui, précisément, a plus de valeur que chacun des individus qui la composent.

Il est dès lors permis d'affirmer que le Politique est, primo et per se, le souci de faire s'actualiser toutes les potentialités de la nature humaine dans une communauté de destin, par là de faire advenir l'adéquation de l'homme à son essence collectivement incarnée, parce que chaque homme, individuation d'une essence commune à tous, est incapable de faire se réaliser en lui-même toutes les manières d'être homme, alors que cet « homme collectif » qu'est la Cité y parvient. Cela posé, si l'on se souvient que le « terminus ad quem » de la nature est le « terminus a quo » d'une possible « relève » de la vie naturelle par la vie surnaturelle, et plus généralement de la vie mondaine par une vie non mondaine, il est alors aisé de comprendre que tendre vers le premier revient à tendre vers le second, *d'un même élan ; il n'y a plus d'hiatus entre les deux ordres*, sans pour autant qu'ils cessent d'être incommensurables. La Cité n'est plus seulement — conception moralisante classique de la politique chrétienne — le moyen de satisfaire les besoins mondains de l'homme en vue d'une sanctification individuelle destinée à s'amorcer ici-bas en vue du Ciel ; elle est ce dont l'appel, par le service qu'elle requiert, mène l'homme aux limites de sa perfection naturelle et, par là même, le fait s'excéder — sous l'injonction d'une nature pensée, dans son entéléchie, telle l'antichambre de la surnature — en direction du salut supra-mondain.

Faute de conjuguer continuité et rupture dans sa représentation du rapport entre vie terrestre et vie éternelle, l'homme est contraint de subir le mouvement sempiternel du balancier dialectique épuisant et absurde dont les extrêmes sont les suivants : tantôt il subit telle une contrainte la vie terrestre qui lui est au mieux indifférente, il se focalise sur la vie à venir qui fait de la première l'instrument fastidieux de la seconde, et il se désintéresse de cet ordre naturel mondain en lequel pourtant il doit s'inscrire et à l'actuation duquel il doit coopérer pour conserver l'intégrité de sa propre nature, sujet obligé de la surnature ; tantôt il réduit la vie céleste à une sorte d'idéal kantien de la raison pure, à une Idée régulatrice et non vraiment constitutive de la vie temporelle, par là à un instrument moralisateur de la vie temporelle soucieuse de s'inventer un arrière-monde pour conjurer, en l'homme, sa tendance à se perdre en ce monde au point de chuter dans ce qu'il a de plus prosaïque, de plus matérialiste et de plus dégradant.

§ 11. Conclusion du préambule.

L'auteur ne sait pas s'exprimer en aphorismes. C'est là pourtant un mode d'expression fort séduisant, d'abord parce qu'il plaît aux lecteurs qu'indisposent les démonstrations indigestes ; et sous ce rapport il se révèle bien utile dans le souci d'inviter autrui à retenir certaines idées chères aux auteurs, et à les rendre aisément communicables ; ensuite parce que l'aphorisme contraint l'auteur à dire l'essentiel en un minimum de mots tout en préservant les vertus et les charmes de l'évidence, c'est-à-dire le pouvoir d'emporter l'adhésion. Ce sont là des prouesses d'écriture dont nous sommes incapable, et c'est pourquoi nous rendons hommage aux auteurs de tels aphorismes dont nous faisons ici mémoire en les commentant. Nous avons réuni ces citations en quelques rubriques que voici, et qui définissent les chapitres du présent ouvrage :

I. De l'intelligence des faibles.

II. De la méchanceté et de l'envie.

III. De l'insupportable suffisance des critiques.

IV. Des refuges du subjectivisme chez ceux qui font profession d'y échapper.

V. Du négatif et du mal.

VI. De quelques lieux communs aussi faux que répandus chez les bien-pensants.

VII. De la bêtise satisfaite et de la médiocrité.

VIII. Du désir.

IX. De la métaphysique, chasse gardée des ecclésiastiques.

X. Du pape et du prince.

XI. Retour sur quelques questions.

CHAPITRE PREMIER

De l'intelligence des faibles.

§ 12. « Les ruses et les machinations ténébreuses ont été imaginées par les hommes pour venir en aide à leur lâcheté » (*Bellérophon*, Euripide ; Pomerand).

L'âme est plus précieuse que le corps, l'esprit est au-dessus de la matière, l'intelligence prime la force brute. Ce sont là des vérités élémentaires qu'il ne vient à l'esprit d'aucune personne sensée de remettre en cause. Mais la vérité, invincible aussi longtemps qu'elle n'est pas corrompue, reste toujours, entre les mains sales des hommes au cœur flétri, telle une jeune fille belle et fragile, et candide et désarmée. Qu'il soit préférable d'être faible de corps et fort d'esprit plutôt que fort de carcasse et bête à manger du foin, cela n'a pas manqué d'inspirer les sophismes les plus honteux. On en est venu à suggérer que tout ce qui est physiquement fort serait idiot, et même ne mériterait pas d'être intelligent. Il y aurait une injustice à ce que certains fussent dotés du pouvoir d'imposer leur volonté par la force ; ce serait là une anomalie qu'un droit vigilant, inquisiteur et suspicieux aurait pour principale vocation de rectifier. Ce serait là une situation déplorable qui devrait appeler sur le dos des forts les quolibets les plus cruels et la réprobation publique. Selon ce qu'il est convenu d'appeler la sagesse des nations, il y aurait quelque chose de honteux à être un colosse, voire simplement à jouir du moyen naturel de se faire respecter quand le dialogue avec autrui tourne — comme il arrive souvent — en aigre jactance et en échange d'insultes; et serait aussi honteuse cette espèce d'assurance placide qui résulte de la possession de la force physique, laquelle ne saurait connoter autre chose que la bêtise à front de taureau.

C'est que, en effet, quand l'indignation s'empare d'un homme ; quand l'agressivité suscitée par l'affront, l'injustice ou la mauvaise foi fait le constat de son impuissance à redresser la situation, cette agressive indignation tourne à l'aigreur excédée, à la méchanceté, au goût de faire du mal, à l'impatience, à l'injustice, à la démesure ; et c'est la chose dont on se dispense heureusement quand on se sait en possession du moyen radical d'obtenir réparation. La force physique rend volontiers maître de soi, par là placide, bienveillant et disposé à la paix, voire à la miséricorde. Contrairement à une opinion répandue — elle-même effet du ressentiment des faibles —, la possession d'un quelconque pouvoir, loin de l'avilir, ennoblit son dépositaire, parce que ce pouvoir est naturellement porteur d'un esprit de responsabilité qui impose des devoirs. Aussi, quand on tient pour acquis que la force rend bête, on en vient à développer l'idée selon laquelle il faudrait être physiquement faible pour avoir l'esprit délié. D'où les innombrables historiettes répandues dans la conscience populaire, qui prêtent au rire blessant, dans lesquelles le petit et frêle malin l'emporte sur le gros balourd, comme si la finesse de corps était gage de finesse d'esprit. L'homme honnête et candide se voit ridiculisé, en tant même que spolié, par le marchand rusé, tout comme l'époux fidèle et solide d'ascendance paysanne l'est par sa femme volage et ses amants beaux parleurs à profil levantin. Jamais une femme trompée n'est tenue pour ridicule, elle est toujours victime ; victime de son mari toujours tenu pour brutal et peu aimant, incapable de la charmer et de la rendre heureuse ; toujours le cocufié est brocardé : c'est bien sa faute, n'est-ce pas ? Il a la force physique, donc il est bête, injuste et sans grâce. On condamne, à juste titre, les machistes prompts à tenir une femme violée pour responsable de l'agression criminelle dont elle est victime (« elle l'a bien cherché »), mais on ne condamne jamais les rieurs pour qui un mari trompé se révèle par principe responsable de son infortune.

La ruse est tenue pour une revanche de l'intelligence contre la force, parce que la force serait par essence injuste et bête. D'être petit, faible et fragile ne préserve nullement de l'orgueil. Et l'orgueil fait redouter l'humiliation de l'échec, au point de faire préférer la fuite à l'affrontement dont l'issue est incertaine, engendrant ainsi la lâcheté. Le sentiment d'impuissance, chez le physiquement faible confronté à une situation conflictuelle, engendre en lui une exaspération que sa faiblesse morale — c'est-à-dire son orgueil — l'empêche de retourner contre sa propre peur, et il s'excite lui-même, exacerbe sa rage sous la pression de la conscience de sa lâcheté. Il en devient implacable, extraordinairement cruel, de sorte que, a contrario, l'acquisition de la force physique contribue grandement à rendre possible la mansuétude, la magnanimité, la patience et la générosité, et ultimement la charité. De même qu'il est nécessaire d'aspirer à une vie heureuse et à une amitié pour soi-même ne serait-ce que pour se libérer du souci lancinant de soi et afin d'être disponible pour autrui, de même il est nécessaire d'aspirer, autant qu'il est possible, à être physiquement fort pour éviter de tomber dans cette faiblesse impuissante qui exacerbe la crainte désordonnée et qui, corrélativement, enfle démesurément la haine de soi et la haine d'autrui qui en est l'effet obligé.

La conscience un peu trop accusée d'être fort peut faire naître en revanche une suffisance, une imprudence et une paresse qui desservent la force, la rendent inefficace et disponible pour toutes les ruses qui la feront se retourner contre elle-même. Cette victoire — par le courage, la ténacité, mais aussi parfois par la ruse — de l'intelligence contre la force brutale et aveugle, contre la suffisance indolente, suscite à bon droit l'admiration, mais il est à remarquer qu'elle ne la fait naître légitimement que dans la mesure où elle sanctionne une faiblesse d'esprit, à savoir la présomption induite par l'orgueil ou la vanité, son rejeton dérisoire. Une telle victoire n'est nullement une revanche contre les forts en tant qu'ils sont forts, mais contre la force animale en tant qu'elle est accompagnée de faiblesse de caractère et de défaut de moralité. La ruse est donc légitime seulement si elle sanctionne une faiblesse spirituelle. Dirigée contre la force en tant que force — morale, intellectuelle, physique —, la ruse est ignoble : **« La ruse est la défense des faibles »** (*Histoire de l'Angleterre*, *Fasquelle*, Macaulay ; Pomerand).

§ 13. Indignité de la ruse.

Certes, la force physique peut être mal utilisée, comme le pouvoir en général. Mais la nature, la plupart du temps, agit conformément à sa finalité immanente. Il existe des chiens congénitalement aveugles et des moutons à cinq pattes, mais cela reste l'exception. De même, il existe de mauvais chefs et des Hercule tyranniques, mais ce n'est pas la généralité ; la force, quelle qu'en soit la nature, se fait accompagner, dans celui qu'elle gratifie de sa présence, de la conscience du devoir de servir et du désir de protéger ; la force n'est pas neutre, elle est par essence pour le bien, elle est marquée dans son être par ce qui la finalise et, parce que la fin est première en intention, la force procède du bien du fait qu'elle est un bien, et elle est pour le bien du fait qu'elle en est une participation. Croire que le pouvoir rend mauvais par là seulement qu'il est une force, c'est une coupable illusion d'optique induite par une méfiance pathologique à l'égard de l'ordre naturel, c'est-à-dire par un soupçon d'inspiration gnostique dirigé contre l'Auteur de la nature : « et si les choses étaient mal faites ? ». De là vient que la crainte des erreurs de la nature devient une haine de la nature elle-même, et un appétit de la refaire conformément aux désirs des hommes. On tient là peut-être la racine de la mentalité de l'homme révolté, qui ne consent à se soumettre à l'ordre naturel que si ce dernier exclut tout raté, toute imperfection sporadique et ponctuelle, ainsi toute contingence.

Le révolté est celui qui se refuse à admettre qu'il puisse être rationnel qu'il y ait de l'irrationnel, ainsi de l'imprévisible, par là quelque chose qui sera vécu telle une fatalité. Si les choses sont tenues pour bien faites, malgré — voire en vertu de — leur part de contingence, on ne manquera pas d'accepter le risque de certains échecs : on peut engendrer un enfant mongolien, mais cela ne condamne pas le genre humain à avoir recours à l'avortement et à l'eugénisme constructiviste ; on peut avoir de mauvais chefs, mais cela ne permet pas de condamner par principe le pouvoir de l'homme sur l'homme. Il peut exister des Samson despotiques mais cela ne suffit pas pour réduire tout dépositaire de la force physique à un abruti et à un suppôt d'iniquité. L'ordre est la disposition des choses en vue d'une fin. Agir selon une fin, au rebours d'une activité gratuite et désordonnée, consiste à se déterminer selon la raison. Il y a solidarité entre rationalité et ordre. Mais qui dit rationalité dit aussi déductibilité et donc nécessité. Il y aurait donc de l'ordre sans sporadique et régional désordre seulement si le réel excluait toute contingence. Mais qui dit liberté, au sens de libre arbitre ou autodétermination, dit nécessairement contingence : est libre ce qui peut se déterminer « in diversa » ; et le choix libre *humain*, c'est-à-dire la décision d'un esprit incarné, a vocation à s'insérer et à manifester ses effets dans un monde spatio-temporel ; il faut donc que la contingence de la décision trouve, pour se manifester — par là pour attester son effectivité — un terrain faisant sa place à la contingence, ce qui, « a parte subjecti », se traduit par le risque du mal moral et, « a parte objecti », exige la possibilité d'un défaut, d'un imprévisible ratage dans l'exercice, par les choses, de leur finalité naturelle. C'est la possibilité, pour l'imparfait, de se glisser dans le tissage de la perfection de l'ordre des choses, qui rend possible l'exercice de la liberté dans le monde. Or il est rationnel qu'il y ait de la liberté dans le monde, parce qu'une réalité est d'autant plus parfaite qu'elle est plus autonome, d'autant plus autonome qu'elle est plus vivante, d'autant plus vivante qu'elle est plus libre. Si l'on retient aussi qu'une chose est d'autant plus parfaite qu'elle est plus rationnelle, on comprend, par ce qui précède, qu'un monde habité par des êtres libres est plus parfait qu'un univers peuplé seulement de choses sans esprit. Si donc il est rationnel qu'il y ait de la liberté, dans le moment où il est rationnel que la liberté requière de la contingence, ainsi de l'irrationnel, c'est qu'il est rationnel qu'il y ait de l'irrationnel. En croyant faire valoir sa liberté dans sa revendication critique d'un univers rationnel innocent de toute cette contingence qui, comme ratage, est porteuse de risque de souffrance, le révolté ne s'aperçoit pas, ou ne veut pas savoir qu'il travaille objectivement contre l'intérêt de sa liberté. Parce qu'il est incapable de se mentir sans retour (il en deviendrait fou, ou plongerait dans l'inconscience : savoir est savoir qu'on sait, et se mentir est savoir qu'on se ment), le révolté en vient immanquablement, tôt ou tard, à plébisciter la servitude, ce qui est encore rationnel s'il se révèle capable de discerner, dans le mécanisme politique niveleur dont il sera la victime, l'expression de sa volonté insurgée, ainsi de sa subjectivité prise pour fin ; et tel est l'esprit démocratique poussé à son acmé, qui n'est autre que le communisme planétaire. Par un renversement dialectique prévisible, le refus de principe du pouvoir de l'homme sur l'homme, ou d'un homme sur plusieurs hommes, se consomme en plébiscite du pouvoir de tous les hommes sur chaque homme.

Il faut bien remarquer que la ruse relève fondamentalement du mensonge, et qu'elle participe de sa laideur. Le mensonge est abominable, qui supprime cette confiance entre les humains requise par l'amitié qui doit les lier. Adéquation de la pensée à la réalité, la vérité les unit en les faisant se faire focaliser par l'unique réalité ; or le mensonge consiste à tenir un discours faux en sachant qu'il est faux, ce qui revient à induire en erreur, à perdre son prochain en le rejetant dans les chimères, dans l'inconsistance de l'irréalité. Ceux qui aiment qu'on leur mente sont ceux qui aiment se mentir, ainsi fuir la réalité et se fuir eux-mêmes, s'aliénant par là, se rendant étrangers à eux-mêmes. Le mensonge est destructeur de l'amitié, il est donc générateur de haine et de violence. Il est, de ce fait, une violence — un acte contre nature — faite à la condition humaine. Si l'on résiste à bon droit à un agresseur, c'est qu'on tient sa cause pour injuste, et pour injuste le procédé par lequel il entend s'imposer, qui est la force émancipée du droit. On peut alors justifier le recours à la ruse, d'abord parce qu'il s'agit de répondre à une injustice. On y peut recourir ensuite, comme dans l'art de la guerre ou du pugilat où l'on met en pratique des feintes, parce qu'il est acquis a priori que les combattants se réservent le droit de recourir à la ruse qui alors, n'étant pas destinée à abuser une personne de bonne foi, ne relève plus du mensonge mais de la tactique visant à déstabiliser l'adversaire pour obtenir la victoire. La ruse est, dès lors, une arme dont l'usage n'est pas immoral. Dans les autres cas, elle relève du mensonge visant à aliéner autrui, à le détourner de lui-même en le détournant du réel, et elle est criminelle. Elle est indigne en vertu de la fin criminelle qu'elle poursuit. Elle est indigne en outre parce que ce procédé est infâme, qui consiste à avoir recours à un moyen violant la règle du jeu régissant les polémiques pacifiques et les combats loyaux. Est pacifique une polémique — c'est-à-dire une lutte — qui a vocation à se résoudre par la discussion, et telle est la dialectique dont la sophistique est la dénaturation ; pour cette raison, la sophistique relève elle aussi du mensonge : elle donne des apparences de vérité dans l'intention de tromper, elle cultive l'élaboration des fausses évidences. Est loyale une lutte qui respecte son adversaire, et cela implique certaines exigences.

La dialectique est capable, en droit, de conjurer la violence par le dévoilement d'une vérité en lequel elle s'*achève*, qui fait taire les locuteurs en mobilisant leur contemplation qui supprime toute discussion ; dès lors que l'effort de la dialectique n'est pas parvenu, faute de temps ou de confiance dans les pouvoirs réconciliateurs de la raison, à régler le conflit, il faut que la force s'en charge, mais au sens suivant : la force au service du droit, la puissance au service de l'ordre. Or avoir recours à des procédés déloyaux, ainsi à des mensonges, cela revient à user de méthodes intrinsèquement mauvaises pour servir une cause que l'on doit pourtant supposer juste, ainsi bonne, si l'on entend justifier le recours à la force ; le moyen contredit la fin et se condamne lui-même. Et en vérité le recours aux procédés déloyaux ne sert jamais une juste cause, ainsi

l'ordre, mais l'intérêt privé de l'un des protagonistes, alors que l'ordre est un bien commun par essence, qui bonifie tous ceux qu'il régit.

De ce que les énergies naturelles peuvent par accident manquer leur but, l'homme révolté, qui initie sa révolte dans le choix d'une suspicion de principe à l'égard de la création et de son Créateur, en vient à nier l'existence d'un ordre des choses. Il voudrait que le rationnel du réel fût dispensé de l'épreuve sporadique de l'irrationalité.

Un combat est dit loyal quand il est finalisé par la recherche de l'ordre, réalisation de ce qu'exige la nature des choses et des personnes. Entre deux personnes aspirant à une même place dans une hiérarchie quelconque, l'une est toujours plus apte que l'autre à occuper ce poste, parce que l'égalité n'existe pas dans la réalité, et il est heureux qu'elle n'existe pas parce qu'elle rend possibles les différences, par là la complémentarité ; quand il est impossible de discerner a priori le meilleur des deux prétendants, on est contraint de les faire s'opposer dans un conflit qui sera une compétition, c'est-à-dire un mode de discrimination a posteriori du meilleur. Et le conflit sera dit loyal s'il remplit les conditions suivantes : il doit être régi par une règle du jeu n'autorisant que le recours aux armes favorisant la mise en évidence des qualités requises pour exercer la fonction faisant l'objet de la rivalité concernée. On peut illustrer ce propos par l'exemple de l'activité sportive, qui est finalisée par le développement des qualités morales — esprit de camaraderie, esprit d'équipe, dépassement de soi, pugnacité, lutte contre la tendance à l'avachissement — mais qui, pour satisfaire à ce souci d'ordre spirituel, a recours à un mode physique de lutte. Il est à noter, au passage, que l'idée de professionnalisation du sport est contradictoire, puisque l'activité sportive est par essence désintéressée dès lors qu'elle est à finalité morale ; entre le sportif et le lutteur de foire, il n'est qu'un point matériellement commun, à savoir la performance physique. Le sport exige, pour être tel, le respect de règles qui contraignent les compétiteurs à n'user que de procédés ayant recours aux qualités morales que l'activité sportive se propose d'exalter. On ne doit pas haïr son adversaire, c'est-à-dire, dans le cas du sport, viser sa mort ou sa déchéance physique et sociale ; on ne doit pas l'avilir ou le déshonorer ; on doit même se réjouir de sa victoire d'abord parce qu'elle est juste et que la justice est en soi aimable, ensuite parce qu'elle sanctionne les qualités d'un homme qui servira le bien commun. Mettre des lames de plomb dans les gants de l'adepte du noble art est une injustice, parce que les adversaires doivent être égalisés pour que le conflit loyal fasse surgir entre eux une juste inégalité, c'est-à-dire une inégalité fondée sur d'authentiques qualités. Cela dit, on s'aperçoit que tout conflit devrait, pour être moralement exercé, avoir la forme d'une activité sportive, sinon quant aux règles (il est légitime de viser, en cas de guerre, la mort de l'adversaire si la victoire est à ce prix), à tout le moins être capable de se donner des règles conformes à l'esprit de la compétition sportive.

CHAPITRE DEUXIEME

De la méchanceté et de l'envie.

§ 14. Ruse et envie.

Il existe certes des gens grands, forts et bêtes, et méchants de surcroît, face à des gens petits, intelligents et généreux. Mais il existe aussi des gens grands et forts, et nobles de cœur et intelligents, et des petits laids et faibles, laids de corps et d'esprit, et médiocrement intelligents, qui n'ont même pas — ce qui les rendrait estimables et aimables — le goût d'acquérir des vertus morales dont ils sont privés. L'*envie* les taraude ; au nom du principe de la supériorité de l'esprit sur le corps, ils en viennent à procéder à une inversion des valeurs naturelles pour ériger leur médiocrité en critère d'excellence. Et la ruse, c'est-à-dire le mensonge, devient signe d'intelligence, l'astuce maligne devient signe de spiritualité, alors qu'elle est la plupart du temps un moyen de se soustraire aux règles tacites qui régissent les combats loyaux ; elle est donc une injustice et une lâcheté ; elle est la vengeance de la faiblesse contre la force ; l'illustrent l'esprit de commerce des vendeurs professionnels aux boniments dégradants, les manœuvres des intrigants, les grimaces des séducteurs et des flatteurs. Et il est impossible que la véritable intelligence soit par essence du côté de la lâcheté et de l'injustice. Le mal est une privation, un manque d'être, et ce qui n'est pas pensant relève de la matière, de l'être en puissance, ainsi de ce qui est privé d'actualité, par là privé d'être.

Ainsi la ruse est-elle la plupart du temps l'arme de l'envie ; c'est pourquoi :

§ 15. 1. « La ruse, qui est le propre de l'esprit, est souvent employée pour suppléer au manque d'esprit et pour vaincre l'esprit supérieur d'autrui » (Leopardi, *Œuvres morales* (Lemerre) ; Pomerand).

C'est là que la ruse fait l'aveu de sa perversité et de sa laideur. Présentée telle une revanche de l'esprit sur la force brute du corps, elle est un moyen pour l'esprit médiocre de se venger de la beauté des esprits plus doués. La circonvention devient signe de force d'âme, d'intelligence et de talent chez ceux qui manquent de force, sous toutes ses formes, parce que l'inégalité des talents et des pouvoirs naturels est perçue, de manière inavouée et inavouable, comme une injustice que, précisément, le mensonge et la ruse, ou le mensonge investi dans la ruse, permettraient de compenser. C'est ainsi que le faible à prétentions développe insidieusement ce que l'on nomme l'esprit d'à-propos, l'art de ridiculiser autrui par un bon mot, l'ironie méchante, la formule cinglante qui suscite le rire, la méthode de l'insinuation dégradante assez claire pour faire mal et cependant trop équivoque — ainsi trop assourdie — pour mériter une riposte publique.

Il y a des gens qui, nourrissant secrètement des prétentions qu'ils se savent privés du pouvoir de faire valoir, feraient tuer père et mère pour un mot d'esprit. Ils ont, pour se supporter eux-mêmes, vitalement besoin de la maîtrise de cet art mauvais, de cet art mineur et dégradant, de cet art mensonger qui fait passer le feu infernal de l'envie pour la clarté de l'intelligence audacieuse ; ils ont aussi besoin de la réputation d'intelligence et de lucidité qui s'attache à la possession de cet art, parce qu'ils ont besoin de se faire craindre afin d'éviter les conflits directs qui leur vaudraient une rossée, une défaite intellectuelle ou physique. Une race aussi détestable est typiquement française en son paradigme voltairien :

« L'autre jour, au fond d'un vallon,
Un serpent piqua Jean Fréron ;
Que pensez-vous qu'il arriva ?

Ce fut le serpent qui creva ».

La pensée de Voltaire, qui vulgarise l'empirisme de Locke, est philosophiquement nulle, incapable d'opposer des arguments rationnels à la réfutation des Encyclopédistes opérée par Fréron. Sensible aux travers de ses tristes compatriotes celant leur misère morale sous les dehors d'une étincelante légèreté, Alphonse de Lamartine a dit l'essentiel sur le mécanisme qui lie la ruse et l'envie :

§ 15. 2. « L'envie est essentiellement le vice français. Le Gaulois se venge par la raillerie et par l'épigramme de tout ce qui l'humilie et il se sent humilié par tout ce qui le dépasse. Rabaisser est sa tendance » (Lamartine, Pomerand).

On est en vérité fondé à se demander si ce fameux esprit français, qui fit l'admiration des cours d'Europe, cinglant et venimeux, n'est pas lui-même tout entier, sous des dehors charmants de vivacité spirituelle, une sécrétion du ressentiment le plus glauque et le plus malodorant. Le Français n'a ni la ténacité de l'Anglais, ni la force féconde et disciplinée de l'Allemand, ni la fierté ombrageuse de l'Espagnol, ni ce scepticisme de l'Italien qui l'invite à se mettre à distance de lui-même et à ne jamais se prendre totalement au sérieux. Relevant cependant d'un peu tous les peuples européens dont il est comme la synthèse, le Français prétend jouir du génie cumulé de tous et se croit et se veut supérieur à tous. Faute de moyens suffisants pour attester cette supériorité revendiquée, il cultive une prétention vaine à l'affût d'armes à lui accessibles pour abaisser les autres à défaut de les dépasser. Alors il développe l'art de mettre les rieurs de son côté, d'entrevoir la faille en autrui et de l'exploiter cruellement, de le ridiculiser, de se tirer des situations embarrassantes par une pirouette, un mot d'esprit, une attitude. Ce qui ne l'empêche pas, quand le hasard lui donne de disposer d'un vrai pouvoir et de l'impunité dans le libre cours donné à sa vengeance, d'user de sa force avec une cruauté sans pareille, une goinfrerie de violence basse peu commune. Il suffit de songer aux massacres de Septembre, ou aux crimes de l'Épuration.

Quand il n'a ni l'art de la répartie assassine ni cette espèce de lamentable ténacité que requiert le mensonge désireux de durer, l'envieux — qui n'a même pas, comme l'avait Tartuffe, l'énergie convoquée par l'art épuisant de feindre et d'être en permanente représentation — verse dans le surnaturalisme :

Voici une jeune femme dont le père, rude et prospère vendeur de bois, avait épousé une fille de maçon immigré portugais dans les années cinquante du XXème siècle. Bien que sans bagage culturel, cette jeune fille était fine, dotée de l'intuition de certaines qualités esthétiques et morales, mais surtout ambitieuse, douée pour s'approprier de manière mimétique aux réquisits de ladite « bonne société », c'est-à-dire des impératifs de la société bourgeoise. Sa fille hérita de l'ambition maternelle mais non du reliquat de bon sens et de réalisme qui accompagnait cette dernière. Elle développa donc le souci de faire un mariage socialement avantageux en singeant les manières de la classe bourgeoise, en adoptant ses préjugés et ses goûts. Malgré sa dot non négligeable, elle ne parvint à intéresser que le rejeton raté d'une lignée provinciale qui s'était débarrassée de lui en le reléguant dans un monastère ; il entendait là se persuader que ses échecs scolaires et professionnels n'étaient que l'effet de la Providence ayant pris soin, par eux, de le diriger vers l'honorable condition de moine, sublime dans son anonymat. Après avoir, sans succès, tenté ses chances sur tous les garçons de la famille, elle jeta son dévolu sur le benjamin et parvint — au vrai sans trop de difficulté — à lui fait quitter son noviciat. L'argent des deux côtés du couple suppléa à l'incompétence du gandin chiffe molle, mais son honorabilité exigeait qu'il eût un état social gratifiant, ce qui dans son cas n'était pas facile à inventer. Il devint « enseignant », chargé d'apprendre le français aux immigrés innombrables que l'on tentait encore, à cette époque, d'intégrer. Mais il tint à faire le vide dans les relations de son épouse universitaire, parce que sa promotion au rang de père de famille ne dissipait nullement ses complexes. Ce qui est intéressant dans son cas, c'est la stratégie dont il usa pour se justifier et se rendre crédible auprès de sa moitié : la culture profane ne vaut rien, disait-il, rien n'a de valeur que le catéchisme, la connaissance et la récitation des prières, il n'est de culture que chrétienne, tout ce qui n'est pas d'abord chrétien est païen, mais par là barbare et inconsistant, voire diabolique. Consciente de l'avoir choisi par cette vanité qu'inspirent les préjugés sociaux, Madame eut tout intérêt à croire Monsieur, et consentit à se priver des quelques relations intellectuellement gratifiantes qui lui restaient. Elle porta sur sa progéniture étique le ressentiment que lui inspirait la médiocrité de son mari, tout en se coulant dans la condition d'une dame patronnesse en guerre contre la décadence de son époque et l'ingratitude de la jeunesse.

Evidemment, un enfant de dix ans qui connaît son catéchisme est, sous un certain rapport, plus savant qu'Aristote, puisqu'il a une connaissance du salut et des fins dernières que le Philosophe n'avait pas. Mais tout le monde comprendra que l'orgueil et la vanité peuvent habiter même l'enfant sage et pieux, qui vite devient ergoteur, raisonneur et ivre de liberté :

§ 15. 3. « Les enfants sont hautains, dédaigneux, colères, intéressés, volages, timides, intempérants ; menteurs, dissimulés ; ils rient et pleurent facilement... ils ne veulent point souffrir de mal et aiment en faire : ce sont déjà des hommes » (La Bruyère, *Les Caractères* ; Pomerand).

L'innocence n'existe pas, elle n'est pas originaire, elle est un idéal, on s'en approche à force de souffrir, elle est au mieux au terme de la vie, elle coïncide avec le maximum accessible, certes très imparfait, de l'expérience et de la lucidité désabusée.

Est surnaturaliste le point de vue consistant à ne concevoir l'intromission de la surnature dans l'ordre naturel que sur le mode d'une frustration des appétits naturels même quand ils sont demeurés droits. Souvent, non certes toujours, ce tour d'esprit incapacitant est inspiré par l'orgueil des faibles, qui plébiscitent cette fustigation de l'ordre naturel parce qu'il ne les a pas gâtés, qui donc se vengent de leur indigence naturelle au nom de la vie de la grâce, ce qui revient à faire de la grâce l'instrument des aigreurs d'une nature débile insurgée contre elle-même. On voit sous ce rapport que le surnaturalisme relève lui-même des procédés apparentés à la ruse. Et c'est bien là ce à quoi s'emploie l'enfant « sage » envenimé par la conscience naissante de sa capiteuse liberté, qui aime reprendre ses maîtres, se placer au-dessus d'eux en s'armant des apparences de la sainteté et des mots de la sagesse surnaturelle.

Méfions-nous aussi des flatteurs qui, sous couvert d'admiration béate, nous épient impitoyablement, nous caressent pour nous détendre et nous faire baisser notre garde, tentent de nous paralyser dans cette stupide et sporadique éruption de vanité qu'ils suscitent en nous, afin de nous mieux poignarder et de nous ravir notre bien, nos idées, nos savoirs ; c'est là le procédé classique de la ruse par laquelle l'hostilité pillarde singe l'amitié ; c'est l'arme des faibles qui avilit pour affaiblir et vaincre plus fort et plus doué que soi. C'est, au passage, le procédé bimillénaire de la gent judaïque ; c'est *le* moyen du renversement de l'ordre des choses, la fluidification de toute hiérarchie, l'arme du révolutionnaire par excellence. C'est le hideux sourire du serpent séducteur.

« **La jeune fille, ce qu'elle est en réalité : une petite sotte et une petite salope ; la plus grande imbécillité unie à la plus grande dépravation ; il y a dans la jeune fille toute l'abjection du voyou et du collégien** » (Baudelaire, *Journaux intimes ;* Pomerand). La chose se corse, la vérité se fait terrible quand il s'agit d'une femelle ayant raté sa vocation de mère et d'épouse, qui persiste à se prendre pour une jeune fille. A l'abjection du voyou crasseux et sans honneur et du collégien sournois, vicieux et onaniste, se joignent le ridicule, la vénalité et cette forme amère de la méchanceté qu'est la haine tranquille devenue seconde nature : le premier mouvement vers autrui est devenu un acte de haine ; la haine en est venue à s'aimer au point que les objets de la haine deviennent les instruments de l'acte par lequel elle s'alimente. Telle est probablement l'unique manière dont, en dernier ressort, le désespoir, choisi pour le sentiment d'indépendance qu'il suscite, se rend supportable à lui-même.

§ 15. 4. Le Français, homme moyen.

L'envie, observait tristement Lamartine, est essentiellement le vice français. Le Gaulois se venge *par l'épigramme* de ce qui l'humilie, parce qu'il n'a pas d'autre moyen de se venger, manquant de force, de discipline et de ténacité ; manquant aussi de cette humilité qui lui ferait porter un regard critique sur la pertinence des raisons qui le font se sentir humilié. Il est humilié par tout ce qui le dépasse parce qu'il a des prétentions démesurées, se rêvant le premier en toute chose, percevant une supériorité en autrui comme une injustice, se sentant lésé comme si on lui avait ravi ce qui lui reviendrait de droit. La condition de possibilité du subjectivisme, cette maladie qui absolutise le Moi, tient au fait suivant : est sujet ou personne cet individu qui exerce les talents qu'il a, ce qui n'aurait rien de répréhensible s'il ne décidait de vivre les déterminations le définissant pourtant dans son être comme autant d'additions révisables faites à ce sujet qu'il est ; est personne ce qui a ce qu'il est ; est subjectiviste cette personne qui oublie qu'elle est ce qu'elle a pour se réduire, en tant que sujet qui a des déterminations, à ce néant de déterminations — ainsi à ce néant d'être — en lequel elle se concentre pour rêver qu'elle est tout, telle une liberté se donnant sa nature, se faisant exister. Une nature est ce qui nous définit mais aussi ce qui nous limite ; n'avoir pas de nature, c'est-à-dire avoir une nature comme on a un fusil ou un chapeau, c'est se vouloir infini, potentiellement doué, sur le mode de la puissance active, de toutes les natures et de tous les talents, préférant demeurer à l'état d'être en puissance, ainsi choisir d'être virtuellement tout, au lieu de consentir au choix d'être l'actuation d'une puissance à être, parce qu'une telle actuation est restriction des possibles. C'est évidemment le subjectivisme qui crée l'envie, mais il faut se demander si le subjectivisme lui-même n'est pas favorisé par une espèce dangereuse de talent dont, pour notre honte, le Français serait particulièrement favorisé.

Le plus navrant est que, en effet, le Français est l'homme moyen par excellence, le résultat de cette synthèse de tous les aspects du génie indo-européen ; il tient de tous, participe de tous selon une mesure honorable mais qui n'égale pas ce en quoi chacun excelle et qui fait comme sa différence spécifique ; nous sommes un peu comme des spécialistes de la généralité, et c'est ce qui nous confère le sens de l'universel, cet esprit large voué à se faire profond mais, précisément, volontiers enclin à en rester à la surface des choses. L'Homme moyen, c'est celui qui n'est exceptionnel en rien mais qui peut exceller honorablement en tout, et qui sous ce rapport se sait doté du moyen de se comparer à tous, non sans revendiquer le statut de champion à sa manière, car il n'est pas aisé d'être un bon décathlonien ; cela suppose une variété de qualités dont la réunion a quelque chose d'exceptionnel, cependant que tout se passe comme s'il était interdit de s'investir tout entier en une seule discipline et ainsi de battre des records. C'est précisément ce sens de l'équilibre, de la variété dans l'exercice des talents, qui est admiré dans le Français par les autres peuples, mais cette admiration ne lui suffit pas. Être moyen en tout interdit, en tant qu'on est seulement moyen, de revendiquer la première place cependant que, étant honorable en tout, on en vient à se croire doté de génie polyvalent, *possesseur de la racine de la diversité des génies*, pour en venir à prétendre aspirer à être tout ; d'où la tendance à rabaisser l'excellence des autres, à la faire descendre au niveau de la sienne propre, pour se soustraire à la modestie à laquelle invite la conscience d'être dépassé en tout.

Un tel état d'esprit suppose une explication particulière qui n'est pas sans nous faire affronter une difficulté spéculative à notre sens extrêmement féconde.

L'Aquinate et Duns Scot s'accordent sur le point suivant : ce qui subsiste à l'état parfait et infini dans la Cause première se retrouve dans ses effets mais à l'état fini et dispersé ; il y a corrélation entre la limitation d'une perfection et sa diversification ; c'est pourquoi toutes les perfections dont on peut constater l'existence en ce monde, diverses, souvent difficiles à faire coexister, préexistent en Dieu à l'état d'unité. Et il y a une puissante et profonde intuition, selon nous, dans cette idée scotiste selon laquelle une perfection portée à l'infini en vient à s'identifier aux autres perfections sans pour autant, d'une certaine façon, renoncer à sa différence d'avec elles ; une telle conception de l'infini autorise à justifier le maintien de ce que le Docteur subtil nomme des « différences actuelles-formelles » à l'intérieur de ce qui satisfait pourtant absolument les exigences de l'unité et de la simplicité absolues : de telles différences ne sont ni des différences de raison, ni des différences réelles majeures ; peut-être est-on tenté d'y discerner des différences réelles mineures, mais ce n'est pas encore cela parce qu'elles ne sont pas, au rebours des différences réelles mineures, ablatives de l'identité des termes différenciés, laquelle est aussi radicale que s'il s'agissait de différences de simple raison ; la raison de bonté n'est pas celle de sagesse, et la raison de justice n'est pas celle de miséricorde ; la différence de ces raisons subsiste jusques en Dieu dont la simplicité absolue exige en retour qu'elles y subsistent en s'identifiant les unes aux autres ; il faut bien qu'elles y subsistent, à peine d'être mis en demeure d'en venir à déclarer que Dieu pardonnerait par justice de vindicte et damnerait les réprouvés par miséricorde. Étienne Gilson, dans son « Duns Scot » (Vrin 1952 page 258), explique très pédagogiquement que chaque attribut divin, « en raison de son infinité même, contient l'essence divine tout entière avec toutes les raisons formelles auxquelles la sienne propre n'est pas identique » ; l'infinité, modalité de l'être propre à l'être divin, peut être commune à plusieurs raisons formelles et leur conférer l'identité dans l'être sans pour autant supprimer leur distinction dans l'ordre de la formalité. Et Duns Scot de faire jouer cette différence « actuelle-formelle » non seulement à propos des noms divins, mais encore pour expliquer la pluralité des formes dans le composé humain ; les formes partielles subsistent actuellement ou réellement, distinctement dans le composé, c'est-à-dire dans la forme du tout, mais, en tant qu'incluses dans ou assumées par cette forme, elles n'y subsistent que virtuellement. C'est le concept de distinction réelle « actuelle-formelle » qui permet de déclarer que l'âme est réellement identique à ses facultés sans cesser de maintenir qu'elles sont différentes entre elles. C'est ce même concept qui autorise à affirmer que l'être est identique — ainsi univoquement prédiqué d'eux — en tous les êtres, sans cesser d'être identique aux distinctions surajoutées, qui sont elles-mêmes de l'être, par lesquelles les êtres se différencient réellement les uns des autres ; l'être est lui-même, identique en toutes les choses dont on dit qu'elles sont, et pourtant il est chacune des déterminations qui s'ajoutent à lui pour faire être tel être réellement distinct des autres êtres. Mais comment cela est-il possible ? Comment ce qui a raison de principe de différenciation de l'être pourrait-il être lui-même de l'être, identique à ce qu'il est supposé différencier ? On retrouve là, tout simplement, le problème de l'un et du multiple, qui conditionne et résume, depuis toujours, tous les problèmes philosophiques possibles.

Il y a, en toutes choses, solidarité entre qualité et quantité, essence et nombre ; la variation de l'un engendre celle de l'autre, car la solidarité entre les deux est assumée dans le concept de mesure (la mesure est bien une quantité qualifiée, ou une qualité quantifiée), laquelle se trouve inclusive de son autre (démesurer quelque chose est acquérir une autre mesure, on passe de la cuiller à la louche en faisant varier la taille de la cuiller) ; mais ce qui est inclusif de son autre (la démesure est encore mesure), ce qui enveloppe sa propre négation, c'est ce qui est une négation de négation, par là une réflexion, un acte de s'identifier à soi par négation victorieuse de son autre en lequel s'anticipe ce qui se réfléchit. Si l'on considère un polygone inscrit dans un cercle, il devient le cercle si l'on pousse à l'infini la multiplication de ses côtés ; le polygone devient cercle du fait qu'il est infiniment polygone, ses côtés s'étant infiniment multipliés ; il est donc d'autant plus polygone qu'il est plus proche de se convertir en cercle, de telle sorte que le polygone s'achève — s'accomplit et se supprime, se conserve en se niant — dans le cercle, dans l'acte même de renoncer à lui-même pour se convertir à l'identité du cercle. Il est donc d'autant plus différent du cercle (d'autant plus polygone) qu'il s'est plus identifié à lui. Le cercle s'anticipe (ainsi se nie) dans le polygone qu'il fait se renier (ou se sublimer) en lui en lui faisant radicaliser son identité de polygone qu'en retour il confirme, au sein de son identité, telle sa différence d'avec lui-même (ce qui fait que le polygone n'est plus polygone mais cercle est aussi ce qui fait que le cercle est encore polygone : l'extension à l'infini du nombre de ses côtés).

Qu'est-ce à dire, sinon que l'identité vraie, l'identité concrète ou réellement réelle est identité de l'identité et de la différence, identité victorieuse d'une différence qu'elle surmonte et conserve nonobstant son surmontement ? N'est-ce pas confesser qu'elle est elle-même réflexion, indifférenciation de sa différence d'avec soi, par quoi elle rédime son altérité à soi et se pose en coïncidence avec soi par l'assomption nécessaire de sa différence ?

Si l'identique à soi ou simple est inclusif de différences conservées en tant que niées, c'est que les perfections, présentes à l'état éclaté — tels les rayons qui procèdent du soleil — parce que réalisées comme finies, s'enracinent dans leur Cause où elles s'identifient sans cesser de conserver, chacune, son identité qui la différencie des autres. L'essence divine, racine de toutes les perfections, infiniment simple, est tout entière en chaque perfection réellement distincte des autres. Saint Bonaventure (*La Philosophie de saint Bonaventure*, Vrin 1924, Gilson, p. 153) avait recours à cette idée du soleil et de ses rayons en parlant d'« une lumière, explique l'historien de la philosophie médiévale, qui serait à la fois son illumination et sa propre irradiation ; si l'irradiation extérieure de ce point lumineux se confondait avec lui, il serait simultanément chacun de ses rayons alors même qu'ils sont perpendiculaires les uns aux autres » ; Gilson ajoute que cette manière de se représenter l'unité du divers dans la Source simple des différences est défectueuse parce que l'on ne saurait, dit-il, se représenter ce que pourrait être une *irradiation intrinsèque*. Nous pensons quant à nous qu'une telle représentation est possible si l'on a recours au concept de réflexion ontologique.

On comprend alors peut-être mieux pourquoi la tendance est grande, chez l'homme qui est bien doué en tout, de se croire possesseur de la racine de tous les dons puisqu'il les fait s'identifier les uns aux autres en lui. C'est que, en Dieu, chaque perfection s'identifie aux autres parce qu'elle est portée à l'infini ; on en vient donc à croire, inversement, que quand on tend à les faire s'identifier en soi-même, on les possède à l'infini, de sorte que, possédées par d'autres, elles font figure de possessions usurpées ; s'il y a solidarité entre réduction à l'unité du divers et infinitisation des composants de ce divers, ce qui réalise l'unité d'une diversité de talents devrait en droit se révéler possesseur de chacun d'entre eux selon le maximum de sa réalisation possible ; or cela n'a pas lieu en ce qui concerne les talents humains possédés par le Français.

§ 15. 5. Envie, esprit égalitaire, liberté débridée.

Le génie français respectueux de ce sens de la mesure qui fait sa grandeur et qu'il viole impunément en en faisant un attribut divin qu'il s'arroge, consisterait à se savoir capable de se placer du point de vue de Dieu mais sans prétendre à être Dieu ; ce qui serait tout simplement la sagesse, qui désigne cette vertu intellectuelle habilitant l'intellect à considérer les causes premières, à voir toutes choses du point de vue de Dieu, autant qu'il est possible.

Constatons, dans le même ordre d'idée, que chaque homme est l'individuation de sa nature ou sa nature individuée mais que, en même temps, il est le sujet dont se prédique cette nature individuée (je suis cet homme individuel, cette manière unique d'être homme) : chaque homme singulier peut dire qu'il est sa nature s'individuant en lui, et tout autant qu'il n'est pas cette nature parce qu'il est dans la nature de cette nature de garder en réserve son pouvoir de s'individuer en d'autres selon des modes qui échappent à cette nature individuée qu'est un tel homme ; et si l'on observe que ce pouvoir gardé en réserve est d'une certaine façon inclus dans chaque homme singulier, il faut observer qu'un tel pouvoir ne subsiste en lui que sur le mode du désir de procréer, ainsi de transmettre sa nature à d'autres selon de nouveaux modes d'individuation, et non de faire fleurir en lui-même toutes les facettes de cette nature, selon l'impossible vœu de faire se réaliser l'espèce humaine en un seul homme. Le Moi singulier *est* toute la richesse de la nature humaine mais il n'en *a* qu'une mesure limitée ; le Français dispose d'une grande variété de talents, mais il n'est transcendant en aucun, au lieu que les autres peuples peuvent exceller de manière écrasante dans un talent mais manquer cruellement des autres.

Ainsi donc, ce qui rend particulièrement le Français fragile vis-à-vis du virus de l'envie, c'est précisément ce qui fait sa grandeur, son statut d'« honnête homme » aux talents variés mais dont aucun pris à part n'est poussé au point d'atteindre cette excellence presque tératologique définitionnelle d'un talent s'approchant de l'infini. Notons aussi que cette condition d'homme moyen revient à vivre dans sa chair, sur le mode existentiel, cette difficulté essentielle qui définit le souci philosophique : le problème de l'unité de l'un et du multiple ; c'est pourquoi, peut-être, l'esprit français est-il si bien disposé à philosopher, si fécond en intuitions philosophiques majeures, tout en étant si peu doué pour les développer avec la rigueur qu'en droit leur traitement rigoureux appelle. C'est pourquoi, tout autant, l'envie étant l'envers de la charité, « **il y a en France un principe fort ridicule et qui est vivement enraciné, c'est**

que l'égalité consiste à ce que chacun puisse prétendre à tout » (J. Fiévée, *Correspondance et relations avec Bonaparte ;* Pomerand).

La racine de l'égalitarisme est la prétention à la liberté et à la puissance absolues. Chacun veut être l'égal de celui qui le dépasse parce que, pense-t-il, tous les hommes étant également hommes, il faudrait qu'ils fussent des hommes égaux. C'est déjà là un sophisme parce que l'identité spécifique exige les différences individuelles, lesquelles sont nécessairement génératrices d'inégalités ; s'il n'y avait pas de différences, chaque homme serait cet homme-ci à raison du fait qu'il est homme, et il n'y aurait qu'un seul homme qui serait à lui tout seul l'Humanité. A peine de recourir, avec saint Bonaventure, au concept peu intelligible de matière spirituelle capable de différencier les anges à l'intérieur d'une même espèce, force est, avec saint Thomas, de convenir que ce qui est son espèce est seul à le pouvoir être, et, par voie de conséquence, qu'il épuise en sa singularité les richesses de son espèce. Il est aisé de prévoir les conséquences de cette prétention ruineuse à épuiser son espèce en sa singularité : l'autre sera de trop. Parce que je ne puis, homme parmi les hommes, revendiquer d'être mon espèce sans le revendiquer aussi pour autrui, je suis bien contraint de plaider en faveur d'une coexistence de petits Moi régis par une stricte égalité dont le sourcilleux respect s'efforcera de conjurer les pulsions de haine criminelle animant logiquement chacun à l'égard de l'autre. Et la démocratie est ce régime fondé sur la haine de tous contre tous, mais tous solidaires dans la haine également plébiscitée parce que condition de la prétention de chacun à être toute l'humanité à lui tout seul :

« **Le plus grand nombre est bête, il est vénal, il est haineux. C'est le plus grand nombre qui est tout. Voilà la démocratie** » (Paul Léautaud, *Passe-temps*, Mercure de France ; Pomerand).

Conférer une valeur angélique à son statut d'homme, c'est changer de nature et prétendre à se donner sa nature, ce qui reviendrait à se faire exister, à être une essence jouissant du statut de raison d'être de l'acte d'exister qu'elle exerce ; aussi, prétendre à être à soi seul toute l'humanité, c'est aspirer non seulement à hypostasier le genre humain, mais à se déifier. Et seul un rapport de stricte égalité peut tenter (vainement au reste) d'être instauré entre de petits dieux. Or une égalité des droits ne suffit pas à satisfaire cette inversion égalitaire de la justice ; il faut, pour que l'égalité soit effective, que la distribution égale des droits s'accompagne de celle des moyens d'exercer les mêmes droits. C'est ainsi que la revendication de l'égale distribution des droits induit nécessairement celle des conditions et des talents. On obtient de ce fait une société dans laquelle d'une part chacun est réduit à ce qu'il a, d'autre part tous ont la même chose. Ce qui est acquis par la réduction de l'essence humaine à l'ensemble des rapports sociaux, et par la collectivisation des moyens de production. La vérité de l'esprit démocratique est le communisme, lequel est à ce titre la conséquence politique de l'envie :

« **Le désir du privilège et le goût de l'égalité, passions dominantes et contradictoires des Français de toute époque** » (*La France et son armée*, De Gaulle, Pommerand).

Ces deux passions sont contradictoires bien qu'elles procèdent du même principe, qui s'est révélé être la prétention nourrie par chacun à être divin, laquelle est évidemment contradictoire et ne peut se solder que par un échec. J'ai besoin d'être servi par tous les autres (d'où le goût pour le privilège et l'inégalité) afin de n'être victime d'aucune frustration qui attesterait combien je suis éloigné de la déité ; mais je dois revendiquer ce droit à la déité — droit d'être pour soi-même sa propre fin — pour tout le monde afin d'obtenir l'adhésion d'autrui à ma prétention à la déiformité. Il y a bien une espèce de rationalité dans cette contradiction passionnément plébiscitée : on se refuse à concevoir qu'une même perfection puisse être tout entière quoique non totalement en plusieurs, ainsi que chaque homme puisse être totalement homme sans être toute l'humanité. La compréhension de cette exigence passe par celle du rapport entre mobile et mouvement. Un mobile est tout entier et non totalement en chacune des phases de son mouvement : l'homme est tout entier dans sa jeunesse, puis dans sa maturité, puis dans sa vieillesse. Le terme d'un mouvement est ce en quoi se repose le mobile qui, en lui, devient ce qu'il est en vérité. Dire qu'il devient ce qu'il est, c'est annoncer que ce mouvement est au fond circulaire et qu'il est une réflexion. Ce qui est réflexion s'éloigne de soi pour faire retour à soi, en changeant de sens dans le moment correspondant à l'extrême inférieur de son orbite. Ce qui est réflexion est ainsi négation de négation, victoire sur son contraire assumé. Et l'avancée dans le processus, qui est aussi retour, veut que le moment postérieur soit assomptif des vertus de l'inférieur et donc le conserve dans l'acte où il le répudie ; si les individus d'une même espèce sont comme les moments d'un même mouvement, il est clair qu'une stricte inégalité règne entre eux, et que la hiérarchie des individus à l'intérieur d'une espèce est la réfraction à l'intérieur de cette espèce de la hiérarchie qui régit les espèces elles-mêmes. L'inférieur est sacrifié pour le supérieur qui en retour lui rend hommage en le conservant, en lui signifiant qu'il ne serait pas sans lui, et ainsi tous prennent leur sens dans un tout qui seul donne à chacun son vrai sens, lequel se révèle être le service d'un bien commun ; le terme d'un processus riche des moments dont il est le terme est comme un tout gravide de ses parties ; quand le résultat d'un processus se réfléchit dans l'un d'entre eux, il est comme un tout capable de se réfléchir tout entier dans chacune de ses parties, ce qui est possible dans l'unique mesure où chaque partie vit de la vie même du tout par là révélé comme organique. Chacun trouve son bien le meilleur dans le service d'un tout, tous sont également ordonnés à lui, et en cela seul ils peuvent être tenus pour égaux.

§ 15. 6. Destin organique de la France.

Plus que tout autre peuple, la France est comme condamnée à se conférer une forme organique pour se donner les moyens de subsister, ainsi de ne pas imploser sous la pression de ses différences. Mais cette vocation à l'organicité, condition de sa survie, ne vaut pas seulement pour son fonctionnement interne. Elle vaut aussi pour ses rapports avec les autres nations du même genre, dont l'ensemble est désigné par la réalité européenne. Il est dans la vocation de la France d'exalter l'organicité non seulement en son propre sein, mais encore dans la constitution impériale de l'unité des nations occidentales. Sous ce rapport, il y a quelque chose de recevable dans l'observation suivante de celui que le grand Abel Bonnard nommait le « nain interminable » :

« **La France n'est vraiment elle-même qu'au premier rang ; seules les vastes entreprises sont susceptibles de compenser les ferments de dispersion que son peuple porte en lui-même** » (Charles de Gaulle, *Mémoires de guerre ;* Karl Petit).

Pour compléter la remarque pertinente du néanmoins « nain interminable », nous nous ferons le plaisir de citer Pierre-Antoine Cousteau (*Après le déluge*, La Libraire française, 1956, pp. 71 et 72) : « (...) la démocratie est de tous les systèmes possibles celui qui favorise le mieux le plein épanouissement de ce qu'il y a de moins plaisant dans le tempérament français : le goût passionné des querelles de clans et le fractionnement quasi illimité desdits clans en sous-clans frénétiquement hargneux, jaloux, revendicatifs, éternellement insatisfaits » (...). Les Français <tel est « le fil conducteur de toute notre histoire »> sont d'abord des gens divisés contre eux-mêmes, qui se battent entre eux, et qui aiment ça, pour qui la fraction indigène rivale est cent fois plus odieuse que l'étranger et qui s'en donnent à cœur joie dès que l'occasion se présente » (...). « Comme dit Anouilh dans son admirable *Pauvre Bitos* : « 'la haine est française' ».

S'il est un domaine dans lequel la France doit exceller, plus que tout autre peuple, parce que telle est la condition de sa survie — c'est-à-dire de sa victoire, toujours à renouveler, sur ses dissensions internes —, c'est bien celui de l'organicité politique. Et telle est la forme de grandeur à laquelle la destine sa nature disparate. Requérant de grands efforts pour s'unifier, ainsi pour exister — être, c'est être un —, la France doit tirer d'elle-même la force convoquée par le besoin de tels efforts, et cette épreuve consistant à chercher à être forte est cela même qui la rend forte. Le travers qui, plusieurs fois, l'a rendue malade, et dont elle est en passe de mourir, c'est d'avoir prétendu rechercher la grandeur ailleurs que dans ce souci d'organicité, lequel présuppose une mentalité rationaliste (au sens intellectualiste et non antireligieux du terme) et une doctrine politique systématique, c'est-à-dire soucieuse de rendre raison de ses postulats. Son rationalisme lui enjoint d'affronter la gageure suivante : confirmer ses différences avec la vigueur qu'elle convoque pour les surmonter, puisque telle est la définition de l'organicité ; être une réalité organique, c'est être un tout capable de se faire dépendre de ses parties qu'il fait être en s'aliénant en elles et qu'il sauve dans l'acte de les ramener à son unité en les faisant s'aliéner en lui ; or ce mouvement est celui de la raison systématique dont le propre est de tendre à poser ce qu'elle présuppose, afin de reposer sur elle-même. Rationalisme, organicité, centralisme sont solidaires. La France est cette réalité étatique éminemment centralisatrice présupposant une identité nationale (une matière à unifier) qu'en retour elle tend à poser ou forger, ainsi qu'elle invente au double sens de découvrir et de créer. Plus que toute autre nation, elle fait du processus de sa genèse une détermination intrinsèque à son identité achevant cette genèse.

Délaissant sa vocation propre, qui est d'abord intellectuelle et spirituelle, elle s'est cherché des victoires qui n'étaient pas à sa mesure et qui, l'exténuant, ont aussi répandu le désordre dans toute l'Europe et même dans l'Eglise. La France, c'est saint

Louis, mais c'est aussi sa maladie polymorphe : le gallicanisme, le jansénisme et le jacobinisme.

Oui, la France n'est probablement elle-même qu'en embrassant chaque jour un destin héroïque ; encore faut-il qu'elle ait assez de souffle pour cela qui requiert, en vertu des limites naturelles auxquelles elle doit se tenir afin de ne se point défaire, qu'elle œuvre à l'intérieur d'une communauté plus grande dont elle n'exerce que le magistère spirituel, ne déployant un magistère temporel propre que pour tempérer les excès accidentels de ceux qui jouissent par droit de nature de ce magistère guerrier. La psychologie des peuples et l'Histoire nous apprennent que la France a vocation à reconnaître le magistère politico-militaire d'un Saint-Empire en retour respectueux des nations historiques qu'il fédérerait, et, à l'intérieur de cet empire, à se reconnaître un rôle particulier consistant à servir avec un zèle qui n'appartient qu'à elle les intérêts temporels de l'Eglise quand les revendications légitimes — l'ont-elles toujours été ? — de son indépendance spirituelle sont compromises.

Cette tendance à l'organicité exclut par principe la démesure, parce que la démesure consiste dans la rupture de solidarité entre le tout et les parties, quand les parties entendent s'émanciper du tout et à se constituer chacune en un tout particulier, ou bien quand le tout prétend embrasser d'autres parties que celles dont il vit et qu'il fait vivre. Le régionalisme séparatiste et le mondialisme, ou encore l'individualisme (le subjectivisme) et l'universalisme abstrait (la philosophie des droits de l'homme), tels sont les deux extrêmes, solidaires dans leur opposition, entre lesquels elle doit trouver son chemin escarpé. Il en est de même pour toutes les nations mais, ce qui fait la spécificité de la France, c'est sa vocation à exceller dans l'aptitude à assumer et à dépasser cette tension entre les deux extrêmes. C'est sous ce rapport qu'elle est habilitée à se poser en exemple pour toutes les nations, mais c'est aussi seulement sous ce rapport. Exceller dans le plébiscite de ses limites, absolutiser sa puissance de modestie, c'est sa manière propre de tendre à l'infini.

CHAPITRE TROISIEME

De l'insupportable suffisance des critiques.

§ 16. « Celui qui prétend reprocher à un auteur son obscurité ferait bien de regarder d'abord en lui-même pour voir s'il y fait bien clair. Dans la pénombre, une écriture même fort nette devient illisible » (Goethe, *Maximes et réflexions*, trad. G. Bianquis, Gallimard ; Pomerand).

Il existe des auteurs qui écrivent mal et qui n'ont rien à dire, qui donc feraient mieux de cesser d'écrire. Les critiques utiles sont là pour le leur faire comprendre, et il faut leur en savoir gré. Il y a des auteurs qui écrivent mal et qui ont quelque chose à dire, et les critiques judicieusement élaborées et honnêtes peuvent les aider à s'amender. Cela dit, juger est comparer. Apprécier la rectitude d'une ligne réelle oblige à faire référence à l'idéal de la ligne, et c'est là un idéal qui, principe d'objectivation, se trouve être, quant à lui, représentable, ce qui revient à dire qu'il peut, jusqu'à un certain point, être lui-même objectivé. Il peut être objectivé parce qu'il peut être tracé, construit ; et il est principe d'objectivation parce qu'il est ce par quoi nous jugeons la rectitude de telle ou telle ligne réelle, et l'on doit déduire d'un tel constat que nous nous objectivons cette rectitude ; l'idéal de rectitude d'une ligne peut, d'une certaine façon, faire partie des lignes dont il est la mesure. Mais l'idéal de référence d'un beau style est beaucoup moins aisément représentable ou identifiable ; principe de construction d'un texte, il n'est pas construit, parce qu'il n'est pas quelque chose de spatio-temporel. Un tel idéal doit bien exister d'une manière ou d'une autre, sans quoi aucun jugement sur le style d'un auteur réel ne serait possible : on reconnaît la Beauté dans les choses belles, bien qu'on ait besoin des choses belles pour se forger quelque image de la Beauté qui, jamais, ne consent à se livrer à la représentation dans sa pureté tout idéelle. Et la représentation universelle de l'idéal du beau style, ou du bien écrire, se dérobe à toute tentative de construction a priori. Aussi la représentation du style idéal à l'aune duquel on apprécie tel style réel se réduit-elle elle-même, quand on entend la décrire et la circonscrire, lui donner une existence visible, à un style réel particulièrement réussi et érigé en idéal. Celui que le style de Proust a fasciné tend à faire d'un tel style le modèle de tous les styles possibles. Et le choix de telle référence stylistique dépend lui-même de la sagesse, de la sagacité, du bon goût du critique. Concrètement, un critique ne juge jamais les œuvres d'autrui qu'à l'aune de ses propres capacités de jugement érigées en idéal. Et il lui est bien difficile de critiquer objectivement ses propres capacités puisqu'elles sont à la fois ce qui juge et ce qui est jugé. Alors se produit trop souvent ce qui va suivre, bien que ce ne soit pas une fatalité :

Un esprit médiocre ne se sait tel que s'il n'est pas tout à fait médiocre. En tant qu'il n'est pas tout à fait médiocre, il ose nourrir certaines prétentions ; en tant qu'il fait partie des médiocres et qu'il le sait, il se sait n'être pas en droit de nourrir de telles prétentions ; il vit ainsi sa condition dans l'aigreur et il se compare. A défaut de produire des œuvres, il critique celles des autres. Il n'apprécie le talent des autres qu'à l'aune de l'idée qu'il se fait du talent. Et c'est ainsi que ce qui le dépasse sera jugé par lui obscur et confus. Il ne manquera pas, bien entendu, pour peser la valeur d'une philosophie convoquant des concepts que le langage courant n'est pas forgé pour les exprimer, d'en appeler à la clarté de la langue française, à son génie incomparable, afin de fustiger des travaux dont la densité spéculative est à mille lieues de ses petits pouvoirs d'abstraction.

« Il est obscur pour paraître profond, c'est un imposteur, dénonçons sa lourdeur et sa témérité, il est creux, il enfume, il se donne des airs, il est grotesque… ».

Rabelais — ce qui n'est pas à son honneur — faisait déjà mémoire des « barbouillamenta Scoti » (*Pantagruel*, II 7).

Il y a des discours obscurs qui révèlent la confusion de l'esprit de leurs auteurs. Il est bon de les dénoncer, de parler d'enfumage et de cuistrerie, surtout quand ils veulent faire passer leur obscurité pour de la profondeur. Mais il est des choses, des réalités spirituelles qui sont en soi éminemment intelligibles et qui, à ce titre même, offrent une réelle difficulté à être communiquées, parce que l'intelligibilité d'un être est en raison inverse de sa matérialité ; la matérialité dit l'être en puissance, et le propre de l'être en puissance est de faire s'identifier les contraires et les contradictoires, c'est-à-dire d'imposer une situation qui contredit les lois de la pensée logique ; est matériel ce qui, ayant un dehors qui n'est pas intérieur à son dedans, est ce dont l'extérieur est extérieur à l'intérieur, c'est-à-dire ce qui répugne à se contenir, ce qui est extérieur à soi-même, ce qui est en situation de conflit constitutif à l'égard de soi-même, par là de confusion ; ce qui est éminemment intelligible répugne ainsi à s'incarner dans les mots *humains*, dans ce langage exigeant, pour être communicable, de contracter un mode d'existence sensible, matériel, du fait même du mode humain de connaître, lié à l'objet propre de l'intellect humain, qui est la quiddité du sensible. Le « quod quid erat esse » des Scolastiques, si difficile à traduire, l'« acte de ce qui est en puissance en tant qu'il est en puissance » de cette même école, ou bien la définition de l'Etat hégélien comme « réalité en acte de la liberté concrète », ce sont là des formules qui semblent torturer le langage à plaisir, et qui, loin de relever d'un esprit confus, s'efforcent à lui faire exprimer ce qu'il est structurellement en peine de faire, de sorte qu'on est en demeure de le torturer quelque peu, non pour le trahir mais pour lui faire donner le meilleur de lui-même. Entre l'obscurité du cuistre et la technicité du vrai philosophe spéculatif, il y a la même relation qu'entre le sophiste adepte de la rhétorique et le philosophe habile à la dialectique : pour le profane, ou en considérant les choses de l'extérieur, il n'y a pas de différence entre les deux ; seul l'accès au sens permet de discriminer entre la vraie et la fausse pensée. Le critique qui est médiocre penseur verra dans la dialectique un effet de sophistique, parce qu'il n'accède pas au sens du discours qui lui est offert ; il refuse — ou se révèle incapable, faute de moyens intellectuels — de faire l'effort d'accéder au sens qui permettrait d'aller au-delà d'une apparence de confusion, et il finit par déclarer l'inconsistance et l'intrinsèque confusion de ce qui le dépasse, croit dénoncer alors la cuistrerie et l'imposture, alors qu'il fait objectivement l'aveu de sa sottise, mais aussi de sa prétention déplacée.

Le propos inavoué d'un tel critique n'est pas véritablement de mesurer la valeur objective d'une œuvre, il est de comparer ses capacités latentes d'écrire aux capacités actuelles des auteurs dont il lit les œuvres, et de tirer de cette comparaison le sentiment qu'il vaut bien, en tant qu'auteur virtuel, ce que valent les auteurs réels ; il peut même rêver qu'il vaut plus qu'eux. Il n'écrit pas, certes, mais il se persuade ainsi que, s'il écrivait, il ferait mieux qu'eux tous. Et cette supériorité virtuelle suffit, pense-t-il, à nourrir son droit à cultiver des prétentions.

Quand la qualité d'un texte — c'est-à-dire, en premier lieu, son sens — n'est pas accessible immédiatement à l'intelligence limitée du critique, ce dernier a tôt fait de dénoncer l'obscurité de la pensée de l'auteur : « comme tout cela est lourd, jargonneux, artificiel, laborieux, prétentieux et indigeste ! ». Le critique a des lettres, et évidemment il cite Boileau à tout bout de champ : « ce qui se conçoit bien etc. ». Parce que le sentiment profond qui l'inspire est l'orgueil du faible, il entend se grandir en abaissant :

« **La critique est un impôt que l'envie perçoit sur le mérite** » (Duc de Lévis, *Maximes et réflexions* ; Pomerand). De même que la plus laide et disgracieuse des femmes rêve elle aussi de s'offrir le plaisir de rabrouer un séducteur potentiel, de même le critique le plus sot convoite la joie mauvaise de dénoncer une faiblesse dans l'œuvre qu'il juge et, quand il est à court d'arguments pour justifier sa critique, il a recours au persiflage, à la dénonciation des travers de l'auteur, à son physique en particulier, aspirant à mettre les rieurs de son côté : « **Esprit moqueur, petit esprit. La moquerie est la fiente de l'esprit critique** » (Pierre Reverdy, *En vrac*, Editions du Rocher ; Pomerand). Mais, en-deçà du recours à la moquerie visant directement l'auteur — ses petitesses, ses ridicules — d'une œuvre que l'on ne trouve pas de raisons avouables de brocarder, cet esprit de dénigrement inspiré par l'envie se manifeste dans le souci de voir le mal et les défauts dans le travail d'autrui, et de leur conférer une importance de premier plan afin d'éclipser ce qu'il peut y avoir de bon en lui :

« **Les petits esprits triomphent des fautes des grands génies, comme les hiboux se réjouissent d'une éclipse du soleil** » (Rivarol, *Ecrits politiques et littéraires*, Grasset ; Pomerand). Ce qu'il y a de terrible, c'est que ces explosions d'envie ne sont pas réservées aux œuvres de génie. Elles se concoctent même au détriment des œuvres médiocres qui sont toujours de trop pour les âmes malfaisantes, parce qu'elles sont un hommage rendu aux grandes œuvres qu'elles essaient d'imiter ou dont elles procèdent comme les petits rayons issus d'un grand soleil.

Parce qu'il est envieux, rongé par la haine de soi et de son prochain, le critique, esclave de sa passion, est incapable d'entrevoir que ce qu'il juge pourrait excéder ses pouvoirs de juger, et évidemment il se rend ridicule aux yeux des esprits avertis qui, eux, ont reconnu une valeur à l'œuvre qu'il éreintait. Aussi pourrait-on penser que tout critique n'a de crédit qu'auprès des ignorants et des idiots, et qu'il est au fond inoffensif. Mais il n'en est rien, hélas, et c'est pourquoi l'honnête homme est mis en demeure de dénoncer l'engeance poisseuse et malodorante des critiques : « **Critiques : le plus sale roquet peut faire une blessure mortelle. Il suffit qu'il ait la rage** » (Paul Valéry, *Tel Quel*, Gallimard ; Pomerand). Le travail destructeur du critique est l'exemple privilégié permettant d'illustrer ce fait singulier et fort triste, à savoir qu'il est des circonstances où la méchanceté rend intelligent, à tout le moins donne l'illusion de l'intelligence et même, d'une certaine façon, mobilise et rend efficace, en le concentrant sur un point précis, le peu d'intelligence dont dispose le médiocre. Le désir de blesser suppose que l'attaque vise une faille réelle, sans quoi elle n'atteint pas sa cible, et le discernement d'une faille réelle convoque au moins certaines vertus de lucidité. Le critique n'a rien compris de ce qu'il pouvait y avoir d'essentiel, de novateur, de véritablement intéressant dans un texte, mais il est parvenu à y épingler une maladresse, et les clameurs indignées qu'elle lui permet de proférer parviennent à oblitérer tout ce qui, du texte, méritait d'être considéré et loué. Si l'on ajoute que le critique littéraire est d'abord un journaliste, c'est-à-dire quelqu'un dont le statut professionnel de stipendié l'apparente à la condition de prostituée, on comprend que la notoriété du critique, l'autorité qui s'attache à ses diagnostics, relèvent moins de son flair pour discerner les talents que de sa vénalité lui faisant tantôt exécuter tantôt porter aux nues ceux qu'on lui désigne ; il devance même les intentions de ses maîtres, il s'amuït ou fait l'enragé au gré de son craintif et/ou vénal désir de plaire. Mais sa servilité lui confère une audience qui le charge d'une autorité par laquelle il détourne des œuvres qu'il salit des lecteurs potentiels que ces œuvres eussent intéressés ; il dégoûte aussi et décourage des auteurs qui ont la faiblesse d'accorder crédit à ses jugements fielleux. Malgré sa profonde médiocrité, il peut en effet faire des blessures mortelles.

§ 17. 1. L'Antimoderne ne subsiste que par sa critique de la modernité.

La chose prend la tournure suivante dans le landerneau des Réactionnaires.

Chez les Antimodernes, on tend à sacraliser le passé, en se fondant sur l'idée que le présent ne vaut rien, que sa décadence constitutive est d'autant plus ravageuse qu'était plus sublime la santé du corps spirituel dont elle vit à la manière d'un parasite. Alors on ne conçoit pas que le passé ait pu charrier les conditions intrinsèques de sa maladie ; on se refuse à admettre que quelque chose, dans ce passé certes objectivement bien meilleur que le présent, pouvait révéler un inachèvement dont l'ignorance souvent plus ou moins consentie fut la cause de la victoire des novateurs, fussent-ils des corrupteurs incapables de vrai progrès. Jadis, aux yeux de l'Antimoderne, tout était bon et beau, mais par là tout était parfait, achevé, non amendable. Dire qu'une époque est parfaite à tous égards, c'est dire qu'elle exclut le devenir, car devenir est toujours s'acheminer vers le mieux, ou bien commencer de décliner. Si l'on se souvient que le temps est la mesure du mouvement, c'est-à-dire de ce devenir dont la perfection s'émancipe, on peut dire que la décadence est ainsi représentée non comme la succession d'un temps pauvre à un temps riche, mais comme une chute dans le temps. Le problème est que le passé était en vérité aussi temporel que le présent, de sorte que l'adulation du passé, qui fait croire à son intemporalité, est en vérité refuge dans le rêve, et cela finit par faire de l'Antimoderne systématique un homme devenu étranger au réel, aussi bien à la réalité du passé qu'à celle du présent. Il ne comprend pas plus le passé — qu'il déifie — que le présent qu'il vomit. Il en résulte que, impuissant à prendre acte du caractère inachevé des productions intellectuelles de ce passé, il se persuade qu'il n'y a au fond plus rien à dire qui n'ait déjà été parfaitement formulé. C'est en cela que l'Antimoderne se voit contraint d'embrasser la vocation de simple commentateur incantatoire, ou bien celle de critique assassin : s'efforcer à rendre présent le passé, ainsi à retourner dans la bulle onirique de l'intemporel, ou bien détruire tout ce qui est présent, tout ce qui se présente et qui, du seul fait de relever du présent, ne peut être que mauvais. S'interdisant de produire puisque tout est supposé avoir été déjà dit, l'Antimoderne ne peut être que critique de profession, parce que ce métier consiste à ne pas produire d'œuvre tout en étant démangé par le désir d'écrire ; et le critique de profession qu'il sera, pour la même raison, le rendra a priori ennemi de tout ce qui se produit. Le critique, sous ce rapport, est habité par une hostilité de principe à l'égard des auteurs quels qu'ils soient.

Est-ce parce qu'il est antimoderne qu'il s'enferme dans la vocation peu glorieuse de dénigreur professionnel, ou est-ce parce qu'il est médiocre et envieux qu'il décide de se faire antimoderne afin de se donner une légitimité de censeur sourcilleux ? Les deux choses sont probablement liées en soi et pour lui-même, mais elles sont si bien liées qu'il devient impossible de les distinguer, au point que leur confusion lui permet de se mentir, ainsi de croire à sa bonne foi. On doit aussi se souvenir qu'il n'est pas aisé aujourd'hui d'appartenir au clan des Réprouvés, qui sont réduits à vivre aux marges de la société en se privant de cette reconnaissance publique dont le souci est aussi dissimulé en eux qu'elle peut être convoitée par eux. Aussi l'Antimoderne, qui se trouve relégué chez les Réprouvés pour les raisons déjà ambiguës qui viennent d'être évoquées, entend-il, même quand son choix n'est pas privé de toute sincérité, compenser cette frustration de reconnaissance sociale par l'aspiration à être le seul et l'unique de son camp, à tout le moins le meilleur, à la manière dont César aurait préféré être le premier dans son village plutôt que le deuxième à Rome, mais en retournant la formule : l'Antimoderne veut bien être banni de Rome qu'il se sait, en son for intérieur, n'avoir pas l'étoffe de diriger, mais à condition d'être le premier de son village ; d'où la tendance presque invincible, chez le Réprouvé que ne sanctifie pas une forte dose d'humilité, à se découvrir une vocation de critique afin de verser complaisamment sa bile sur tous ceux de son camp qui pourraient lui faire de l'ombre.

« **On fait de la critique quand on ne peut pas faire de l'art, de même qu'on se met mouchard quand on ne peut pas être soldat** » (Gustave Flaubert, *Correspondance ;* Pomerand). « **Les critiques sont généralement des gens qui auraient été poètes, historiens, biographes, s'ils avaient pu ; ils ont essayé leurs talents d'une façon ou d'une autre, et n'ont pas réussi ; en conséquence, ils se sont faits critiques** » (S. – T. Coleridge, *Conférences : Shakespeare et Milton ;* Karl Petit).

Le « pusillus grex » de la droite dite de conviction est, pour une bonne part, un assemblage d'individualités aigries et prétentieuses qui, en général, n'ont rien à dire qui n'ait été déjà dit mieux par d'autres que par elles, et qui passent leur temps à se tirer dans les pattes, à se dénoncer, à se jalouser, à se tympaniser à qui mieux mieux, le compagnon de combat étant toujours de trop, de sorte que les raisons subjectives ayant présidé à la décision d'intégrer la milice des Réprouvés sont exclusives de l'unité que requiert l'efficacité de cette milice par là condamnée à végéter sempiternellement en accusant les autres de son infortune. On y choisit le camp des vaincus pour se croire victime d'un ostracisme inique, ce qui permet de se rêver doté de talents inexploités, et aussi parce que, à la droite de la droite, les rivaux sont en moins grand nombre qu'ailleurs. Cela ne signifie pas, répétons-le, que tout ce que pourrait produire cette Ecole de pensée foisonnante qu'est la droite de conviction aurait été effectivement développé de manière exhaustive. Le fait même de son foisonnement l'atteste : si elle manque d'unité, c'est que ses bases sont mal établies, et que la question des fondements y reste encore problématique.

S'il existe des apories non dissoutes dans les systèmes de pensée du passé (nous prenons ici le mot « système » en son acception courante et impropre), c'est qu'elles sont indépassables, dira l'Antimoderne, et toute tentative d'en faire mémoire pour les dissiper est a priori vouée à l'échec. L'Antimoderne tend presque congénitalement à se doubler du statut dégradant de dénigreur, c'est-à-dire, au fond, de critique. Le critique est trop souvent un esprit stérile qui entend produire quand même, et qui ne peut que salir ce qui se produit hors de lui. Pour la même raison, l'homme médiocre qui ose nourrir des prétentions tend, pour justifier sa propension à produire sa bave et son incapacité à produire autre chose que de la bave puante, à se couler dans le rôle hautain d'un Antimoderne. Ainsi s'innocente-t-il de sa stérilité et de ses limites, de sa haine de soi insupportable qu'il répand sur les autres en croyant s'en libérer, de son envie dévorante qu'il emploie toute son énergie à méconnaître et à travestir. On comprend, cela dit, que l'Antimoderne se coule aussi aisément dans la condition, à ses yeux gratifiante, du misanthrope, dont il sera question plus loin : « **Je sais que je suis de ceux que les hommes n'aiment pas, mais je suis de ceux dont ils se souviennent** » (Shelley, cité par Baudelaire, *Lettre à Sainte-Beuve*). C'est là une modalité au fond très commune du désir d'être autre, à n'importe quel prix, pour gagner une raison d'être en se croyant ineffable ou insubstituable. A défaut d'être aimé, on se rend haïssable, le pire étant de n'exister pour personne.

Pour l'heure, observons que si le vocabulaire de Hegel ou de Heidegger n'est pas aisé à comprendre, celui, très technique, de saint Thomas d'Aquin ne l'est pas non plus. On en peut dire autant de celui de Duns Scot ou de Cajetan qui, supposé expliciter la pensée de l'Aquinate, est la plupart du temps si ambigu que, pour éviter les contresens à son sujet, on est invité à faire retour à saint Thomas… Convenons, sur ce point, que l'obscurité du commentaire peut refléter le souci de dépasser les ambiguïtés du travail du maître commenté, mais que le grand commentateur n'ose dénoncer. Quoi qu'il en soit, l'Antimoderne, en sa posture de censeur intemporel, jugera que tout ce qui relève de la philosophie moderne est nécessairement de l'enfumage, que cette obscurité n'est nullement profondeur mais sophistique. L'Antimoderne fait de sa pathologie onirique adornant le passé le critère et la norme du bien dire et du bien penser, ce qui revient à considérer que sa subjectivité est devenue l'absolu intemporel habilité à mesurer la valeur du présent temporel et relatif. *L'Antimoderne, le Réactionnaire systématique, le pourfendeur du subjectivisme, est lui-même un subjectiviste.* Le subjectivisme est assez pervers pour en venir à investir les troupes de l'antisubjectivisme : il leur apprend à pourfendre le subjectivisme en rapportant à soi, afin d'exalter la subjectivité du censeur, le mérite de cette dénonciation.

L'Antimoderne est un désespéré, il choisit de l'être parce que l'espoir le forcerait à regarder devant lui, à ne pas faire de sa haine déguisée en lucidité l'absolu de ses jugements ; et cela nous fait comprendre qu'il y a de la lâcheté dans le désespoir, une lâcheté qui est comme l'envers d'un amour désordonné de soi-même. Il y a dans le refus d'espérer une lâcheté doublée d'une paresse confortable et d'un orgueil assez consommé pour se donner les apparences de la sérénité : espérer, c'est consentir à se faire dépendre de ce que l'on ne maîtrise pas, c'est être patient, tenace dans le désir du but, assez courageux pour ne pas exténuer son désir douloureux qu'on sait n'être nullement assuré d'être jamais satisfait ; le désespéré est celui qui refuse sa condition de dépendance, qui refuse la règle du jeu des êtres contingents et finis. L'Antimoderne ne consent à subir des échecs et des déconvenues qu'à condition de vivre la fin du monde, ou de baigner dans un monde absurde dont il n'y aurait, précisément, strictement rien à attendre. Les facilités du refus d'espérer jointes à la conviction, entretenue, de la vacuité de tout ce qui se produit au présent, font que l'Antimoderne se fait un mérite supposé aristocratique d'être toujours d'humeur méchante et de céder au désir compulsif de cracher des sarcasmes.

§ 17. 2. Légitimité de la critique.

Le travail du critique n'est pas, pour autant, nécessairement vain, et tout critique, même s'il est d'esprit réactionnaire, n'est pas fatalement un furoncle généré par l'envie. Il y a des critiques humbles, souvent eux-mêmes auteurs féconds, qui font scrupuleusement leur travail de critique avec compétence et équité. Ils sont tellement au service de la cause de la vérité qu'ils s'efforcent à faire connaître, sans craindre qu'on leur fasse de l'ombre, les jeunes talents servant cette cause, même quand ils la servent maladroitement, et quand bien même leur souci de se donner au bien commun n'est pas innocent de toute forme d'ambition. De tels hommes — nous parlons des critiques à l'âme noble — sont d'autant plus utiles pour la société qu'il n'existe plus, sous l'effet de l'esprit démocratique, de public éclairé capable d'imposer le bon goût. Ainsi font-ils office de pédagogues.

D'abord, les lecteurs d'un critique donné peuvent le connaître assez pour savoir qu'il a les mêmes goûts qu'eux ; aussi, s'il leur parle favorablement d'un ouvrage qu'ils n'ont pas encore lu, ils savent qu'ils ne seront pas déçus en l'achetant.

Ensuite, qu'on ne puisse juger les œuvres d'autrui qu'à l'aune de ses propres capacités de jugement érigées en idéal n'implique pas que ces capacités devraient nécessairement être médiocres. Autre chose est la capacité de produire de la qualité, autre chose est la capacité de la reconnaître. On peut être un excellent entraîneur sans être soi-même un champion, et il n'est pas douteux que les champions sont rarement de bons entraîneurs, parce qu'ils sont trop préoccupés par leurs propres performances. Mais il y a une différence entre l'entraîneur de champions et le critique littéraire censé découvrir de nouveaux talents. Le bon entraîneur se reconnaît au fait que ceux qu'il entraîne deviennent effectivement des champions. Et le simple succès littéraire n'est pas critère de qualité de l'œuvre diffusée, autrement le goût du public devrait être tenu pour infaillible, et c'est alors que le métier de critique serait parfaitement superflu, puisque l'office du critique est d'éduquer le goût des lecteurs. On est ainsi invité à faire de la critique littéraire un genre littéraire qui, dès lors, appellera d'être critiqué ; et l'on est renvoyé à l'infini. Puisque l'infini, par définition, exclut d'avoir un terme, on est forcé de convenir ou bien que la critique n'est pas un genre littéraire, ou bien que le critère de valeur de la critique n'est pas plus objectivable que le critère de valeur des œuvres que prétend évaluer le critique. On conviendra sans peine qu'il existe de bons critiques littéraires, et des critiques mauvais. Il faut donc convenir que le critère de valeur de la critique est inobjectivable, ce qui ne signifie pas qu'il n'existerait pas. Le verdict du critique est condamné à faire l'objet d'une permanente remise en cause.

A quoi bon critiquer, dira-t-on, si le résultat de la critique est à jamais révisable, de sorte qu'aucun jugement critique ne pourrait se targuer d'être vrai ? Si l'on doit à jamais, dans ce domaine, en rester à l'opinion, peut-on encore distinguer entre bonne et mauvaise critique ?

§ 17. 3. Suite.

« Nihil volitum nisi praecognitum », enseignaient les Scolastiques. Rien ne peut être aimé qui ne soit en quelque façon connu d'abord, parce que la spiration d'amour qui procède de l'aimant vers l'aimé suppose, pour la déclencher, une certaine forme de présence de l'aimé dans l'aimant ; or connaître consiste à faire exister le connu en soi-même, à devenir le connu mais en tant qu'il s'est laissé assimiler par le connaissant sur le mode d'une assimilation, au connu, du connaissant qui, par là, devient l'autre mais sans cesser de demeurer à l'intérieur de soi-même.

Mais en retour *un bien peut être connu par l'expérience réfléchie de l'appétit qui nous fait tendre vers lui.* Il faut connaître pour aimer, mais aimer dispose à connaître et même développe une certaine connaissance, parce que l'amour consiste à vouloir faire un avec l'autre, par là à s'assimiler à lui sans cesser d'être soi, ou à s'assimiler l'autre sans cesser de le laisser demeurer autre.

Par ailleurs, souvenons-nous de la cristallisation stendhalienne : l'objet d'amour est embelli par l'amour qui, s'aimant lui-même sans restriction, projette dans l'objet qu'il dit aimer les beautés dont il se pare lui-même, et crée un objet illusoire dont la dénonciation est productrice de désenchantement. Il a paru opportun à certains, non sans raison, de faire observer que cet amour passionnel celait un égoïsme larvé, produit du subjectivisme : autrui est comme le prétexte à raison duquel l'amant s'aime lui-même en exaltant son amour ; « ipsum velle quoddam bonum ». Cela dit, on peut discerner, dans cette morbide réflexion de l'amour sur lui-même génératrice d'instrumentalisation de son objet, autre chose qu'un amour de soi exclusif et égoïste. On le peut et même on est en demeure de le faire si l'on se soucie des conditions de cette tendance à la réflexion de l'amour et du désir, car enfin, si le désir est manque et souffrance, d'où vient qu'il puisse être aimable d'aimer ?

Il faut donc aussi dire que l'on aime aimer parce que cet amour de l'amour, qui semble précéder l'amour de l'objet et se subordonner ce dernier, est en fait amour a priori de l'Objet ultime et obscur de l'amour, lequel Objet, à cause de son obscurité, ne se révèle à nous que dans la forme du ravissement de l'âme par sa propre puissance d'aimer, mystérieusement éveillée par cet Objet non dévoilé ; tout grand amour, aussi imprévisible que révélateur d'une délectation que l'on ne se savait pas convoiter, aussi étranger au Moi ordinaire que porteur du sentiment d'une révélation du Moi à lui-même, ainsi donc aussi étranger à celui en lequel il éclot qu'il lui est plus intimement familier, secoue la carcasse physique et spirituelle de sa victime au point qu'elle se sent transie par quelque chose qui est tellement de sa substance qu'il lui donne la certitude qu'il vient de plus loin qu'elle ; « et inardeco et inhorresco »... L'expérience des amours juvéniles est révélatrice de ce que le Moi n'est jamais autant lui-même que quand il se sent s'échapper de lui-même, ne pas s'appartenir, être propulsé vers sa vérité secrète qu'il redoute à proportion de son pouvoir de le fasciner ; « comment puis-je être l'origine de ce qui m'arrache à moi-même avec une telle virulence ? », se dit le Moi tout ébaubi, tout gonflé d'inquiétude et d'invincible curiosité.

Il est aisé de constater que nos objets d'amour admettent une hiérarchie ; s'il en était autrement, il serait impossible de préférer un bien à un autre, de sacrifier un bien pour un autre, ainsi, tout simplement, de procéder à des choix qui, toujours, sont autant d'exclusions. Cela dit, si une hiérarchie, dans l'ordre quantitatif, s'établit à partir d'un minimum pris comme étalon, dans l'ordre qualitatif, en revanche, on classe les objets en se référant à un maximum pris comme absolu ; on sait très bien, par exemple, mesurer l'intensité d'une douleur selon une échelle de un à dix, ce qui revient à confesser que l'on a la prescience de ce maximum de la douleur, maximum que pourtant l'on n'a pas vécu et que l'on ne s'est pas objectivé. On reconnaît dans telle douleur effectivement éprouvée une limitation de la douleur absolue ; et l'on peut en dire autant du plaisir et de la joie. Autant confesser, logiquement, que notre puissance d'aimer est a priori focalisée par un Bien absolu, finalisée par lui, et définitionnelle de la nature de notre pouvoir d'aimer ; il s'agit là d'un principe de choix plus que d'un objet de choix. Dès lors, l'amour qui nous porte vers un bien fini est l'effet d'un acte de reconnaître, en ce bien, un quelque chose du Bien qui inspire l'amour en général. Or reconnaître est une modalité du connaître. Donc aimer et préférer, constater que tel bien est plus aimable qu'un autre, prendre acte de l'intensité de son amour pour cet objet, c'est déjà confusément connaître un tel objet.

Souvenons-nous de ce que nous écrivions plus haut (§ 4. 2) : si l'amour s'aime tout en aspirant à se combler dans et par ce dont la possession le supprime en tant qu'il est manque, c'est qu'il veut et ne veut pas être rassasié ; et l'aporie est surmontée si l'on comprend que l'Objet ultime de l'amour, à savoir ce Bien dont les biens aimables sont autant de participations finies, est non seulement objet (nourriture) mais sujet (cause première) de l'amour, c'est-à-dire ce qui fait exister l'amour, ce qui lui donne vie ; un tel Objet est ainsi origine et fin de l'amour, et c'est pourquoi il renvoie l'amour à lui-même dans et par l'acte de le combler, il le revitalise en tant qu'amour dans l'acte de l'exténuer en tant que manque. Un tel Objet renvoie donc l'amour à lui-même sans cesser de le faire se focaliser par le Bien, et ne le renvoie à lui-même que pour, en retour, se le mieux subordonner.

Dès lors, la tendance subjectiviste à revenir sur soi en oubliant intentionnellement d'être focalisé par l'Objet ne dispense pas de reconnaître que l'amour d'aimer est intrinsèquement lié à l'amour de cet Objet et en fait mémoire. Sous ce rapport, il existe bien un Objet, un idéal objectif du Bien qui pourtant n'est pas objectivable, ou ne l'est que difficilement, mais qui n'en est pas moins réel et univoque, tel un objectif finalisant le désir, et excluant tout relativisme parce qu'il définit la nature ou essence même du pouvoir d'aimer.

Il est alors permis, en appliquant ce résultat à notre propos, de faire observer que le critique honnête peut exciper de cet amour du bien, et de cet habitus de reconnaître le Bien dans les choses bonnes, pour justifier son jugement, c'est-à-dire pour revendiquer une certaine objectivité dans la position d'un tel jugement, quand bien même un critère de jugement, dans le domaine de la qualité littéraire, artistique ou philosophique est éminemment difficile à circonscrire.

§ 17. 4. Un critique doit pouvoir être critiqué.

Il y a donc possibilité d'une objectivité de la critique. Mais il faut la reconnaître au seul critique qui se critique lui-même, et qui accepte avec reconnaissance — faisant sien, quand il discerne en eux la vérité, leur jugement parfois cruel — le verdict de ses pairs sur ses propres productions, voire le verdict des auteurs qu'il a critiqués de manière inappropriée. Et le propre des mauvais critiques est de ne le faire jamais, tout affairés à détruire les auteurs par envie, à tenter de se substituer à eux, par là à oblitérer l'œuvre d'un auteur par leur grain de sel empoisonné répandu sur cette œuvre.

Il peut aussi y avoir, il est vrai, de l'authentique indignation dans la sévérité du critique, et l'expression d'une aversion pour le culte de l'homme. Et il faut noter que le bon critique est humble, qu'il donne une leçon d'humilité à tous les écrivains médiocres, à la manière d'un bon entraîneur qui, se sachant incapable de devenir un champion, décide de se faire l'instrument de découverte et de genèse des champions véritables, ce qui est une manière exemplaire de s'oublier dans le service du bien commun. Un bon entraîneur sait que le plus grand service à rendre aux jeunes adeptes de l'art qu'ils servent, lui et eux, est de ne leur pas celer leurs limites et leurs défauts, soit pour les écarter d'une discipline pour laquelle ils ne sont pas faits, soit pour les inviter à se surpasser. L'homme qui connaît l'art d'écrire, et le sait juger sans savoir l'exercer, met sa connaissance et sa sûreté de jugement au service de l'art d'écrire de ceux qui sont dotés de talent, favorisant leur gloire au détriment de la sienne. Et cela est admirable et éminemment utile. Et des serviteurs talentueux de cette trempe existent évidemment parmi les Antimodernes. En retour, des auteurs médiocres de cette même famille font preuve d'une susceptibilité insupportable, qui ne tolèrent aucune critique, parce qu'ils sont assurés d'être des génies du seul fait d'appartenir à cette famille.

« **Le critique insulte l'auteur : on appelle cela de la critique. L'auteur insulte le critique : on appelle cela de l'insulte** » (Henry de Montherlant, *Carnets*, Gallimard ; Pomerand). Au vrai, la formule peut être parfois retournée : l'auteur insulte le critique et on appelle cela de l'indignation causée par la médiocrité envieuse du critique ; le critique, une fois insulté, insulte l'auteur, et on appelle cela de la basse insulte sécrétée par l'envie. Le véritable Antimoderne, celui qui est hostile à notre modernité et non point à la modernité en général, sait que la perfection n'est pas de ce monde et qu'il convient pourtant de s'en accommoder ; il sait que le péché originel n'a épargné personne et qu'il produit ses effets en tous, auteurs comme critiques. Un auteur médiocre a néanmoins le mérite d'essayer de produire quelque chose et le courage d'affronter les critiques ; à défaut d'être sensible au venin des critiques, il finit par se lasser d'écrire sans trouver de lecteur. Un auteur médiocre est moins insupportable qu'un critique médiocre ; c'est pourquoi, en dernier ressort :

« **Charmante à l'égard des stupidités et des niaiseries, la critique ne prend son fouet à lanières, elle n'embouche sa trompette à calomnies, elle ne met son masque et ne prend ses fleurets que dès qu'il s'agit des grandes œuvres. Elle n'est pas dénaturée, elle aime son semblable : elle caresse et choie la médiocrité** » (Honoré de Balzac, *Monographie de la presse parisienne* ; Pomerand).

Achevons cette philippique dirigée contre les critiques par le renouvellement d'un hommage reconnaissant adressé à certains d'entre eux. Il y a non seulement des critiques qui ont un goût très sûr nonobstant leur impuissance à produire une œuvre d'auteur, mais encore des critiques qui sont eux-mêmes auteurs et qui, non focalisés par leur talent et leur œuvre — autre aspect pervers du subjectivisme dont les auteurs, même de droite et antisubjectivistes affichés, ne sont que rarement innocents —, sont tellement au service du bien commun par leur talent d'auteur qu'ils en viennent à négliger intentionnellement ce dernier afin de promouvoir les talents d'autrui pourvu que ces derniers servent le bien commun. Et cela est vraiment admirable, qui mérite la reconnaissance et l'admiration des auteurs, et qui fait de telles âmes autant de modèles de modestie discrète, d'humilité et de grandeur pour tout le monde, pour les auteurs en particulier. Une telle abnégation héroïque dissimulée, par pudeur, sous des dehors bonhommes, est une leçon vivante pour tout le monde, pour les auteurs en particulier que leur statut d'auteur, et leurs succès, disposent à se surestimer de manière insupportable, et à se rendre odieux autant que grotesques. Parler des autres quand on pourrait légitimement parler de soi ; promouvoir le travail des autres quand on pourrait accomplir soi-même une tâche identique, voire supérieure à celle des autres, c'est quelque chose relevant du sacrifice et qui doit remplir d'admiration tout le monde, et déjà les auteurs que ces jugements avisés de critique compétent invitent à s'amender, et rendent effectivement meilleurs quand, puisant à l'exemple d'humilité de leurs censeurs, ils savent recevoir avec gratitude les leçons d'un critique en lequel ils devraient reconnaître le conseil bienveillant d'un maître. Ces gens existent, qui devraient faire honte à la cohorte empoisonnée des dénigreurs, et qui en général, selon une conséquence prévisible, subissent eux-mêmes, sans d'ailleurs s'en indigner, l'aigreur des ratés, qu'ils soient auteurs ou critiques.

CHAPITRE QUATRIEME

Des refuges du subjectivisme chez ceux qui font profession d'y échapper.

§ 18. « La misanthropie, espèce de vanité cachée sous une peau de hérisson, n'est pas une vertu catholique » (Balzac, *Le Médecin de campagne* ; Pomerand).

Notre monde décadent se veut humaniste, et il est décadent parce qu'il est humaniste : il est définitionnel de l'homme d'être orienté vers Dieu ; aussi l'homme est-il désaxé quand il est centré sur lui-même. Il faut bien avouer que le choix d'un pessimisme sans faille a quelque chose de bien séduisant quand on est perdu dans un monde de fous galvanisés par l'idée de progrès, idée aussi stupidement naïve que dégradante et détestable, qui déclare l'homme naturellement bon et spontanément perfectible, alors qu'il tend, livré à ses penchants, vers le bas, le sordide, le laid, l'égotisme, la facilité dégradante. Alors, quand on a des lettres, on se plaît, pour dénoncer la laideur ignoble du progressisme niveleur et mondialiste, à évoquer Calderón de la Barca, Joseph de Maistre, Donoso Cortés, voire Schopenhauer et Cioran, flanqués, pour faire bonne mesure, du cynisme de Machiavel et de Pareto. Ce faisant, bien sûr, on s'élève au-dessus de la plèbe, on appartient à la gent aristocratique des lucides et des désabusés, de ceux qui ont le courage de ne pas se nourrir d'illusions, et on le sait ; on le fait surtout savoir, on l'insinue, on est comme ces acteurs qui finissent par croire qu'ils sont leur personnage épique, on se prend au jeu du mépris et l'on se met au niveau de ceux que l'on méprise puisque, sans eux, sans leur misérable spectacle, on n'aurait pas eu idée de se hausser aussi ostensiblement ; on n'aurait pas osé le faire, vu qu'on aurait été entouré de maintes personnes plus vertueuses, plus héroïques et plus intelligentes que soi ; on n'eût pas cru à son rôle de composition, on n'aurait pas été capable de se mentir. Dès lors qu'il a besoin de s'opposer pour se poser, le faible se rend dépendant de ce qu'il conteste et ressemble à ce à quoi il s'oppose, et c'est en cela qu'il est aussi méprisable. Le dandy est effectivement un subjectiviste, c'est-à-dire un décadent qui prétend se soustraire au lot commun ; et la misanthropie est une forme de dandysme. Elle est même la seule forme de dandysme que peuvent se payer le luxe d'embrasser les indigents et les avaricieux honteux. Un misanthrope se veut radicalement pessimiste puisqu'il condamne l'homme dans son essence même : naître est son crime, il ne peut que sécréter de l'horreur, il n'est pas amendable.

Il y a évidemment mensonge et mensonge à soi puisque ce pessimisme est sous-tendu par *l'espoir* de paraître et de s'élever au-dessus de son prochain, mais aussi par celui de se rendre meilleur en cultivant le mépris de ce qui est supposé être bas. Il y a contradiction « in actu exercito » : attester, par l'acte de le faire, le contraire de ce que l'on dit faire ; on feint le pessimisme méprisant qui exclut l'espérance dans l'espoir de se grandir, mais on croit à son mensonge pour être « sincère », parce que l'on escompte de cette « sincérité » l'efficacité de l'attitude qu'on embrasse ; on risque ainsi d'en venir, de manière irréversible, à être effectivement pessimiste sur la condition humaine. Et ce pessimisme incapacitant qui en résulte devrait alors balayer tout espoir ; aussi, pour conserver cet espoir sans renoncer à son rôle qu'il croit gratifiant, le faiseur a recours à un autre stratagème. Pour croire à son mensonge, le misanthrope affecte de haïr autant en lui que dans les autres cette humanité qui est en tous. Et c'est là que l'attend la ruse de la raison mensongère.

D'abord, si l'homme est ignoble par essence, c'est encore sous la pression de sa nature ignoble qu'il est misanthrope et pessimiste, et la misanthropie et le pessimisme devraient être conspués comme autant de manifestations de la condition humaine honnie.

Ensuite, il ne suffit pas d'avouer son crime pour être absous : « **Il y a une certaine volupté à s'accuser soi-même. Dès que nous nous blâmons, il nous semble que personne autre n'a plus le droit de le faire** » (Oscar Wilde, *Le portrait de Dorian Gray ;* Karl Petit). Le pessimiste systématique, sous ce rapport, est comme celui qui se croit propre alors qu'il répand son odeur de bouc autour de lui sans savoir qu'il indispose tout le monde. Avouer ses fautes et se mettre à distance d'elles n'est pas se laver de ces dernières, parce que la distance est toute virtuelle, toute idéelle et non réelle. Le misanthrope croit se soustraire à sa médiocrité, à sa bassesse en se l'objectivant, et il attend une reconnaissance du fait qu'il est capable d'une telle objectivation : « je ne suis pas ce que je suis puisque je me l'objective, je suis le sujet d'exercice de ce misérable honteux que je dis être », et, de même qu'il faut être intelligent pour discerner les lacunes du fonctionnement de sa raison, de même, pense-t-on, il suffirait de se savoir mauvais pour se rendre bon. Celui qui dénonce sa faiblesse constitutive — une faiblesse qu'il *est* — entend, par cette dénonciation, faire de ses vices autant de prédicats du Moi par là intronisé sujet de misères qu'il *a* sans les être. La sincérité devient alors un stratagème pour s'innocenter de ses laideurs et, comme l'enseignait Sartre, la « sincérité » ainsi entendue est un mythe, c'est-à-dire un mensonge. Il y a donc, dans cette affectation de pessimisme lucide charrié par la misanthropie, une tentative existentialiste de soustraire le Moi à sa nature et de réduire son être à un avoir qu'il se donne, qui serait fruit de sa liberté, que donc il pourrait reprendre et effacer, et par quoi il ne serait pas sali.

L'époque ne rend pas aux Réprouvés l'hommage que leur auguste personne en attend, alors ils se font misanthropes en se vantant d'être lucides et sans concession. Cette stratégie rejoint celle du surnaturaliste qui consiste dans la haine de la nature au nom de la surnature, non par amour pour la surnature mais pour se soustraire à sa nature et s'identifier à sa pure conscience. Sous le couvert de stigmatiser l'imbécile culte du progrès, on verse dans l'extrême inverse, ce qui permet au passage de se dispenser de reconnaître les vrais talents de ce monde supposé « pourri ».

« **Le misanthrope est celui qui reproche aux hommes d'être ce qu'il est** » (Louis Scutenaire, *Mes inscriptions*, Gallimard ; Pomerand). Il en veut à ses semblables du mal qu'il s'est fait et qu'il leur a fait.

Le subjectivisme est partout, même dans la misanthropie qui se targue de le traquer partout sauf en elle-même, laquelle est au fond inspirée par la haine de soi, le refus de s'accepter. Le misanthrope est de mauvaise foi, qui croit s'émanciper de son vice en le confessant, s'y soustraire en se l'objectivant, et qui de surcroît va jusqu'à celer qu'il le confesse ; il ne reconnaît en autrui, avec délectation, qu'une loque abjecte, non par accident mais par essence, afin d'être bien sûr de ne jamais aimer son prochain mais, ce faisant, il se hait dans les autres et le sait mais choisit de vivre cette reconnaissance de soi en eux sur le mode d'une objectivation de soi qui est supposée le libérer de sa propre fange : je ne suis pas l'immondice que je suis, du fait même de m'objectiver ma hideur, moi qui suis sujet par définition inobjectivable et qui, faisant tressaillir le sujet que je suis, se déleste de toute objectivité et se donne l'absolution en se confessant à lui-même ; ce qui n'est rien de moins que se substituer à Dieu puisqu'il est plus ardu de remettre des péchés que de ressusciter un mort ou guérir un paralytique ; et s'arroger les prérogatives de Dieu, c'est bien le fond du subjectivisme.

Est misanthrope le subjectiviste qui, par amour-propre, ou en vertu d'aversions d'ordre esthétique, c'est-à-dire par coquetterie, ne se résout pas à sombrer dans les comportements manifestes, proprement honteux, que lui dicte son envie. Il n'est pas ce qu'il voudrait être, il envie ceux qui sont mieux dotés que lui en qualités naturelles ou acquises, il se cache son état d'envieux si peu gratifiant, il se hait mais impute sa laideur à la laideur du monde dont il se dit le produit innocent, il justifie sa haine d'autrui en se persuadant qu'il hait son époque en autrui, ou plus généralement la condition humaine qu'il n'a pas choisie et qu'il subirait telle la victime d'un héritage empoisonné ; il s'assure faire profession de courage, d'impartialité et de lucidité en se complaisant dans la haine de soi mais sur le mode d'une haine du genre humain auquel il se sait ne pas échapper. Ce faisant, il s'efforce à s'émanciper de sa médiocrité non sans se dispenser de s'amender véritablement.

Quand on est mauvais — et la tendance au mal existe en tous —, on peut tenter de devenir meilleur moralement, mais cela suppose effort, lutte contre des résistances intérieures, combat contre soi-même, ainsi lucidité à l'égard de ses propres responsabilités, et modestie, acceptation de ses limites et courage de consentir à être mesuré par meilleur que soi. Cela suppose le renoncement à la part pourrie de soi-même, l'épreuve d'une déchirure au sein de soi-même, d'un malaise douloureux et humiliant. Tout homme est hanté par le souci de justifier son existence, parce qu'il est en quête d'une raison d'être. L'orgueilleux n'y échappe pas mais, incapable de renoncer à lui-même, il a pour stratégie de se désolidariser de sa bassesse non en essayant de se rendre meilleur par appropriation de soi à une bonté qui le dépasse, mais en se refusant tout entier, afin d'éprouver son altérité par rapport à sa bassesse constitutive, en se réduisant à ce néant d'être en lequel il se love et à partir duquel il prend des distances par rapport à cette pourriture qu'il est. C'est la condition humaine qu'il refuse, en bloc, en soi mais aussi en autrui afin de se payer le luxe d'être logique avec soi-même. On se souvient de la logique effrayante du Kirillov des « Possédés » de Dostoïevski : être libre sans être son origine, c'est être donné à soi dans un don identique au donataire, ce qui suppose l'existence d'un Donateur et pose le donataire en situation congénitale de dette de soi ; refuser le Donateur dont l'existence même atteste la dette, ainsi la dépendance à son égard, c'est refuser le don, par là c'est en finir avec sa propre existence. Sous ce rapport, le misanthrope est un Kirillov qui entend faire l'économie du suicide, afin de jouir de sa révolte après qu'il l'a consommée.

Le chrétien sait qu'accepter sa petitesse et son insignifiance est une grandeur féconde, qui consiste à faire être en soi-même un certain vide par où Dieu peut s'engouffrer et l'habiter, le déiformer, le faire vivre de Sa vie même ; mais il ne s'agit pas d'un vide qui serait rempli par un Dieu substitué à la nature de l'homme, il s'agit d'une percée pour faire passer la grâce qui régénère cette nature en même temps qu'elle l'exhausse ; il s'agit donc de s'ouvrir à la grâce pour renoncer non à sa nature mais à son Moi ; il s'agit de renoncer à l'arbitraire du Moi pour apprendre à aimer sa nature, à s'aimer dans sa nature. Et cela est grand, sublime, admirable, proprement incompréhensible, qui consiste à faire subsister l'infini dans le fini sans le faire exploser. Cela consiste à se faire l'instrument de la gloire de Dieu ad extra, l'opérateur de l'augmentation de cette gloire, qui tient au fait que le Bien se communique sans se perdre, se donne sans se diminuer, se révèle infini par l'acte de s'enrichir en se dépensant ; mais *se* faire un tel instrument, c'est en quelque sorte révéler quelque affinité avec ce dont on est l'instrument, parce que par nature l'instrument s'approprie à ce qu'il sert, mais participe de ce à quoi il s'approprie pour trouver en lui-même le moyen de s'y approprier. La modestie, transfigurée surnaturellement en humilité, consiste à tendre à s'infinitiser en consentant à l'extrême de sa finitude ; osons dire qu'elle consiste à imiter Dieu dans son pouvoir de se faire petit sans cesser d'être grand ; ce qui est le plus fort est plus fort que toute chose, jusques et y compris de sa force même qui se maîtrise et assume la faiblesse pour se faire objet de sa propre maîtrise. La force rencontre la faiblesse pour être force, et la faiblesse consentie, celle qui est sans force, rencontre la force dont elle se reconnaît participante sans y prétendre. Mais c'est la force qu'il ne possède pas et qu'il se sait ne pas posséder que le faible — toute créature est faible face à Dieu — emprunte pour imiter la force et devenir fort du fait même de sa faiblesse ; il aime sa faiblesse non pour ravir sa force au fort, non pour rapporter à soi l'acte de l'acquérir et de l'exercer, mais pour exalter ce fort qu'il n'est pas et cette force qu'il n'a pas et qui s'exalte en lui en consentant à l'habiter.

Le misanthrope se veut « pessimiste », toujours plus pessimiste, écœuré complaisamment par la condition d'homme. Le passé était pour lui meilleur que le présent parce que, pense-t-il, dans le passé, on savait haïr l'humanité dans l'homme, on était pessimiste, on n'attendait rien du monde, on était tourné vers l'éternel, on haïssait le corps au nom de la grandeur de l'âme. Le misanthrope se hait dans les autres pour se dispenser d'assumer les conséquences de sa haine de soi, lesquelles ne sont pas en nombre indéfini : ou bien le suicide, ou bien l'humilité qui réellement rend meilleur en conquérant l'acceptation de soi.

Cela dit, l'exhortation à l'humilité, devenue lancinante, peut être elle-même une arme de la volonté de puissance de ceux qui manquent de force cependant que, ne jouissant pas du pouvoir de dominer, ils tentent de donner mauvaise conscience à ceux qui les dépassent afin de les affaiblir et de parvenir malgré tout à les supplanter. D'où la bêtise ecclésiastique, qui est féminine parce qu'elle est non seulement cruelle comme peuvent l'être les vengeances féminines implacables, mais encore sentimentale :

§ 19. « La bêtise féminine est déjà bien irritante, la bêtise cléricale l'est plus encore que la bêtise féminine dont elle semble parfois le mystérieux surgeon » (Georges Bernanos, *Journal d'un curé de campagne* ; Pomerand).

« Un de ses premiers soins fut de fonder — il est question de saint Martin de Tours — un monastère, Marmoutier, à deux kilomètres de la ville, sur la rive droite de la Loire. C'est là, dans une cellule de branchages entrelacés, que Martin faisait sa résidence ordinaire. Mais il lui arrivait souvent de sortir de sa retraite, soit pour les besoins de son diocèse, soit pour des missions dans tout le centre de la Gaule. Plusieurs fois il se rendit à Trèves, pour solliciter de la cour quelque grâce en faveur de personnes malheureuses. On le voit assis à la table impériale ; l'impératrice le sert avec respect ; Maxime non moins respectueux lui passe son verre avant de boire lui-même ; Martin prend le verre, et après avoir bu le premier, le passe, par honneur pour le sacerdoce, au prêtre qui l'accompagne, au lieu de le rendre à l'empereur, comme celui-ci s'y attendait... » (*Histoire de l'Eglise*, Louis Marion, 1922, tome I p. 615).

La nature est pour la surnature qui l'emporte sur l'autre en dignité, parce qu'il plut à Dieu de convier, gratuitement, Ses créatures spirituelles aux délectations de biens qui excèdent leurs pouvoirs naturels. Il est donc dans l'ordre de tenir l'Eglise pour plus parfaite que la société civile, et le clerc pour supérieur au prince, en surnature. A quoi bon alors s'acharner sur les prêtres et se plaire à dénoncer leurs faiblesses ? Parce qu'il plut à Dieu de faire aimer le Christ par l'exemple des prêtres, qui sont en demeure d'être autant de Christs parmi les hommes ; de sorte que les excès de l'homme de Dieu compromettent le salut des fidèles.

Il n'est pas question ici seulement de ces travers trop humains et ordinaires du clerc — les faiblesses du corps — que le laïc est en demeure de supporter, encore que certaines tares de cette nature puissent prendre des formes abominables, tels ces vices corrupteurs de l'enfance, que l'on cache trop souvent en usant sans vergogne du principe « promoveatur ut amoveatur », en intimant au laïc de se taire au nom du bien commun de l'Eglise ; à ce sujet, quand on entend les clercs revendiquer, dans leur conception des rapports entre l'Eglise et l'Etat, une totale indépendance à l'égard des tribunaux laïcs, une immunité parfaite vis-à-vis de la justice des hommes, on doit reconnaître que cette exigence serait supportable si les tribunaux ecclésiastiques adoptaient une sévérité aussi grande que celle des tribunaux laïques pour des causes analogues. Mais il n'en est rien, et cela suscite un ressentiment compréhensible dans la foule des croyants scandalisés et lésés, qui peut en venir à leur faire perdre la foi. Quoi qu'il en soit, ce n'est pas aux défauts de cette nature qu'il est ici fait allusion ; c'est à cette tendance du prêtre à user de l'autorité dont il jouit pour imposer, en matière de croyances religieuses, ses lubies privées qui n'ont pas grand-chose à voir avec le dogme et la vraie discipline de l'Eglise. Et la chose vaut surtout pour le clergé traditionaliste qui, soustrait — par nécessité — à la hiérarchie d'une Eglise devenue moderniste, peut donner libre cours à sa « sensibilité » politique en général tordue tant par l'esprit démocrate-chrétien du temps d'avant Vatican II — période qu'il croit innocente de tout défaut — que par ses inclinations subjectives ruineuses pour la cause qu'il entend défendre : Garabandal, Maria Valtorta, vénérable Barthélémy Holzhaüser, les divagations d'un abbé Julio Meinvielle concernant l'actualité de l'élection des Juifs, la Sainte Ampoule, la France « tribu de Juda du Nouveau Testament », l'adoption de l'augustinisme politique exprimé dans la doctrine dite « des deux glaives » de Boniface VIII — comme si cette doctrine irrationnelle était couverte par l'infaillibilité — et autres fariboles aussi agaçantes que gravides de conséquences mortifères, dont le clerc, avec suffisance et caporalisme, fait autant de dogmes de son credo subjectiviste qu'il substitue insidieusement à celui de sa hiérarchie régulière.

Peut-on se dire anticlérical en ayant la foi ? Assurément pas, si l'anticléricalisme est érigé en principe. Mais la vénération due à l'homme de Dieu n'exclut pas la clairvoyance à l'égard de l'homme de chair et de viscères, et à ces vices propres à la condition de prêtre, qui font tant de mal à sa réputation parce qu'ils éloignent le laïc de la religion.

On a trop souvent l'impression que le clerc est par essence en guerre contre le laïque, parce qu'il identifie, par surnaturalisme, la condition de laïque à celle du « monde » pris en son acception paulinienne ; aussi ne supporte-t-il le laïque qu'autant que ce dernier admet de manière implicite être en demeure de rejeter sa condition de laïque et d'aspirer à embrasser celle du prêtre ainsi posé comme modèle inimitable du laïque, et inimitable parce qu'il faut bien qu'il existe des laïques pour nourrir les prêtres et leur offrir matière à exercer leur apostolat. Le laïque doit être honteux d'être laïque, il n'en a jamais fini d'expier sa condition, sa honte doit être exacerbée

« pour son bien », afin de fouailler sa tendance à l'orgueil. Il en résulte, du côté du laïque, une mauvaise conscience, un sentiment indépassable de culpabilité que le clerc se chargera d'entretenir soigneusement avec une pointe de pieux sadisme en lequel il verra du zèle sanctificateur et une raison supplémentaire de se grandir, tel un homme qui voudrait se faire, orgueilleusement, une gloire d'être humble ; et c'est ainsi que le surnaturalisme supposé fustiger la nature, par là rabaisser saintement l'enflure du moi subjectiviste, se révèle lui-même porteur d'un subjectivisme insidieux qui en retour déteint sur les laïques. Parce que le processus ainsi décrit révèle un acte d'inavouable mauvaise foi, il se doit d'être vécu sans jamais être réfléchi, développant une duplicité qui est le propre de la forme féminine de l'agressivité. La formule de Bernanos vaut donc surtout pour l'agressivité féminine des ensoutanés.

C'est leur surnaturalisme qui les rend sots et méchants, et femelles et envieux. C'est par lui qu'ils entretiennent sans s'en rendre compte, en eux-mêmes, le subjectivisme qu'ils font profession de fouailler et de forlancer ailleurs que dans leurs propres rangs. Le clerc est amplement justifié par sa condition d'homme de Dieu, qui sert de trait d'union entre le monde et Dieu, et d'instrument obligé du salut. Mais à ce titre même il se préoccupe plus, en droit, de la vocation surnaturelle de la nature que de la nature entendue comme restituée à elle-même en tant que restaurée par la surnature. Il en résulte que le clerc est tacitement invité, au rebours de la vocation du laïque, à délaisser quelque peu le souci de faire s'accomplir ici-bas ses talents naturels, à moins qu'ils ne soient requis par son apostolat ; il en résulte chez lui la naissance d'une frustration compréhensible, qui n'est pas toujours bien acceptée par lui. Par ailleurs, sa dignité incomparable d'homme de Dieu marqué par un caractère éternel lui vaut la déférence des laïques par ailleurs lucides quant à ses limites naturelles, et la conscience de cette disproportion entre les égards dus à sa dignité surnaturelle et le constat de ses lacunes engendre en lui des sentiments ambigus et conflictuels dont l'entourage laïc fait trop souvent les frais. C'est qu'il n'est pas facile d'exiger, à bon droit, les égards dus à celui qui agit « in persona Christi », tout en ayant vocation à se poser en modèle d'humilité. Seul Dieu se faisant homme peut être humble à la mesure de Sa gloire infinie. D'où une certaine incapacité, fréquente chez le prêtre, à concevoir une forme d'équilibre entre nature et surnature qui serait propre à la condition de laïque, dès lors qu'il a déjà bien du mal à concevoir cet équilibre approprié à sa condition d'homme consacré. D'où sa tendance à exiger du laïque ce qu'il exige du prêtre, ainsi à réduire le laïque à un sous-curé.

Les inspirateurs ensoutanés de la démocratie chrétienne entendaient se rendre maîtres des sociétés par l'apostolat afin de se venger de la perte des États pontificaux, laquelle les frustrait de leur puissance temporelle[1]. Cette manœuvre inspirée par la vindicte, en soi défectueuse, eut pour résultat non de christianiser la société mais de démocratiser l'Eglise et de la faire tendre vers son éclipse. Et le mobile psychologique de cette manœuvre n'a pas d'autre cause que celle qui vient d'être ici rappelée. Se croire en demeure de prêcher, à temps et à contretemps, la douceur, le pardon, la mansuétude, alors qu'on brûle du désir de mordre, de fouetter, de se venger, et en venir à faire de cette exhortation à pratiquer la mansuétude une forme de vengeance — à la manière dont la femme dit pis que pendre de la force masculine qu'elle subit en exaltant la douceur que la

---

[1] Ce souci désordonné des intérêts temporels de l'Eglise avait déjà produit ses fruits amers au XVIème siècle. Léon X avait joué la carte de François Ier contre le futur Charles-Quint, Charles Ier roi d'Espagne et de Naples, qui menaçait les Etats pontificaux ; ce jeu l'incita à soutenir Frédéric de Saxe pour abaisser Charles, mais le Saxon était protecteur de Luther, d'où le retard (trois ans) à condamner l'hérésiarque, qui rendit possible la diffusion du protestantisme, et avec lui celle de l'esprit démocratique. Clément VII, qui couronnera Charles-Quint en 1530, poursuivra néanmoins la politique de Léon X (il fut l'inspirateur de la ligue de Cognac), suicidaire pour la foi catholique. Il faudra attendre Paul III son successeur pour que soit convoqué le concile de Trente.

femme représente, non pour adoucir l'homme et l'affiner mais pour le désarmer —, c'est là la grande tentation du prêtre.

Le confesseur sait l'envers du décor, il connaît les misères des vertueux, il sait ce dont les hommes sont capables en fait de bassesses et de dissimulations, de tartufferies inattendues et indétectables en dehors des aveux du confessionnal ; il en devient morpho-psychologue, et cet habitus précieux, convoité par les laïques, est une arme dont il abuse. Les choses sont ainsi faites que lorsqu'un homme jouit d'une force ou d'un avantage quelconque, il en use tôt ou tard. C'est un peu comme une découverte technico-scientifique : ce qui, selon Dennis Gabor, est devenu possible sera un jour réel, quelque suicidaire qu'il puisse se révéler. Il n'y a pas là de fatalité mais, l'homme étant pécheur, le pire est toujours probable. Le confesseur a des raisons de mépriser l'homme, dont il sait mieux que personne les faiblesses et les misérables ruses. Il a, si l'on peut dire, des raisons d'être misanthrope. Reconnaître ses propres vices dans ceux des autres peut l'inviter à l'humilité (« je ne suis pas meilleur qu'eux »), mais reconnaître les vices des autres dans les siens (« ils ne sont pas meilleurs que moi, ils sont même pires »), trop souvent, dispose le prêtre à les haïr non en lui-même mais dans les autres ; parce que cette démarche est inspirée par la prétention impossible de s'innocenter, elle induit une autre iniquité, qui consiste à passer de la haine du péché à celle du pécheur. On obtient la haine ecclésiastique du laïque, l'état de guerre permanent entre les deux, mais une haine revêtue des oripeaux de la vertu et des austères exigences de l'apostolat.

§ 20. 1. 1. Le fumier du talent.

On a vu plus haut par quel mécanisme psychologique l'Antimoderne, supposé pourfendre le subjectivisme définitionnel de la modernité, versait lui-même dans le subjectivisme, dans cette pathologie qui fait de lui le *contraire* du Moderne, étant bien entendu que les contraires sont des termes qui s'opposent en tant qu'ils appartiennent au même genre.

A toutes les époques, dans toutes les sociétés, quel que soit le degré de la moralité publique promue par les autorités religieuses et politiques, il y a eu des envieux, et l'on peut se demander si la haine de l'homme médiocre pour son prochain qui le dépasse en talents ne vérifie pas à sa manière une loi universelle, à savoir que certaines choses doivent mourir pour servir d'engrais aux autres ; les faibles doivent périr pour nourrir les plus forts, et c'est dans la tentative opérée par les faibles de subvertir les forts que ces derniers, sommés de convoquer leur force, l'actualisent en se subordonnant les faibles et leur faiblesse méchante, en les faisant servir à leur cause féconde de forts, voire en les sacrifiant à cette cause. C'est la loi du monde, non du monde pécheur mais du monde fini, c'est-à-dire créé, mais elle est, en ce dernier, un reflet obligé de la loi de tout être en tant qu'être. La loi régit aussi le comportement des pécheurs, mais elle ne résulte pas d'eux, elle les embrasse comme elle embrasse toute chose :

« **Les grands hommes sont comme les belles fleurs. Ils croissent sur le fumier et à travers le fumier que jettent sur eux les envieux et les imbéciles** » (Barbey d'Aurevilly, *Disjecta membra* ; Pomerand).

Quand les bons et beaux, les féconds, supportent sans réaction les jets de fiel des dénigreurs et des ratés, c'est pour ne pas gaspiller leurs forces dans le service de causes aussi dérisoires et stériles, mais là encore la loi du monde se vérifie, qui fait servir la bave des abandonnés de la nature à la santé de ceux qu'ils voudraient abaisser à leur niveau pour tenter vainement de se rendre supportables à eux-mêmes. Que la loi du monde, loi de la vie, puisse être vérifiée par le mal qui, destructeur et mortifère, lui rend hommage malgré lui, c'est un paradoxe qui mérite une attention particulière. On peut l'illustrer par le propos suivant dont tout homme de bonne foi percevra la vérité, pour avoir vécu les situations auxquelles il renvoie :

« **Tout écrivain, tout homme doit voir dans tout ce qui lui arrive, y compris l'échec, l'humiliation et le malheur, un instrument, un matériau pour son art dont il doit tirer**

profit. Ces choses nous ont été données pour que nous les transformions, pour que nous fassions des misérables circonstances de notre vie des choses éternelles ou qui aspirent à l'être » (Jorge Luis Borges, cité par Marguerite Yourcenar, *En Pèlerin et en Etranger*, Essais, 1989, p. 241).

Tout se passe en effet comme si le mal était nécessaire, même le mal moral qui alors, contribuant au bien, en serait absous et se paierait le luxe de s'arroger les mérites et la valeur du bien que pourtant il conteste. Et cela est évidemment révoltant et irrecevable, par là sophistique par quelque côté qu'il est nécessaire de dévoiler. C'est ce qui sera abordé dans le prochain chapitre.

Avant que d'aborder ce thème de réflexion délicat, prolongeons, sans prétendre épuiser le sujet, l'évocation des refuges du subjectivisme chez ceux qui font profession de s'en émanciper.

« **Les idées nouvelles déplaisent aux personnes âgées ; elles aiment à se persuader que le monde n'a fait que perdre, au lieu d'acquérir, depuis qu'elles ont cessé d'être jeunes** » (Mme de Staël, *Corinne* ; Karl Petit).

L'âge est théoriquement porteur de sagesse, quand les passions se sont apaisées, quand l'expérience a déposé ses leçons dans l'âme, quand on a eu le temps de se réconcilier avec soi-même, c'est-à-dire de s'accepter tel qu'on est, de se débarrasser de prétentions vaines, d'assumer les qualités que l'on n'osait pas se reconnaître, et d'acquérir de la lucidité sur les grandeurs et les misères de la condition humaine, de poser des actes habilitant leur auteur à s'estimer quelque peu.

La proximité de la mort, dit-on probablement non sans raison, invite celui qui la vit à considérer toutes choses terrestres du point de vue l'éternité, c'est-à-dire du seul point de vue où se dévoile véritablement leur sens ; ce pressentiment que la perspective de la mort rend sage appelle une explication : pourquoi l'angoisse serait-elle porteuse de lucidité ?

Ce qui est en devenir se conteste en permanence, ne coïncide pas avec soi, n'est pas ce qu'il est, se manifeste en trahissant ce qu'il est censé signifier. Tels qu'en nous-mêmes enfin l'éternité nous change, selon le mot génialement suggestif du poète. Un être n'est parfaitement ce qu'il est que quand il s'est rejoint, ainsi seulement quand il n'est plus ; ce qui est voué à exister temporellement ne gagne son droit de subsister qu'en n'étant pas pleinement ce qu'il est, en subissant le devenir ; sous ce rapport, comme l'enseignait Schopenhauer, mourir est « dénaître » : on est toujours assez vieux pour mourir, naître est s'acheminer vers la mort, sortir du néant consiste à faire retour à lui, on ne peut être qu'à condition d'être de l'être dégradé, et donc mourir est fuir cette dégradation, nier cette entropie qui nous est intrinsèque, au point qu'embrasser le néant pourrait faire figure de plongée dans l'être même. Le néant serait la vérité de l'être, ou l'être en vérité ; être serait une mauvaise plaisanterie, une apparence, une tentative dérisoire et fugitive d'échapper au trou noir en quoi tout se résout et s'identifie, s'indifférencie, se défait, c'est-à-dire défait l'acte de se défaire en quoi il semble consister.

Mais l'idée même faisant du néant le fondement de l'être et sa vérité n'aurait de sens que si ni la foi religieuse ni le témoignage de la simple raison ne nous persuadaient de l'immortalité de notre âme. Et, parce que croire est savoir que l'on croit, la foi même est en quelque façon suspendue à la raison ; elle suppose, en tant que don de Dieu, dans la raison finie — celle qui a du mal à rendre raison d'elle-même, ainsi la nôtre — l'expression d'une aspiration à une raison absolue : « neque enim quaero intelligere ut credam, sed credo ut intelligam » ; saint Anselme nous fait comprendre que jamais la raison ne consentirait à s'oublier dans la foi — renonçant, en cette éclipse d'elle-même, à sa convoitise de rendre raison — si elle ne pressentait, en cet abandon même, l'anticipation de soi d'une victoire et d'un progrès de la raison dans son ordre propre ; c'est pourquoi il est rationnel de croire.

Dès lors, il faut dire que faire du néant le fondement de l'être n'a de sens que si la raison se révèle impuissante à prouver qu'il existe de l'être hors du devenir ; faire du néant l'être en vérité n'est possible que si la raison est incapable d'établir que le devenir suppose l'existence de l'être immobile et que ce qui, en nous, devient et se corrompt, n'est pas le tout de nous.

Il est vrai, il faut bien le confesser, que la raison, par sa logique, contraint notre esprit : on ne pense pas n'importe quoi, suivre la raison nous oblige à une cohérence qui répudie l'arbitraire des subjectivités tyranniques ; de plus, elle dépasse par son universalité nos esprits singuliers, elle fait de nous les hérauts d'une autorité qui se constitue hors de nous et nous réduit à ses porte-voix ; elle s'exerce en nous en s'annonçant comme venant de plus loin que nous. Pourtant, n'ayant pas l'expérience de l'Origine dont elle procède, nous sommes presque invinciblement enclins à considérer qu'elle n'existe que par nous, et que ses témoignages supposés nécessaires sont suspendus à notre contingence : « et si la rationalité n'était que le mode d'emploi tout arbitraire de cet esprit que nous sommes, surgi du hasard ? ». Que valent, dans l'hypothèse, nos déductions rationnelles, si les lois logiques supposées nous éclairer sur le destin de notre esprit sont suspendues à l'existence de ce dernier ? Que valent nos preuves de l'immortalité de l'âme, de l'existence de Dieu et de l'existence du libre arbitre ? On n'est pas loin, à ce stade, de céder à la tentation d'hypostasier le néant : il y a de l'être qui aurait pu ne pas être, et l'éclosion, comme l'exercice de la rationalité ne sont peut-être que des ruses de la contingence pour se rendre supportable en s'inventant un sens.

Mais on sait tout autant, ce faisant, qu'on se leurre en cédant à une telle tentation, parce que le néant doit *être* pour être substantiel ; or déclarer que le néant est revient à lui accorder un être de néant ; mais, parce que le néant répudie tout être, il répudie aussi cet être de néant qu'il a bien fallu lui concéder, et nous voilà forcés de confesser que l'être est premier par rapport au néant qui, contradictoirement, le plébiscite malgré lui parce qu'il a besoin de lui pour être, et pour être au titre de sa négation, de sa privation. Et si le néant n'a d'être que par l'être *se* néantisant, s'affirmant pour se nier, c'est que l'être en tant qu'être est doué de ce pouvoir de s'absenter de lui-même sans cesser d'être auprès de soi, de se mettre à distance de soi sans cesser d'être en soi, d'être identique à soi dans sa différence ; or cela même n'est autre que le fait d'une réflexion, laquelle est l'apanage d'une pensée, ainsi d'une raison. Et voilà que l'être est si peu étranger à la raison qu'il est la raison même… Mais alors tout ce qui dit la raison, pour autant que ce soit rationnel, mérite ipso facto d'être tenu pour être de l'être ! L'âme pense, elle pense qu'elle pense et opère une réflexion dont ce qui est matériel est bien incapable (l'œil ne voit pas l'acte de voir), elle est immatérielle ; or se corrompre est se décomposer, se défaire, se diviser, ce qui suppose la matérialité ; donc l'âme rationnelle est immortelle, elle est plus forte que la fascination du vide, et c'est du point de vue de sa condition immortelle manifeste, comme séparée du corps, qu'elle est au plus près d'elle-même. Il y a une affinité de principe entre la mort, qui libère l'âme du corps, et la sagesse.

Aussi, plus sérieusement, on dira que la proximité de la mort, hors du vertige de l'absurde par lequel on se fait délicieusement peur, a la vertu redoutable de faire penser au Jugement, quand tout est pesé, avec sa conséquence éternelle ; et il n'est pas exclu que ce vertige de l'absurde soit suscité pour contourner l'angoisse beaucoup plus effrayante de la perspective de la damnation. Peut se contracter alors, dans la seule vieillesse, cet habitus consistant à se rassembler soi-même, à se résumer en un point de l'espace et du temps qui a valeur de victoire sur l'espace-temps, à discerner ce que l'on n'a jamais cessé d'être, ou d'essayer d'être, ou ce que l'on n'a jamais cessé d'avoir à être, dans ce que l'on est devenu au bord du précipice. On acquiert ainsi une moins mauvaise connaissance de soi que dans les temps de la vie triomphante investie dans les palpitations chatoyantes du changement, une meilleure connaissance non seulement de soi mais de l'homme, de tout homme.

En a-t-on fini avec le caractère problématique de la dignité de la vieillesse ? Cette prétendue sagesse est pourtant, en ce qui concerne trop de vieux, une vision de la vieillesse à la fois bien-pensante, exagérément optimiste et à maints égards illusoire. Le monde moderne dont ils sont l'opérateur et le produit en a fait de vieux enfants capricieux.

D'abord, en effet, ce ne sont pas tant les passions qui s'apaisent en eux que les moyens organiques de les satisfaire. Il y a des vieillards libidineux, gourmands, colériques, vaniteux, dérisoirement ambitieux et coquets, aussi désordonnés que des adolescents, mais qui se trouvent seulement ne plus produire assez de testostérone pour jouer les séducteurs, être incapables de digérer leurs graisses et leurs alcools pour se livrer aux excès de table d'antan, trop fragiles du cœur et au souffle trop faible pour s'offrir le miel capiteux des grandes colères ; qu'ils soient égrotants ne les dispense pas de céder aux pulsions d'impatience avec autant d'égoïsme et d'exigence qu'à vingt ans. Ils sont en plus avares, médisants, envieux et méchants plus que ne le sont les jeunes, parce qu'ils ont eu le temps de s'aigrir. C'est que, si le désir s'est tari, le désir de désirer ne les a pas quittés, et les folies et méprises innombrables attachées à la réflexivité du désir ne leur sont interdites que parce que le corps ne suit plus pour les satisfaire. On apprend à vieillir, et ils ont refusé de l'apprendre. Contre les sophismes attachés à l'idée de progrès, les vieux ne sont au reste nullement immunisés. Ils se vengent de la vie médiocre qui fut leur, de la société qui leur révéla leurs limites, en la dénigrant avec virulence. Dans un mélange de tentative de paraître jeune d'esprit, et d'instinct de vengeance contre ce qui subsistait d'ordre des choses dans le temps de leur enfance et de leur maturité, ils embrassent les utopies les plus ravageuses, assurés qu'ils sont de n'avoir pas à en subir les effets.

Sans crainte de se contredire, ces Anciens que l'on qualifie adéquatement de vieux cons revendiquent le droit d'être estimés et écoutés, au nom de leur expérience ; ils aspirent à la reconnaissance et, sous ce rapport, leur temps était à leurs yeux meilleur que celui des plus jeunes ; la décadence, expliquent-ils doctement, n'était pas si avancée, on y respectait les valeurs qui ont fait la grandeur du pays, tout allait mieux, on pensait mieux sous tous les rapports, etc. Le subjectivisme est bien un péché de jeunesse, quand le jeune se sent débordé par le souffle infini et impersonnel de la vie cosmique, riche de la richesse du monde, quand il est spontanément enclin à penser qu'il résume le monde et que le monde s'achève en accouchant de lui. Mais le subjectivisme se retrouve jusque chez les vieillards, tant par leur soif haletante de vouloir être jeunes et de s'efforcer à le paraître pour croire qu'ils le sont, que par leur revendication d'une sagesse qui ne s'acquiert qu'avec l'âge, en attente de reconnaissance et d'admiration. Les mêmes débris jouent au provocateur en affichant des idées avancées, mais ne cessent de dénigrer le présent et les idées modernes auxquelles ils ne sont pas accoutumés et qui leur rappellent qu'ils ont fait leur temps. En fait, il n'est aucune idée moderne qui n'ait été en gestation dans l'esprit général de la génération précédant ceux qui l'adopteront consciemment. Mais ces idées modernes sont les résultantes de tendances qui se contentaient de coexister dans un monde spirituel d'adultes dont les esprits étaient déjà structurés, et qui à cet égard ne pouvaient plus se faire conditionner par les effets des changements qu'ils instauraient ; par exemple le lancement du téléphone portatif et de l'usage domestique de l'ordinateur sont le fait des générations d'hommes mûrs qui, poussés sans de telles innovations, ont été conditionnés par le livre, le théâtre, le cinéma, quelques reliquats de culture classique, et ils n'ont pas été contaminés autant que les jeunes, ne les ayant pas prévues, par les conséquences psychologiques et sociales, sur des esprits neufs et vierges, de leurs inventions diaboliques. Une génération engendre des idées et des goûts, des habitudes que la nouvelle génération reçoit sur une âme vierge, à ce titre dans un élément où se réfléchissent de manière concomitante ces déterminations nées successivement et à l'état dispersé, et ainsi là seulement où se concocte et se dévoile la résultante de ces tendances. Le jeune croit qu'il est l'auteur de ce dont il n'est que le révélateur. Mais les vieux pressentent bien que ces idées et habitudes nouvelles sont la résultante de leurs propres folies, erreurs, errances, et c'est peut-être ce qui explique l'animosité que suscite en eux le spectacle d'une jeunesse aux idées supposées neuves : le vieux reconnaît en ce lamentable tableau la synthèse objective des divers aspects non synthétisés par lui de ce qu'il fut lui-même, de ce qu'il fit de lui-même et de son héritage. Derrière l'aigreur de celui qui se sent de trop dans un monde qui vit sans lui, il y a peut-être le jugement qu'il formule sur lui-même en contemplant ce monde qu'il a engendré. La décadence de la jeunesse, qui désole ou scandalise l'âge mûr, est elle-même l'effet des démissions de l'âge mûr. Cela ne fait pas des « jeunes » autant de victimes innocentes, qui plébiscitent en fait leur décadence ; mais cela permet de procéder à un partage plus équitable des responsabilités. Cela permet aussi à la jeunesse d'accéder à cette idée nécessaire selon laquelle, pour enrayer la décadence, il convient de faire mémoire du passé, de faire fructifier l'héritage en déshérence, mais moyennant l'audace d'une démarche franchement révolutionnaire. Tout du passé n'est pas à faire revivre. Le contraire de la révolution, c'est bien la révolution contraire ; il n'est pas de tradition sans révolution. Et l'aversion nourrie contre cet esprit révolutionnaire dont se doit d'être lestée la vraie mémoire de la Tradition est elle-même un fruit du subjectivisme, considéré dans sa version sénile. Il y a quelque chose d'audacieux, de révolutionnaire dans ces retours à la Tradition catholique de jeunes nourris au biberon empoisonné des droits de l'homme et de Vatican II ; il y a de l'esprit révolutionnaire de joyeuse sédition dans ces reviviscences d'esprit fasciste qui scandalisent les vieux cons se gargarisant de la minable épopée des héros de la « Résistance », et qui choque les bien-pensants usés à l'école de l'attentisme américanophile du régime de Philippe Pétain. Et il n'est pas interdit de détecter, dans le refus de toute transcendance épousé par les vieux en leur version néo-païenne, une autre forme sénile de subjectivisme, ainsi de jeunesse non digérée, qui se résout dans l'exaltation du nihilisme, dans la fascination de l'absurde que seule une exigence esthétique serait, selon eux, à même de conjurer, dans ce plaidoyer pour l'irrationnel par lequel les vieux jouent au jeune en brocardant, dans une atmosphère de veille pisse et d'imprécations arthritiques, les jeunes catholiques épris de vérité.

§ 20. 1. 2. N'être que par ce que l'on conteste.

Il vient d'être question des sophismes attachés à l'idée de progrès. Cela vaut aussi pour l'Antimoderne qui devrait être le mieux placé pour comprendre ce processus affligeant aussi la vieillesse contemporaine pathologiquement soucieuse d'être « à la page » : la paix à tout prix, la guerre faite à la guerre, la cause des animaux et de leurs droits, l'Etat mondial, les méfaits du nationalisme, l'antiracisme, la pilule et l'« interruption de grossesse », l'amour libre, les progrès de la science qui éloignent la souffrance et servent, avec l'euthanasie, la dignité de l'homme, l'égalité des religions…, en deux mots comme en cent : le mythe du « progrès ». L'Antimoderne, néanmoins, fait comme s'il ignorait ce processus psychologique rendant insanes les vieilles peaux en peine de jouvence, lui qui pourtant proclame que le paradis n'est pas de ce monde et qu'on vit à proportion qu'on lutte et souffre en plébiscitant joyeusement sa souffrance source de vie. Et il faut se demander pourquoi il se rend incapable de le comprendre.

L'Antimoderne se pose en s'opposant. Il est contraint de conférer consistance à ce qu'il conteste pour s'en donner une en le contestant. Il doit donc présupposer le contraire de ce qu'il entend professer pour se donner les moyens de le professer : la modernité est le mal, le passé était le bien, le mal est inconsistant puisque tout son être est de manquer de bien, et pourtant le mal doit être quelque chose pour que sa négation radicale puisse définir le bien… C'est que notre Antimoderne a bien du mal à définir son idéal de référence (Clovis, saint Louis, Louis XIV, les Catacombes, le Moyen Âge, la Restauration, l'épopée coloniale,

Philippe Pétain...) sans tomber dans des contradictions insurmontables, et c'est ce qui le somme de se définir négativement. Ce faisant, il ne s'aperçoit même pas qu'il est encore en pleine contradiction. Se soustraire à cette dernière incohérence, ce serait admettre d'une part que tout dans la modernité n'est pas à rejeter, d'autre part que le passé n'est « passé », révolu, que parce qu'il souffrait de défauts mortels, quelque meilleur qu'il puisse avoir été que ne l'est notre présent lamentable.

Ni le passé ni le présent ne peuvent être pris pour critères de ce qui doit être ; aussi est-on sommé, pour définir le devoir-être des sociétés, de recourir à quelque chose d'intemporel, ainsi de procéder à une réflexion métaphysique. Et cette réflexion, quelque dépendante qu'elle soit — et doive être — des spéculations offertes par les maîtres du passé, ne saurait se limiter à elles, puisque précisément ce qu'il y avait en elles de temporel est par définition obsolète, quand ce qu'il y a d'intemporel, en elles, n'a pas suffi, de fait, à prévenir le mouvement de la décadence. Cela dit, nous sommes là confrontés à une aporie. Relève de la métaphysique ce qui concerne l'autre de la physique, laquelle renvoie au mouvement, aux réalités assujetties à la génération et à la corruption ; est métaphysique ce qui traite du non-temporel, et sous ce rapport il est pour le moins singulier qu'on puisse être en demeure d'en appeler à une métaphysique nouvelle, à tout le moins à des nouveautés en métaphysique, comme s'il pouvait y avoir de la nouveauté dans ce domaine. On dira qu'il convient de distinguer entre le contenu de la métaphysique et celui de la connaissance qu'on en acquiert : le premier est intemporel, le second est susceptible de progrès. En fait la réflexion menée sur l'intemporel peut être elle-même temporelle, susceptible de progrès ou de décadence. Pour entrer dans l'intelligence du besoin actuel de recourir à la métaphysique, une courte méditation sur le temps est nécessaire.

Simone Weil enseignait que nous vivons ici-bas un mélange de temps et d'éternité, et que l'enfer serait du temps pur : le temporel de l'ici-bas est ce qui relève du devenir, de ce qui passe, de ce qui s'achemine vers le mieux ou bien qui dégénère, de ce qui donc est par essence imparfait, inadéquat à soi-même, en état d'insurrection contre soi-même, mais ontologiquement assez consistant pour rendre possible la promesse d'une libération. Sans cette promesse, le temps pur serait en effet l'enfer, c'est-à-dire une fixation éternelle — intemporelle ou plutôt sempiternelle — dans la condition de la pure temporalité. Cela nous fait comprendre que le présent n'est pas seulement un élément du temps logé entre le passé et le futur ; il est aussi la présence du temps ; « présent » s'oppose à passé et à futur, mais il dit aussi l'autre de l'absence, et cela est bien compréhensible puisque la seule chose qui soit réelle, ou non absente, dans le temps, est le présent, le passé n'étant plus et le futur n'étant pas encore. Ce présent est chaque fois nouveau, nul n'en disconviendra : le présent de nos ancêtres est le passé du point de vue de notre présent. Mais ce présent doit aussi être toujours identique, parce qu'il n'est pas du temps, en ce sens qu'il n'est pas un petit morceau de temps ; est temporel ce qui est formé de passé, de présent et de futur ; si le présent, que l'on nomme aussi l'instant, était de la nature du temps, il faudrait distinguer en lui une partie « passé » et une partie « futur », ce qui est impossible parce que, s'il en était ainsi, le présent ne jouirait pas du pouvoir d'être terme du passé et tout autant principe du futur. N'étant pas de la nature du temps, le présent relève de l'autre du temps, c'est-à-dire de l'éternel, lequel exclut tout devenir, ainsi toute temporalité : Aristote définit à bon droit le temps telle la mesure du mouvement selon l'antérieur-postérieur (du mouvement). Si le présent était seulement une succession infinie d'instants s'annulant aussitôt que posés, chacun étant chassé par celui qu'il annonce, le temps serait discontinu : ce qu'il y a de réel dans le temps, ainsi le temps lui-même, serait l'acte de disparaître et de réapparaître incessamment, tel un passage incessant de l'éternel au temps et du temps à l'éternel. Et il est bien clair — l'expérience nous l'apprend — que le temps est continu, parce qu'il est vécu comme durée. Ce qui dure, c'est ce qui subsiste, ce qui résiste au temps ; le temps n'est pas dans le temps, le temps résiste à lui-même, le temps ne passe pas, la présence du temps n'est pas temporelle.

On retient de cette courte analyse que le présent est à la fois toujours le même et toujours autre. Et une réalité ne peut satisfaire à un tel réquisit, sans contradiction, que si son altérité par rapport à elle-même est elle aussi définitionnelle d'elle-même ; est à la fois soi-même et autre que soi-même, et soi-même en tant qu'autre, ce qui consiste dans le processus de devenir soi, ainsi ce qui est circulaire et qui, à ce titre, ne se différencie de soi que pour s'identifier à lui-même. Le temps, dès lors, doit être pensé selon l'exigence suivante : il doit avoir la forme d'une réflexion dont le départ est cet instant en lequel il se résout en retour, et qui désigne l'éternel, la présence même du devenir dont le temps est la mesure, une présence du devenir qui n'est pas elle-même en devenir sans quoi elle se convertirait immédiatement en immobilité ; le temps doit, sous ce rapport, avoir la forme d'une réflexion — laquelle est négation de négation — opérée à partir de l'intemporalité de l'instant qui signifie le présent, mais pris comme présence du temps lui-même, ce qui nous enjoint de reconnaître à l'éternel la forme d'une victoire sur la temporalité ; mais cette circularité est inclusive, dans l'extrême inférieur de l'orbite, d'un instant qui se renie en l'éternité dont il fait mémoire en tant qu'il est notre présent, celui qui n'est jamais le même ; ce que l'on entend par présent, ce présent dans le temps appréhendé par une conscience elle-même immergée dans le temps, c'est cette altérité par rapport à l'éternel et contenue en lui, mais envisagée en tant qu'elle se révèle impuissante à se convertir, par négation de négation accomplie, à son origine et se révèle distraite de l'éternel du fait même de cette impuissance. Le présent de notre expérience, qui n'est jamais le même, est la mesure de l'acte *avorté* de sublimer le mouvement et le temps.

Que tirer de ces considérations peut-être ambiguës ? Rien d'autre que ceci, pour ce qui nous occupe ici : puisque le temps s'explique par l'intemporel entendu comme victoire souveraine sur la temporalité qu'il assume, puis donc que ce qui est consiste dans l'acte de devenir soi-même, alors ce qu'il y a d'intemporel dans la métaphysique vraie est appelé à s'approfondir toujours plus, à peine de régresser ; ce qu'il y a de définitivement vrai dans la vraie métaphysique n'est pas dissociable de son prolongements dans ce qui l'explicite, et cet acte d'explicitation est la tâche de notre présent. Être fidèle à la Tradition, c'est avancer plus que faire retour si ce « faire retour » est une régression ; c'est l'épouser mais, précisément, l'épouser consiste à la laisser devenir elle-même, puisque tel est son être que d'exercer l'acte de devenir soi-même, ou de réaliser l'identité de son devenir et de son résultat. Le retour au passé comme souci de l'éternel n'est pas la mise entre parenthèses du temps et du devenir, il est bien plutôt l'acte de l'approfondir. Et c'est bien là, semble-t-il, ce que ne comprend pas l'Antimoderne qui se représente la fidélité à la Tradition sur le mode d'une abstraite négation du temps. Tant sur le plan religieux (la crise de l'Eglise) que sur celui des principes de la politique fidèle à l'ordre des choses, une restauration est toujours une invention, une découverte qui est aussi progrès, une redécouverte qui est toujours novation, une réhabilitation qui est toujours une révolution. On ne fait jamais retour en arrière.

Le mythe imbécile du progrès, lesté de sa dose d'optimisme suicidaire, n'est pas la négation de la fidélité à l'ordre intemporel des choses, il en est la caricature ou le dévoiement. Se soustraire aux méfaits d'une caricature, ce n'est pas la détruire et détruire avec elle ce dont elle fait mémoire en le travestissant ; c'est la redresser, la corriger, parce qu'elle donne accès malgré elle, jusque dans ses excès déformants, à ce qu'elle défigure. Un vrai Traditionaliste est toujours, à sa manière, un Moderne, au sens où le vrai et le bien, auxquels il s'attache, relèvent de ce qui est actuel et non potentiel, intemporellement vrai et bon et en tant qu'actuel toujours immanent, à des degrés divers, à tous les moments du temps. Un Antimoderne, ou réactionnaire strict, n'est donc jamais un authentique Traditionaliste. C'est un rêveur, c'est-à-dire un subjectiviste, ainsi donc un « Moderne » au sens péjoratif qu'il se flatte et se fait un métier de dénoncer.

Il est permis de se demander si les échecs sempiternels de la droite de conviction, tout comme les lenteurs des progrès de la Tradition catholique, ses ambiguïtés et ses tendances aux scissions, ne résultent pas d'une confusion établie entre Tradition et anti-modernité.

§ 20. 1. 3. Subjectivisme contre esprit de système.

Le nihilisme, on l'a vu (§ 20. 1. 1), surgit quand le doute s'empare de l'esprit à propos de la valeur de la raison, quand donc se met à germer l'idée que le réel serait irrationnel, échapperait aux prises de la raison. Ce nihilisme n'est alors conjuré, quand il l'est, que par une poussée malsaine de fidéisme, c'est-à-dire de surnaturalisme corrupteur de la vraie foi et destructeur de la vraie piété. Celui qui a la foi sait bien que Dieu existe, que sa liberté n'est pas illusoire et que son âme est immortelle, aussi ne s'embarrasse-t-il pas toujours d'un scrupule démesuré en ce qui concerne la rigueur des démarches rationnelles par lesquelles il affirme étayer ses certitudes métaphysiques : il tient de la foi ce qu'il dit tenir de la raison, et il dit le tenir de la raison parce qu'il s'est donné par la foi, mais en oubliant qu'il le faisait, ce qui fonde en vérité la validité de ses raisonnements. Et cela relève bien d'un fidéisme honteux celé par la mauvaise foi.

Mais cette morbide poussée nihiliste, génératrice d'une complaisance dans ce que Sartre nomma « quiétisme du désespoir », n'a pas d'autre cause, en dernier ressort, que le fait suivant : déconnecter l'être en tant qu'être de la rationalité, c'est faire dépendre l'existence et la valeur de la raison du sujet qui l'exerce, au lieu qu'une vision vraiment intellectualiste du réel fait de la subjectivité le moyen par quoi la rationalité se constitue en sujet de son propre déploiement : *si l'être en tant qu'être est système*[2], il est l'acte circulaire de se poser, posant ce qu'il présuppose ; mais de ce fait — le cogito n'ayant pas d'autre forme que celle, circulaire, d'une réflexion — il est cet intemporel processus de se constituer comme sujet du processus dont il est le résultat ; le sujet pensant qui fait se déployer le système en la succession de ses moments est et se veut lui-même un moment du système qui se donne en lui la condition de sa constitution ; le système ne repose sur l'activité d'un sujet que parce que le sujet se révèle posé par l'activité réflexive du système. En droit ou dans l'absolu, si effectivement la raison *humaine* était capable de déployer un discours systématique se soldant par l'expérience de la genèse du sujet qui l'exerce, il faudrait conclure à l'identité stricte du Moi et du Tout, de l'être et du savoir, du « Je pense » et du « Je suis », et le sujet philosophant serait divin, qui se fait exister en se pensant. En fait, dans le système (hégélien, le seul à être véritablement système) tel que nous pouvons le vivre spéculativement, la raison finie fait l'épreuve de son pouvoir de faire se boucler sur lui-même son discours en lui faisant poser son point de départ par son résultat, ce qui révèle bien sa systématicité ; mais, loin d'assister à la genèse d'elle-même ou de s'éprouver comme cause de soi, la raison se contente de relancer le discours systématique dans une réitération infinie attestant par là qu'elle n'est pas la raison absolue, mais qu'elle est dans son sillage ; elle est potentiellement capable de tout connaître sans avoir le privilège de se faire exister ; la raison humaine n'est pas la raison divine, mais elle sait que ses lois sont celles de l'être en tant qu'être, et cela lui suffit pour conjurer tout scepticisme.

Sous ce rapport, la haine féroce d'une subjectivité dirigée contre toute pensée systématique, qui se donne des airs de grande modeste dénonçant l'orgueil prométhéen de la raison, est un produit du subjectivisme.

---

[2] Nous ne pouvons ici qu'inviter le lecteur à recevoir cette affirmation comme une hypothèse. La chose sera établie dans notre § 38. 2.

Il est à noter, sur cette question, que le principe de causalité, levier de toutes les démarches logiques fondatrices, en contexte réaliste (thomiste), des grandes thèses métaphysiques (existence de Dieu, immortalité de l'âme, existence du libre arbitre), a vocation à être complété et même en vérité fondé par le principe de raison suffisante entendu comme principe de raison d'être[3], et que ce principe ne trouve lui-même sa légitimation que dans l'élaboration d'une philosophie systématique[4]. C'est sur ce point que la « vieille garde » du thomisme d'école, heureusement rétive aux sirènes du modernisme — ainsi de ce « thomasianisme » inspiré par le Père de Lubac —, s'obstine à se raidir, freinant des quatre fers devant l'audace moderne de l'exigence de systématicité. Cette dernière s'est déployée, certes, dans un climat intellectuel non réaliste mais idéaliste. Mais à qui la faute, sinon aux réalistes qui n'ont pas su cultiver une telle audace dans leur terre natale, en poussant leur intellectualisme jusqu'à son achèvement rationaliste ?

Qu'on veuille bien considérer l'enseignement de saint Thomas d'Aquin, notre maître, sur le point suivant (*Somme théologique*, Iª qu. 52 a. 1, corpus) : l'âme est dans le corps, mais en ce sens que c'est elle qui contient le corps, de sorte qu'il est en vérité, tout autant, dans l'âme.

L'âme est dans le corps en ce sens qu'elle est immanente à toutes les parties du corps ; c'est elle qui fait qu'il croît, qu'il se reproduit, que ses parties se renouvellent, que les cheveux poussent et que l'homme pense et veut et sent et marche. Elle est ce qui le structure, elle lui est intrinsèque en tant que corps en ce sens que cette matière n'est dite corps que par la présence de l'âme en elle. Séparée du corps, l'âme le délaisse et le destine à la décomposition, à la « dés-information », à l'entropie qui se résout en matière prime, c'est-à-dire en néant puisqu'il n'est pas

[3] La chose est aussi établie au § 38. 2.

[4] Si rien n'est sans raison, si l'être est sa propre raison d'être, c'est que l'être absolument être n'est être qu'à se faire être ; se faisant poser par son activité, il est une réflexion, par là une pensée.

donné à la matière de n'être que matière ; elle n'est que par la forme qui l'actualise et la fait être. Dire que le corps est corps par la présence de l'âme *en* lui, c'est bien dire qu'elle est dans le corps.

Mais tout autant le corps n'existe que par l'âme : « esse autem secundum se competit formae, unumquodque enim est ens actu secundum quod habet formam » (I[a] qu. 50 a. 5 : l'acte d'exister convient à la forme à raison du fait qu'elle est forme ; en effet un être est dit être en acte en tant qu'il a une forme) ; l'Aquinate précise que si le cercle d'airain, en tant qu'il est d'airain, peut perdre sa rotondité, en revanche le cercle d'airain, en tant qu'il est cercle, ne le peut ; et, dans cette perspective, la forme en tant que forme ne peut perdre (ce qui serait sa corruption) l'acte d'exister parce qu'elle est à son acte d'être comme l'est le cercle à sa rotondité ; si une forme est forme, elle est[5]. A propos de ces formules limpides, qui appelleraient maints

---

[5] Il semble difficile de maintenir deux thèses de saint Thomas, à savoir que l'exister convient à la forme angélique à raison du seul fait qu'elle est forme (ce qui la rend incorruptible), tout en soutenant qu'elle est une essence qui compose avec un exister qu'elle reçoit (ce qui explique qu'elle puisse être annihilée) ; plus généralement, il est difficile de concilier la thèse thomiste selon laquelle « forma ***dat*** esse rei », et la thèse non moins thomiste selon laquelle, quand la « res » est cette forme même, elle ***reçoit*** son esse.

L'exister convient à la forme comme la rotondité au cercle, c'est-à-dire aussi longtemps que la forme est forme, mais il est vrai qu'elle perd son exister si elle perd son identité de forme, à savoir ce qui fait qu'elle est forme ; or ce qui fait qu'elle est forme, c'est qu'elle est principe d'actuation d'un sujet (telle, pour une substance sensible, la matière qui la reçoit et avec laquelle elle compose pour être une substance) ; quand donc il s'agit d'une forme angélique, ou pure, elle est substance à raison d'elle-même, mais cela suppose qu'elle soit pour elle-même son sujet récepteur dont elle sera principe d'actuation et avec lequel elle va composer pour s'ériger en substance. Comment cela est-il possible ? Suggérons que la forme est elle-même composée dans sa ligne de forme, et que cette composition intrinsèque est corrélative et fondement d'une distinction réelle ou composition extrinsèque entre

commentaires, on se contentera de faire observer que l'âme ou forme du corps (vivant) est acte de la matière (qui est sa puissance) et que c'est elle qui fait être la matière elle-même (elle n'est que puissance à être) et qui la fait être le corps. La matière n'existe que comme corps (la matière qui n'est que matière n'est pas), et elle n'est corps que par la forme. Dans ce composé de matière et de forme en quoi consiste un corps, c'est la forme qui est principe d'existence du composé, elle est principe d'unité d'elle-même et de la matière. Quand un corps se décompose, il perd son unité, il se met à ne plus coïncider avec lui-même, il se fuit et s'échappe de soi, il se résout en ces éléments premiers ou corps simples dont il était la synthèse et la sublimation, il dépérit

---

l'essence et l'exister de cette forme, ainsi entre la forme et son acte d'exister. Et il est vrai que même une substance purement formelle, sans matière, admet une composition réelle intrinsèque, à savoir la distinction réelle de la substance formelle qu'elle est, et de ses accidents propres, en particulier ses puissances opératives, car la substance créée n'est pas son opération. Aussi peut-on dire que la forme est — existe — dès là que la forme est forme, mais que la forme angélique est forme seulement quand elle est dotée de puissances opératives réellement distinctes d'elle ; il suffirait donc à Dieu de suspendre la relation de la forme à ses puissances opératives pour qu'elle ne fût plus pleinement forme et que, aussitôt, elle perdît son exister. Il peut paraître incongru de parler d'une forme subsistante qui est son propre sujet d'inhérence. La chose s'éclaire si l'on observe que, de même que le « cercle d'airain » est cette forme de cercle en tant qu'incarnée ou reçue dans l'airain, *et* cet airain en tant qu'informé par le cercle, de même la substance, puissance de ses accidents, est telle qu'elle est ce sujet en tant qu'actualisé par ses accidents, *et* ces accidents en tant que reçus dans un sujet ; et il est bien vrai que la forme dit l'essence, et que l'accident propre qu'est l'intellect désigne, dans le cas de l'homme, la différence spécifique, laquelle est en quelque sorte l'essence elle-même. Selon cette manière de dire les choses, on peut affirmer que la substance angélique, en tant qu'unité de ses puissances opératives propres, subsiste dans elle-même entendue comme sujet de ses puissances, par là qu'elle est pour elle-même son sujet d'inhérence.

en les laissant aller librement hors de lui-même, ce qui revient à dire qu'ils s'échappent de lui ; et eux-mêmes ont vocation, s'ils se décomposent, à se résoudre en matière prime, ainsi en néant. Mais cela signifie aussi qu'il les contenait puisqu'ils se soustraient à lui en s'échappant de lui. Or il n'est corps que par sa forme. Donc dire que le corps se corrompt, ou se décompose, c'est signifier qu'il se soustrait au magistère de la forme, et *que c'est elle qui contient le corps*. Précisons cela : ce que le corps a en propre, considéré dans ce qu'il a de distinct de la forme, c'est sa matérialité, aussi se résout-il en matière en perdant sa forme, en s'échappant du composé de matière et de forme, en s'échappant de ce qui tient son unité et son être de sa forme même ; quand le principe d'unité d'un composé est lui-même un composant, ce principe d'unité de lui-même et de ce avec quoi il compose est tel qu'il contient éminemment, en tant que principe, cette unité qu'il communique au composé ; or l'unité des composants contient ces derniers par définition ; donc ce qui est principe d'unité de lui-même et de son autre contient éminemment cet autre avec lequel il compose, et cela revient bien à dire qu'un tel autre était contenu en ce dont il s'échappe, *et qu'il était contenu dans la forme.*

La forme est tout entière en chacune des parties du corps, parce qu'elle est simple ; mais le corps est tout entier inclus dans la forme parce qu'elle le fait être et, en se soustrayant à lui, elle le voue au non-être. Il y a donc inclusion réciproque de la matière et de la forme, des parties et du tout, et par conséquent dépendance réciproque entre tout et parties, entre forme et matière. Mais partout où le tout est habilité à se rendre immanent tout entier (quoique non totalement) à chacune des parties dont il est le tout, les parties de ce tout ont raison de moments du processus par quoi le tout se pose en posant ses parties : ce qui a raison de tout est le résultat de la sommation de parties qu'il pose en s'anticipant en elles, et qui est tout entier en elles comme un mobile est tout entier, quoique non totalement, en chacun des moments de son processus. Il résulte de ces observations que la forme d'un corps a la configuration du sujet d'un processus dont elle fait de ses moments autant de parties du tout concret qu'elle pose et en lequel elle se pose comme résultat de son processus. Et cela signifie tout simplement que tout composé hylémorphique, par sa configuration circulaire, a la structure d'un système. Est bien suggéré ici que la systématicité d'une logique inspirée par le principe de raison est la forme même de la réalité. Et c'est à cette condition d'un recours audacieux au principe de raison que le nihilisme et le fidéisme, avec le subjectivisme qui les inspire, sont définitivement conjurés.

§ 20. 1. 4. Essence et esse.

Nous avons, dans le § précédent, évoqué certaines formules limpides de l'Aquinate, qui nous ont invité à proposer une note explicative assez longue. Il nous a paru, en nous relisant, que cette dernière, quoique non directement liée au propos du présent chapitre, mais susceptible de retenir l'attention des lecteurs curieux, appelait des compléments que voici :

Pour saint Thomas (CG IV 11) il existe en Dieu les trois raisons d'essence, d'esse et de sujet subsistant : Dieu est existence, Dieu est essence, Dieu est cette essence exerçant son exister. Ces trois raisons existent a fortiori en toute chose. Nous pensons qu'Etienne Gilson a raison sur le point suivant : « Dieu lui-même ne pourrait créer ces monstres que seraient des actes finis d'exister » (*L'Être et l'Essence*, Vrin 2002 p.121) ; de soi, l'acte d'être est pour saint Thomas infini, et il est limité ou contracté par une essence, ce qui fait de l'essence un limitateur d'exister. En revanche, si tout l'office de l'essence était de contracter la perfection de l'acte d'exister, elle se réduirait à une privation (laquelle est en effet relative à ce qu'elle conteste et ne subsiste que par lui), et à ce titre elle ne serait pas sujet réceptif, car il faut être, pour être sujet et puissance réceptive, alors que la privation est, en elle-même, non-être ; mais si elle est sujet réceptif de l'exister, devient problématique le fait que l'essence tienne son « exister d'essence » de cet exister dont elle est l'essence, car c'est là le propre d'une privation qui n'est que privation. Si l'on entend, cela dit, maintenir malgré tout (et nous pensons qu'il faut le maintenir) que l'esse est l'acte de l'essence, il faut, compte tenu de ce qui précède, faire de l'essence une puissance *active* de l'exister : elle est alors la raison d'être de cet exister, elle est un fondement qui n'est pourtant pas la raison suffisante de sa puissance fondatrice puisqu'il la tient de ce qu'il fonde, à savoir l'exister ; en d'autres termes, il faut admettre une causalité réciproque entre essence et existence : d'une part l'essence n'est que par l'exister qu'elle exerce (si elle avait un esse d'essence avant de recevoir l'esse dont elle est la puissance, elle devrait être déjà un composé d'essence et d'esse qui serait à expliquer, et l'on serait renvoyé à l'infini) ; ***et*** d'autre part cet exister n'advient que posé par l'essence : « forma dat esse rei » (Iª q. 76 a. 4) ; « Primus autem ***effectus*** formae est esse, nam omnis res habet esse secundum suam formam » (Iª q. 42, a1 ad 1). Et partout où il y a de l'action réciproque, il y a réflexion (position de ce qui est présupposé, selon la forme d'une « causa sui », et émancipation de cette contradiction par réflexion dans son processus du processus entier de la réflexion[6]). Dieu est acte pur sans puissance ***et*** puissance active infinie. Dieu est son acte d'exister (son essence est bien d'exister) ***et*** il est cette essence exerçant sans limite cet acte d'exister que, sous ce rapport, elle a : Dieu est Celui dont l'essence est d'exister, ***et*** Dieu est essence *et* existence ; Dieu *est* l'exister qu'il *a*.

On parvient au même résultat en observant que l'esse est cette perfection des perfections qui est *intrinsèquement* modifiée par son sujet essentiel d'inhérence, selon la formule consacrée. Et c'est pourquoi l'être est analogue et non univoque. Mais cette formule signifie que l'essence limite et/ou modifie d'autant moins l'exister qu'elle est plus élevée en perfection : il existe pour saint Thomas une hiérarchie des essences selon laquelle plus une créature approche de Dieu, « tantum habet esse » (*de Veritate* qu. II a. 3 ad 16). Ce qui est intrinsèquement modifié

---

[6] Voir ici, pour plus de précisions, le contenu de notre § 38. 2. 3.

parce que diminué est aussi ce qui est intrinsèquement modifié, en sens inverse, parce qu'augmenté. Mais ce dont l'augmentation quantitative (degré d'exister) induit un changement qualitatif (changement d'essence) et plus radicalement substantiel, c'est ce qui se comporte comme une sublimation, une « Aufhebung », une conservation-négation : un polygone inscrit dans un cercle finit par s'identifier au cercle quand on multiplie à l'infini le nombre de ses côtés. Dans cette perspective, puisqu'il y a solidarité entre degré d'essence et intensité de l'acte d'exister, c'est que l'acte d'être est sublimation de l'essence dont il est l'acte, il est ce qui la nie et la pose ; il est ce qui la pose dans l'acte où il la nie ; il est ce qui se pose dans l'opération par laquelle il nie la négation de lui-même qu'est l'essence, et ce qui la (re)pose dans l'acte où il la nie. Cela explique que l'exister puisse être tout entier et non totalement en chaque étant ; l'exister est dans l'étant comme la nature humaine est dans chaque homme ; si elle n'était qu'en partie en chaque homme, aucun homme ne serait vraiment humain ; si elle était tout entière et totalement en Socrate, seul Socrate serait humain et il serait l'humanité, tel un ange. De plus, la participabilité n'est pas autre chose que cette aptitude, pour une perfection, à être tout entière en plusieurs et à n'être totalement en aucun (sauf un, à savoir le premier Participé). L'exister est tout entier en chaque existant, sans y être totalement ; on existe plus ou moins, mais au sens où il y a des degrés dans le plaisir : l'acte du plaisir est néanmoins immédiatement tout ce qu'il peut être en tant que plaisir ; le degré d'exister est plus ou moins intense, mais il est immédiatement et complètement de l'exister.

Puis donc que l'exister est « sursomption » de l'essence, il est le résultat d'une réflexion sur soi de l'essence achevant sa réflexion en se réduisant à un moment de son processus ; il est le résultat de la sublimation d'une essence qu'il conserve en la reposant en lui-même telle sa puissance par laquelle il se fait exercer. L'Esse pur est ce dont l'essence est l'exister que, tout autant, cette même essence exerce.

§ 20. 2. « Quand j'étais jeune, on me disait : vous verrez quand vous aurez cinquante ans. — J'ai cinquante ans, et je n'ai rien vu » (Erik Satie, *Karl Petit*).

Les vieux se plaisent, souvent par ressentiment, parfois par bonté grave, presque toujours avec agacement, à tenter de rabaisser le caquet d'une jeunesse fréquemment insolente et ingrate, volubile, prétentieuse et suffisante. Ils s'appuient, pour ce faire, sur la sagesse que l'âge est supposé leur conférer. Quand ils sont à court d'arguments, ou bien fatigués de ressasser en vain les mêmes ritournelles grinçantes de moraline sure, ils renvoient leurs interlocuteurs à leur ignorance en leur signifiant qu'ils sont incapables de comprendre un discours raisonnable, et que seule l'expérience — seul le poids des années — les rendra sensibles aux arguments qu'aujourd'hui ils repoussent. Quand le jeune prend de l'âge, à l'aube de la vieillesse, se préparant lui-même à endosser la défroque de l'ancêtre, il repense à ce que lui disaient ceux qu'il tenait alors pour des vieux cons. Et il s'aperçoit qu'il est resté, sous des dehors d'animal fatigué, dans les oripeaux d'une certaine honorabilité sociale, ce jeune homme bien imparfait, tout juste perfectible, qui se gaussait des leçons de sagesse prodiguées par ses aînés. Il comprend par là l'état d'esprit ayant animé ces vieux qui l'agaçaient, il en éprouve un sentiment double ; d'abord, il se sent lésé, trompé : « je n'ai pas acquis ce que vous me promettiez sur un ton sévère, je n'ai pas vu ce qui devait être rendu visible, vous êtes donc des imposteurs » ; il en ressent aussi de l'indulgence et des regrets de n'avoir pas su jouer le jeu de la jeunesse déférente, admirative, avide de conseils et reconnaissante : « vous n'étiez pas plus avancés que je ne lui suis, moi aujourd'hui, à votre place, et votre imposture était peut-être un pieux mensonge, l'expression d'un souhait désespéré formulé à mon intention, afin de me faire progresser en me faisant croire à ma perfectibilité. Jeunes ou ridés, nous sommes tous des enfants fragiles, toujours prompts à nous leurrer dans la poursuite de chimères, autant de ratés de la vie que l'expérience ne parvient guère à endurcir ou à rendre avisés ; la seule différence d'avec les jeunes, c'est que nous le savons. Le jeune est infantile en croyant qu'il est adulte sous la pression de son désir de l'être ; l'homme mûr est un enfant malade, tordu, gâté, mal poussé, qui sait qu'il ne parviendra jamais, en cette vie mondaine, à la vraie maturité. Peut-être, en fait, la vraie maturité ne consiste-t-elle en rien d'autre que ceci : s'accoutumer à l'idée qu'elle est inaccessible, sans cesser de s'efforcer à y tendre. Cela dit, on m'a promis que les misères de l'âge apporteraient la sagesse et la sérénité ; les anciens mentaient, autant que mentent les jeunes. On ne peut faire confiance à personne, et on meurt toujours seul, aussi désemparé qu'en naissant ».

« Ils n'ont pas écrit, ils n'ont pas appelé, ils n'appelleront plus maintenant », se dit le père oublié de ses rejetons décevants et oublieux. « **Qu'il est plus aigu que la dent du serpent d'avoir un enfant ingrat** » (Shakespeare, *Le roi Lear ;* Karl Petit). « Tu es mort pour tes enfants depuis longtemps. Tu n'es pas regretté. Tes anciennes relations ont fondu. Tu n'existes plus pour personne. Et il en sera ainsi tous les ans, et pourtant chaque année, aux mêmes périodes — les fêtes religieuses, les anniversaires familiaux — l'espoir inutile renaîtra. Plus les années passent, plus le temps passe vite parce que rien ne change plus vraiment ; c'est comme si l'on revivait chaque jour la même chose, telle une image dérisoire de l'éternité, d'une éternité morne, qui ne donne pas envie de mourir alors que le temps de mourir s'annonce toujours plus insistant, tel un rappel lancinant, intempestif et doucereux : n'oublie pas, c'est pour bientôt, peut-être pas pour tout de suite mais enfin, il faut y penser ; renonce à tes illusions, rien d'important ne se passera désormais pour toi, l'essentiel est vécu, tout est consommé, tu es au terme, en attente qu'on vienne te chercher. Il faut être patient et bien modeste : rien de nouveau ne surviendra qui pourrait donner consistance à ta vie insignifiante. Cela viendra toujours trop tôt pour toi, sache-le. Et sache surtout que tu ne dois compter sur personne ici-bas pour passer le cap. Les enfants sont naturellement oublieux et décevants ; ne compte jamais sur leur piété filiale, leur générosité, leur affection, leur reconnaissance ; ils ont besoin de te répudier pour mûrir, tu fus le témoin obligé de leurs petitesses, mais aussi leur modèle ; miroir réfléchissant et modèle, cela doit être brisé sans pitié, parce que le miroir renvoie à celui qui s'y reflète l'image de celui qui n'est jamais adéquat au modèle qui prend, de ce fait, la fonction d'accusateur impitoyable à jamais déçu, qui se révèle par là source de découragement. Replie-toi sur toi-même, tu aurais dû le faire bien plus tôt ; compte d'abord sur Dieu, puis sur toi-même, libère-toi tant des pieux mensonges des Anciens que des espoirs fondés sur la reconnaissance de ta progéniture ».

On lui a dit jadis qu'il était trop jeune pour comprendre, que sa question était déplacée, qu'il verrait plus tard ; et, devenu égrotant, il n'a rien vu. Il a tenté patiemment de s'en remettre au temps pour voir se résoudre les problèmes sur lesquels ses aînés s'étaient cassé les dents ; vieillissant, il n'a plus la force des grandes audaces. C'est dommage. Il aurait dû prendre le taureau par les cornes beaucoup plus tôt. Le respect dû aux Anciens ne doit jamais oblitérer la lucidité. Sous le couvert d'éviter le subjectivisme des audacieux trop sûrs d'eux, enivrés par leur jeunesse, le subjectivisme peut aussi prendre la forme de la pusillanimité, de la déférence désordonnée.

CHAPITRE CINQUIEME

Du négatif et du mal.

§ 21. Introduction.

Saint Thomas d'Aquin, dans la *Somme théologique* (I[a] qu. 48 a. 2), se demande si le mal se trouve dans les choses. Et il répond que l'univers requiert des inégalités entre les créatures afin que tous les degrés de bonté soient réalisés. Il y a des choses qui sont par essence corruptibles, qui peuvent perdre l'être, et ce sont les réalités corporelles ; et il y a des choses qui, parce que spirituelles, excluent de perdre leur être ; et ces deux espèces de choses sont nécessaires à la bonté du tout. La perfection de l'univers veut que certains êtres, à cause de leur débilité intrinsèque expressive de leur humble niveau de perfection essentielle, puissent défaillir à l'égard du bien. La corruption est une espèce de mal, et la nature du mal consiste en cela, à savoir qu'un être défaille à l'égard du bien ; et la perfection de l'univers veut que certains êtres puissent effectivement défaillir. L'Aquinate précise que beaucoup de biens seraient supprimés si Dieu ne permettait pas que se produisît quelque mal ; le feu, pour subsister, doit brûler l'air et ainsi le corrompre ; la vie du lion requiert la mise à mort de l'âne ; et l'iniquité du persécuteur est nécessaire à la manifestation de la justice qui châtie et de la patience qui subit douloureusement. On voit bien là qu'il n'est pas jusqu'au mal moral qui n'ait sa place dans l'économie du tout. Et saint Thomas de rappeler la formule de saint Augustin : Dieu est si puissant qu'il peut faire sortir le bien du mal.

Ainsi est-on tenté de comprendre ceci : le tout n'est bon que si certaines de ses parties sont mauvaises ; le bien se doit d'entretenir, s'en faisant le complice coupable, le mal qui le conteste, pour être du bien. Mais alors, de deux choses l'une : ou bien le mal est du bien puisqu'il sert la cause du bien, et le mal est innocent et mérite d'être aimé ; ou bien le bien est en fait un mal sournois, puisqu'il est complice du mal, et dans cette perspective, le bien n'étant pas meilleur que le mal, on ne voit pas pourquoi le mal serait à éviter, d'autant que le mal moral se révèle, à l'expérience, le plus désirable pour le plus grand nombre.

§ 22. Bonté et inégalité, la bonté de l'inégal.

Pour sortir de ce dilemme, revenons sur les deux arguments de saint Thomas. On vient de voir que le mal peut être permis en tant que Dieu manifeste sa toute-puissance par le fait de tirer, du mal, un plus grand bien. On a vu aussi que le bien du tout requiert que certaines parties soient imparfaites. Et ce dernier argument, semble-t-il, repose sur cet autre, évoqué par l'auteur à la question 47 article 2 :

Contre Origène, Dieu n'a pas créé à l'origine des êtres égaux, il les a voulus inégaux parce que, dans le cas contraire, la diversité des créatures n'aurait pas été créée par Dieu pour qu'il leur communiquât sa bonté. Le projet divin est donc de se communiquer selon une grande extension de sa communicabilité. L'univers ne serait pas parfait si l'on ne trouvait en lui qu'un seul degré de bonté, fût-il éminent.

Deux choses convoquent notre attention dans cette argumentation. Tout d'abord, il paraît nécessaire de se demander comment il est possible qu'un bien puisse être tiré d'un mal, un bien plus grand que celui dont le mal est la corruption, au point que l'on trouve l'expression « felix culpa, » à propos de la Chute, dans l'*Exultet* de la messe de vigile pascale. On ne peut tirer d'une chose que ce qui est contenu en elle. S'il est possible, fût-ce par l'office de Dieu seul, de tirer le bien du mal, doit-on se rendre à l'idée que, d'une certain façon, le mal serait potentiellement porteur d'un bien supérieur au bien que ce mal conteste ? Ne peut-on tirer une chose d'une autre chose que si celle-ci contient celle-là ? Ensuite, d'où vient qu'un bien supérieur puisse constituer une perfection moins grande que celle d'un tout qui contient et ce bien supérieur et les biens qui lui sont inférieurs ? Comment se peut-il qu'un tout composé de parfait et d'imparfait puisse être meilleur que ce même parfait considéré comme séparé de ses inférieurs, ainsi distrait de ce tout ? Doit-on se rendre à l'idée que l'imparfait ajouterait, en tant qu'imparfait, à la perfection du parfait ? C'est bien là ce que suggère l'Aquinate dans son traitement de la question 45 (livre II) de la *Somme contre les Gentils*. Dieu crée pour sa Gloire, laquelle consiste dans l'exaltation de la justice du Dieu rémunérateur et vengeur, dans la miséricorde du Dieu d'amour, et dans la béatitude de la créature, laquelle béatitude doit être voulue en tant qu'elle est la gloire de Dieu. Mais, dans chacun de ces aspects de la gloire divine, se vérifie l'idée que cette gloire consiste dans l'acte d'exercer sur le mode de l'avoir, afin de le communiquer, quelque aspect de la bonté infinie de Dieu, de cette bonté qui est Dieu. Par conséquent la créature a vocation à ressembler à Dieu. Or il convient, en Dieu, de distinguer sa bonté et la diffusion de cette bonté. Donc la créature doit participer tant de la bonté de Dieu que de la communicabilité de cette bonté. Il faut donc que la créature soit habilitée, elle aussi, à manifester sa diffusibilité, ce qui requiert la présence de créatures inférieures sur lesquelles elle exercera sa causalité, puisque la causalité, par quoi ce qui est en acte fait passer à l'acte ce qui n'était qu'en puissance, consiste elle-même en une communication d'actualité, c'est-à-dire de bonté : autant une chose a d'être, autant elle a d'actualité, et autant elle a d'être, autant elle a de bonté. Ainsi un tout, composé du parfait dans son ordre et de moins parfaits que lui, se révèle-t-il meilleur que ce parfait lui-même, dût-il assumer en sa perfection singulière, tout en les dépassant, les perfections de ses inférieurs. Le bien est diffusif de soi, il n'est ce qu'il est qu'à proportion de se faire possesseur de lui-même, d'avoir ce qu'il est pour le donner, et le paradoxe est que le Donateur, loin de s'appauvrir en donnant, s'enrichit.

§ 23. Pourquoi le bien est diffusif de soi.

Ce n'est pas le lieu d'exposer, selon une rigoureuse démonstration, le pourquoi de la thèse « le bien est diffusif de soi », fécond par essence, mais les indications suivantes peuvent suffire, qui prolongent ce qui fut esquissé ici au § 10. 5 :

Le bien est aimable, mais l'amour est lui aussi aimable, il est aimable d'aimer. Dès lors, l'acte d'aimer le bien participe du bien auquel il donne accès. Mais ce qui participe préexiste dans le participé de manière éminente (la chaleur des choses chaudes, à elles communiquée par le feu, préexiste dans le feu). Donc l'amour du bien préexiste dans le bien ; il est définitionnel du bien de s'aimer lui-même, d'être l'objet de sa dilection ; aussi fait-il procéder de lui-même, nécessairement, un amour qu'il donne à lui-même en tant qu'autre pour lui-même. Mais la relation amoureuse, dépendante de ses termes comme toute relation, veut leur différence afin de subsister comme relation, cependant que la consommation de l'amour aspire à l'unité des amants, unité qui, comme fusion, oblitère leur différence : « **Deux étions et n'avions qu'un cœur** » (François Villon, *Rondeaux* ; Karl Petit) ; par conséquent l'amour surmonte cette contradiction par l'engendrement qui fait se réaliser l'unité des amants dans le respect de leur différence maintenue puisque, aussi bien, ils sont un dans le rejeton. Et ce qui est fécond est, par définition, diffusif de soi. Cela dit, si le Bien était mis en demeure d'engendrer « ad extra » pour satisfaire aux réquisits de son concept, il avouerait à l'égard de cet extérieur une dépendance que contredit son excellence intrinsèque, parce que meilleure est une chose, moins elle est dépendante d'autrui : dépendre de quelque chose, c'est manquer, et c'est là confesser une imperfection. Donc le Bien est fécond, mais il se communique d'abord et nécessairement lui-même à lui-même, réduisant toute production « ad extra » à une opération pour lui contingente, non essentielle à sa bonté. On obtient ainsi, par la simple analyse du concept de bonté, le résultat suivant : le Bien se fait éternellement dans lui-même privation de soi-même afin de se communiquer sa bonté, selon un acte que Claude Bruaire, naguère, nommait une « déhiscence comblée ». Or ce qui se fait moins que soi-même pour être soi-même, c'est ce qui se fait victorieux de sa propre altérité à soi. Le Bien est donc assomptif de toute finitude afin de se faire l'opérateur de la position de sa bonté absolue. Si l'on se souvient que tout bien fini participe du bien absolu, mais à ce titre lui ressemble, on comprend que tout être ait la forme obligée d'une victoire sur la négation intestine de lui-même. Si l'univers créé requiert, pour honorer son Auteur, de contenir divers degrés de bonté, c'est afin d'imiter son Modèle qui, précisément, les assume et contient indépendamment de la création du monde. Et nous nommerons le « négatif », ou la « puissance de négativité », cette force, en soi éminemment bonne, par laquelle le Bien — et tout bien — se fait assomptif de toutes les manières de se limiter, et la fait se réfléchir, se prendre pour objet afin, comme négation de négation, de se reconduire à soi, de s'introniser Bonté à raison même de sa surabondance.

Si ce qui précède est recevable, on comprendra que seul le parfait, l'infini actuel, soit doué du pouvoir d'aller jusqu'au bout du fini sans se perdre, et c'est parce qu'il va jusqu'au bout du fini, assumant la finitude absolument, qu'il est infini : la négation de négation puise à la négation (de soi de l'origine) sa puissance de négativité, à la manière dont une expiration est d'autant plus puissante que l'inspiration était plus accomplie. Si le négatif est intrinsèque au bien, il ne saurait, de soi, être du mal. Mais alors qu'est-ce que le mal, qu'il soit physique ou moral, étant bien entendu qu'il peut y avoir — tel un remède amer — du mal physique qui ne soit pas un mal moral ?

Le mal est, dans un être, privation de ce que sa nature lui prescrit pourtant d'avoir ; ainsi en est-il de la cécité, privation qui affecte l'homme mais non la taupe. Mais cela ne signifie pas que le bien ne serait que du « plein », innocent de toute négation.

Quelques images peuvent contribuer à nous le faire comprendre. Le chêne a vocation à se fatiguer dans la production de glands destinés à devenir de nouveaux chênes, et chaque gland a vocation à s'exténuer et à mourir pour devenir ce chêne en acte qu'il n'est encore qu'en puissance. Il y a du négatif, de la négation de soi, dans la vie du chêne comme dans celle du gland, et l'on peut remarquer que l'identité à soi du chêne, sa perfection, son essence conquise, s'obtient, au nombre près, par négation de négation : le chêne ne serait pas chêne s'il ne s'épuisait à produire des glands, ne se reniait en eux, et s'il ne se faisait naître de l'auto-négation d'un gland. Qui dit respect du chêne, souci de son intégrité, ne peut que plébisciter, en lui, cette mortification — cet acte de mourir à soi — intestine génératrice de vie, au point que le refus du négatif est un mal ; il est même l'essence du mal. Le mal est ce refus du chêne de s'épuiser à produire des glands ; il est le refus du gland à se sacrifier pour produire un chêne. Le mal est la langueur qui s'empare du négatif constitutif du bien quand ce dernier en vient à s'édulcorer, par suspicion à son propre égard, comme par manque d'audace. La vie qui se refuse à affronter la mort est cette vie qui s'engage, croyant la sauver, sur le chemin de la mort. Le mal est négation du négatif, et c'est pourquoi, paradoxalement, il n'est pas négation de négation, sinon de manière avortée.

Il est négation du négatif en tant qu'il est refus d'assumer cette négation de soi en laquelle ce qui se nie prépare, en et comme cette position de lui-même en son être-autre, sa victoire sur son autre et sa reconduction à soi, selon un parcours circulaire à raison duquel il se révèle avoir dans lui-même son autre, par là n'être pas limité par un autre et, de ce fait, être concrètement infini. S'il freine des quatre fers devant cette exigence de se poser en son être-autre, il court-circuite la dynamique à raison de laquelle il opérera sa victoire sur lui, et il s'affaisse sur ce qui eût dû constituer son humus et la matière sacrificielle de sa surrection ; en cela, il n'est qu'inchoativement négation de négation.

Le mal est non le négatif, mais la langueur du négatif ; il est le bien qui se défait par refus du travail intestin de sa propre négativité, laquelle coïncide avec sa propre puissance de diffusibilité, ainsi qu'on l'a suggéré ici plus haut : s'il est définitionnel d'un être bon de *se* communiquer sa propre bonté, quand il est de la raison de toute communication ad extra d'être enracinée dans la communication ad intra, c'est qu'il n'est de diffusibilité que pour un être capable de disposer de sa perfection constitutive, d'avoir en quelque sorte ce qu'il est, par là de n'être pas ce qu'il est pour l'avoir, mais sans évidemment cesser de l'être, ce qui n'est possible que si cet être s'intronise résultat victorieux d'une victoire opérée sur son non-être ; dès lors, refuser de consentir à se faire le sujet de la perfection ou bonté que l'on possède, ainsi se soustraire à sa puissance crucifiante de diffusibilité, c'est désamorcer en soi-même sa puissance de négativité.

On comprend mieux pourquoi seul l'infini peut aller jusqu'au bout du fini. Un être fini, ainsi créé, est incapable, sans cesser de conserver sa perfection, d'assumer jusqu'au bout les degrés inférieurs de cette dernière ; de même qu'il faut être tout-puissant pour tirer quelque chose de rien, ainsi créer, de même il faut être tout-puissant pour faire l'épreuve du néant, ou infiniment petit, sans cesser d'être. Et c'est pourquoi seul Dieu peut tirer le bien du mal : si le mal est désamorçage du négatif, l'œuvre divine le revitalise en tant que négatif, parce qu'elle est seule capable de le faire se radicaliser afin de préparer son auto-négation. Que Dieu puisse tirer le bien du mal ne signifie pas que Dieu aurait besoin du mal pour en tirer le bien, précisément parce que la vertu du négatif, à savoir de ce dont la réflexion sur soi le convertit en perfection positive, n'est pas intrinsèquement liée au mal qui n'est pas le négatif en tant que tel mais seulement sa dégénérescence.

Les esprits forts, les gens intelligents se sont beaucoup gaussés, de tout temps, de la philosophie naïve de Frédégise de

Tours, rustique disciple d'Alcuin à York, mort en 834, à cause de sa *Lettre sur le néant et les ténèbres*. Frédégise considérait que le néant est, qu'il a un être de néant et que les ténèbres en procèdent, puisque Dieu crée « ex nihilo ». Moins doté de cette bêtise que les méchants se plaisent à dénoncer par recours à des euphémismes cruels, telle l'évocation de l'ingénuité, un penseur « sérieux » dirait que substantifier le néant revient à méconnaître son statut de privation, laquelle, telle la cécité, n'est que par ce qu'elle nie.

Le crétin que nous sommes, solidaire en crétinerie de tous les naïfs d'indécrottable bonne foi, est néanmoins contraint de faire observer que cette idée de substantification du néant cache, dans son simplisme candide, une vérité captive qui nous est précieuse.

Le néant n'est en effet que par l'être qu'il ronge, et se supprime en tant que néant dans l'acte de sa victoire totale puisque, n'ayant plus rien à ronger, il est comme la maladie qui s'exténue en ayant raison du corps sain. L'esprit délié en déduit que l'être *du* néant ne peut être un être *de* néant, et, dès lors, que l'être de ce néant n'est et ne peut être que l'être dont il est la néantisation qui, de ce fait, ne peut être que partielle ; que donc « faire à partir de rien » signifie « ne pas faire à partir de quelque chose », sans plus.

Mais que la maladie s'exténue en ayant raison du corps sain qu'elle parasite signifie que le non-être *de cet être* qu'il ronge s'exténue avec ce qu'il ronge, mais non que le non-être absolu serait impossible. Si les trous dans le gruyère en viennent à s'agrandir au point de supprimer toutes les portions de fromage, il ne reste ni fromage ni trou, mais précisément il ne reste rien, ce qui signifie qu'il reste le rien, qui est. Et ce rien qui est, comme négation de tout être, est immédiatement négation de l'être de ce non-être qu'il est, et se révèle non moins immédiatement être de l'être. Qu'entendons-nous établir ici ? Que si toute instance néantisante, dans l'être, est suspendue à ce qu'elle nie, et se révèle impuissante à s'accomplir dans son ordre, ce n'est pas parce que le non-être absolu serait de soi impossible à atteindre, mais parce que tout être en tant qu'il est être a la forme d'une victoire opérée sur le non-être qu'il assume et contient comme nié. Et l'aptitude à le conserver nonobstant sa défaite est proportionnée à l'aptitude à le vaincre, de sorte que seul l'infini actuel est en effet capable de faire l'expérience du néant — c'est-à-dire du degré maximal de limitation de l'être — sans se perdre. Dieu peut tirer l'être du néant parce que Dieu, de puissance absolue, peut tout réduire au néant ; mais Dieu peut tout réduire au néant parce que Dieu maîtrise le néant, ainsi le possède, et Il le possède parce qu'Il le pose tel ce moment de l'acte à raison duquel Il se pose lui-même, s'intronise raison d'être de Lui-même.

§ 24. Négativité et puissance active.

Si le concept de négativité, qui « sent » son hégélianisme à plein nez, offusque les narines soupçonneuses des experts en procès d'intention maquillés en dévots de l'orthodoxie, qu'ils s'efforcent à rendre raison de cette identité, professée par le thomisme, entre la notion d'acte pur et celle de puissance active.

Le parfait est acte pur parce que ce qui est grevé de puissance est inachevé, désigne ce qui est en attente de son perfectionnement. Mais il s'agit de puissance passive. Et ce parfait est dit être infini actuel, parce qu'il n'est pas limité dans la ligne de sa perfection. « Infini » désigne, en son sens premier, ce qui n'est pas fini, c'est-à-dire ce qui n'est pas achevé, ce qui est indéfini, par là ce qui n'est pas actualisé, et par conséquent ce qui est en puissance passive. Sous ce rapport l'acte pur est éminemment fini. Mais le fini, qui désigne la limite, renvoie lui aussi à l'imparfait, parce que ce qui est limité dans la ligne de sa perfection — être blanc sans être toute la blancheur, être beau sans être toute la beauté — désigne ce qui se contente de participer à la perfection qu'il n'est pas et à laquelle il prend part sans l'épuiser. L'infini actuel répudie toute limitation dans l'ordre de l'actualité et radicalise toute limitation dans l'ordre de la puissance, au point d'exténuer cette dimension d'être en puissance (passive) qui l'empêcherait d'être acte pur et qui le contraindrait à *avoir* une actualité qu'il ne serait pas et à laquelle il prendrait part.

Ce qui est si parfaitement blanc qu'il épuise à lui tout seul toute blancheur, c'est ce qui, la possédant tout entière, exclut qu'elle subsiste ailleurs qu'en lui, à moins d'être la cause souveraine — ainsi première — de sa présence en eux ; mais cela suppose qu'il la leur donne sans la perdre ; cela dit, il ne saurait lui-même la recevoir d'un autre puisqu'il est cause première ; donc il tire de lui-même ce qu'il donne et, ne l'ayant pas reçu, il ne l'a pas ; mais cela revient à dire qu'il l'est : il entretient une relation d'avoir (pour en disposer afin de le communiquer) à l'égard de ce qu'il n'a pas reçu et avec quoi il ne compose pas, étant simple ; donc il instaure une différence intestine, afin de s'introniser sujet possessif de soi, dans son identité, ce qui signifie qu'il est ce qu'en même temps il a. Ne peut posséder ou avoir une perfection en totalité que ce qui est cette perfection.

L'acte pur est infini en tant qu'innocent de toute puissance qui le limiterait, ainsi qui le finitiserait ; mais force est de remarquer que ce qui limite une chose à n'être que ce qu'elle est, est aussi ce qui lui donne d'être purement et simplement. Si une chose est limitée, se contentant — par là qu'elle est grevée d'être en puissance — de prendre part à sa perfection actuelle sans l'être, c'est aussi cet être en puissance, principe de limitation, qui l'habilite à recevoir la perfection dont elle manque et qu'elle reçoit en la limitant. Et ce qui habilite quelque chose à se parfaire, ou à être perfectionné, est aussi une espèce de perfection ; il est moins parfait d'être un intellect en puissance que d'être un intellect en acte, mais il est plus parfait d'être un intellect en puissance que d'être un pied en acte. Donc cette puissance réceptrice de son acte est elle-même, en tant que puissance, une détermination qui relève de la perfection dont elle est supposée manquer et dont, de fait, elle manque, ce qui revient à dire qu'il est de l'essence de cette perfection de manquer d'elle-même pour être elle-même, ainsi d'être victorieuse de sa propre néantisation intestine qu'elle assume. La même chose peut se dire dans les termes suivants :

Autant une chose a d'actualité, autant elle a d'être ; autant elle a d'être, autant elle a de bonté ; autant elle a de bonté, autant elle est diffusive de soi ; autant elle est diffusive de soi, autant elle jouit du pouvoir de se communiquer sans se perdre. Ainsi, autant elle a d'actualité — au point de ne rien receler en elle-même qui la distinguerait de cette actualité, ce qui la fait *être* cette actualité même —, autant elle est capable de disposer d'elle-même, autant *elle a, par là, ce qu'elle est* pour se faire le principe de communication de la perfection qu'elle est. Dès lors, cette perfection qu'elle est se fait différente d'elle-même (l'actualité se fait puissance) dans elle-même, et elle se fait telle pour être elle-même. Il en résulte qu'elle a la forme d'une victoire sur sa propre négation. La doctrine thomiste de la participation appelle, comme cet élément qui permet de l'expliciter, l'introduction du concept de négativité. Ce qui a ce qu'il est afin d'exercer ce qu'il est, c'est ce qui est *puissance active*, celle qui possède l'acte qu'elle a le loisir d'exercer ou de suspendre et auquel pourtant elle s'identifie, se révélant non seulement parfaite mais maîtresse de la perfection qu'elle est. Elle ne serait pas absolument parfaite si elle n'était plus que parfaite, si donc elle était contrainte de subir sa perfection, limitée par son rôle d'excellence. *L'infini actuel est donc ce qui a la forme d'une victoire sur le fini (l'être en puissance) qu'il assume pour être ce à partir de quoi il a son actualité, mais qu'il renie souverainement pour être cette actualité qu'il a, et qu'il confirme dans l'acte où il le surmonte afin de demeurer, étant sa perfection, ce qui aussi la peut exercer selon tous les degrés possibles, et la communiquer à ce titre.*

Pour rendre raison de l'identité, en thomisme, entre acte et puissance active, il semble bien requis de convoquer l'idée de négativité.

§ 25. 1. Le mal n'est pas le négatif.

Le mal est cette espèce de négation qui, dans l'être, consiste en une privation, en ce manque — qui l'affecte — d'une perfection que son essence ou nature lui enjoint pourtant d'avoir. Or le négatif n'est pas le mal puisqu'il est (§ 23) constitutif de la diffusibilité du bien, c'est-à-dire dans la mesure où il est lui-même du bien. Donc le négatif non peccamineux consiste dans le pouvoir d'assumer la privation d'une perfection, en totalité en ou partie, mais sans jamais cesser de la posséder sans perte, en toute plénitude, et c'est cela qui le distingue du mal moral, ou péché qui consiste à s'attacher à un bien défectueux en tant qu'il est défectueux. Pour illustrer ce propos de manière simple, on peut évoquer l'homme savant qui *est* savant, s'identifiant à son acquis devenu seconde nature, mais qui, pour communiquer sa science, doit l'*avoir* telle une chose qu'il n'est pas, mais sans cesser d'être savant, évidemment ; il sera d'ailleurs d'autant plus savant qu'il sera parvenu à communiquer sa science plus généreusement. Le négatif est ce pouvoir de n'être pas ce qu'on est pour l'avoir, et de l'avoir pour le communiquer, et de l'être d'autant plus parfaitement qu'on le communique mieux. Le mal serait ici désigné par l'ignorance coupable.

Cela dit, il existe des degrés dans le mal, des maux qui sont plus innocents que d'autres. En tant que privations de biens, ils sont des maux mais, comme privations, ils sont suspendus à ces biens qu'ils gangrènent, de telle sorte que tout mal peut être tenu pour un certain bien affligé de la propriété négative de priver celui qu'il affecte d'un bien plus grand. On peut alors être tenté de voir, en tout mal, un moindre mal, un mal préférable à un autre, un mal qui « hic et nunc » aura raison de bien, et c'est ainsi qu'on est placé dans la situation d'en venir à tout justifier.

Et c'est bien ce qui se produit avec la doctrine des modernistes qui, soucieux de donner — et de se donner — le sentiment de demeurer catholiques en dépit de leur attachement à des nouveautés hérétiques, bénissent l'erreur au nom des besoins de l'apostolat. Celui qui se présente actuellement comme pape ose enseigner que « la liberté est un droit de toute personne : chacune jouit de la liberté de croyance, de pensée, d'expression et d'action. **Le pluralisme et les diversités de religion**, de couleur, de sexe, de race et de langue **sont une sage volonté divine, par laquelle Dieu a créé les êtres humains**. Cette Sagesse divine est l'origine dont découle le droit à la liberté de croyance et à la liberté d'être différents. C'est pourquoi on condamne le fait de contraindre les gens à adhérer à une certaine religion ou à une certaine culture, comme aussi le fait d'imposer un style de civilisation que les autres n'acceptent pas ». Ce disant, il va manifestement contre le dogme catholique, semble-t-il, puisque ce qui vient de Dieu est inspiré par le Saint-Esprit, quand le constitutif formel de toutes les religions autres que le catholicisme, ainsi de toutes les fausses religions, réside dans le refus du Saint-Esprit : la grâce, qui donne de vivre de la vie même de Dieu, procède du Saint-Esprit ; donc la grâce ne saurait souffler dans les fausses religions ; or la grâce est nécessaire pour le salut ; donc les fausses religions ne sauraient être des moyens de salut. Les conciliaires répondront, à cette objection, qu'ils sont d'accord avec la Tradition, mais qu'il convient de considérer cette déclaration bergoglienne comme l'expression d'un effort d'apostolat, lequel compléterait la proclamation du dogme sans se substituer à lui et sans le contredire. Il vaudrait mieux, dit-on, avoir une religion non chrétienne que pas de religion du tout. Et puisque cet engagement religieux peut avoir, « secundum quid », raison de bien relatif, c'est que cela procéderait de Dieu.

Tentons de circonscrire le lieu exact du sophisme. On ne peut faire que ce qui est intrinsèquement mauvais devienne bon, sous prétexte qu'il y aurait du mal plus radical que lui. On peut toujours trouver pire dans la ligne du mal, mais cela ne fait pas du mal un bien. Ce qui peut être recevable, c'est l'idée suivante : une fausse religion, une fausse révélation contient cependant des éléments de vérité qui sont liés à ce que la raison naturelle peut atteindre par ses propres forces (par exemple l'affirmation de l'existence de Dieu) et qui n'est nullement intrinsèquement lié à cette pseudo-révélation ; un adepte de cette fausse religion peut ainsi exercer une certaine forme de religion naturelle qui, de soi, peut éventuellement constituer une sorte de préparation providentielle à l'acquisition future de la vraie foi, laquelle obligera le croyant à abjurer son ancienne hérésie. Mais il est essentiel de faire observer à ce sujet que si la Providence agit par la donation de ces éléments de vérité, elle n'agit nullement par la fausse religion en tant que fausse révélation, le lien entre fausse religion et vérités naturelles étant purement accidentel. Si l'on remarque que le fait de discerner dans de fausses religions un effet de la volonté divine revient à inviter les hommes à plébisciter ces fausses religions, on constatera que cette conception pour le moins erronée de l'apostolat consistant à faire du moindre mal un bien objectivement aimable revient à *usurper le pouvoir et le droit exclusifs de Dieu de tirer le bien du mal.* Le mal ne va jamais jusqu'au bout de lui-même et se révèle incapable de s'appliquer à lui-même sa propre négativité radicalisée, parce que cette réflexion absolue est le propre de Dieu ; seul l'infini est capable d'aller jusqu'au bout du fini, parce qu'il est victoire sur la finitude absolue : si l'infini avait le fini à l'extérieur de soi, il serait limité par lui, de sorte qu'il contient le fini non comme sa partie (l'autre partie, n'étant pas l'infini, serait finie et l'infini se réduirait contradictoirement à une somme de réalités finies) mais comme son épreuve intestine : est concrètement infini ce qui se donne la forme d'une victoire éternelle sur la finitude qu'il assume en lui-même de toute éternité, et c'est précisément parce qu'il contient le fini comme nié que la position ad extra de réalités finies, ainsi créées, n'ajoute rien à l'infini et ne compromet pas son infinité.

Le négatif, c'est cette énergie qui somme l'infini de se finitiser et le fini de s'excéder ; le mal, c'est la crispation sur soi-même de l'infini ou du fini qui se refuse à se faire l'unité de lui-même et de son autre. Autre chose est cette obligation, pour le Bien, d'assumer tous les degrés inférieurs de sa perfection pour être bon, ainsi de se priver de soi-même sans se perdre afin de se posséder absolument : cette obligation est le fait du négatif dont la radicalisation le fait se réfléchir, se renier lui-même et se convertir en être, en cet être positif riche d'une négativité qu'il maîtrise et dont en même temps il se fait le produit ; autre chose est le mal, qui consiste en une privation de perfection, mais selon laquelle le bien qu'elle affecte se perd en partie à cause d'elle, s'atrophie et se dénature. C'est dans le bien que réside le secret de la puissance de fécondité du négatif ; c'est contre le bien, quand ce dernier renonce — par faiblesse — à lui-même, quand il consent à l'entropie, que s'exerce le pouvoir du mal ; renonçant à lui-même, le bien qui consent au mal renonce au négatif puisque c'est le négatif qui fait la bonté du bien ; et c'est pourquoi l'instance de négativité qui subsiste dans le mal est elle-même atrophiée et rendue incapable de se réfléchir, de se prendre pour objet, de se convertir en être. Il ne faudrait pas croire que, le bien étant comme tissé dans l'étoffe du négatif, d'autant meilleur que son négatif intestin est plus accusé, le mal serait nécessaire au bien en tant qu'il relèverait du négatif, et que l'acmé du mal serait requis par la position du bien. En vérité, le mal n'est pas le négatif en tant que tel, il est un collapsus de la négativité. Quand ce qui est bon sans défaut assume, sans perdre sa bonté, ce moment nécessaire de limitation de cette bonté, il prend en effet le risque d'en venir à chercher, dans ce degré inférieur même, toute la richesse de sa bonté ; il affronte le danger d'être séduit par la perspective de chercher dans ce bien fini ce qu'il ne peut lui donner, et c'est alors que surgit le mal, la démesure, l'inflation quantitative du bien fini se substituant au bien qualitativement meilleur. Mais on voit bien là que faire un tel constat n'équivaut pas à bénir le mal en lui reconnaissant le pouvoir, en tant que mal, de contribuer au bien. Dans le processus, constitutif de lui-même, d'assomption de ses degrés inférieurs de bonté, un bien donné n'atteint un degré inférieur que pour s'en arracher, et ce jusques au degré nul de bonté qui, comme néant, se retourne contre lui-même et inaugure le processus inverse de remontée au principe. Mais deux choses sont à observer. D'abord, ce degré nul de bonté n'est pas du mal, parce que le mal, relatif au bien qu'il conteste, n'est jamais du mal absolu, et il ne peut pas l'être parce que son absoluité le supprimerait comme mal. De plus, un degré inférieur de bonté n'est atteint que pour être délaissé ; le bien qui l'assume s'arrache, aussitôt que posé, à ce moment intérieur de lui-même, pour affronter le degré inférieur ; il ne se complaît pas en lui et conjure la tentation de se chercher tout entier et totalement en lui, ce qui serait précisément le mal.

On préfère, légitimement, le moins mauvais au plus mauvais, en escomptant que cette adhésion — qui ne peut être adhésion qu'à ce qu'il y a encore de bon dans le mauvais — prépare la volonté à dépasser cette bonté partielle et à se libérer de ce qui l'obscurcit et la corrompt. Mais alors il faut parler d'adhésion au bien qui subsiste dans le mal et non d'adhésion au mal supposé éligible du seul fait qu'il admet des maux plus grands que lui. Puisque le négatif est cette puissance intérieure à l'être en tant qu'être, à raison de laquelle le parfait ou le Bien se fait victorieux de ce qui, non reconduit à l'origine par négation de négation, ainsi non vaincu, serait le mal ; puisque par ailleurs seul ce qui subsiste de bien est aimable dans un bien affligé de privation peccamineuse, alors seul est aimable et digne de choix ce qui ne consent à se finitiser, ainsi à se priver de soi-même, qu'autant qu'il est déjà victorieux, par négation réfléchie, de l'épreuve de sa négation. Le mal étant langueur, décompression ou distension du négatif, force est d'en conclure que le négatif est aimable et éligible, mais non le mal, et cela en toute circonstance.

Ce qu'il y a de dangereux et de franchement diabolique dans le modernisme, c'est qu'il s'empare de vérités mal connues des Traditionalistes et les fait servir à ses fins perverses ; quand la conscience vient au jour de ce que ce sont des vérités, on est tenté de souscrire au modernisme lui-même à cause de la vérité captive qu'il contient.

§ 25. 2. Le négatif n'est pas contre nature.

Si nous étions capables, nous mortels, de parvenir à un état tel que toutes les dimensions de notre existence terrestre (professionnelle, affective, conjugale, physique, intellectuelle, politique, artistique...) fussent en harmonie totale les unes avec les autres, nous serions si bien installés en cette perfection terrestre que nous n'aurions nulle envie d'en changer, et le désir de Dieu serait oblitéré. Il y a donc du négatif en nous, qui brise cette harmonie toute temporelle et nous propulse vers la recherche d'un bien transcendant ; ce négatif n'est pas du mal, parce qu'il nous prive d'un bien qui n'est pas, en soi, dévoyé, mais qui pourrait, si l'on s'y reposait, le devenir, de sorte que ce négatif ne nous prive d'un bien que pour nous faire accéder à un bien supérieur, et cela est légitime parce que tout bien a la forme d'une victoire opérée sur son degré d'être inférieur, celui-ci procédant proleptiquement de celui-là ; cela est aussi légitime parce que le degré ultime de ce bien convoité correspond à l'exercice du désir qui définit notre être essentiel (telle est l'activité contemplative), qui donc n'est pas contre nature ; ce qui est contre nature, ce n'est pas le négatif et l'arrachement à certains biens, même si cet arrachement occasionne des souffrances ; est contre nature et relève du mal ce qui arrache la nature à elle-même ; or précisément, se complaire dans un degré fini de bonté dont notre essence est l'assomption et le dépassement, ainsi la sublimation, cela même est contre nature, qui se solde par une tendance à investir dans un bien fini un désir qui ne se nourrit que de l'infini, ce qui induit une démesure dans la recherche de ce bien fini qu'on absolutise et déifie. Quant au mal moral, c'est-à-dire au mal proprement dit, il ne peut être que permis par Dieu qui seul en peut tirer un bien plus grand, et qui manifeste ainsi sa puissance ; il ne peut jamais être plébiscité comme tel, car cela reviendrait à s'arroger, on l'a vu, ce privilège divin consistant à tirer du mal un plus grand bien que celui dont un tel mal est la privation. Il y a de la souffrance dans la recherche du bien parfait, mais ce n'est pas un mal moral, c'est l'épreuve nécessaire du fini et de la dynamique du négatif qui fait renoncer le fini à lui-même.

Il faut bien que l'âne soit dévoré par le lion pour que celui-ci vive, et il est dans l'ordre qu'il y ait de la souffrance et du carnage dans la vie terrestre, lesquels ne relèvent pas du mal moral ; ils sont dits « maux » en tant qu'ils inspirent de la répulsion aux passions concupiscibles, mais ils ne relèvent pas du mal moral, et la raison se réjouit de prendre acte de leur existence. Il ne semble pas que l'on puisse en dire autant de l'iniquité du persécuteur qui se trouve rendre manifeste la justice qui châtie et la patience du persécuté qui subit : l'iniquité relève du mal moral et ne saurait avoir raison de bien. La justice et la patience peuvent y trouver occasion de s'exercer quand elle survient, mais elles ne la requièrent aucunement. Prétendre le contraire reviendrait à la limite à embrasser une espèce de dualisme gnostique faisant du mal le complément obligé du bien. Mais en distinguant le mal moral du négatif, en reconnaissant l'existence d'un négatif non peccamineux, on voit peut-être mieux ce que peut contenir de vérité captive l'idée même de dualisme gnostique.

Plus haut (§ 20. 1. 1), l'évocation de Borges nous invitait à méditer sur la fécondité de l'épreuve des maux divers qui scandent nos vies terrestres. Certains de ces maux sont inhérents à la vie humaine en tant que telle, considérée dans son intégrité, et ils ne relèvent pas du mal moral (telle est par exemple l'épreuve de l'agonie, qu'eût connue l'homme s'il avait été créé en état de pure nature ; l'agonie est bien un combat). D'autres relèvent de notre condition de pécheurs, mais même eux peuvent servir le bien parce que le négatif investi dans des états et situations peccamineux peut donner par accident occasion au négatif non peccamineux de manifester ses vertus.

§ 26. 1. Illustrations.

Les développements quelque peu laborieux qui précèdent parlent peu à notre appétit de représentation et d'illustration des vérités générales. C'est pourquoi, conformément à l'esprit qui se veut animer le présent travail, nous tenterons de rendre ces idées plus parlantes par l'évocation de quelques citations.

« **La nature a des perfections pour montrer qu'elle est l'image de Dieu et des imperfections pour montrer qu'elle n'en est que l'image** » (Pascal, *Pensées ;* Pomerand).

Cette formule connue de tous les élèves qui préparent l'épreuve du baccalauréat nous invite à nous interroger sur la logique qui préside au rapport entre image et modèle. S'il était donné à une image de penser et de vouloir, elle constaterait vite que son désir et le projet qui le suscite sont contradictoires. La nature a des perfections qui la font ressembler à Dieu, et c'est si vrai que c'est à partir de ces perfections qu'il nous est donné de remonter à l'affirmation de Dieu et de nous forger une idée analogique de ce qu'est Dieu. Mais dire que la nature a des perfections et que cette nature est image, c'est dire que les perfections dont elle peut se prévaloir par ses vertus d'imitation font d'elle une réalité dont la perfection propre consiste à tendre à *s'identifier* à son Modèle. Quand rien ne distingue une chose d'une autre dans l'ordre quidditatif, elle se confond avec cette autre, parce que si l'acte d'exister qui parfait l'essence d'un être peut légitimement être distingué de cette dernière au moins dans le cas des réalités créées, en retour, à une telle essence doit être reconnu le statut de raison d'être. Ces deux affirmations doivent être étayées comme suit :

Un possible qui exclurait de se réaliser jamais ne serait pas effectivement possible, il tient son existence de possible de l'existence dont il est la possibilité ; une essence doit être, pour être essence, mais son être d'essence, à savoir son exister, ne lui est pas à tous égards intrinsèque, autrement tout possible serait existant ou réel du seul fait d'être possible. L'exister, extérieur à l'essence à laquelle il advient, lui est aussi intérieur en tant qu'essence effectivement essence ; et la seule chose qui puisse être à la fois intérieure et extérieure à une autre, sans contradiction, c'est celle qui entretient à l'égard de cette autre un rapport de puissance à acte : le rapport du cercle à l'airain est bien celui de la forme à l'égard de la matière, et, dans le cercle d'airain, l'acte de l'airain, ou cercle, est ce même airain en tant qu'il est en acte, ou encore l'acte d'une puissance n'est autre que cette puissance en tant qu'elle est en acte, bien que la puissance ne soit pas l'acte ; de même, l'exister d'une essence est cette même essence en tant qu'elle existe, bien que l'existence ne soit pas l'essence. Dès lors il existe une solidarité telle entre l'essence et l'existence que, nonobstant leur différence, réelle, leur séparation les renvoie toutes deux dans le néant ; aussi sont-elles strictement proportionnées l'une à l'autre, au point qu'à un exister donné correspond une certaine essence qui ne convient qu'à lui, de sorte que, si deux essences en viennent à ne révéler aucune différence entre elles dans leur ordre quidditatif, les deux actes d'exister finissent par n'en faire plus qu'un. Si donc la perfection du possible en tant que possible est bien, pour lui, d'être réalisé, si l'excellence de l'intelligible ou pensable (tel est bien le possible) est bien pour lui d'être réel, si donc la maximisation de la perfection dans l'ordre du connaître se solde bien par l'advenue de ce pensable à l'existence ou à la réalité, en retour, le fait d'être réel, cet acte d'exister, n'est posé que comme perfection de cette essence, c'est-à-dire comme cette essence en tant qu'elle est parfaite. On n'existe pas pour exister ; on existe pour faire se déployer les richesses d'une essence. En cela l'essence est bien raison d'être de l'exister.

Il en résulte bien que si l'image en vient à acquérir toutes les perfections de ce dont elle est l'image, si donc l'essence de l'image devient strictement identique à l'essence dont elle est l'image, alors l'image se confond avec lui dans l'exercice d'un seul acte d'exister ; l'image se résorbe dans le modèle. Ce qui la parfait la supprime. Mais si l'image, que l'on se permet d'imaginer pensante et voulante, nourrit un vœu de perfection, elle aspire certes à devenir parfaite mais, en tant que parfaite, elle répugne à disparaître, car disparaître revient à se perdre et à perdre la perfection que l'on convoitait. L'image est ainsi tourmentée par le désir contradictoire de s'identifier au modèle et de se différencier de lui. Il faut donc dire, dans le langage de Pascal, que la nature requiert paradoxalement ses défauts pour se donner les moyens de satisfaire au réquisit d'imiter les perfections du modèle.

La loi de comportement de l'image ou imitation est donc ce comportement induit par une unité d'attraction et de répulsion par rapport à son modèle. Mais l'imitation, qui est au modèle ce que l'élève est au maître ou le donataire au donateur, ne s'est pas donné sa loi de comportement, elle l'a reçue du maître, et tout ce qui est reçu du modèle fait ressembler l'imitation au modèle, le donataire au donateur. Donc l'unité de l'attraction et de la répulsion, loi interne et constitutive de l'imitation, surexiste dans le modèle, mais selon un mode de subsistance qui le fait se distinguer de l'imitation. Ce qui vérifie sans contradiction (au moins jusqu'à un certain point) l'exigence d'unité d'attraction et de répulsion, c'est le concept de réflexion, représentée par un mouvement circulaire par lequel l'origine se renie dans son autre qui, en retour, se renie en direction de l'origine, de telle sorte que l'avancée dans le circuit réflexif est retour, le repousser de soi un acte de s'attirer à soi. Le modèle est donc victoire éternelle sur sa propre pénurie qu'il assume et en laquelle il se risque. L'infini concret, l'infini actuel est le fini nié, l'infini actuel a l'actualité du fini, du défini ou du parfait, *et* l'infinité de l'être en puissance ; il est infini *et* déterminé, il est *puissance active*, et telle est la définition ou l'essence de l'acte qui est purement acte. Toute détermination est négation de l'infini indéterminé, elle confère la finitude en ce sens qu'elle achève et parfait, mais elle est corrélativement négation de cette « négation de l'acte » qu'est l'être en puissance (la puissance et l'acte sont bien entre eux comme des contraires) parce que l'être en puissance est suspendu à l'être en acte, intérieur à ce qu'il conteste et qui pour cette raison se conteste en lui, mais ne s'y conteste que pour s'en faire resurgir en le faisant se contester. Donc toute détermination est acte, négation de négation, assomptive et victorieuse de toutes les manières de n'être pas elle. Dès lors, il est dans l'ordre que cette loi universelle, selon laquelle l'ordre est l'assomption de la guerre et du carnage dont il se fait procéder par leur jeu tragique en les convertissant à sa paix, soit la loi du monde, puisque cette loi qui régit la Nature, ou monde créé, s'enracine dans le Modèle Lui-même. La guerre est divine, comme l'enseignait Joseph de Maistre, non seulement comme châtiment d'une Nature déchue, mais comme loi de l'être en tant qu'être ; la déchéance de l'être créé, non en tant que créé mais en tant que pécheur, n'est pas la négativité qui l'habite, mais la chute de tension qui l'affecte : toute rédemption, toute négation de négation est désormais avortée. Évidemment il n'y a pas de carnage dans la vie bienheureuse de l'Absolu, mais il n'en est pas moins victoire sur la possibilité du carnage et de l'entropie ; il n'y a pas de guerre dans une société de saints, mais toute paix a la forme d'une victoire sur le risque de la guerre et des dissensions. Dans le monde fini, la victoire est toujours précaire et limitée, il n'y a jamais reconduction parfaite à l'origine, et il y a donc de la contingence et du mal physique, et, du fait de cette contingence qu'est l'exercice du libre arbitre, il peut y avoir du mal moral. Mais le surgissement de ce mal moral est encore l'attestation de l'universalité de la loi. Il fait mémoire du bien et à sa manière révèle l'intrastructure secrète du Bien. C'est là, nous semble-t-il, ce que veut signifier Proust à sa manière :

« **Le mal seul fait remarquer et apprendre et permet de décomposer les mécanismes que sans cela on ne connaîtrait pas** » (*Sodome et Gomorrhe*, Gallimard, Proust ; Pomerand).

S'il est de l'essence du bien d'être victoire sur la possibilité du mal, le bien sera d'autant plus élevé que plus profonde sera l'audace de laisser se déployer l'extension de cette possibilité, et en retour plus sera héroïque et puissant l'effort requis pour révoquer souverainement cette possibilité et la tentation qui s'y attache. C'est pourquoi une certaine conception de la prudence invite l'homme vertueux à se claquemurer dans des désirs faibles, afin de conjurer la tendance du désir à la démesure et au mal. Il sera même enclin à se donner une représentation cotonneuse, non risquée, de l'harmonie en général et de l'ordre des choses, qui expulsera toute idée de négativité en réduisant le négatif au mal. Mais pour les esprits finis que nous sommes, incapables de s'objectiver de manière adéquate la Bonté en sa teneur absolue, le pressentiment des ravages du mal peut donner la mesure du bien dont il est la privation, éveiller le désir à la tension vers ce bien, décrisper le négatif prostré, voire oublié, dans l'âme prudente du vertueux confiné dans son confort moral.

S'il est possible à Dieu — là où le péché abonde, la grâce surabonde — de tirer du mal un plus grand bien ; s'il est possible à l'homme non de tirer le bien du mal (le négatif peccamineux est un négatif malade et atrophié, impuissant, embourbé en lui-même), à tout le moins de trouver dans la perspective du mal pourtant non nécessaire au bien l'occasion de faire s'exercer la pugnacité requise par la recherche du bien, c'est que le négatif contenu dans le mal, mais confisqué par lui, est lui-même un bien ; et c'est la radicalisation du négatif qui convertit le mal en bien, quand c'est l'édulcoration du négatif qui fait de lui-même un mal. Il y a de l'excès poétique, dans la formule de Proust, dans le recours à l'adjectif « seul ». Mais il y a une profonde intuition dans l'idée que la rage de destruction pourrait être séduisante, non par nihilisme mais par désir dévoyé de connaissance, lequel, par son existence même, nous renseigne sur la nature de ce qui est à connaître : si le néant est appétible, c'est qu'il n'est pas étranger au bien ; et peut-être est-ce là la vraie raison de la séduction du nihilisme, car enfin, pourquoi la destruction serait-elle dotée du pouvoir de causer l'ivresse ? En un certain sens, c'est la déconstruction qui permet de percer le secret de la construction. Qu'on songe au vivant en général, qui contient en ses flancs le pouvoir de se construire et de se régénérer. C'est à partir du non-être de soi-même que l'on advient à l'être, aussi le vivant ouvre-t-il en lui-même le non-être de lui-même afin de se faire le résultat de l'exercice de son activité ontogénique. Et puisque l'autre du vivre est le mourir, le vivant est celui qui, sans cesser de se posséder comme maître de son agir, ainsi sans cesser de vivre, sait s'éclipser en tant que vivant pour se faire surgir de son non-être intestin, et qui n'est vivant qu'à raison de cette éclipse ; la vie est structurellement victoire sur la mort. D'où la fascination des vivants pour la mort, et la relation entre sexualité et mort : si une instance intrinsèque au vivant est comme le creuset au sein duquel se régénère l'activité du vivre, quand cette instance est l'éveil de la mort, on comprend que la vie hantée par le souci lancinant de se comprendre elle-même en vienne à chercher, dans l'impossible effort de s'objectiver sa mort — ainsi de vivre sa mort sans faire mourir sa vie —, le secret de son intelligibilité. Et pourquoi cela devrait-il être interdit à Celui qui est la Vie ?

Dans notre souci de dresser un plaidoyer pour l'existence d'un négatif non peccamineux, nous en sommes venu à laisser entendre que le tragique du négatif se reniant pour tisser la consistance de la perfection positive existe jusques en Dieu, de sorte que toute créature est invitée à ressembler à son Auteur en épousant cette vocation dangereuse, à toute distance de la tendance à édulcorer la vocation au tragique choisie pour éviter de se perdre en lui. On ne manquera pas, au nom de l'orthodoxie, de faire observer que cette évocation a des relents de gnosticisme cher au romantisme allemand, et qu'à ce titre elle doit être abandonnée.

Qu'on songe cependant au fait de l'Incarnation. Dieu se révèle et nous dit ce qu'Il est. Mais l'acte de se révéler et la manière dont Il le fait sont déjà des éléments constitutifs du contenu de la Révélation. Par là qu'Il se révèle, Dieu nous apprend qu'Il est « revelabile », ainsi que son essence se prête à être dévoilée et communiquée ad extra, ce qui signifie que Dieu nous dit dans Sa Révélation ce qu'Il est en lui-même indépendamment de Sa Révélation. De plus, en choisissant de se faire homme pour manifester Sa déité, dans une manière d'être finie, contraire à l'infini actuel définitionnel du divin, Dieu ne se voile que pour se dévoiler. Si l'absolu se manifeste en assumant une manière d'être humaine (ce serait vrai aussi pour n'importe quelle autre manière d'être, de l'ange au caillou), ainsi finie, c'est que la finitude n'est pas étrangère à tous égards à son infinité. Et puisque cette Révélation nous dit ce qu'est Dieu en lui-même indépendamment de Sa Révélation, c'est que cette finitude dans le mode de manifestation de l'Absolu est encore expressive de l'Absolu tel qu'il est en lui-même : « non coerceri maximo, contineri tamen a minimo, divinum est ». Une telle formule, dont Hölderlin fit une épigraphe pour son *Hyperion*, et qu'il disait à tort avoir été gravée sur le tombeau de saint Ignace, peut être rapprochée de celle-ci : « Virgo Dei Genitrix quem totus non capit orbis, in tua se clausit viscera factus homo » (Graduel de la messe « Salve sancta parens » : Vierge mère de Dieu, Celui que le monde ne peut contenir s'est enfermé en votre sein, pour se faire homme).

§ 26. 2. « Nul ne mérite d'être loué pour sa bonté, s'il n'a pas la force d'être méchant. Toute autre bonté n'est le plus souvent qu'une paresse ou une impuissance de la volonté » (La Rochefoucauld, *Réflexions ou Sentences et Maximes* ; Pomerand).

On apprend à l'enfant, dès son plus jeune âge, à ne pas faire du tort à autrui, à partager, à respecter son prochain, à lui vouloir et à lui faire du bien, à lutter contre cette tendance spontanée à ne penser qu'à soi, voire à prendre plaisir à écraser son semblable pour s'exalter. Le gentil gamin, dont la pugnacité a été atrophiée, prend des coups, subit des quolibets, finit par devenir un lâche, ou bien se ressaisit, débordé par la haine de soi et la rancœur à l'égard de ses persécuteurs, mais aussi de ses « bons maîtres », et devient sans scrupule implacable et cruel, se soustrayant à tout impératif de justice, mais en accord avec lui-même au moins jusqu'à un certain point. Pourquoi faudrait-il être « bon », s'imposer de ne pas penser qu'à son intérêt ?

La raison en est que l'amour de soi procède de la nature de l'être qui s'aime, et qui s'aime en tant que sa nature, investie en lui, aime à y être et suscite, en lui, cet amour de lui-même à raison duquel il se conserve et s'épanouit, préserve cette présence de sa nature en lui. Mais si l'amour de soi d'un être est l'effet et le prolongement d'un amour de soi de sa nature en lui, alors, quand sa nature s'aime en un autre que lui, il est logiquement enclin à et sommé de trouver aimable ce qu'aime sa nature, d'aimer cet autre tel un autre lui-même. Tout homme est naturellement ami de l'homme, et il n'en devient l'ennemi que par défaut d'amour de soi-même, c'est-à-dire par déficit d'amour de la manière dont sa nature décide de se réaliser en lui. Et l'on voudra bien observer que si l'homme est invité à s'aimer pour aimer autrui, il est sommé d'aimer, en lui-même, quelque chose qui est tellement lui-même qu'il est plus que lui-même et qui, de ce fait, l'invite à s'arracher à son Moi exclusif, c'est-à-dire à cette manière d'être un Moi qui tend spontanément à haïr tout ce qui n'est pas lui. Le culte du Moi barrésien, qui faisait dire des sottises à Léon Bloy sur le ton niais et suffisant de l'allusion égrillarde, prend son sens quand il signifie que la recherche du Moi par lui-même lui fait découvrir le fond du Moi qui est collectif, communautaire : le sang et la terre des ancêtres. Si l'on fait tenir ensemble les constats qui précèdent, on obtient que l'amour pour autrui, l'exigence d'être bon, se fonde en dernier ressort sur l'invitation à se rendre victorieux de la haine, ou plutôt de sa possibilité : la nature humaine invite chaque homme à aimer son individualité, et à s'y attacher au point d'en venir à la dépasser pour aimer ce qui la fonde et qui lui est immanent, à savoir la nature humaine elle-même qui y subsiste comme individuée ; chacun d'entre nous aime sa nature individuée qu'il est, laquelle lui enjoint, ne se réduisant pas à une telle individuation, de s'excéder lui-même en direction d'autrui, mais par là de s'arracher à soi ; l'altruisme est en soi victoire sur le risque de l'égoïsme dont la possibilité doit être affrontée pour qu'il y ait altruisme véritable. La force de l'égoïsme, dont le choix réfléchi est l'orgueil, doit être affrontée pour qu'il y ait amitié, solidarité, bonté effective, et ultimement charité. Qui ne sait pas haïr — à tout le moins ne prend pas le risque d'avoir à haïr — ne sait pas aimer, sinon d'un amour fade frisant l'indifférence.

Si le devoir d'être bon pour son prochain est au premier abord problématique, l'est plus encore le sommet d'un tel comportement, en lequel consiste le pardon des offenses, qui nous enjoint de rendre le bien pour le mal. Il n'est pas douteux que cela suppose un effort proprement héroïque, mais après tout il n'est pas scandaleux d'exiger de l'humain qu'il soit héroïque puisque, aussi bien, il devient véritablement immonde s'il s'y refuse. Vivre est lutter ; le degré de la vie se mesure au degré d'immanence du mouvement du vivre ; le sommet de l'immanence est la vie spirituelle, qui dit aussi la liberté et donc la maîtrise de soi, de sorte que renoncer à cette maîtrise a objectivement pour signification le fait de renoncer à vivre, mais en s'offrant le passe-droit scandaleux de ne pas mourir. Il est de l'essence de la vie de se gagner, de se mériter, ainsi de plébisciter la lutte et la souffrance, et donc une vie qui renonce à lutter s'insurge contre la loi qui la régit ; or « corruptio optimi pessima » ; la corruption du meilleur le fait chuter bien plus bas que ne le peuvent ses inférieurs. Dès lors, être homme et refuser par principe une vocation héroïque est en son fond quelque chose d'inhumain. Il est bien entendu, cela dit, que l'héroïsme peut être discret, être exercé dans le cadre d'une vie ordinaire, sans fastes, sans actions d'exception, avec constance et fidélité. Il reste que l'on ne saurait refuser d'accepter de porter un fardeau sous le prétexte qu'il est héroïque. Non, la difficulté de pardonner n'est pas dans l'héroïsme que suppose un tel comportement. Elle est dans le caractère problématique de sa légitimité. L'insolente vérité de La Rochefoucauld nous invitait à chasser les mièvreries du culte ostensible de la « bonté », de la douceur sans force, du « pardon » sans vengeance assumée et surmontée. C'est pourquoi :

§ 26. 3. « Un homme a toujours le droit de se venger, si peu que ce soit ; la vengeance est bonne pour le caractère ; d'elle naît le pardon » (Graham Greene, *Le fond du problème* ; Karl Petit).

Il existe un droit à la vengeance dont au reste presque personne ne se dépossède véritablement, mêmes les chantres les plus zélés du devoir de pardonner, et si le pardon est meilleur que la vengeance au point de contracter le statut d'un devoir, ce ne peut être que moyennant l'épreuve d'un désir assumé et surmonté de se venger.

De l'enseignement de saint Thomas, à la question 108 de la II^a II^{ae}, nous retiendrons les vérités suivantes :

« A moi la vengeance et la rétribution » (Deutér. 32, 35) ; oui certes. Mais « celui qui, selon sa condition et son rang, exerce la vengeance contre les méchants, n'usurpe pas ce que Dieu s'est réservé, mais use d'un pouvoir que Dieu lui a concédé, comme il est dit du prince, dans l'épître aux Romains (1, 3, 4), 'qu'il est le ministre de Dieu pour tirer vengeance de celui qui fait le mal' » (article 1).

« Les bons tolèrent les méchants en ce sens qu'ils supportent patiemment les offenses qui les atteignent personnellement, autant qu'il le faut ; mais cela ne signifie pas qu'ils doivent agir de même pour celles qui sont faites à Dieu ou au prochain. ' La patience à supporter les offenses qui s'adressent à nous, dit S. Jean Chrysostome, c'est de la vertu ; mais rester insensible à celles qui s'adressent à Dieu, c'est le comble de l'impiété' » (idem). Oui encore, mais tout autant : « dans la mesure où l'offense est purement personnelle, il faut la supporter avec patience, *à moins d'avoir des raisons d'agir différemment* (nous soulignons). Car ces préceptes de patience doivent s'entendre en ce sens qu'il faut avoir l'âme prête à les observer quand les circonstances l'exigent, comme l'explique S. Augustin » (idem). Cela signifie qu'il est des raisons légitimes de se venger, et que toutes les conditions ne sont pas toujours requises pour que soit exigible moralement une attitude miséricordieuse de la part de l'offensé. En particulier, il est excessif de prétendre qu'il ne serait éventuellement concédé de se venger que lorsque l'offense n'est pas personnelle mais engage autrui.

« La vengeance se réalise par un mal de peine infligé au pécheur. Il faut donc considérer l'intention de celui qui l'exerce. Car si son intention se porte principalement sur le mal de celui dont il se venge, et s'attarde sur ce mal, c'est absolument illicite, parce que se réjouir du mal d'autrui relève de la haine, opposée à la charité dont nous devons chérir tous les hommes. Et ce n'est pas une excuse que de vouloir du mal à celui qui nous en a causé injustement, de même qu'on n'est pas excusé de haïr ceux qui nous haïssent. Un homme ne doit jamais pécher contre un autre sous prétexte que celui-ci a commencé de pécher contre lui, car c'est là se laisser vaincre par le mal, ce que l'Apôtre nous interdit (Rm 12, 21) : ' Ne te laisse pas vaincre par le mal, mais triomphe du mal en faisant le bien'. Mais si l'intention, dans la vengeance, se porte principalement sur un bien que doit procurer le châtiment du pécheur, par exemple son amendement, ou du moins sa répression, le repos des autres, le maintien de la justice et l'honneur de Dieu, la vengeance peut être licite, en observant les autres circonstances requises » (idem).

La vengeance est une vertu spéciale (article 2) parce que :

« Selon Aristote, la nature nous donne des aptitudes pour la vertu qui reçoivent leur complément de l'habitude ou de toute autre cause. Les vertus viennent donc nous parfaire et nous permettre de suivre, d'une manière convenable, les penchants innés qui sont de droit naturel. À tout instinct nettement défini correspond donc une vertu spéciale. *Or, nous sommes naturellement portés à repousser les choses nuisibles* (nous soulignons) ; c'est pour cela que les animaux sont doués de l'appétit irascible, distinct de l'appétit concupiscible. L'homme suit ce penchant en repoussant les offenses pour ne pas en être atteint, ou en les punissant s'il en a été atteint déjà, non pas dans l'intention de nuire, mais pour éviter d'en être victime. Cette manière d'agir constitue la vengeance qui, dit Cicéron, ‘ repousse et punit la violence, l'injustice et tout ce qui peut nuire’ ».

« Le paiement d'une dette légale appartient à la justice commutative ; celui d'une dette morale, en réponse à un bienfait personnel, appartient à la reconnaissance. De même, le châtiment des fautes, quand il est infligé par le pouvoir social, est un acte de justice commutative ; *quand il est le fait d'une personne privée qui se protège contre l'offense, c'est un acte de la vertu de vengeance* (nous soulignons) (ibid.) ».

« À la vengeance s'opposent deux vices. L'un par excès, qui est la cruauté ou sévérité, qui dépasse la mesure dans les châtiments. L'autre par défaut consiste à punir trop mollement, selon les Proverbes (13, 24) : ‘Celui qui ménage la baguette hait son fils’. La vertu de vengeance consiste en ce que, compte tenu de toutes les circonstances, on garde une juste mesure en exerçant la vengeance » (ibid.).

« Le Seigneur défend d'arracher l'ivraie quand on risque ‘d'arracher aussi le froment ‘. Mais il est parfois possible de supprimer les méchants par la mort, non seulement sans danger, mais avec grande utilité pour les bons. En pareil cas, on peut infliger la peine de mort » (article 3).

Une vertu perfectionne une faculté naturelle ; la vengeance est une vertu, elle perfectionne une tendance naturelle, celle qui s'exerce pour repousser les choses nuisibles. Et c'est sur la logique présidant à l'existence de cette tendance, et à son mode de fonctionnement, qu'il nous paraît nécessaire de nous attarder quelque peu, afin de nous efforcer à expliciter ces enseignements de l'Aquinate, que nous faisons nôtres.

§ 26. 4. Logique de la vengeance.

L'offense est douloureuse parce qu'elle supprime ce bien qu'est la considération d'autrui, à laquelle on s'attend légitimement du fait que l'homme est par nature animal de société. Il existe un ordre naturel qui régit les rapports entre les hommes, et cet ordre est l'extériorisation ou « extra-position » de l'ordre intérieur qui régit chaque personne : s'il est dans la nature de la partie de s'inscrire dans un tout qui la parfait, mais qui se la subordonne en tant qu'il a raison de bien commun, c'est que le tout se veut en elle mais, de ce fait, s'anticipe en elle et l'habite, y subsiste sur le mode de sa nature individuée, de telle sorte que la forme de la partie est analogiquement la même que la forme du tout ; l'âme individuelle est structurée comme la forme idéale de la Cité rationnelle. Aussi la violence faite à l'ordre extérieur rejaillit-elle sur l'économie intérieure qui régit l'individu. Mais c'est violenter l'ordre extérieur que de briser — par l'insulte, le geste déplacé, l'humiliation gratuite, le soufflet, le coup de poing, la raillerie — la sérénité harmonieuse des relations qui subsistent entre les personnes, puisque, aussi bien, ce sont ces relations qui constituent l'ordre politique. C'est donc affecter l'individu lui-même dans son bien intime, en ne lui reconnaissant pas le statut de membre actif de la cité organique, en le frustrant de sa qualité d'animal politique, par là de sa qualité d'homme ; et il est dans l'ordre qu'il aspire à recouvrer ce bien dont il fut injustement lésé, parce qu'on ne peut estimer et aimer autrui qu'en s'estimant et aimant soi-même, cependant que l'offensé affligé de la tache qu'est l'offense ne peut recouvrer l'estime de lui-même qu'en obtenant réparation. Quand la volonté d'un homme est mise en demeure de ployer sous l'action de celle d'un autre qui, ce faisant, impose au premier de servir une fin légitime et un bien commun aux deux, ce n'est pas l'arbitraire d'une subjectivité qui s'impose, c'est la légitimité de la raison universelle portée par une volonté qui la sert. Dans ce cas, toute volonté bonne est invitée à se faire « bonne volonté », volonté ouverte qui obéit à autrui parce que, ce faisant, elle obéit à sa nature qui est de se soumettre à la raison qui l'actualise ; son obéissance, consentie ou non, est objectivement liberté. Ce qu'il y a de scandaleux et donc d'insupportable pour l'offensé, c'est que sa volonté soit contrainte de subir la volonté d'un autre qui s'intronise fin pour lui-même, en deçà de tout souci de servir la raison, alors qu'il est de l'essence de la volonté de s'exercer sous l'égide la raison.

Parce que le bien commun, par sa communauté même, participe de la raison (par nature universelle), offenser la volonté au nom d'un intérêt irrationnel et privé (l'arbitraire de l'offenseur) revient bien, au moins implicitement, à nier dans l'offensé sa vocation de membre d'un tout organique.

Or observons que l'offense est inscrite dans la chair de l'offensé, ou dans le souvenir de cette offense, qui est actuel dans l'offensé. *L'offense a raison d'objectivation d'une intention, ainsi de réification d'un acte volontaire belliqueux.* L'offenseur ne pourrait reprendre, quand même il le voudrait, cette intention, précisément parce qu'elle est objectivée. Elle subsiste par elle-même, d'une vie propre ou indépendante, dans cette chosification qui échappe à son auteur. La seule manière de la désamorcer, ainsi d'en dissiper les effets, c'est d'imposer à la volonté de l'offenseur un châtiment, c'est-à-dire quelque chose qui est contraire à sa volonté et qui, de ce fait, à défaut de lui faire réparer le mal, répare le mal que sa propre volonté s'est infligé, et répare ce mal en la redressant malgré elle, en la tordant dans un sens opposé à celui dans lequel elle a commis des excès. L'offenseur ne veut pas être souffleté, ridiculisé, être frustré de l'estime de lui-même et plus généralement de son bien-être, quand bien même cette estime et ce bien-être ont été illégitimement conquis au détriment de l'offensé. Lui soustraire ce qu'il ne devait pas avoir, c'est bien le redresser, lui donner un bien. Et la communication de ce bien est ce qui objectivement anime la tendance, dans l'offensé, à se venger ; c'est cette intention que la nature a introduite en lui, en lui faisant éprouver la tendance à se protéger contre l'offense, laquelle a pris en lui la forme de la vengeance.

Le châtiment ou vengeance répare aussi la blessure de la volonté lésée, celle de l'offensé, en infligeant cette blessure à l'offenseur : l'offensé se libère de sa propre tache infâmante en l'objectivant, en la projetant dans l'auteur de la tache, parce qu'elle détruit en ce dernier, du fait qu'elle contrarie sa volonté, la racine de l'intention mauvaise ayant atteint l'offensé. Ce dernier efface la passion qu'il n'avait pas à subir en imposant une action que l'autre mérite de subir.

On doit même dire que le désir de châtier, ainsi de se venger, répare *d'abord* la blessure de la volonté lésée, celle de l'offensé victime de l'impudence de l'offenseur ; c'est si vrai que ce désir aspirerait à sa légitime satisfaction même si aucun bien n'en résultait subjectivement pour l'offenseur, ainsi que la chose se produit dans le cas du damné, effet de la vengeance divine. Il y a tache insupportable dans l'offensé parce que l'objectivation de l'intention, dans l'offense infligée, la maintient vivante et actuelle dans l'offensé aussi longtemps que cette objectivation est soutenue par une intention actuelle non contrariée. A défaut d'effacer tant le fait d'avoir été offensé que le souvenir de ce fait, il s'agit, par la vengeance, de vider de son poids d'intentionnalité l'objectivation de cette intention offensante ; ce qui est acquis quand l'offenseur subit ce qu'il a fait subir, contraint qu'il est de ravaler l'insulte qu'il a crachée. La tache était tache aussi longtemps que la volonté offensante s'investissait en elle ; quand la volonté offensante est elle-même violentée par la riposte de l'offensé, la tache, le souvenir de l'offense, telle une baudruche, se vide de son poids d'intentionnalité offensante, et l'offensé est libéré de l'offense. S'objectiver quelque chose est toujours, d'une certaine façon, s'en libérer, parce que cela consiste à entretenir une relation d'avoir avec ce qu'on vivait sur le mode de l'être : celui qui se sait défectueux sait au moins qu'il n'est pas réductible à son défaut du fait que, le sachant, il l'a et ne l'est pas.

Quand l'offenseur devient offensé, les rôles s'inversent et cette inversion efface la tache que subissait injustement l'offensé du début, parce que l'offenseur, mortifié dans sa volonté (il subit ce que sa volonté réprouve), est mis en demeure de reconnaître, par le seul fait de cette mortification, le droit de l'offensé à être respecté. L'offensé reconstitue sa souveraineté sur lui-même, apanage d'une volonté libre, dans la souffrance qu'il inflige à son offenseur, parce que cette souffrance contraint, par le seul fait d'être une souffrance qui contrarie la volonté de l'offenseur, ce même offenseur à reconnaître la liberté ou souveraineté de l'offensé. Être offensé, c'est toujours être mis sous la dépendance d'un autre qui, par cette offense, nie la liberté ou souveraineté sur soi de sa victime, c'est-à-dire son statut d'être raisonnable, et libre — souverain sur lui-même — parce que raisonnable. La vengeance brise ce rapport de domination et reconstitue la souveraineté sur soi de l'offensé.

On constate par ce qui précède que la logique de la vengeance est celle de la peine en général, mais appliquée à des rapports privés : la première raison du châtiment opéré par un chef d'Etat sur des criminels n'est ni la valeur d'exemplarité de cette peine (dissuader les criminels en puissance de passer à l'acte), ni l'amendement des coupables (peine médicinale), mais la reconstitution ontologique de la souveraineté politique du chef d'Etat ; il est de l'essence d'une autorité d'être reconnue[7], le

---

[7] Toute autorité, c'est-à-dire tout pouvoir ou puissance de faire croître les membres d'une multitude en organisant cette dernière, doit être reconnue par la multitude pour exister comme autorité.

Elle porte en effet sur des personnes, sur des libertés qui n'obéissent qu'en faisant leur l'ordre qu'elles reçoivent ; il n'est pas d'acte d'obéissance qui ne suppose un jugement critique, et donc un choix libre. Par ailleurs, l'autorité est ce pouvoir ordonné au bien commun. Mais le bien commun, bien du tout pris comme tout, est aussi en droit le meilleur bien du particulier, et un bien que le particulier aime en tant qu'il se rapporte à lui. De plus, la volition individuelle du bien commun est exercée par tous, dirigeant et dirigés, qui tous sont également ordonnés au bien du tout, mais avec cette différence que le dirigeant remplit la fonction de conscience de soi du tout. Aussi cette *volition* du tout, exercée par chacun, est-elle vécue, par les dirigés, sur le mode suivant : chacun d'entre eux veut le bien commun selon un vouloir qui est le vouloir de soi *du tout* en eux. Ce qui signifie que les dirigés sont invités à obéir en épousant — ainsi en faisant leur — la volition du dirigeant. Dès lors, quand ils refusent d'obéir, ils refusent d'épouser cette volonté *du bien commun* (au génitif subjectif), laquelle ne subsiste, dans le chef, que si elle est au moins tacitement plébiscitée par les dirigés, puisqu'il est définitionnel des décisions du dirigeant de se faire vouloir par les volontés des dirigés. Il

crime annule cette reconnaissance, la peine contraint le criminel de reconnaître cette autorité bafouée et ainsi elle la reconstitue. Et, sous l'unique rapport de la reconnaissance de son statut de personne, ou d'homme libre, d'image de Dieu, chaque homme a autorité sur tous les hommes pour les sommer de le traiter en homme et non en chose. Il est doté d'une souveraineté sur tous les autres pour faire reconnaître par eux sa souveraineté sur lui-même ; cela n'exclut en rien, évidemment, toutes les formes de souveraineté que d'autres sont en droit de revendiquer sur lui dans une vie communautaire dont l'organicité exige la hiérarchie, ainsi l'inégalité bienfaisante.

§ 26. 5. Vengeance et charité.

Ainsi existe-t-il une logique de la vengeance entendue comme recherche de réappropriation d'un bien. Et il est clair que rechercher un bien n'est pas aspirer à un mal, même si la recherche de ce bien passe par l'imposition d'un mal physique chez le spoliateur, d'autant que ce dernier, s'il demeure amendable et ouvert à la rédemption, peut recevoir ce châtiment comme un remède amer, ainsi donc comme ce qui a la valeur d'un bien. Voilà pourquoi la vengeance, ne participant pas du mal, peut être une vertu. Et cette logique de la vengeance fait valoir ses exigences en tout homme, ce qui signifie, comme l'enseigne saint Thomas, que l'acte vengeur peut être « *le fait d'une personne privée qui se protège contre l'offense* ».

Mais alors, dira-t-on, s'il est naturel de se venger, comment la charité, inspiratrice de miséricorde, peut-elle être prescrite comme un devoir, au point d'inviter le chrétien à supporter

---

en résulte que le chef est en demeure de châtier la révolte pour reconstituer son autorité ; il obtient, par la contrainte des volontés insoumises — ainsi par la force — cette reconnaissance constitutive de son autorité en acte ; mais la demande de pardon, ou demande de grâce, est en soi un acte de reconnaissance, et elle peut, à ce titre, suffire à reconstituer cette autorité intrinsèquement dépendante de l'acte d'être reconnue par ceux qui lui sont assujettis.

patiemment les offenses aussi longtemps que seule sa personne privée est concernée ? N'a-t-on pas là une illustration manifeste de cette idée selon laquelle la surnature serait contre nature ? Dans le sillage de cette interrogation, n'est-on pas en droit de se demander comment le pardon, qui consiste à suspendre le mouvement de vengeance, peut jamais être légitime ?

Confronté à cette exigence évangélique de renoncer à son droit à la vengeance, l'homme éprouve spontanément un sentiment d'indignation analogue à celui qui s'empare de nous quand nous prenons connaissance du comportement singulier d'un saint Jean de Kenty : détroussé par des bandits de grand chemin, il s'aperçut qu'ils avaient omis de lui dérober les pièces de monnaie qu'il avait cousues dans la doublure de son manteau ; quand il s'en souvint, il retourna auprès de ses bourreaux afin de leur livrer ce qu'ils n'avaient pas su lui prendre. La conséquence providentielle de cette démarche fut que les voleurs, émus par tant de candeur, lui restituèrent tout son bien et, peut-être, l'effet de cette de restitution fut-il, pour eux, le départ d'une conversion. En répondant au mal par le bien, le saint homme non seulement recouvrit son bien propre dans son intégralité, mais encore il suscita l'acquisition d'un bien chez les pécheurs. Reste que répondre au mal par le bien semble violenter l'ordre des choses, parce que cela donne l'impression de cautionner une injustice, de ratifier une iniquité : « vous avez eu raison de me spolier, je complète votre spoliation », semble dire Jean de Kenty ; « vous auriez dû aller plus loin encore dans le mal ». Et le moraliste chrétien reconnaîtra dans cette attitude déconcertante, dans ce déchirant paradoxe, un exemple privilégié de cette puissance divine consistant à tirer du mal un bien en faisant se retourner le mal contre lui-même du fait de sa radicalisation : le mal est un négatif qui, radicalisé, devient du bien parce que le bien a la forme d'une négation de négation, et que la radicalisation du mal le fait se réfléchir (ou plutôt fait se réfléchir la négativité — en soi bonne — dont le mal est encore porteur), ainsi se convertir en bien. Le choix de saint Jean de Kenty fut, du point de vue de la foi génératrice de charité, inspiré par Dieu, par-delà toute logique seulement humaine, selon une logique divine qui est radicalisation de la logique humaine. Et c'est seulement parce qu'elle fut inspirée par Dieu que cette décision est recevable. Il reste que, considéré sans les lunettes de la foi, le choix de saint Jean de Kenty semble relever de la faiblesse, de la lâcheté, ou bien du masochisme, ou encore d'une conception égalitariste de la justice (les voleurs seraient des victimes de la société exploiteuse), et il est mauvais parce que générateur de mal : l'homme honnête est spolié, n'a pas recouvré son bien ; le voleur est aussi dans l'iniquité, mais tout autant l'acte miséricordieux l'a conforté dans son vice : « les chrétiens, dira-t-il, sont assez bêtes pour se faire déshonorer sans broncher ; c'est la lâcheté qui les inspire, profitons-en, ils ne méritent pas qu'on les respecte puisqu'ils ne se respectent pas eux-mêmes ». Si d'aventure le voleur dit vrai, ne serait-ce que de manière partielle, le pardon est peccamineux, intrinsèquement mauvais puisqu'il favorise l'inflation et la diffusion du mal.

§ 26. 6. La vengeance est d'abord une vertu.

Celui qui *demande* pardon regrette, reconnaît qu'il serait légitime qu'il subît une vengeance ; il atteste le redressement de sa propre volonté, c'est-à-dire l'effet attendu de la riposte, et alors cette dernière peut être tenue pour vaine. Demander pardon, demander grâce, c'est reconnaître l'autorité bafouée du lésé, ainsi de l'offensé. La fin de la vengeance est satisfaite par la demande de pardon puisqu'elle rétablit l'autorité de l'offensé sur lui-même et sur autrui, et, jusqu'à un certain point, la vengeance devient obsolète. Et la justice est satisfaite, qui veut qu'une peine soit subie, puisque l'offensé s'est librement privé de son droit de se venger, a donc payé par cette privation la valeur de cette privation que devait subir l'offenseur par la vengeance si elle avait été appliquée. La victime paie à la place du coupable le prix de la peine que valait à ce dernier son acte inique, et le paradigme de cette attitude est évidemment le sacrifice de l'Agneau qui apaise la vindicte du Père : Dieu porte le poids de la peine que Dieu inflige aux créatures coupables, l'Offensé paie la dette de l'offenseur, par pure générosité.

On voit bien, toutes ces choses étant dites, que la miséricorde est une acceptation et un dépassement de la vengeance, elle est vengeance surmontée ; la perspective de la vengeance est toujours nécessaire, ne serait-ce que pour être surmontée.

On peut aller plus loin encore dans la miséricorde. L'offensé peut pardonner quand bien même aucune demande de pardon n'aurait été formulée. Et c'est en s'efforçant à établir la légitimité d'un tel comportement qu'on parviendra peut-être à comprendre la logique plénière de la miséricorde. Pour que le pardon accordé et non demandé ne soit pas une injustice, il faut que celui qui pardonne escompte, de sa générosité risquée, qu'un surcroît de grâces issues du cœur de Dieu assaille le coupable et l'invite, après coup, à solliciter ce pardon auprès de Dieu d'abord, de la victime humaine ensuite. Et il est clair que, si cette entreprise réussit, elle ne se contente pas de rétablir le statu quo ante, elle aboutit à une situation riche de plus de bien que si aucun mal n'avait été commis. Mais forcer le mal à produire du bien, à produire un bien plus grand que la grandeur du mal, à produire même un bien plus grand que s'il n'y avait pas eu de mal à effacer, c'est là le privilège de Dieu seul, comme on l'a vu :

Si la chute, le négatif qui diminue le bien, peut être génératrice d'un bien supérieur au bien que conteste un tel négatif, c'est parce que le bien a en soi la forme d'une négation de négation ; l'acte rédempteur — en l'occurrence la miséricorde pratiquée par l'offensé — radicalise le négatif investi dans le mal, figé en lui ; l'acte miséricordieux libère la puissance de négativité dont le négatif investi dans le mal est la sédimentation, et il le fait se réfléchir, épousant la scansion constitutive de l'essence du Bien. Comme toujours, l'invitation chrétienne à pratiquer la miséricorde n'est nullement une négation de l'ordre naturel, mais son achèvement et sa sublimation. **Si tout négatif était du**

mal, la radicalisation du négatif produirait la suppression *et* du bien qu'il rongerait sans reste, *et* du mal qui s'exténuerait en exténuant le bien, mais elle ne produirait pas du bien ; elle produirait du néant ou de l'indifférent. Si la radicalisation du négatif produit du bien, c'est que ce négatif est en soi un bien ; or il est le négatif du bien, sa limitation ; donc il est un bien si le négatif du bien est constitutif du bien, et cela même n'est possible que si le bien est en soi négation de sa propre négation. Il est définitionnel du Bien d'épouser tous les degrés de sa perfection, jusques au degré nul de cette dernière, lequel, « materialiter », relève du mal, et c'est pourquoi un bien qui s'y refuserait serait non du bien mais du mal ; il est donc définitionnel du bien de se nier, ainsi de se diminuer pour être ce qu'il est, de se poser en son être-autre ; mais cette vocation à se nier se prolonge jusque dans le moment de lui-même en son être-autre, ce qui revient à dire qu'il nie cet être-autre pour achever l'exercice de la négativité qui le constitue et, niant cet être-autre, il se reconduit positivement à soi. C'est à la puissance d'auto-négation du positif d'origine que le négatif emprunte le pouvoir de se renier lui-même ; sans cette instance de négativité immanente au positif en tant que tel, la négation extérieure du positif, telle une simple privation l'affectant à la manière d'une maladie, aboutit au néant du positif et du négatif, et non à une négativité redoublée génératrice de positif concret. C'est pourquoi la réduction du négatif au mal (moral) exclut que la radicalisation du négatif puisse jamais être génératrice de bien ; si le négatif était le mal, jamais Dieu ne tirerait le bien du mal.

Nous pensons avoir illustré, par le traitement de la question du pardon, ce fait que le négatif ne saurait être confondu avec le mal. Ce faisant, il nous semble que le pardon accordé en devançant la demande de pardon n'est rien de moins qu'une participation au privilège de la puissance de Dieu, une coopération à l'acte par lequel Dieu tire le bien du mal, et cette participation ne se dispense de faire figure d'usurpation que si elle est inspirée chaque fois par une mission spéciale que Dieu confie à l'homme, dans la forme d'une grâce ponctuelle, comme cela se produisit lors de l'étrange comportement de saint Jean de Kenty. En dehors de ces inspirations particulières, retenons qu'il n'est possible au chrétien de pardonner que s'il y a demande de pardon, autrement la charité semble exclure la justice, ce qui n'est pas possible puisque la grâce ne détruit pas la nature mais la parfait.

Avant de passer à l'évocation d'autres manières d'illustrer la nature du vrai rapport entre négatif et mal, tentons d'évoquer les raisons purement naturelles, s'il en est, de ne pas avoir recours à la vengeance. Saint Thomas nous enseigne bien que « dans la mesure où l'offense est purement personnelle, il faut la supporter avec patience, *à moins d'avoir des raisons d'agir différemment* ». Les raisons que nous avons d'agir différemment nous paraissent désigner ces situations où le pardon accordé sans contrepartie risquerait d'engendrer des maux plus grands, comme celui de conforter l'offenseur dans son péché, qui redoublerait de morgue et d'impudence ; il peut s'agir aussi de ces situations où l'offensé, ravalant sa vindicte, risque d'en venir à faire s'incuber une puissance de vengeance refoulée qui pourrait éclater sans mesure, contre la vertu de mansuétude ; il vaut mieux dans ce cas se venger selon une raisonnable mesure. En dehors de ces situations, si l'on considère les choses d'un point de vue strictement naturel, il nous semble que seule la vertu de prudence peut nous inviter à refuser d'avoir recours à la vengeance pour rétablir l'ordre. Expliquons-nous.

Quand la vengeance pourtant légitime a pour effet, à cause du grand degré de dégradation morale de l'offenseur incapable de subir une offense méritée, d'engendrer une situation de vendetta qui serait interminable et ferait souffrir des innocents, il vaut mieux appliquer le précepte de saint Paul : « **A moi la vengeance ; c'est moi qui ferai la rétribution, dit le Seigneur. Au contraire, si ton ennemi a faim, donne-lui à manger ; s'il a soif, donne-lui à boire. En agissant ainsi, tu amoncelleras des charbons de feu sur sa tête. Ne te laisse pas vaincre par le mal mais triomphe du mal par le bien** »

(*Epitre aux Romains*, XII 19-20). Il est préférable d'appliquer un tel précepte en se privant de son droit à se venger, en le remettant à Dieu.

En fait cette formule n'est pas sans ambiguïté. Les charbons de feu dont parle l'Apôtre désignent les feux de la colère divine pour les Pères grecs, cependant qu'ils désignent des feux d'amour pour saint Jérôme. On peut donc comprendre deux choses. D'une part, en ne se vengeant pas, en remettant à Dieu le soin de lui faire justice, l'offensé invite Dieu à le venger mieux qu'il ne le ferait lui-même. On peut comprendre aussi que répondre à la haine par l'amour peut susciter l'amour dans le cœur du haineux, ce qui correspond à la situation plus haut évoquée : pardonner même quand l'autre n'a pas demandé pardon, afin de mériter pour lui la grâce (divine) qui incitera l'autre à formuler cette demande de pardon. Mais encore faut-il que cette inversion du rapport de causalité entre demande de pardon et remise de dette ait une forte probabilité de produire les effets escomptés, autrement cette générosité relève de l'imprudence et n'est qu'apparence de générosité. Renoncer à la vengeance peut aussi signifier : renoncer à l'injuste vengeance, celle qui ne vise pas l'ordre mais la satisfaction subjective du désir de vouloir le mal du prochain ; il est vrai que telle est souvent la forme que prend dans l'offensé, lui-même non innocent de tendances peccamineuses, l'aspiration à obtenir justice par la vengeance, et cette forme de vengeance est certes toujours à éviter. On peut encore faire remarquer que le précepte évangélique de répondre au mal par le bien, qui donc prohibe cette vengeance faisant du mal une fin à poursuivre, n'est pas exclusive de toute forme de vengeance, car il arrive souvent que châtier le méchant soit objectivement un bien pour lui, un bien meilleur que la remise de sa dette. Que l'insolent reçoive une raclée le « remet à sa place », comme le signifie suggestivement l'expression populaire, or remettre quelqu'un à sa place est un bien qui lui est charitablement accordé. Ce qui est certain, c'est que jamais aucun homme n'est en droit de se substituer à Dieu dans la vocation de rémunérateur et de vengeur, car seul Dieu sait tout et sonde les reins et les cœurs, mesure parfaitement ce qui doit revenir à chacun. Mais la vengeance dont nous avons fait l'éloge ici n'est pas une prétention à se faire rémunérateur et vengeur, elle se contente d'être une entreprise de réappropriation d'un bien dont on a été lésé. La condamnation de toute forme de vengeance, qui exclut en fait que la vengeance soit jamais une vertu, qui donc répudie la sagesse thomiste sur ce point, joue sur l'ambiguïté du concept de vengeance, qui peut signifier le désir de répondre au mal par le mal, ou bien la prétention à se faire Juge divin, mais qui peut aussi désigner une authentique vertu morale.

§ 27. La paix sans négatif, fruit du subjectivisme surnaturaliste.

La paix, nous dit Giraudoux (*Amphitryon 38* ; Karl Petit), est **« l'intervalle entre deux guerres »** : il n'est pas de paix autre que précaire dans un monde inspiré par un désir qui ne peut s'achever qu'au-delà de ce monde. Les différences dans le monde sont génératrices de tensions qui trouvent hors du monde leur résolution ou dépassement. Et toute paix a la forme d'une victoire opérée sur la guerre. Recourons à une analogie pour nous faire comprendre.

Un corps vivant se différencie en ses organes, un tout se particularise en chacun d'eux, ce qui signifie qu'il est tout entier quoique non totalement en chacun de ceux-ci. Aussi chaque organe a-t-il raison de partie d'un tout, mais aussi de moment du processus par lequel le tout se pose en s'atteignant réflexivement. Si en effet le tout, qui est le tout de ses parties, ainsi qui leur est commun et qui à ce titre a raison d'*universel*, se *particularise* en chacun de ses organes, c'est qu'il s'y nie, afin de faire être ce qu'il requiert pour être, à savoir la synthèse de ses parties, pour autant que « synthèse » désigne une conversion des différences à leur identité concrète. Le tout n'est pas sans ses parties que cependant il fait être en se particularisant — en se niant — en elles, il se fait procéder de ce qu'il pose, il est ultime en exécution parce que premier en intention, et cela exige qu'il ait la forme d'une victoire sur la négation plurielle de soi que constituent de telles parties, ainsi qu'il soit le résultat d'une réflexion qu'il inaugure à partir de lui-même ; en sa forme de cogito, il *est* son objectivation, mais par là, à lui qui s'objective son *être*, il est enjoint par sa propre dynamique de procéder à l'objectivation de soi de l'être objectivé qu'il est pour lui-même ; aussi se réfléchit-il dans son processus, ainsi repose-t-il en son sein les parties « différenciantes » qu'il avait fait s'indifférencier pour se poser comme tout. ***Se*** différenciant en elles, le tout s'affirme dans sa négation, mais s'affirmer dans sa négation consiste à se maintenir identique à soi dans l'épreuve de sa différence d'avec soi, et telle est bien la définition d'une objectivation de soi. Le tout, en tant qu'organique, confirme ses parties dans et par l'acte de les abolir, ainsi les maintient comme parties mais en supprimant leur indépendance, les conservant comme niées, les laissant vivre mais seulement de sa vie propre et non d'une vie que chacune aurait en propre. Cela évidemment ne vaut que pour ce qui est effectivement organique, ainsi univoquement vivant.

Le monde humain, la communauté humaine est certes un tout, composé de parties (des peuples, des communautés particulières de destin, des races et des cultures), et il peut bien être dit vivant puisque ses parties le sont ; et il mérite encore d'être, au moins analogiquement, dit organique, en tant qu'il est habité par un vœu de paix transcrit dans le souci de recherche d'un bien commun universel, lequel exige en effet d'être le bien du tout pris comme tout et le bien essentiel de chacune des parties de ce tout. Mais, à la différence d'un authentique vivant, il n'est pas doté de ce principe d'unité nommé âme ; il n'est qu'un tout d'ordre. Il résulte, de ce déficit d'organicité, qu'il se révèle impuissant à abolir totalement l'autonomie de ses parties qui n'en sont pas moins pour autant des modes de particularisation de soi du tout. Immanent à chacune d'elles, tout entier investi (quoique non totalement) en chacune d'elles et sans force suffisante pour les convertir à son identité principielle, ainsi pour les reposer en lui-même comme ce qui vit de lui, un tel tout ne peut que laisser chacune de ses parties constituées par la nature et par l'histoire revendiquer pour elle-même la prétention à incarner le tout. Autant reconnaître que toutes ces parties, solidaires du fait de leur commune origine et de leur idéale finalité, n'en sont pas moins, de manière indépassable, en relation conflictuelle. Pour un peuple, sa manière d'être homme, celle qu'il se donne dans ses institutions, ses mœurs et sa culture, est destinée à représenter ce que pour lui doit être l'homme en tant qu'il est homme ; il n'est pas de culture qui ne soit à prétention universaliste du seul fait d'être une culture, et donc, inévitablement, des cultures à prétention universaliste se révèlent rivales. Et cette rivalité n'est nullement dérivée du péché, elle est inhérente à la nature humaine, en tant qu'humaine et non en tant que blessée.

C'est dans un élément non mondain que les cultures, et les peuples qui les incarnent, s'habilitent à lever leurs conflits, dans l'élément *religieux* de l'union des personnes, par-delà le mode politique d'unité entre les hommes.

Le divin est en effet, par excellence, ce qui est à la racine de toutes les manières différentielles d'être de l'être, ainsi ce qui les assume toutes et fonde leur diversité, non sans les faire s'identifier entre elles du fait de sa simplicité absolue ; le divin est, pour cette raison, le paradigme absolu de ce qui se maintient identique à soi dans sa différence, et qui le réalise dans son élément propre de manière absolue, se posant sous ce rapport telle la vérité ou réalisation en acte de cette espèce d'unité que le monde ne réalise que de manière inchoative. Or la religion est célébration du divin. Donc la religion est vérité du Politique. La religion est l'assomption et le dépassement du Politique qu'elle *achève*. C'est par la seule référence à une vocation supra-politique, parce que religieuse, que la communauté humaine parvient à tempérer, et idéalement à conjurer l'hostilité native, mondainement indépassable, qui naturellement scande les relations entre peuples, ethnies, États, civilisations. Et l'exercice de ces tensions conflictuelles est précisément le moteur, en droit, du pouvoir de ces entités à s'excéder en direction de préoccupations religieuses si elles entendent ne point périr. Encore faut-il que l'individualisme, le consumérisme, l'humanisme, le *subjectivisme* qui déifie la personne humaine, n'en soient pas venus à exténuer cette tendance pourtant naturelle à se tourner vers le divin vraiment divin (au rebours des représentations tout humaines du divin), c'est-à-dire vers le Dieu transcendant.

Notre temps n'en prend pas le chemin, mais il pressent le nécessité de le faire, c'est-à-dire de songer à recourir à un mode d'unité entre les hommes qui transcenderait le Politique dont il entrevoit qu'il est structurellement incapable de réaliser une telle unité dans son propre élément. Il le pressent tout particulièrement depuis que les évolutions techniques autorisent les belligérants à faire disparaître toute vie de la surface de la Terre.

Le drame est qu'il entend s'en soucier, mais sans renoncer à ses vices, à ses postulats individualistes et immanentistes, ce qui l'empêche de se tourner vers l'authentique religion, authentique parce qu'universelle, c'est-à-dire catholique. Alors il se cherche des substituts délirants d'universalité à relents religieux dévoyés, tels le véganisme, la cause animale, ou toute autre forme de sacralisation panthéistique de toute vie : culte de Gaïa, dénonciation de maux imaginaires mais mobilisateurs (réchauffement climatique, disparition de telle ou telle espèce, droit des animaux — tenus pour des personnes — à la dignité, etc.), évocation de « grandes causes » supra-nationales contraignant les peuples à cultiver une mentalité toujours plus « catholique », c'est-à-dire toujours plus universelle mais sans la transcendance et sans l'esprit de sacrifice, anti-subjectiviste, prônés par le catholicisme intègre. Les stratégies judéo-maçonniques de prise de pouvoir par la Banque dans une perspective mondialiste rencontrent une tendance qui leur est antérieure aussi bien sur le plan de la causalité que sur celui de la chronologie, tant il est vrai que les complots — dont il ne s'agit nullement de contester l'existence terriblement efficace — ne sont que l'instrument de lames de fond venant de plus loin qu'eux.

L'erreur de principe qui engendre une telle situation est l'idée selon laquelle il serait possible d'instaurer sur Terre une paix humaine sans référence à la vocation céleste de l'homme et à sa condition obligée, qui est le plébiscite de l'abnégation : exercer des désirs finis et mondains pour éveiller le désir, et s'arracher aux biens finis pour l'ordonner à sa Finalité qui excède toute finitude et toute mondanité.

Il est difficile de ne pas dénoncer, devant un tel constat, cette autre forme de subjectivisme qui sévit, de manière concomitante, dans le camp catholique, chez les dévots nostalgiques de l'« ordre chrétien ». Le surnaturalisme se représente l'ordre comme paix sans conflit, il aspire à l'expulsion de tout négatif qu'il identifie au péché, et c'est là l'effet du subjectivisme. Réduire tout négatif à une séquelle du péché, c'est désarmer le camp des partisans de l'ordre véritable en exténuant en eux tout esprit de conquête, tout instinct belliqueux, mais aussi toute perspective d'avenir, tout souci d'avenir, c'est-à-dire en restreignant ce dernier à un retour à un passé mythifié (le Paradis terrestre, le Moyen Âge « sommet de la chrétienté », l'avant de 89…). Il existe en vérité un ordre politique faisant par nature s'opposer les nations, les races, les cultures, les civilisations dont chacune entend faire prévaloir sa manière d'être homme qui se veut *la* manière d'être homme. Une culture, une nation, c'est ce qui résulte de l'objectivation de soi d'un groupe d'hommes s'accordant sur la manière dont doit être l'homme en tant qu'il est homme ; l'aspect normatif d'une culture est inséparable de sa prétention à l'universalité, par là charrie potentiellement une tendance à la guerre, parce qu'une culture entendra nécessairement faire l'épreuve de son universalité, ainsi de sa valeur, et elle le fera en essayant de s'imposer aux autres. Quelque édulcorée que puisse devenir cette tension entre les peuples, on n'en extirpera jamais l'instance polémique, leur vocation à être en compétition les uns par rapport aux autres.

Considérons plus trivialement les vérités élémentaires suivantes : il est dans l'ordre qu'un peuple sain fasse de nombreux enfants ; c'est là un signe de vitalité, et c'est un facteur de force dans l'exercice des compétitions entre peuples, lesquelles ont une origine d'abord spirituelle, par là sont incontournables ; il est dans l'ordre que l'homme lutte contre la Nature hostile et pour ce faire invente des techniques ; il est dans l'ordre que l'homme puise dans la Nature ses moyens de subsistance. Dès lors, la fécondité humaine induit une surpopulation qui requiert un recours aux engrais chimiques, et à l'usage d'énergies fossiles génératrices de pollution, mais qui tout autant déclenche tôt ou tard entre peuples une lutte armée pour la vie. On voit bien qu'il est impossible d'établir un ordre naturel dans le monde habité par des hommes, si par « ordre naturel » on entend un état stable indéfiniment reconductible, et innocent de toute violence, guerre, conflit. Si un ordre peut s'établir sur Terre, il est toujours précaire, et il a toujours la forme d'un désordre assumé et surmonté, quand l'un des belligérants en vient à se faire le principe, ayant acquis une position de force, d'une unité relative entre peuples, unité toujours remise en cause tôt ou tard sous la pression de changements internes de rapports de force. La Nature ou la vie terrestre, structurellement, indépendamment des excès de ses éléments constituants, est un Calvaire qui se consomme et se consume et ne surmonte sa contradiction que dans une sphère céleste. Et le plébiscite de l'ordre naturel est le plébiscite de cette tension belliqueuse sempiternelle. On est toujours mené au-delà des représentations pacifiques, bucoliques, édéniques que le pieux catholique de « Tradition » tend à se faire de l'ordre, et s'accrocher à de telles représentations relève encore du subjectivisme qui, selon cette modalité traditionaliste comme selon les autres, consiste toujours à se masquer un aspect de la réalité qui déplaît afin de lui substituer un produit de l'imaginaire tyrannique.

La grande santé païenne enseignait qu'il vaut mieux vivre brièvement d'une grande vie que vivre longuement de manière parcimonieuse. Que la vie mondaine soit un sempiternel champ de bataille ne gêne aucunement le païen, qui s'en réjouit même parce qu'il y voit l'occasion toujours renouvelée d'accomplir de grandes actions, qui donnent sens à la vie. Eh bien ! Cela reste vrai dans une certaine mesure pour le catholique non hongré. La fin de la vie terrestre est la vie éternelle, et il importe peu, sous ce rapport, que l'on meure jeune ou vieux, et que des peuples s'entre-déchirent ou coexistent pacifiquement, pourvu que ces luttes ne compromettent pas la charité. Un combattant peut et doit estimer son adversaire, combattre dans la loyauté ; il peut même et il doit l'aimer de charité — vouloir son vrai bien, qui est l'accès à la vie éternelle par l'épreuve du devoir d'actualiser temporellement les potentialités essentielles qui font son humanité — sans que son aspiration à faire prévaloir la vision du monde qui lui paraît être la meilleure — fût-ce au prix de la mort de l'adversaire — soit de quelque façon compromise.

§ 28. « Il y a souvent un vice jugulé, dominé à la source des vies admirables » (François Mauriac, *Dieu et Mammon* ; Karl Petit).

On se représente souvent l'état naturel de l'homme — de cet homme qui n'eût pas connu le péché originel et dont la figure historique serait, pense-t-on, celle de l'Adam pré-lapsaire — selon les exigences d'une harmonie parfaite entre toutes ses facultés, exempt de peine, de souffrance, de maladie, de déchéance, de quelque contrariété que ce soit : savant de science infuse sans la pénibilité de l'apprentissage, immortel, impassible, qui plus est dans un jardin de douceurs ineffables où le lion et l'agneau allaient paisiblement s'abreuver à la même source. Et l'on attend bien entendu que la vie de grâce issue des mérites du Christ restitue l'homme pécheur à quelque chose qui ressemblerait au moins un peu à la condition adamique. Ainsi tient-on pour certain que la guerre est diabolique, que sans le péché non seulement la guerre en acte mais encore l'appétit de relations belliqueuses eussent été parfaitement ignorés.

En vérité, l'homme purement naturel n'a jamais existé. Il aurait pu exister si Dieu l'avait voulu, tel cet homme « in puris naturalibus », doté d'une nature intègre mais sans les dons de la grâce ou surnature, et sans ce qu'il est convenu d'appeler les dons préternaturels : impassibilité et immortalité, intégrité, science infuse, justice originelle dérivant de la grâce et porteuse de ces principes d'équilibration de la nature seulement naturelle. L'homme naturel aurait pu, sans aucune injustice, exister selon le bon vouloir divin parce que la grâce est absolument gratuite, de telle sorte que l'Église, par l'enseignement de Pie XII, a pris soin de condamner la thèse d'Henri de Lubac dans l'encyclique *Humani Generis.* Selon cette thèse, il n'aurait pas été possible à Dieu de créer un être d'esprit sans lui donner en même temps la grâce. Et c'est là la racine du modernisme et de la crise actuelle de l'Eglise.

Sans rentrer dans l'immense problème du rapport entre nature et surnature, contentons-nous ici de faire observer ceci : sans la surnature, la nature humaine même non blessée est secouée par des déséquilibres qui font de l'homme, par nature, un être voué à la mort, à la souffrance, à la faillibilité intellectuelle. Les facultés ou puissances inférieures ont une naturelle tendance à servir les facultés supérieures puisque c'est à cet office qu'elles ont été destinées, mais tout autant elles ont tendance à se soustraire au magistère de ces dernières, le corps de l'homme étant composé de contraires, ce qui le rend corruptible. Nos appétits et puissances sensibles, intrinsèquement liés aux vicissitudes du corps, sont donc naturellement enclins à dévier de leur finalité primitive, à telle enseigne qu'il existe, indépendamment de la blessure congénitale ou tache laissée en chaque humain (sauf la Vierge Marie) par le péché originel, un conflit non résorbable entre le corps et l'âme, ainsi entre nos facultés. Cela ne signifie nullement que cet homme naturel eût été voué à chuter, à dévier de sa fin, ou que le Créateur aurait été mauvais Ouvrier. Cela signifie que la lutte et le conflit, l'effort et l'invitation au dépassement de soi — entendons : au dépassement de l'inférieur qui gît en nous, par le supérieur qui en droit, en nous, régit le premier — sont naturels. Ce qui pourrait être (et qui trop souvent est) interprété comme un défaut de nature est lui-même naturel, et ne devient un défaut ou un vice que s'il n'est pas vaincu. La nature n'est nature que comme victoire sur le risque de l'antinature. Nous nommons « négatif » ce qui relève de cette béance, et « péché » ce qui résulte du refus de la combler. Il n'est pas vaincu soit par refus d'en affronter le risque, soit par manque de force, de détermination, de pugnacité pour le terrasser. Le négatif est invité à ***se*** surmonter, par réflexion sur soi, à s'affirmer dans sa négation, à s'appliquer sa puissance de négativité, à se résorber en tant qu'il est objet pour lui-même, mais tout autant à s'exalter en tant qu'il est le sujet ou l'opérateur de son propre dépassement.

Tout ce qui est naturel est bon, le négatif est naturel, le négatif est bon. Tout ce qui est bon participe du Bien, le négatif participe du Bien, il reconnaît dans le Bien son origine. Le Bien a donc la forme d'une éternelle victoire sur la possibilité du mal. Et le fait même de cette possibilité est lui-même un bien. Telle est la vérité captive du manichéisme et de la gnose en général, perversions d'une vérité précieuse dont il n'est pas certain qu'elle ait été perçue et acceptée par les adversaires de la gnose, qui trop souvent encore mettent dans le même sac l'erreur et la vérité dont elle est la corruption, et qui sont tout étonnés d'être impuissants face à cette erreur en action, en se privant du principe de réfection de leur propre doctrine dans ce que cette dernière présente d'inachevé : le problème du rapport entre nature et surnature n'est toujours pas philosophiquement résolu chez les doctrinaires patentés de l'orthodoxie catholique. Prétendre que le mal en tant que mal serait un bien, c'est le satanisme. Prétendre que la surnature serait exigible pour conjurer le mal, cela définit le modernisme. Prétendre que le négatif serait par essence le mal — croire ainsi que l'invitation à lutter pour affronter la possibilité du mal serait issue du péché

—, serait une sanction du péché comme le serait le pouvoir politique selon les augustiniens, c'est le surnaturalisme. Et le surnaturalisme est impuissant à réfuter convenablement le modernisme, parce qu'il adopte le comportement de l'autruche face aux questions qui ont suscité le modernisme.

L'homme d'aujourd'hui est ce pécheur racheté doté de dons surnaturels mais sans les dons préternaturels qui accompagnaient primitivement la condition humaine surnaturalisée. Il a plu à Dieu, par pure condescendance miséricordieuse, de nous donner la grâce pour nous soigner et nous surélever, mais sans effacer en nous les effets du péché, la tendance au péché, la concupiscence qui, de soi, n'est pas un péché. Il est à remarquer que l'homme d'aujourd'hui n'est pas tout à fait, pour autant, le même que celui qu'il eût été s'il avait été créé en état de pure nature et auquel lui aurait été postérieurement livré le don de la grâce. La nature primitivement ornée de la grâce puis privée de cette dernière n'est pas, au terme de cette privation, la nature telle qu'elle eût été sans la grâce, parce que, privée par la chute de ce don, elle tombe de plus haut que son niveau naturel et ainsi se blesse et en conserve une cicatrice. Il existe en tout homme aujourd'hui, en dehors du Christ et de Sa Mère, quelque surélevé et soigné qu'il soit par la grâce, une propension native au mal. Mais cette propension n'est pas l'essence du négatif, elle est sa maladie, son édulcoration, sa langueur.

L'habitus, ou vertu, est un accident appartenant à l'espèce de la qualité, et il est cette qualité stable qui, acquise par l'exercice, perfectionne intrinsèquement une faculté. Le vice en est la privation et l'envers ; il est cette qualité mauvaise qui affecte intrinsèquement une faculté et la détourne de sa fin naturelle. Si le mal est la langueur du négatif, la lutte contre le mal prend la forme d'une revitalisation du négatif. Et sous ce rapport une vie vertueuse est bien un vice jugulé. Il y a donc quelque chose de recevable dans la formule suivante : « **Les vices sont comme les bestiaux, qui s'engraissent jusqu'à ce qu'ils soient bons pour la tuerie** » (Ben Jonson, 1572-1637, dramaturge anglais de la Renaissance et du théâtre élisabéthain, *Volpone* ; Karl Petit). Plus le vice croît, plus le négatif se fragilise et se rend incapable de s'exercer sur lui-même, et donc jamais le vice n'est légitime ou doté d'une quelconque vertu positive. En retour, l'inflation du vice peut *par accident* servir le bien, en tant qu'il brise la quiétude dangereuse du surnaturalisme, lequel consiste à étouffer tout appétit pour se dispenser de lutter contre sa tendance à la perversion ; *et c'est en cela que Dieu peut tirer le bien du mal ; Dieu vomit les tièdes.* L'appétit, c'est l'énergie dont vit le négatif ; c'est la puissance qui est en son fond désir de Dieu mais qui s'anticipe dans les désirs finis qu'elle doit aimer mais pour les dépasser, pour s'en arracher et se garder pour le seul Bien qui soit à sa mesure. Le vice est cet habitus qui résulte d'une complaisance dans les biens finis, et qui, délibérément, fait perdre à l'appétit son pouvoir de s'émanciper de l'emprise de son objet, lui enjoignant de déifier cet objet fini en lequel il s'investit. Si le négatif est bien cette assomption par le Bien de tous les degrés de bonté qui lui sont inférieurs, lesquels deviennent des maux s'ils se substituent à ce à quoi ils devraient renvoyer, alors l'appétit a vocation à se porter sur ce qu'il se met aussi en demeure de délaisser pour se ressaisir et s'élancer vers le Bien. Mais les deux mouvements d'attraction et de répulsion à l'égard des biens finis sont corrélatifs et solidaires : on s'arrache d'autant plus vigoureusement à eux qu'on a su les aimer plus puissamment. Le surnaturalisme s'efforce à ne pas aimer le fini pour n'avoir pas à subir l'épreuve de s'en arracher ; mais c'est là le plus sûr moyen de ne jamais parvenir à s'en détourner vraiment. Et Dieu, répétons-le, vomit les tièdes. Mieux vaut prendre le risque d'engraisser le vice que celui d'exténuer le désir qui, quoi que l'on fasse, comme celé et refoulé, est dangereux comme l'eau qui dort.

CHAPITRE SIXIEME

De quelques lieux communs aussi faux que répandus dans les milieux bien-pensants.

§ 28. 1. La question juive.

Il peut paraître étonnant d'évoquer les Juifs, et l'attitude traditionnellement hostile aux Juifs adoptée par la droite de conviction, pour illustrer les méfaits du subjectivisme dans ce milieu qui, par principe, devrait le proscrire. Tenu pour un principe de subversion des sociétés d'ordre, le Juif est celui qui, à ce titre, a toujours favorisé l'éclosion du subjectivisme ailleurs que dans sa communauté, non sans y laisser des plumes dans son propre camp en se faisant contaminer par les maux qu'il répandait afin d'abaisser et de dominer. Le Juif, de surcroît, se veut consubstantiel à Dieu, conscience de soi de Dieu dans l'Histoire, incarnation collective d'un dieu qui resterait virtuel si le Juif n'était pas ; le Juif se veut divin au fond, est c'est là la matrice et le terme logique de la pulsion subjectiviste. On voit donc mal que le subjectivisme se puisse insinuer chez les contempteurs du judaïsme. Pourtant, le subjectivisme est assez corrupteur pour s'approprier à l'anti-subjectiviste ; il y a un subjectivisme de l'antisubjectivisme.

Le subjectivisme, c'est l'incapacité foncière du petit Moi de chacun à s'extraire de lui-même, de ses passions et inclinations diverses, c'est-à-dire des tendances délectables en lesquelles la volonté se complaît parce qu'elle entend y reconnaître sa toute-puissance, pour se soumettre au verdict de la raison, lequel est impersonnel parce que la raison est universelle. Or la vraie droite, qui se veut droiture ou radicalité de la droite, embrasse, sur ce sujet de l'antisémitisme, des attitudes passionnelles souvent brûlantes qui, relevant de la fascination morbide pour ce qu'elle tient pour le mal, hypertrophient le danger juif et sous-déterminent les vraies causes de la décadence, par là oblitèrent, pour s'innocenter, les responsabilités de peuples assujettis à l'emprise juive. Et ce mélange de fascination malsaine et de mauvaise foi (de mensonge à soi), cette haine incapacitante ayant bien du mal à cacher l'amour immonde qui l'inspire, sont extrêmement répandus dans les milieux réactionnaires et relèvent bien du subjectivisme le plus corrupteur.

§ 28. 2. Le constitutif formel de la judéité.

Si « nature » dit l'autre de la culture, le Juif en tant que juif n'a pas de nature, parce qu'il n'existe pas de donné biologique spécifique juif ; il n'y a pas de race juive, la judéité ne se transmet pas par le sang mais par l'éducation, elle est une croyance qui induit des comportements. Cette thèse, un Shlomo Sand l'a bien établie, en montrant que les seuls hommes à être en droit, de nos jours, de revendiquer la paternité charnelle des anciens Hébreux, sont en fait les Palestiniens d'aujourd'hui, arabisés et islamisés au septième siècle. L'immense majorité des Juifs actuels sont issus d'autochtones berbères, indo-européens et/ou caucasiens convertis par des Juifs prosélytes dispersés après la chute de Jérusalem en 70, ou bien des Khazars, eux-mêmes convertis au judaïsme au 7ème siècle.

Si « nature » dit l'autre de la surnature, il n'y a pas non plus de nature juive, parce que la judéité est — ou plutôt fut — de part en part surnaturelle : le peuple juif, peuple artificiel, fut forgé dès l'origine par l'art divin à partir de rameaux ethniquement disparates, afin de préfigurer l'Église catholique et de préparer l'avènement du Christ. Ce qui fait difficulté ici, c'est que dans une religion « ordinaire » sociologiquement définie, on nomme « Église » la communauté des croyants attachés au même dogme et pratiquant les mêmes rites, quelle que soit leur appartenance politique ou ethnique, de telle sorte qu'une Église n'est pas une nation mais se veut transnationale. Au contraire, chez les Juifs, l'appartenance « ecclésiale » coïncide avec l'appartenance nationale, en ce sens que le credo du Juif le contraint de s'attacher à l'idée selon laquelle il existerait un peuple juif racialement déterminé, antérieurement à toute considération culturelle ou religieuse, à la manière dont on peut bien dire que tel homme est Arabe *et* musulman ou chrétien : de fait, son identité d'Arabe est indépendante de et antérieure à sa confession religieuse. Le Juif embrasse un credo qui lui enjoint de croire qu'il est juif par le sang et que cette détermination se voulant naturelle le destine à embrasser telle croyance et tel destin qualifiés d'israélites. Ce n'est pas, en vérité, la nature (biologique) qui sous-tend et fonde l'engagement religieux et culturel du Juif, c'est la culture religieuse du Juif qui s'invente un soubassement naturel et ethnique, et qui à ce titre revendique une terre pour s'y installer comme nation, mais comme nation destinée à devenir le centre spirituel du monde, au détriment de Rome, et à faire de ce centre la capitale de l'État mondial.

Pour le catholique conséquent, le Juif appartient aux poubelles de l'histoire du Salut, le judaïsme est au christianisme ce que la chrysalide est au papillon : une écorce vide destinée à disparaître en poussière. Et le catholique n'aura pas de mal à reconnaître, dans le culte actuel de la « Shoah », un projet juif antichrétien destiné à substituer le judaïsme au christianisme en faisant du peuple juif une réalité christique qui, comme l'enseigne un Emmanuel Lévinas, souffre sa Passion au Golgotha d'Auschwitz et ressuscite en Israël pour le salut du monde. Mais tout catholique, ensoutané ou non, n'est pas conséquent.

Le constitutif formel de la judéité, avant l'avènement du Sauveur, était l'appartenance à un peuple destiné à s'achever dans l'Église, à s'y accomplir en s'y supprimant, ainsi à se fondre dans les nations réelles, naturelles et historiques ; ce constitutif formel était complètement surnaturel précisément parce qu'il procédait ontologiquement, ou selon la causalité (mais non selon le temps) du christianisme. Ce qui procédait proleptiquement de l'Église s'était réalisé dans une forme nationale (le peuple juif) qui, s'achevant dans l'Église universelle, invitait ses membres, comme premiers chrétiens, à tenir la communauté juive pour obsolète, vouée à se sublimer, de réalité politique, en réalité ecclésiale. C'est pourquoi la conversion d'un Juif au catholicisme, pour autant qu'elle soit sincère et réelle, fait qu'il n'est plus juif d'aucune façon puisque, aussi bien, il n'y a pas de nature juive, que « nature » soit l'antonyme de « culture » ou celui de « surnature ». Une nation réelle, naturelle, est le fruit de la nature humaine et de son vœu de faire se déployer ou d'actualiser ses potentialités selon une existence collective ; la nation juive n'avait aucune vocation de cette espèce puisqu'elle était un fruit de la surnature et en vue de la surnature. C'est pourquoi, sur le plan naturel, la culture et les dons du Juif de l'Ancien Testament furent si pauvres, et véritablement indigents lorsqu'on les compare aux richesses des cultures grecque, égyptienne, perse, babylonienne ou assyrienne ; et les choses sont restées en l'état après l'avènement du christianisme : le Juif se révèle par son étonnante stérilité intellectuelle et culturelle ; il est un interprète et non un créateur, son talent est d'espèce mimétique et relève volontiers — au vrai presque toujours — du plagiat. Il a évidemment intérêt à faire croire le contraire, il ment et il se ment, afin de croire et de faire croire à l'actualité de son élection. Il ment outrageusement déjà quand il prétend qu'il est un peuple doté d'une réalité ethnique naturelle ; il ment quand il s'invente des talents et du génie, de la créativité et de l'intelligence. Il n'est même pas une des idées fausses dont il a fait son corpus doctrinal qu'il ne soit allé glaner chez les Goïm, à commencer par l'ésotérisme et le gnosticisme (à l'origine antijuif, tel le marcionisme) desquels il tira son Talmud et sa Cabale.

La croyance juive, depuis deux mille ans, fait s'attacher celui qui l'adopte aux articles suivants :

Le peuple juif est élu de Dieu pour servir de médiateur entre Dieu et les hommes; il doit dominer le monde et posséder toutes les richesses de la Terre, afin d'instaurer un âge d'or qui sera mondialiste et socialiste, communiste même, et dans lequel il n'existera plus qu'un seul peuple, le peuple absolument métissé des Goïm suspendu au noyau juif directeur de l'univers pour tous les siècles à venir ; cette vocation médiatrice est devenue progressivement plus consciente d'elle-même au point de rendre, nous dit le Juif, le peuple juif consubstantiel à Dieu comme le Verbe est consubstantiel au Père, ainsi au point de faire du Juif son propre Messie, chef de guerre invincible pour un royaume qui sera de ce monde de part en part ; le propre d'une médiation, c'est de relever des deux termes qu'elle médiatise, et ainsi le Juif se veut homme et Dieu. Le Juif a l'âme humaine mais non point le Goï qui n'a qu'une âme animale et doit être traité tel un animal, un animal de trait ; dans les temps messianiques, ceux qui verront la victoire du Juif, mille Goïm seront préposés au service de chaque Juif. Le Juif est raciste, d'un racisme aussi légitime selon lui qu'il est plus inavouable aux Goïm, parce que ces derniers doivent absolument détester toute forme de racisme et se métisser complètement, afin que soit détruite toute hiérarchie naturelle dont l'Indo-européen tient sa richesse et sa valeur, lui l'homme d'Edom qui doit tomber pour que vienne le Messie juif dont Jésus l'imposteur, rejeton d'une prostituée et d'un soldat romain, condamné pour l'éternité à bouillir dans une cuve d'excréments, ne fut que la caricature inventée par les Goïm.

Numériquement infime dans le monde, et investi d'une mission dominatrice visant, de son propre aveu, à convertir l'humanité en esclave — ce qui ne peut que susciter l'aversion radicale des peuples sains, même si une telle servitude est pensée par le Juif comme la manière de rendre le monde heureux —, le Juif ne peut parvenir à ses fins que par le recours systématique au mensonge et à la corruption consistant à exacerber les tendances peccamineuses et mortifères des peuples non juifs, dans le but de les river à leurs vices et de les rendre décadents parce que manipulables et prêts à accepter toutes les servitudes pourvu que leur hédonisme abrutissant soit nourri. Le Juif est donc un professionnel de la corruption, un fauteur congénital de discorde, un ennemi du genre humain, bien qu'il soit persuadé du contraire. Toutes ces choses sont contenues dans les Livres juifs que le Juif tient pour sacrés. Le Goï peut y accéder mais ce souci de vérité suppose de sa part un attachement à ce dont le Juif est l'implacable ennemi, à savoir le christianisme. Parce que le christianisme est la vérité qui *achève* le judaïsme, ce qui refuse le christianisme refuse cet achèvement mais, par là, il contribue objectivement à la reviviscence du judaïsme qui le sait trop bien, et qui à ce titre tient les néo-païens et marcionites de tout poil pour ses alliés objectifs, quelque hostiles qu'ils lui soient subjectivement. Tous, Juifs et païens et/ou néo-païens, communient dans la même gnose et sont non en opposition de principe mais en compétition, n'étant rivaux que dans la manière de définir les âmes divines échappées du Plérôme ; pour les uns, c'est le Juif, pour les autres c'est l'Hyperboréen. Mais tous sont persuadés que le divin palpite en eux et qu'il a besoin d'eux pour être divin.

Il est à noter que cette prétention juive à être l'homme-Dieu anticipe en quelque sorte la prétention de l'humaniste et de l'athée, anthropocentristes, à faire de l'homme sa propre fin, c'est-à-dire à se rendre un culte et à se déifier ; eux aussi entendent être non le Dieu qui se fait homme mais l'homme qui se fait Dieu. Et c'est pourquoi ils nourrissent une telle dilection pour le Juif. On comprend pourquoi cet élitisme judaïque, si peu compatible avec l'égalitarisme du décadent occidental, rencontre si peu de réactions de rejet de la part de ce dernier : il se reconnaît dans le Juif. Et quand il se déclare antisémite, il ne reproche au fond nullement au Juif d'être juif, mais de confisquer à son seul profit cette prétention à la déification. Ainsi s'expliquent les succès du Juif dans le monde moderne.

Il n'est qu'une manière, du point de vue d'une claire vision — une vision catholique — des choses, de régler définitivement la question juive, c'est la conversion au catholicisme et, dans l'attente patiente mais vigilante de cette dernière, le ghetto. Telle était la politique de saint Louis et des États catholiques en général. Il est donc dans la vocation des États catholiques de dissoudre en eux, par la conversion, les Juifs qui y subsistent, avec la prudence qu'appelle cette entreprise quand on sait la propension structurelle du Juif à mentir ; une conversion du Juif au christianisme ne se révèle authentique que si le converti se révèle particulièrement lucide et zélé en ce qui concerne la question juive, attaché tout particulièrement à réparer les crimes de ses pères.

Deux événements cardinaux scandent l'histoire de la création : la révolte des anges et le refus judaïque du Christ. Il était presque inévitable que les mauvais anges et les Juifs en vinssent à faire cause commune, et que le judaïsme spécifiquement judaïque, celui d'après la déchirure du voile du Temple (celui d'avant n'étant, dans sa différence d'avec les corruptions que lui imposait le pharisaïsme, que l'anticipation de soi du christianisme), devînt l'instrument privilégié de la cause de Satan. D'où peut-être, comme il le fut écrit, un commerce ignoble avec Satan dispensateur de « vénéfices », qui explique lui aussi les succès du Juif dans son entreprise de prise de pouvoir par la corruption, succès que les naïfs, les traîtres, les idiots et les masochistes attribuent à ses supposés « dons ». Si tel est bien le cas, il est clair, avec plus d'évidence encore, que la seule manière de régler la question juive est la fidélité au christianisme et la conversion des Juifs au christianisme, parce que le génie naturel de l'Occidental ne fait pas le poids contre les ruses démoniaques du Prince de ce monde.

Quand on sait ce que pense le Juif et ce qu'il projette de faire, on ne peut pas ne pas être saisi d'indignation et d'effroi, mais aussi de commisération ; tout homme normal, par instinct de survie, est opposé au judaïsme et à ceux qui entendent actualiser dans l'histoire les principes du judaïsme, à savoir les Juifs eux-mêmes. Cela dit, « in statu isto », post-lapsaire, la nature n'étant même plus naturelle si elle n'est accompagnée de la grâce, l'homme n'est « normal » que s'il est catholique.

§ 28. 3. Antisémitisme subjectiviste.

Un Arabe converti au christianisme demeure Arabe, doté d'une vocation naturelle légitime le destinant culturellement et nationalement à illustrer une manière particulière d'être homme, nécessaire au bien commun universel ; il y a donc des Arabes catholiques et une manière sociologiquement arabe d'être catholique. Si le Juif avait une identité naturelle, un Juif converti deviendrait un « Juif catholique », mais cela est un oxymore parce que ce à quoi renvoie l'expression correspond à ce que serait une chrysalide conservée comme chrysalide en acte dans son identité acquise de papillon. Et cela est évidemment absurde.

Mais l'antisémite passionnel est contraint d'adopter une telle position, qui s'obstine à prétendre que la judéité serait une détermination biologique, donc naturelle, ainsi qui se persuade que le Juif converti resterait juif. Il en est de l'antisémite passionnel comme il en est de l'amant amoureux de son amour autant et plus que de son objet d'amour.

Celui qui aime l'amour, qui se délecte de l'acte d'aimer parce qu'il jouit de faire tressaillir sa puissance d'aimer devenue pour elle-même son propre objet, tend toujours à projeter sur son objet d'amour des vertus dont ce dernier est objectivement dépourvu, afin de forger des raisons controuvées de maintenir son amour en vie ; on a là une manifestation classique du subjectivisme, qui s'épanouit dans le romantisme. Il en est de même pour la haine dont l'exercice doit bien posséder une part de jouissance pour que l'homme s'y attache avec une telle obstination. On aime haïr comme on aime sa colère douce et capiteuse comme le miel, parce que ce sentiment donne à celui qui y succombe une impression de puissance démesurée, et révèle la puissance infinie d'aimer dont il est l'envers ; quand, excédé par son caractère non représentable, on en vient à être lassé d'aimer l'infiniment aimable, on finit par aimer haïr parce que l'objet de haine est représentable et dessine en négatif le Bien dont il est la privation. Mais on doit alors projeter sur l'objet de sa haine des caractères répulsifs dont ce dernier est objectivement dépourvu.

C'est ainsi que l'antisémite passionnel s'efforce à cristalliser sa haine en dotant le Juif d'une identité irréversible, ineffaçable : les défauts des Juifs, la méchanceté de leur comportement induit par leur attachement à l'erreur, ne seraient pas culturels mais naturels, ne relèveraient pas du consentement volontaire mais d'une perversité intrinsèque et congénitale ; ils auraient « cela dans le sang », et ne seraient pas amendables. Il ne resterait, pour s'en libérer, d'autre ressource que de les tuer, de les faire physiquement disparaître.

L'ennui, pour qui adopte un tel point de vue, est qu'il ne sait pas qu'il travaille pour ses ennemis les plus implacables, à savoir pour le Juif. En effet, d'abord il cautionne la thèse historique de la « Shoah » :

Un esprit pétri de tels sentiments de haine est inévitablement soupçonné d'être disposé au meurtre, et il est compréhensible, pense-t-on, que le passage à l'acte doive se produire un jour, et se soit déjà historiquement produit.

Ensuite, l'antisémite passionnel cautionne l'idée chère au Juif — parce qu'elle légitime sa prétention à recouvrer son antique royaume temporel — de se dévouer à la cause sioniste, au détriment des peuples arabes. Et, si l'on se range à cette idée, on doit en effet faire sienne l'idée selon laquelle la judéité serait une détermination naturelle et ferait de la communauté juive un vrai peuple qui, comme tout peuple produit par la nature humaine, doit se voir reconnaître un droit à l'existence, à peine de condamner la nature humaine elle-même. Mais si le Juif doit subsister en tant que Juif même après sa conversion au catholicisme, il n'est plus cette chrysalide devenue papillon, et repousser cette analogie (le Juif est au chrétien ce qu'est la chrysalide au papillon) revient à déposséder la foi catholique du pouvoir de supprimer le Juif en tant que Juif, de le faire se sublimer, de l'*achever*. Et c'est là offenser la foi catholique.

On dira alors que la haine du Juif implique pour être cohérente et efficace la haine du catholicisme lui-même. Mais plaider en faveur d'une extermination de la communauté juive supposée dotée d'une identité naturelle réelle, ainsi du statut de vrai peuple, au nom de la survie des autres peuples, revient à s'en remettre au principe de la lutte pour la vie, sans autre justification que l'acte d'écarter un rival, et dans cette perspective l'unique juge capable de sanctionner une telle confrontation est le fait de la victoire, le « droit » du plus fort. Mais alors, le néo-païen se révélant dominé, c'est que le droit du plus fort a parlé, et les manifestations de haine de l'antisémite passionnel rejoignent les jérémiades et le ressentiment des faibles à l'égard de cette force des forts qui seule donnait dans la vue du néo-païen tout gorgé de mépris pour les « arrière-mondes » auxquels se réfère le chrétien. La haine pathologique de l'antisémite — complètement différente de l'aversion rationnelle — relève ainsi tantôt d'un amour inavoué et refoulé, tantôt, tout simplement, d'un sentiment d'envie.

§ 28. 4. Antisémitisme passionnel, amour refoulé.

Devant que de s'aligner sur la position criminelle évidemment irrecevable du partisan de l'extinction physique des Juifs, et dans la mesure où l'on refuse la logique déraisonnable du catholique antisémite passionnel dont il fut question plus haut, il reste une position possible, non moins irrationnelle que les précédentes et fort répandue dans les milieux catholiques traditionalistes, voire majoritaire, pour le plus grand mal de cette mouvance. Avant que d'aborder cette position, rappelons-nous qu'il est logique, ainsi inévitable, que le catholique nourrisse une hostilité de principe à l'égard du Juif ; il y a hostilité de principe à l'égard du judaïsme puisque le constitutif formel du judaïsme est le refus du Christ ; et cette hostilité théorique ne peut pas ne pas se doubler d'une hostilité pratique puisque le Juif, par une bizarrerie conceptuelle terriblement efficace du point de vue de ses intérêts temporels, fait se télescoper identité religieuse et identité ethnique : toucher à la doctrine juive, c'est porter la main sur le Juif, et un Juif agira toujours, aussi longtemps qu'il se voudra juif, selon un comportement faisant de lui l'ennemi mortel de Rome au profit de Jérusalem. Ce qui est irrecevable dans la position ci-dessus évoquée du catholique antisémite passionnel, ce n'est pas son antisémitisme, c'est son caractère passionnel qui l'invite à fixer la judéité dans une identité biologique.

A partir des mêmes prémisses, on obtient enfin cette position ci-dessus annoncée selon laquelle les Juifs seraient certes très méchants, très dangereux, mais assignés par la Providence à la fonction sublime de sel de la chrétienté, de chefs de l'Église catholique elle-même, pour autant qu'ils consentent à se convertir ; on dira alors d'un air entendu : « corruptio optimi pessima » ; cette engeance serait dotée de dons naturels exceptionnels, d'une intelligence hors du commun, ils seraient l'aristocratie vraie du monde païen ; leur conversion au christianisme ferait d'eux les princes de l'Église mais aussi, dans une perspective théocratique dont cette position surnaturaliste ne se départ jamais, les princes des États. C'est que, selon cette opinion proprement masochiste, les « dons de Dieu sans repentance » désigneraient des dons naturels habilitant les Juifs à devenir maîtres au temporel de l'Église et du monde. Telle était la position de saint Bernard (un saint n'est pas infaillible), de l'abbé Julio Meinvielle, du Vénérable Barthélémy Holzhaüser, du « marquis » de la Franquerie (origines davidiques des rois de France…, dont la légitimité tiendrait à leur judéité), d'Aaron Lustiger, de Jean-Paul II, de Mgr Richard Williamson et de ses disciples illuminés ; telle est la position du philosémitisme vomitif coulé dans un argumentaire antijudaïque celant mal une admiration, une fascination et une dilection de complexé fuyant ses complexes en se persuadant que son infortune de soumis est le résultat d'une décision divine, que donc on doit aduler ses bourreaux et plébisciter sa servitude sous peine d'être infidèle au Christ. Et cette position est surnaturaliste, qui confond les ordres naturel et surnaturel, investissant dans l'ordre naturel une élection qui en vérité est obsolète, et qui de plus était d'ordre surnaturel incommensurable à toute supériorité naturelle. Il n'est donc pas étonnant que ce philosémitisme s'accompagne de thèses millénaristes, à ce titre d'inspiration juive, illustrées par la croyance au futur Grand Pape et futur Grand Monarque.

A ces tristes coquecigrues aussi toxiques et indéracinables que le chiendent, on ne peut répondre que ceci : « operari sequitur esse ». La nature d'un être se manifeste par ses actes, parce que, si l'intérieur était exclusif de l'extérieur, il serait *extérieur* à l'extérieur et ne serait pas véritablement intérieur ; il en est du rapport intérieur-extérieur comme il en est du rapport entre le possible et le réel ; si le possible excluait de se réaliser, il ne serait pas réellement possible. Si les Juifs avaient été dotés de dons naturels exceptionnels, cela se serait vu, surtout au temps de leur élection ; cela ne se vit pas, et cela ne se voit toujours pas : depuis toujours, aussi bien en art, en philosophie, en science, en littérature, les Juifs ont été des copieurs ; leur réussite financière et politique leur donne les moyens de persuader le monde du contraire, mais les faits sont là pour qui sait voir, au cas par cas. Quant à cette réussite financière et politique, elle ne vient pas de leurs talents de constructeurs, mais de leur hargne de destructeurs appliquée à la faiblesse consentie des peuples féconds et chrétiens. Évidemment, il y a, chez maints catholiques, un intérêt à soutenir les positions de Meinvielle et de ses affidés : on innocente les peuples catholiques de leurs responsabilités dans la situation de décadence qu'ils subissent aujourd'hui : « Dieu l'a voulu, semblent-ils dire, on ne s'insurge pas contre Dieu ». En vérité, les dons de Dieu « sans repentance » désignent la vocation des Juifs à devenir chrétiens, ni plus ni moins. Quelque insurgés qu'ils soient contre leur propre vocation, les Juifs demeurent en quelque sorte « programmés » pour devenir chrétiens, et leur obstination dans le refus de cette vocation ne parvient pas à la détruire ; c'est au reste parce qu'ils sont insurgés contre eux-mêmes que les Juifs sont insupportables à eux-mêmes et, par voie de conséquence, au reste du monde.

§ 28. 5. « Catholicisme » judéomorphe.

« (…) Quand David apprit la disparition de Saül, il ne s'en réjouit point mais il se déchira les habits, il fit tuer l'Amalécite qui, s'attribuant le prétendu mérite d'avoir tué l'ennemi de David, lui annonça cette mort en lui apportant la couronne de Saül et il chanta ce cantique funèbre : ' Montagnes de Gelboé, qu'il n'y ait plus sur vous ni rosée, ni pluie, ni chants de prémices ! Car sur vous sont tombés les héros d'Israël, Saül et Jonathas, aimables pendant la vie et que la mort n'a point séparés l'un de l'autre '.

' Pourquoi, demande saint Grégoire, David qui n'a même pas rendu le mal pour le mal, apprenant que Saül et Jonathas avaient succombé dans le combat, proféra-t-il contre les montagnes de Gelboé ces paroles de malédiction ? En quoi les collines de Gelboé ont-elles donc été coupables de la mort de Saül, pour que, ne recevant plus ni rosée ni pluie, toute leur verdoyante végétation devienne aridité, conformément au souhait de malheur ? Saül, que l'onction n'empêche point de mourir, est la figure de notre Médiateur en son trépas et les monts de Gelboé, nom qui signifie cours d'eau, représentent les Juifs aux cœurs superbes qui s'écoulent en un flux de convoitises terrestres. **Le Roi, l'Oint véritable, a perdu la vie du corps au milieu d'eux ; et c'est pour cela que, privés de toute rosée de grâce, ils sont dans la stérilité. Ces âmes superbes ne donnent pas de fruit, car elles demeurent infidèles à la venue du Rédempteur et tandis que la sainte Église, dès le début, s'est montrée précocement féconde par la multitude des Nations qu'elle a engendrées, *c'est à peine si, dans les derniers temps, elle recueillera quelques Juifs ramassés comme une tardive récolte et des fruits d'arrière-saison*** '.

Une grande leçon de charité se dégage de toutes ces considérations, car comme David a épargné son ennemi Saül et lui a rendu le bien pour le mal, Dieu pardonne aussi aux Juifs puisque, malgré leur infidélité, Il est toujours prêt à les accueillir dans le royaume dont le Christ, leur victime, est le roi » (Dom Gaspar Lefebvre, missel quotidien et vespéral, grande édition, abbaye de Saint-André, apostolat liturgique, Lophem-lez-Bruges, 1934. Page 1321, 5ème dimanche après la Pentecôte).

Contre Julio Meinvielle, matrice du « catholicisme » judéomorphe dans les milieux traditionalistes, les Juifs convertis évoqués par saint Paul dans l'Epître aux Romains seront une poignée, et non le peuple entier ; ils ne seront pas le principe de régénération de l'Église, comme s'ils devaient être tenus pour sa fleur et sa quintessence, son principe vital et le sel de sa terre ; et les « dons sans repentance » de Dieu aux Juifs ne relèvent pas des talents naturels qui les rendraient supérieurs aux autres hommes, mais désignent seulement la promesse, faite à tout baptisé, de pouvoir participer aux fruits rédempteurs du sang du Christ offert en holocauste, et au mystère pascal. La « résurrection d'entre les morts » dont parle l'Apôtre désigne les Juifs eux-mêmes sauvés parce que convertis ; ce sont eux qui renaissent en entrant dans l'Église, ce ne sont pas eux qui feraient renaître l'Église qui n'a pas besoin d'eux pour cela, sinon au sens où l'Église se met à mieux respirer du seul fait que les Juifs terrassés ne peuvent plus l'étouffer en la persécutant comme ils s'y emploient depuis deux mille ans ; elle ne revit pas de leur apport, mais de la cessation de leur activité malfaisante. La seule communauté à l'égard de laquelle l'exercice du racisme — sauf, pour qui se souvient des marranes, pour des raisons prudentielles sans relation intrinsèque à la question de la race — n'est jamais raisonnable, c'est la communauté juive.

On a vu plus haut pourquoi le Juif est mis en demeure de mentir et d'avilir pour parvenir à ses fins. On ne cède au mensonge que si l'on y consent ; on ne succombe aux tentatives d'avilissement que si l'on décide librement d'être séduit par elles. Sous ce rapport, les Goïm ne sont dominés par les Juifs que parce qu'ils cèdent à leurs propres démons (la gnose n'est nullement d'origine juive, les hérésies et les pulsions polymorphes d'hédonisme et d'anthropocentrisme, ainsi de déification de l'homme, ne doivent rien aux Juifs), faisant par là des Juifs leurs maîtres et leurs bourreaux. C'est pour se soustraire à leur propre responsabilité que les antisémites passionnels hypertrophient le danger juif, lui rendant hommage au rebours de leur intention. Sur ce sujet, on observera que deux lectures de l'Histoire peuvent être adoptées ; celle qui convoque des causes relevant du conspirationnisme, et celles qui étudient la logique des idées : si l'on embrasse tel postulat philosophique, on obtiendra telle situation, quand bien même ladite situation contredit les intentions subjectives ayant présidé à l'adoption de ces postulats. Les deux démarches sont recevables, si elles sont rationnellement menées, mais la seconde dit la cause principale, la première ne dénonce que la cause instrumentale. Et substituer la cause instrumentale, ou « dispositive », à la cause principale, c'est encore un effet du subjectivisme. On ne dira jamais assez que les complots existent et que le déni de l'existence de complots, exprimé avec cette niaiserie suffisante des « intellectuels », des gens « éclairés », « intégrés », des hommes « de leur temps » mais en vérité surtout et tristement « à leur temps », soucieux de n'être pas confondus avec les « crétins » de droite radicale, est lui-même une stratégie qui fait partie des complots ; néanmoins, ériger les complots en causes essentielles des malheurs de notre temps revient à innocenter ceux qui les dénoncent de la responsabilité des soldats du « bon combat » dans le processus de la décadence dont ils sont les victimes.

§ 28. 6. « Et Israël sera un sujet de sarcasmes et de raillerie parmi les peuples » (*A. T.* I *Rois*, IX 7 ; Karl Petit).

Oui, mais aussi longtemps que le christianisme restera fidèle à lui-même. Dieu a permis que les Juifs continuent d'exister nonobstant le caractère obsolète de leur vocation, pour diverses raisons qu'à vue d'homme on peut énumérer comme suit : tout d'abord, afin d'enfermer tout le monde dans la désobéissance pour faire miséricorde à tous. C'est par la chute des Juifs que les païens sont devenus chrétiens, c'est par la chute des chrétiens que les Juifs intégreront l'Église. Il y a toutefois une différence essentielle dans ce balancier en lequel certains ont cru voir une dialectique. En mourant à lui-même, le Juif (les Apôtres, premiers chrétiens, et le petit troupeau résiduel des convertis des derniers temps) pour devenir chrétien, se dépossède de tout ce qui constitue sa judéité, parce que cette dernière n'a rien de naturel, alors qu'en se dépossédant de son paganisme pour se faire chrétien le non-Juif ne se dépossède nullement de ce qui constitue son identité naturelle qui subsiste en l'Homme nouveau comme la nature restaurée par la surnature. Si le peuple déicide n'avait pas trahi sa vocation, il se fût coulé dans tous les peuples de la Terre, se fût fondu en eux, il eût été un peuple d'Apôtres, comme un levain surnaturel faisant lever la pâte naturelle mais en retour s'oubliant et renonçant à lui-même dans l'exercice de cet office.

Aussi longtemps que le christianisme se maintient victorieux, le Juif est tenu en laisse, et le maintien de son existence misérable est une preuve vivante de la vérité de notre sainte religion. Quand les chrétiens s'affadissent, ils sont plus vulnérables aux maladies qu'on entend leur inoculer, et le Juif relève la tête, animé par une haine inextinguible pour le christianisme et pour les chrétiens. Il a compris, lui, que l'hostilité entre Juifs et chrétiens est indépassable et ne peut se solder que par la victoire totale d'un camp sur l'autre. Mais il faut bien comprendre que la force des méchants est la faiblesse des bons, et que le corps ne devient vulnérable aux microbes que lorsqu'il s'est déjà de lui-même affaibli, en renonçant volontairement à sa propre santé, parce qu'il est de l'essence de la santé de lutter, d'être victorieuse du risque de la mort, et qu'il est pénible de lutter ; lutter est fatigant, qui convoque la force d'espérer et l'audace d'aller toujours plus haut, et qui exige que l'on en vienne à aimer la lutte pour elle-même, à coopérer à l'accouchement de soi-même parce que cette coopération est constitutive de soi-même. Le Juif, comme le Franc-maçon, n'est pas l'origine première du mal affectant les sociétés occidentales caractérisées par un génie gréco-latin si parfaitement approprié à la pensée chrétienne ; il n'en est que l'amplificateur. Hypertrophier le danger judéo-maçonnique revient à rendre hommage au Juif.

Une autre raison du maintien du Juif après la Résurrection est peut-être analogue à la raison selon laquelle le baptisé, lavé de la tache originelle, reste grevé d'une tendance — de soi non peccamineuse — au péché, ainsi grevé des effets par accident du péché que désigne le terme de concupiscence (il en fut ici question au § 27). Cette présence, qui nous somme de lutter, nous rappelle en permanence la gravité du péché, nous fait saisir le degré de l'offense infinie faite à Dieu et de la destruction que nous avons infligée à notre nature désormais blessée. Cet aiguillon qui nous tourmente, cet ange qui nous soufflète, a la vertu de nous tenir dans l'humilité, de nous inviter à ne pas nous satisfaire des biens finis en lesquels une nature intacte pourrait risquer de se reposer ; il présente ainsi l'avantage, si l'on peut ainsi parler, de maintenir actuelle, vive, non endormie, la possibilité du mal et le risque qui s'y attache. Pourquoi cela pourrait-il bien constituer un avantage, dira-t-on ? Parce qu'il est de l'essence du Bien de se faire être selon la disposition d'une négation souveraine de la possibilité du mal. C'est le Bien même qui requiert cette possibilité pour demeurer ce qu'il est, et qui la suscite pour la dominer. Il était accidentel à ce négatif d'être devenu du mal en acte, dans et par le péché, mais de fait il a dégénéré, par la seule faute des créatures coupables, pour se réduire à du mal. Régénérer la nature blessée, ce n'est nullement expulser le négatif puisqu'il est définitionnel du bien ; c'est restituer le négatif à lui-même, ainsi lui donner de vaincre la possibilité du mal ; mais donner au négatif de vaincre une tendance au mal induite par son actualisation passée, c'est d'une certain façon inviter l'homme à se faire le coopérateur de sa propre réfection, de même que l'invitation à la souffrance — alors que la faute est amplement rachetée par les mérites du Christ, de sorte que Dieu aurait pu dispenser l'homme de la pénibilité de la Croix qu'il doit porter dans le sillage du Maître —, revient à honorer l'homme en lui donnant d'être le coopérateur de sa rédemption. Il est permis de penser que la présence du Juif dans un monde chrétien, c'est-à-dire dans un monde ayant pour fondement et essence de se faire le résultat d'une sublimation du Juif, c'est ce qui invite l'homme collectif qu'est la Cité chrétienne à se faire le coopérateur de sa réfection. Le Juif est dans la Cité catholique l'épreuve du chrétien, dont le surmontement entretient sa ferveur de chrétien.

« Oui, je suis un Juif, et quand les ancêtres du très honorable gentleman étaient des sauvages brutaux dans une île inconnue, les miens étaient prêtres dans le temple de Salomon » (B. Disraeli, *Réponse à Daniel O'Connell* ; Karl Petit).

Disraeli n'avait probablement pas une goutte du sang des anciens Hébreux, et il entendait, par son orgueilleuse et insolente réponse, se persuader et persuader ses interlocuteurs d'une identité, quant au statut de Juif, entre détermination naturelle (non culturelle et non surnaturelle) d'une part, et d'autre part une détermination jadis surnaturelle mais aujourd'hui caduque, et actuellement culturelle. En vérité, on ne naît pas juif, on le devient ; il n'y a pas de détermination juive naturelle. En revanche, on ne devient non-Juif que par une nouvelle naissance, surnaturelle, celle du baptême. Croire que les Juifs seraient tels par nature, qu'il existerait une race juive et que leur identité serait celle d'un peuple ayant vocation à se déployer historiquement selon des modalités nationales, comme tous les peuples, c'est croire les Juifs sur parole, eux les disciples zélés et obstinés du père du mensonge. Quand on reproche au Juif de préférer sa vie nationale et les intérêts de son peuple à ceux de son pays d'accueil, le Juif déclare que le judaïsme est une religion, et que l'on ne peut décemment exiger de lui qu'il fasse passer ses fidélités politiques à l'égard du pays d'accueil avant ses fidélités religieuses, et que ces dernières exigent sa fidélité aux intérêts de ses coreligionnaires, ce qui revient dans les faits à privilégier ce qu'il tient pour sa véritable nation. Quand, lui ayant reconnu le droit de vivre sa religion sans condition, on l'invite à s'engager dans la vie nationale de son pays d'accueil, comme l'exige le service du bien commun, de manière franche en distinguant convenablement entre politique et religion, il s'empresse de rappeler que la judéité est une détermination biologique et ethnique, qu'on n'y peut rien, que ce n'est pas affaire de choix ou de volonté, et qu'on ne peut lui interdire d'aimer son peuple et de s'en sentir solidaire ; que le Juif reste juif quand bien même il perd sa croyance d'israélite, qu'on peut même être juif et athée, et que le judaïsme est une mémoire et une fidélité ethniques ayant la vertu de transcender les engagements religieux personnels. Le Juif joue sur les deux tableaux, tantôt en les associant et en professant leur indéfectible solidarité, tantôt en feignant de les dissocier. Le résultat de ce jeu de dupe est qu'il prétend à tous les droits attachés à la citoyenneté de son pays d'accueil, mais que son cœur bat inconditionnellement pour l'entité sioniste aux intérêts de laquelle il dévoue toutes ses forces et tous ses moyens. On ne discute pas, on ne compose pas, on ne négocie pas avec le Juif en tant qu'il est juif, parce qu'il est de mauvaise foi ; sa nature propre d'individu humain n'est pas plus perverse que celle d'un autre homme, mais sa croyance, qui le fait adhérer à l'idée selon laquelle il est d'une race donnée fruit d'une élection divine actuellement valable, induit en lui, de manière nécessaire, un comportement de menteur et de corrupteur.

« Le goût de l'abstrait chez les Juifs se montre aussi dans leur prédilection pour l'argent — et non pour des propriétés, etc... ayant une valeur, etc... car l'argent est une pure abstraction » (*Journal*, Kierkegaard ; Pomerand).

L'abstraction dont il est question ici ne relève nullement d'une dilection pour l'activité théorétique, d'un don pour le pouvoir de passer du sensible à l'intelligible, du singulier à l'universel, du contingent au nécessaire ; ce serait là une vertu de philosophe spéculatif, dans la ligne grecque, gréco-latine, puis gréco-latino-celto-germanique définitionnelle de l'identité européenne. L'argent est une abstraction au sens où il est un *symbole*, celui de la possession de richesses réelles, mais un symbole qui a gardé cette vertu quasi magique de faire acquérir et de manipuler les richesses qu'il représente, à la manière dont une poupée qui tient lieu d'un humain contracte, par ensorcellement, la vertu de faire subir à celui qu'elle représente les sévices que le sorcier vaudou fait subir à son jouet. Comme le rappelle la fiche « wikipedia » consacrée à ce terme de symbole, le « sumbolon » grec désignait un tesson de poterie cassé en deux morceaux et partagé entre deux contractants qui attestaient l'authenticité de leurs identités en faisant s'emboîter parfaitement les deux morceaux. « Le symbole ne doit pas être confondu avec le signe, car il n'est pas conventionnel et *intellectuel* <nous soulignons>, mais appel à *l'imagination sensible* <idem> vers un spirituel qu'il suggère sans le signifier » (Anne Souriau, *Vocabulaire d'esthétique*). L'histoire d'amour plurimillénaire entre les Juifs et l'argent ne procède probablement pas d'un attachement particulièrement marqué aux biens sensibles en tant que tels ; à travers l'argent c'est le pouvoir qui est visé. Par l'argent, on corrompt, on achète les âmes, les foules, on suscite les révolutions politiques et religieuses, on se donne les moyens de faire penser les peuples comme on l'entend :

« **Comptez l'argent pour rien, les places pour rien, la popularité pour rien ; c'est la presse qui est tout. Achetez la presse, et vous serez maîtres de l'opinion, c'est-à-dire les maîtres du pays** » (A. Crémieux, *mot d'ordre aux Loges*, 1842 ; Karl Petit).

On leur fait vouloir par ce moyen ce que l'on veut qu'ils veuillent, et l'on finit par les rendre complices de la servitude qu'on leur impose. Mais pour donner latitude au Juif d'accéder au pouvoir par l'argent, il a bien fallu que le Goï se dépossédât lui-même de son pouvoir politique et religieux qui lui donnait la domination sur le Juif. On n'a jamais que les chefs que l'on mérite, et le poisson pourrit toujours par la tête. L'argent devient principe de corruption et de désordre universel pour la raison même qui fait qu'il a quelque chose de magique en tant que symbole : par le prêt à intérêt, qui permet à l'argent de singer les vertus du Bien. Le Bien est diffusif de soi, il est tel qu'il s'accroît par le fait d'être communiqué, comme lorsque l'homme savant enrichit son savoir du fait même d'enseigner sa science ; et le bien est diffusif de soi quand il est spirituel, parce qu'un bien matériel est divisible et non participable (une même somme ne peut être dans toutes les bourses à la fois, elle doit être divisée), au lieu qu'un bien spirituel est indivisible et éminemment participable. L'argent est un bien matériel tenant lieu de tout bien matériel mais, par le prêt à intérêt, il fait des petits, s'accroît du fait d'être communiqué. C'est dans son pouvoir diabolique de singer la diffusibilité du bien spirituel que le principe du prêt à intérêt est intrinsèquement mauvais. Et les peuples féconds, en particulier les Occidentaux, n'ont pas attendu les Juifs pour se livrer à l'activité dégradante et honteuse de manieur d'argent. Ils se sont judaïsés avant que les Juifs n'en vinssent à les supplanter sur leur propre terrain. Si les Goïm, aujourd'hui, supportent si complaisamment la domination juive, c'est tout simplement parce qu'ils reconnaissent en elle l'expression de leur propre volonté de décadents responsables de leur décadence : ils s'étaient livrés à la servitude avant que leur joug ne leur fût imposé par leurs tyrans ; dès le XVIème siècle, les catholiques, autant que les protestants, se sont livrés — Werner Sombart l'a montré — aux pratiques du capitalisme (indissociables du recours au prêt à intérêt) ; au reste, le mondialisme bancaire satanique n'est pas dirigé par les seuls Juifs. Les Occidentaux ne sont pas les victimes de la perfidie juive ; ils ont ce qu'ils veulent, et ils le savent.

§ 29. 1. Révolution et contre-révolution.

Il est de bon ton, dans les milieux contre-révolutionnaires, de professer avec Joseph de Maistre que la réponse aux méfaits de la révolution n'est pas une révolution contraire, mais le contraire de la révolution, c'est-à-dire une restauration : le souci de sauver ce qui peut l'être, l'humilité de savoir faire retour à l'avant des troubles, et le devoir de prohiber tout ce qui pourrait évoquer la politique du pire.

Nous voudrions montrer ici que ce choix antirévolutionnaire se voulant relever de la sagesse dépassionnée procède lui-même, comme coquetterie intellectuelle, du subjectivisme, c'est-à-dire de cette attitude psychologique ayant présidé à la genèse de la révolution abhorrée.

D'abord il faut penser à l'« anakuklosis » de l'historien Polybe, idée selon laquelle il existe une logique dans la succession cyclique des régimes politiques, qui va de la monarchie à l'ochlocratie dont on n'échappe en dernier ressort que par la guerre civile, c'est-à-dire par la révolution, par la force qui rétablit l'ordre, et qui le rétablit à partir du désordre complètement consommé. « Quand l'ordre n'est plus dans l'ordre, il faut qu'il soit dans la révolution ; et la seule révolution que nous envisagions est la révolution de l'ordre » (Robert Aron et Arnaud Dandieu, *La révolution nécessaire*, Grasset, 1933). L'anacyclose (« anakuklosis ») fait passer de la monarchie à la tyrannie, puis à l'aristocratie, puis à l'oligarchie, puis à la démocratie, puis à l'ochlocratie, et finit par la recherche de l'homme providentiel, c'est-à-dire par la révolution dont le « duce » stabilise son pouvoir en instaurant une nouvelle monarchie. C'est bien là une révolution, au sens astronomique du terme. Chaque transition se fait au prix d'une guerre civile plus ou moins accusée, ce qui est inévitable puisque tout ordre procède d'une autorité ; quand l'autorité est ébranlée, la société se décompose, les forces antagoniques se libèrent (chaque partie aspirant à être le tout), et c'est le rapport de force qui rétablit l'ordre, selon les scansions de la dialectique hégélienne de la maîtrise et de la servitude : les parties s'annulent réciproquement et ainsi on obtient une négation de cette négation de soi du tout qu'était chaque partie déconnectée de l'ordre du tout défait, par là une reconstitution du tout, mais jamais cette reconstitution ne se produit selon les modalités d'un simple retour en arrière : l'épreuve de la déconstruction fait reconstruire autrement, précisément pour prévenir les fragilités de la précédente construction. Quand on relit un livre, on ne se contente pas de faire deux fois la même chose. L'ayant lu une première fois, on s'est affecté d'une modification qui dispose à aborder le livre avec un regard que l'on n'avait pas lors de la première lecture, et, de cette seconde lecture, on ne retient pas la même chose que lors de la première. Il en est de même pour toute entreprise de rétablissement de l'ordre.

S'il est vrai, comme l'a rappelé Carl Schmitt, que tout ordre est victoire sur la possibilité d'un désordre parce que toute paix est victoire sur la possibilité de la guerre, une victoire complète consécutive à un trouble suppose la libération maximale du désordre — à tout le moins de risque de désordre maximal — et ainsi d'une négativité vouée à se renier. Est souverain ce qui décide de la situation d'exception ; cette situation d'exception maximale est la guerre, en laquelle la nation risque son existence ; la guerre suppose un ennemi au moins virtuel, et il y a souveraineté seulement s'il y a État, auquel est suspendue l'idée même de politique ; donc il y a politique et État seulement s'il y a possibilité de la guerre, désignation d'un ennemi. Or l'acceptation de ce constat revient à reconnaître que l'on n'accède à cette paix résultant du magistère d'un État faiseur de droit et de morale publique que par la désignation d'un ennemi ; et ainsi la paix a effectivement la forme d'une victoire sur le risque de guerre. L'oblitération d'un tel risque est porteuse de guerre généralisée.

Se rendre à l'idée selon laquelle il n'est de paix véritable que par l'assomption du risque de la guerre (que ce risque s'actualise ou ne s'actualise pas), c'est faire de la paix une négation de négation ; or une *négation* de négation est d'autant plus accomplie que la négation première était plus périlleuse, plus radicale, plus consommée dans son ordre, puisque la deuxième négation est l'effet du retournement sur soi de la première. La négativité libérée par l'anarchie doit donc prendre le risque d'aller à l'extrême pour s'intimiser et se réfléchir, ainsi pour rétablir l'ordre et la paix. Le plébiscite de la révolution de droite est cette thèse selon laquelle il y a renaissance de l'ordre à partir du risque consenti au désordre radicalisé, parce que l'ordre est renaissance et non replâtrage ; il faut risquer de mourir, affronter la mort pour cueillir les effets d'une renaissance. C'est le rythme même de la vie qui est victoire sur la mort, parce que vivre est coopérer à son engendrement, à sa pérennité, participer activement à l'exercice de son acte d'exister, ainsi faire s'ouvrir en soi-même une anticipation de soi en tant que vivant, tendre à être le résultat de sa propre activité ; il n'y a résultat d'un processus qu'à partir de son contraire ; donc la vie a bien la forme d'une victoire sur la mort, non-être de soi-même. On restaure une statue, qui est indifférente au traitement qu'on lui fait subir. On soigne un vivant malade, ce qui consiste à le faire réagir, à le faire s'insurger contre sa tendance à l'entropie, au désordre, à la décomposition, à la mort. Mais parce que c'est au risque de la mort qu'il emprunte pour vivre, c'est par la mémoire éveillée, en lui, du risque de la mort, qu'on le fait réagir, et ainsi qu'on le soigne efficacement. Soigner un vivant, c'est susciter en lui le désir de *se* soigner, ainsi de se réengendrer, de se recomposer, de renaître. Si le vivant a la forme naturelle d'une victoire sur l'épreuve de la décomposition ; si l'assomption d'un tel risque est bien une révolution, c'est que le vivant a la forme d'une révolution sublimée. Un peuple est un vivant et non une statue ; donc sauver un peuple en rétablissant l'ordre qui le régit n'est rien de moins que lui donner de faire sa révolution.

La révolution de gauche est la fascination pour le désordre, l'entropie et la mort, et cette révolution ne va jamais jusqu'au bout précisément pour se dispenser d'accoucher de son contraire : le jacobinisme s'est stabilisé en société voltairienne et bourgeoise, alors que le fascisme est né du risque du communisme. « **Le bourgeois moderne ? C'est un type, une résultante, c'est l'arrière-petit fruit de la grande révolution, avec toute la faiblesse de l'esprit fort et tout le jésuitisme du libre penseur : c'est le parvenu diplômé et le lampion de la liberté autoritaire, de l'égalité ambitieuse et de la fraternité égoïste** » (Maurice Donnay, *Pensées* ; Karl Petit). Si l'ordre est en soi victoire sur la tentation ou le risque du désordre, l'ordre a besoin de cette possibilité de son autre pour être instauré, se posant en s'opposant à son contraire ; dès lors, supprimer cette possibilité, c'est générer l'entropie, laquelle aboutit mécaniquement au désordre. « **Le mal seul fait remarquer et apprendre et permet de décomposer les mécanismes que sans cela on ne connaîtrait pas** » (*Sodome et Gomorrhe*, Gallimard ; Pomerand), rappelle Marcel Proust : c'est la déconstruction qui permet de comprendre les ressorts de l'ordre. Toute « restauration » qui n'est que restauration est vouée à l'échec. Et l'ordre vrai, négation révolutionnaire de cette révolution entropique consommée dans la discorde généralisée (« stasis »), fait mémoire de son origine révolutionnaire en l'intériorisant comme révolution permanente, entendue comme circulation des élites.

§ 29. 2. Retour sur la différence entre mal et négatif.

C'est là une nouvelle occasion de distinguer entre mal et négatif. Le mal, c'est le bourgeon qui se refuse à mourir pour devenir fleur, c'est l'arbre qui se refuse à s'épuiser pour produire des bourgeons ; le négatif non peccamineux, c'est l'expression de la loi qui veut que l'arbre naisse de la mort sacrificielle du bourgeon qu'engendre l'arbre. Le mal moral, c'est la maladie du négatif, sa langueur. Le mal est ce qui brise cette dynamique à raison de laquelle le négatif se réfléchit, ce qui confisque le négatif et l'empêche de se prendre pour objet.

Il faut penser aussi à l'esprit conservateur qu'on oppose à l'esprit révolutionnaire : on évite la violence et l'usage de la force risquée ; on sauve, dit-on, ce qui peut être sauvé, on restaure l'ordre de manière progressive, on ne fait pas une révolution contraire mais on choisit plutôt de faire le contraire de la révolution, en ce sens qu'on prohibe toute forme de négativité. On réduit le statut de société à celui d'une statue qu'on va mettre entre les mains de restaurateurs appliqués et vertueux. Mais ces restaurateurs sont eux-mêmes des produits de la société, et ils naissent et demeurent en elle, de telle sorte que c'est la société qui *se* restaure par leur médiation. Mais ce qui *se* restaure est ce qui vit, et ce qui vit est victoire sur la mort. Donc une restauration vraie est une révolution.

La révolution mauvaise est celle qui met en bas ce qui doit être en haut, celle qui est fondée sur une inversion des valeurs (mettre l'homme à la place de Dieu, mettre la liberté à la place de la raison et refuser la norme de l'ordre que prescrit la raison). Mais cette révolution a, selon nous, été rendue possible par le fait que ce qui prétendait être l'ordre, et à quoi s'est opposée la révolution destructrice de tout ordre vrai, n'était pas lui non plus pleinement un ordre ; il eût fallu évoluer avant 89 afin d'empêcher les Jacobins de s'emparer de thèmes légitimes d'évolution de la monarchie (État libéré des féodalités, adoption du concept de nation, émancipation de la théocratie) et de les corrompre (l'observation vaut pour la relation entre la Tradition catholique et la révolution de Vatican II). C'est pourquoi il est vain d'essayer de retourner en arrière, car ce serait objectivement réenclencher le processus qui mène à la décadence. Dès lors, il s'agit, après la mauvaise révolution, et contre elle, de procéder aux évolutions qui eussent dû être menées avant 89, mais dans un contexte nouveau qui fait que ces évolutions sont des révolutions. Il s'agit de nier les institutions du présent qui sont mauvaises par essence et non amendables, et conjointement de nier ce qu'il y avait d'accidentellement mauvais dans les institutions du passé. Or nier le présent sans restaurer le passé, c'est inventer (ou découvrir) quelque chose de nouveau, d'inédit, ce n'est ni restaurer ni amender. C'est donc procéder à une révolution : revenir à l'origine monarchique mais en l'enrichissant des expériences négatives du passé et du présent ; il s'agit de ravir au présent les vérités qu'il tient captives, et de les introduire dans l'œuvre d'un passé qui n'a pas su les thématiser ni les réaliser. De manière générale, si l'ordre est toujours une victoire conquise sur la possibilité d'un désordre, si la paix est toujours victoire sur la possibilité de la guerre, si donc le positif est toujours une négation de négation, alors l'instauration de l'ordre est toujours négation de cette négation (de l'ordre) qu'est le désordre, par là retour à l'origine, mais à une origine enrichie par son cycle, par son mouvement circulaire, par sa réflexion, ainsi par une révolution (au sens astral du terme) :

La hiérarchie de la société actuelle est l'envers de celle de Platon. Pour ce dernier, les spéculatifs, perfectionnés par la vertu de sagesse, doivent être en haut et guider les gardiens ou soldats perfectionnés par la vertu de courage, lesquels protègent et encadrent les manouvriers ou producteurs perfectionnés par la vertu de tempérance. Cette hiérarchie est naturelle parce qu'elle est la projection, dans l'élément du Politique, de la hiérarchie qui régit l'essence de l'âme humaine : la sagesse perfectionne l'intellect qui guide la volonté armée de l'irascible informé par le courage, lesquels se subordonnent les désirs sensibles mesurés par la tempérance. Dans la société contemporaine, c'est la banque qui tient le haut du pavé, le maniement de l'argent, activité qui en droit est la plus humble des activités laborieuses, la moins humaine, la plus fragile parce que la plus susceptible de favoriser les turpitudes, et parce que privée de cette vertu formatrice dont est doté le travail manuel, qui donne à l'artisan de se reconnaître dans son œuvre cristallisant son labeur et objectivant ses idées ; les militaires sont devenus l'instrument des intérêts de la banque s'étant soumis le Politique, et le développement technique est tout entier ordonné à l'enrichissement des financiers. Quant à l'activité spéculative, elle est marginalisée et les vrais philosophes sont proscrits. Tout l'office de la puissance médiatique est précisément de les empêcher de parler en promouvant des philosophes de plateau de télévision, c'est-à-dire les stipendiés préposés à la garde du temple républicain.

Puis donc que la Cité est littéralement inversée, il faut la renverser, ainsi faut-il une révolution, un renversement qui est la négation d'une inversion. Faute d'avoir su procéder aux évolutions en temps voulu, qui eussent été des processus de maturation, de passage à l'âge adulte, la monarchie a été balayée par la révolution, c'est-à-dire par une puissance de négativité incapable de se renier elle-même, et c'est pourquoi le jacobinisme produit le communisme et le mondialisme. Mis en demeure de procéder à ces évolutions mais en contexte qui n'est plus monarchique, on doit nier le jacobinisme ***et*** la monarchie féodaliste ou absolutiste (monarchies immatures), les faire idéellement se renier l'un par l'autre afin de les convertir à leur identité concrète, dont ils procèdent dans leur concept et dont ils sont des débris. De fait, la négation de la monarchie immature par le jacobinisme a été historiquement accomplie ; il faut désormais faire se renier le jacobinisme par la monarchie mais en tenant compte de la négation de la monarchie par le jacobinisme, de sorte qu'on doit non revenir en arrière mais révolutionner le présent par l'appel de l'avenir. Et ce résultat n'a strictement rien à voir avec une « synthèse » du jacobinisme et de la monarchie. Convertir les extrêmes logiques à leur identité concrète n'est pas en faire la « synthèse ». Cela consiste à les faire se renier l'un par l'autre afin de les forcer à accoucher de la vérité captive dont ils sont, de manière symétrique, deux formes de trahison. Ce qui, historiquement, s'approche probablement le plus d'une telle identité concrète, c'est ce qu'il est convenu de nommer le fascisme que la subversion parvint à assassiner avant qu'il ne pût parvenir à maturité.

Il n'est qu'une manière de se débarrasser définitivement d'un mal quand il est enkysté dans un organisme et non opérable, c'est de le faire périr par l'évocation du risque de sa maximation, à la manière dont on réfute une thèse fausse en lui faisant déployer ses conséquences pour lui faire confesser son erreur. Il s'agit de retourner le mal contre lui-même, ce qui revient à inciter l'organisme malade à réagir contre le mal. Une action mauvaise ou destructrice ne suscite une réaction salvatrice que si la première action se retourne contre elle-même, s'autodétruit. Autrement, on ne voit pas pourquoi un corps affaibli pourrait trouver en lui-même des ressources défensives alors qu'il n'avait pas su les trouver quand il était encore relativement sain. C'est l'attaque opérée par le mal qui est objectivement porteuse de la réaction, à la manière dont le crime est objectivement porteur de la peine : commettre un crime, c'est choisir la peine. Le corps malade sécrète des anticorps parce que le mal qui l'affecte accuse réception de sa vocation à se retourner contre lui-même, car en étant victorieuse du corps sain la maladie se condamne elle-même à mort puisqu'elle vit du corps qu'elle tue. Les anticorps suscités par le corps sain sont l'effet de l'autosuppression du mal en passe de devenir victorieux du corps sain. L'instinct de survie qui anime le corps est l'autosuppression du mal parce que la vie est par essence victoire sur la possibilité de la mort ; la vie a besoin de ce risque ou de cette possibilité, et c'est la maladie ou l'attaque morbide qui réveille cette possibilité, ce risque mortifère, qui ainsi suscite la vitalité du vivant. Si la vie est par essence victoire sur la mort qu'elle assume à sa manière (à l'intersection de la systole et de la diastole de tout mouvement pneumatique), la vie est par essence révolutionnaire, elle convertit à son contraire ce qu'elle assume en le faisant se retourner contre lui-même.

La révolution de gauche, c'est l'exercice d'un négatif qui entend se satisfaire dans l'élément qui ne lui convient pas.

En fait le fini est limitation de soi de l'infini, il est l'infini se restreignant, donc il contient l'infini à sa façon et de ce fait le fini est négativement habité par l'infini qui lui enjoint de s'infinitiser, ce qu'il peut faire soit en se sublimant, en renonçant à lui-même au profit d'un meilleur que soi, soit en prétendant s'infinitiser dans son propre élément, **ce qui est le négatif peccamineux** (mauvais infini de la réitération).

§ 29. 3. Appétit politique de réalisation de soi et désir de Dieu.

Saint Paul, dans la première épître aux Corinthiens, invite ses ouailles à consentir à une certaine forme de folie, non sans ironiser à propos de ceux qui voudraient concilier l'amour du monde et l'amour de Dieu. Les biens du monde sont la matière sacrificielle de l'amour de Dieu. Mais précisément, il faut bien que ces biens mondains aient une valeur pour que leur sacrifice en ait une. Dans l'ordre de l'amour, qui suppose la connaissance de son objet, nous ne connaissons et aimons naturellement Dieu qu'à la manière d'un Grand Absent ; saint Thomas enseigne même que nous nous unissons à Lui comme à un Inconnu. Il est tel certes présent dans Son absence même, s'il est vrai que le Parfait ne serait pas tel s'il n'assumait tous les degrés de bonté jusques au néant en quoi se résout le degré nul de bonté ; mais, sur Terre, la créature ne s'empare de cette présence dans l'absence que sur le mode de l'absence, tel le Dieu caché qu'Il est, qu'Il veut être et conformément à la manière dont Il se définit pour nous, se révélant encore dans l'affirmation d'un tel retrait. Il en résulte que notre manière d'aimer Dieu naturellement par-dessus toute chose, c'est de Le vouloir par-delà tout bien aimable accessible et représentable, de Le vouloir tel Celui qui est au-delà d'eux, et dont nous ne savons positivement que cela : Il est au-delà de tout bien aimable. On s'appuie donc sur le fini pour le nier, et l'on aime le fini pour éveiller l'amour de l'infini qui, pour nous indéterminé, n'offre pas prise à l'amour, fors à la manière de l'affirmation d'un dépassement du fini. Encore faut-il que le fini soit aimable et ontologiquement consistant pour que la négation de ce dernier ait une valeur positive d'élan d'amour pour le Transcendant. Le surnaturalisme consiste, dans son souci de préserver l'acte de se réserver absolument pour Dieu seul, à court-circuiter l'amour pour le fini, et il ne s'aperçoit pas qu'il vide le sacrifice, l'arrachement au monde, de toute consistance. Le négatif non peccamineux est, sur le plan moral, cette tendance obligée à aimer le fini et le mondain pour s'en arracher, pour faire se retourner l'amour contre ce qu'il aime, pour lui faire réfléchir sa propre dynamique, afin de signifier l'au-delà de cet aimé ; et il en est ainsi parce que tout moment est concomitamment affirmation et négation, position et suppression, et que les biens finis sont autant de moments du Bien absolu pensé telle une Réflexion absolue. On doit aussi se souvenir du sens du souci du bien commun immanent dont il a été dit qu'il est assumé par le Bien absolu, souverain bien éminemment commun à raison de sa souveraineté. L'essence humaine est raison des appétits humains parce qu'elle se veut en l'homme et se le subordonne. Mais elle existe selon trois modes de subsister : comme acte de la matière et forme du corps, c'est-à-dire comme âme individuelle immortelle ; comme idée abstraite subsistant dans l'entendement, comme Idée créatrice dans la pensée divine ; l'Idée divine se confond avec l'essence divine infiniment simple, et tout autant elle est réellement distincte, pour nous et en soi, des autres Idées divines puisque, aussi bien, c'est dans la pensée divine que gît le principe de la différence — voulue par Dieu — des créatures. Il en résulte que le désir humain de se subordonner à l'essence qui le suscite et de faire se conformer l'homme à son essence en lui faisant déployer toutes ses virtualités ne trouve son achèvement définitif que dans le repos de l'intellect dans l'Idée divine. En effet, *le désir humain peut être défini de deux façons, qui sont les deux aspects d'une même chose ; d'une part se conformer aux exigences de son essence ; d'autre part tendre à s'emparer de la cause quand on connaît l'effet. Ces deux choses n'en sont qu'une puisque l'appétit de l'intellect est l'effet, en l'homme, de la présence de son essence qui se définit par sa différence spécifique, à savoir la raison, de telle sorte que se conformer à son essence consiste à tendre à connaître Dieu ; dès lors, l'acte d'atteindre son essence comme l'acte de se saisir de Dieu revient à connaître son essence telle qu'elle est en Dieu, par là comme Idée divine.* Parce que l'Idée se confond avec l'essence divine naturellement incommensurable à tout intellect créé, elle ne peut, naturellement, être connue que dans et comme Dieu considéré dans le moment de son absence à Lui-même. S'il en est ainsi, si le désir de Dieu s'exerce comme désir de se rendre adéquat à son essence, si de surcroît ce désir est désir de faire se déployer en les actualisant toutes les virtualités de son essence ; si enfin ce déploiement s'opère dans et comme la recherche du bien commun politique, force est d'en conclure que **le souci du Politique est une détermination obligée de la manière terrestre d'exercer naturellement son désir de Dieu.**

§ 30. 1. Fascisme catholique.

Le contenu du § précédent (29. 3) peut inspirer au lecteur une certaine perplexité, qui considérera que l'auteur va un peu vite en besogne, et qu'on lui doit quelques explications. Voici donc, en forme de rappel de choses déjà évoquées ici, ce qui devrait dissiper ses doutes, et qui pourra mettre en évidence les conséquences, dans l'ordre politique, de la prise en compte du concept de négatif non peccamineux.

La nature d'un être est sa finalité. Mais cette même nature est à l'origine de nos appétits : l'âne, parce qu'il est âne sans avoir choisi de l'être, préfère la paille à l'or, l'homme préfère l'or à la paille. Donc la nature d'un être a raison, pour lui, d'origine (de lui-même en tant qu'il est individuation de son essence, et de ses appétits) et de terme (ou de finalité). Dès lors la fin de nos appétits est tout autant notre nature elle-même. Et si notre nature a raison d'origine et de terme de nos appétits, c'est qu'elle se veut en nous. Donc le bien ultime auquel nous aspirons naturellement est de servir les intérêts de notre nature, ce qui revient à dire que notre fin est de faire se déployer les richesses de notre nature. Or ce déploiement est plus accompli par la communauté politique que par l'individu, parce que l'individu n'est qu'une individuation de la nature humaine dont il ne peut épuiser la richesse. Donc notre fin immanente est de faire s'actualiser notre nature dans une manière paradigmatique d'être homme, et telle est notre vocation politique.

Avant même la question délicate du rapport entre nature et grâce, le grand problème auquel le catholique est confronté (non en tant que catholique mais en tant qu'il est homme), quand il se met à s'interroger sur son engagement politique, c'est celui de l'harmonie entre fin immanente et fin transcendante : tant l'immortalité de l'âme humaine que l'existence de Dieu sont des vérités accessibles à la simple raison, et c'est pourquoi le souci du destin de l'âme après la mort et, en tant que séparée, de sa vocation spéculative, se pose à la simple raison de l'homme. Des deux fins de l'homme, l'une, en effet, est horizontale, l'autre est verticale, de telle sorte qu'il semble impossible de les faire se conjuguer et s'unifier.

La question se pose parce que l'homme est habité par un désir infini d'infini : le désir humain est réflexif, s'aime lui-même, ce qui fait qu'il n'est aucun objet qui le satisfasse exhaustivement puisque, aussi bon soit-il, il laisse dans le désir une puissance non comblée, à savoir le désir de revenir sur soi et de se délecter de son acte ; et si le désir est infini, seul un objet doté de perfection infinie en acte peut parvenir à le satisfaire. Or ce désir infini d'infini est tout aussi définitionnel de la nature humaine que notre fin immanente, puisque tous nos désirs procèdent de notre nature. Ce désir infini d'infini est lui aussi induit en l'homme par sa nature ou essence, et il lui enjoint d'aller au-delà de sa nature (au-delà du souci de faire s'actualiser ses potentialités expressives de ses modes paradigmatiques d'individuation), de trouver son repos au-delà d'elle, dans la possession d'un Bien infini. C'est notre nature qui nous pousse à son autodépassement, à tout le moins à celui de sa condition terrestre. Et telle est notre vocation transcendante : l'adéquation de l'homme à son essence enveloppe analytiquement l'actuation de la vocation de cet homme à tendre vers un bien qui excède les conditions terrestres de subsistance de cette essence, lesquelles sont celles d'une nature tenant son individuation de son incarnation.

Aussi le catholique est-il en devoir d'éviter deux écueils.

Le premier, qui est le surnaturalisme, consiste à oblitérer en nous la recherche de biens immanents ou finis en l'acquisition desquels consiste l'actuation ou le déploiement des virtualités droites de notre nature, ce qui revient à réduire le service du bien commun politique à un instrument de la moralité personnelle et du salut individuel ; on peut se demander s'il existe encore, dans cette perspective, un bien commun entendu comme bien « diffusif de soi ». On tend, de manière avouée ou non, à mettre sa vie terrestre entre parenthèses en attente de la mort libératrice qui destine l'âme à sa fin transcendante. La vie terrestre sera réduite à l'effort purement négatif mais obsessionnel d'éviter le péché.

Le deuxième écueil, qui est l'erreur néo-païenne, consiste à déifier le monde de l'immanence afin de lui conférer la valeur d'un Bien transcendant ; on en vient à déifier l'État ou la nation, en oblitérant la vocation transcendante de l'homme. Ce faisant, on n'est même plus capable de faire se réaliser un authentique bien commun politique, parce qu'il est dans la nature de ce dernier de se consommer dans un acte qui le fait se sublimer en service du Bien commun transcendant, lequel est le seul et véritable souverain Bien : la Cité n'est pas sans l'homme qui lui est intrinsèque et dont elle dépend autant qu'il dépend d'elle ; aussi, coupée du Bien absolu dont, comme toute chose, elle dépend objectivement, elle en vient à ne reposer que sur l'homme qui, la déifiant, se déifie lui-même et se prend pour fin. Et c'est un fait que l'exaltation immanentiste du Politique déconnecté de toute référence à un au-delà de lui-même le fait s'affaisser sur lui-même et dégénérer, à plus ou moins long terme, en individualisme hédoniste.

Nous sommes donc mis en demeure, afin d'éviter ces erreurs, de penser le désir de réaliser notre fin immanente sur le mode d'un moment obligé d'actuation de notre désir infini d'infini. Le désir infini d'infini, qui nous tourne vers la transcendance, s'anticipe dans le premier, qui est politique ; il s'y anticipe de manière obligée, mais il ne le fait que pour aller au-delà de lui. Que le désir d'absolu, expressif de la fin transcendante de l'homme, s'anticipe dans les biens immanents qu'il ne faut aimer que pour les dépasser, cela suppose, du côté de l'Objet du désir, que ce Bien infini, visé par le désir naturel de Dieu, soit lui-même, en lui-même et indépendamment de la création du monde, assomptif de tous les biens finis, ce qui revient pour lui à exercer son infinité sur le mode d'une victoire opérée sur la finitude en laquelle il se risque : est absolument force celle qui l'emporte sur toute chose, y compris sur elle-même, et il n'est pas de véritable force qui, esclave d'elle-même, ne soit consentement à la faiblesse et ne soit pleinement force qu'à raison de ce consentement même ; en termes quelque peu techniques, il existe un négatif non peccamineux, en ce sens que le Bien n'est tel que par assomption de tous ses degrés inférieurs de bonté en lesquels il s'anticipe, se nie ou se risque, et qu'il surmonte par négation de négation. Dès lors, notre appétit droit (moralement non dévié) de faire se réaliser les richesses de notre nature est producteur de victoires, ainsi de biens qui sont eux-mêmes autant de tremplins ou de matières sacrificielles du désir de Dieu qui se préfigure en eux ; et c'est cela qui explique que nous puissions tomber dans la démesure, dans le mal moral et la damnation, lesquels consistent à investir son désir de Dieu ailleurs qu'en Dieu ; il s'agit alors des biens triviaux, ceux que nous rapportons à nous, mais aussi des biens immanents auxquels nous sommes rapportés, ainsi plus nobles que les premiers, mais que nous recherchons afin de nous glorifier en eux en les déifiant : la recherche de biens qui seraient unilatéralement immanents peut avoir quelque chose d'infini, mais c'est un infini potentiel, à savoir le mauvais infini de la réitération.

Cela dit, parler de biens qu'il faut aimer pour les dépasser, cela évoque les biens qu'on aime comme des instruments, c'est-à-dire comme des biens que l'on rapporte à soi. Mais le bien de la société, bien commun, est un bien qu'on aime en se rapportant à lui, puisqu'il peut légitimement exiger le sacrifice de la partie pour le salut du tout. Ce qu'on aime en se rapportant à lui ne saurait avoir raison d'instrument pour celui qui l'aime, et pourtant ce bien commun politique est un bien immanent qui, comme tel, a vocation à se consommer dans le service d'un bien transcendant.

Comment le bien commun du Politique peut-il reconnaître sa perfection dans son statut de bien subordonné, sans pour autant se réduire à la condition instrumentale de moyen, et donc ayant vocation à persévérer dans sa vocation de bien ayant raison de fin ?

§ 30. 2. Suite.

La solution de ce qui se présente à nous comme une aporie peut être formulée comme suit : le meilleur bien immanent, auquel l'homme se rapporte, est tel que sa réalisation exhaustive le fait s'achever dans le service d'un bien transcendant, en prenant le mot « achever » dans les deux sens que l'usage lui reconnaît, à savoir le perfectionnement et la suppression. Si cette exigence est satisfaite, alors on est assuré que plus on se subordonne au bien commun immanent, mieux on se prépare à servir la recherche du Bien transcendant et ultime. Si cette exigence échoue à être satisfaite, on sera contraint de renoncer à la conciliation des deux formes du désir humain, et l'on se résoudra à penser le souci du Politique telle une aspiration qui, incapable de découvrir en elle-même le principe de sa limitation, doit être frustrée afin de ne point mordre sur le devoir de faire son salut éternel et individuel.

Ce que nous prescrit la raison, c'est donc d'épouser, pour satisfaire aux réquisits du désir infini d'infini, le chemin qu'emprunte, pour être ce qu'Il est, l'Objet ultime de ce désir. C'est par la recherche de la perfection politique, en s'accomplissant elle-même dans son propre élément, que la nature humaine s'habilite à aller au-delà d'elle-même. Le Bien absolu est tel que, sans cesser d'être absolu, il est assomptif de tous les degrés de perfection de sa bonté infinie. En termes thomistes, chaque Idée divine, paradigme d'une réalité créable, est la connaissance éternelle que Dieu — dont l'être est son connaître — a de Lui-même en tant que participable ; elle est réellement distincte des autres Idées divines, et c'est dans cette distinction que s'enracinent les différences spécifiques entre les créatures ; mais, par un paradoxe unique, toutes ces Idées se confondent en tant qu'elles sont une même chose avec l'unique et simplissime essence divine. Cela revient bien à dire que la déité est cette Essence qui fait de chacune de Ses Idées une détermination d'elle-même en laquelle elle est tout entière, sans cesser d'être aussi tout entière dans chacune des autres, et sans que son éminente simplicité ne soit si peu que ce soit compromise. Elle est tout entière et totalement en elle-même, tout entière et non totalement en chacune de Ses Idées. Et ce réquisit est vérifié si et seulement si l'Essence divine, sans être un mouvement, a la forme d'un mouvement circulaire consistant à s'identifier réflexivement à soi, ainsi à se faire provenir, en les faisant se renier en elle, de tous les degrés de finitude qu'elle pose en elle-même et en lesquels elle s'anticipe. Tel est le chemin qu'elle emprunte pour être ce qu'elle est ; tel est le chemin que doit emprunter notre désir d'infini : se préfigurer tout entier et non totalement dans le désir des biens finis (tel le bien commun politique) dont la réalisation et la possession invitent le sujet à s'en arracher et le renvoient à un bien chaque fois supérieur, jusques au Bien absolu.

Reste évidemment à s'interroger sur le point suivant : à quelle condition un bien immanent — ainsi fini — auquel on se rapporte, est-il tel que sa réalisation plénière le fasse de lui-même se renier — se conserver en se niant, se parfaire en s'excédant, se voir confirmé dans son ordre propre dans l'acte d'être dépassé — en direction du Bien parfait dont il procède ?

C'est dans le concept de vivant que l'on peut avoir quelque idée de la condition cherchée. Un vivant est doué du pouvoir de se mouvoir : de se construire, de se régénérer, de se reproduire, d'agir sur lui-même de diverses façons ; en lui, le tout n'est pas seulement résultat de la synthèse des parties ; il fait vivre ses parties et les engendre, il en fait la synthèse si l'on veut, mais il n'en est résultat que parce qu'il en est cause ; comme origine et résultat, il a, bien sûr, la forme d'une réflexion ; le tout se fait positionnel de ses parties qui ne sont que par lui, au lieu que, dans un mécanisme, les parties précèdent le tout qui dépend d'elles. Est vivant ce qui est doué d'organicité.

Et il est clair, compte tenu de ce qui précède, que l'organicité est superlativement assumée par le Bien absolu : il se renie — pour s'y anticiper — dans ce qui se renie en lui pour l'affirmer : si l'infini était exclusif du fini, ainsi refusait d'en épouser les degrés, le fini serait à l'extérieur de lui mais, de ce fait, ce dernier le limiterait, il exclurait que l'infini fût infini ; tout thomiste admettra que l'infini actuel est innocent de toute puissance passive, ainsi de tout ce qui relève de l'infini potentiel, mais corrélativement il maintiendra que l'infini actuel ne serait pas tel s'il n'était corrélativement *puissance active* infinie : Dieu *est* tout-puissant, *et* il est maître de sa toute-puissance ; Dieu *a*, en tant qu'il l'exerce et en dispose, la toute-puissance qu'il *est* ; et la relation d'avoir qu'il entretient à son propre égard exige qu'il fasse réaliser l'absoluité de son identité avec lui-même, définitionnelle de sa simplicité, moyennant l'assomption d'une différence réelle intestine éternellement assumée et surmontée.

Il est clair que, pour cette raison, le désir infini d'infini, ou désir de transcendance, pour se conformer à son Objet, doit lui aussi avoir la forme d'une réflexion ; et cela même exige que les désirs immanents s'accomplissent et se consomment en *s'achevant*, aux deux sens du mot, dans le désir du Bien transcendant. Or, remarquons que plus un organe, qui vit de la vie du tout, aspire à servir le tout, plus il est servi par lui, et réciproquement : plus il recherche son bien propre convenablement compris, plus il sert les intérêts du tout, et il en est ainsi parce que le tout se veut en lui ; il veut à la fois la croissance et l'abnégation de cet organe qu'il fait être et par lequel il se fait être. Dès lors, si l'individu est au service du bien commun de la Cité, lui qui a raison de partie par rapport au tout ; si corrélativement le bien commun de la Cité, dans le mode d'existence d'une Idée divine éternelle, a raison de bien en lequel s'anticipe, indépendamment de la création, le Bien absolu, alors, en cherchant le bien commun de la Cité, l'individu épouse le processus à raison duquel le Bien absolu se cherche et se veut et s'aime lui-même. Immanence et transcendance sont réconciliées.

Quand un homme meurt dans la Cité terrestre, c'est elle qui d'une certaine façon meurt à elle-même en lui et s'éclipse, puisque la Cité ne subsiste que par les individus qui s'inscrivent en elle ; la cité *s'achève* en lui, s'y supprime et s'y conserve, elle s'y métamorphose, elle se sublime en une communauté supra-politique classiquement nommée communion des saints, ou bien, si l'homme avait été créé en état de pure nature et donc sans le don de la surnature, en ce qui eût été son analogue naturel.

Et le **fascisme** est cette projection, dans l'élément du Politique, *de la loi universelle voulant qu'un être n'atteigne la fin extrinsèque de sa nature qu'en épousant les vœux intrinsèques de cette dernière.* Plus le degré de vie d'un vivant est parfait, plus ce vivant est autonome, ainsi ontologiquement fermé sur soi. Mais cette fermeture sur soi, l'« ultima solitudo » en laquelle Duns Scot discernait l'essence de la personne, est la condition requise pour que la personne soit ouverte à une communication potentiellement infinie : le sommet du vivre est l'acte de connaître, et le sujet connaissant peut faire exister toute chose en lui-même, ce qui signifie qu'il est, opérativement, d'autant plus ouvert à la communication qu'il est plus incommunicable entitativement. Il y a donc non pas antinomie mais *complémentarité dialectique* entre incommunicabilité ontologique et communication opérative.

De même, plus la Cité est organique, plus elle est fermée sur soi, tendant à cette suffisance classiquement nommée « autarcie ». Mais, en retour, plus elle est parfaite dans son ordre propre, ainsi plus radicalement autonome, plus elle fait s'ouvrir à un au-delà de la Cité les membres de cette dernière. Le moment politique de la destinée d'un homme, qui le fait s'ordonner au bien commun comme à sa fin, se révèle réalisateur d'un bien commun dont la consommation possède la vertu d'achever les vœux d'un tel homme par l'acte de libérer ce dernier du conditionnement de la Cité, afin de le disposer à servir sa fin ultime transcendante, laquelle, autant qu'il est possible, consiste dans la connaissance de Dieu. *Il n'est pas excessif, sous ce rapport, d'affirmer que le Politique — pour autant qu'il soit radicalement organique — est la médiation obligée entre désirs immanents qui font se réaliser l'homme total considéré en sa finitude accomplie, et le désir de transcendance qui donne son sens ultime à une telle réalisation de soi de l'homme.*

Le catholique dans la Cité organique, c'est en quelque sorte l'au-delà du Politique qui se préfigure et s'annonce dans l'élément du Politique et, loin d'en troubler la perfection immanente, cet au-delà du Politique la confirme et l'enracine dans son être parce qu'il lui donne son sens ultime, par là lui révèle sa raison d'être.

Et le catholique dans la Cité *fasciste*, c'est le catholique subsistant dans la forme de Cité radicalisant son organicité, de telle sorte qu'en elle est dissipée la difficulté à tendre sans déchirure vers un bien ayant raison de fin immanente et vers le Bien ayant raison de fin transcendante. *C'est à proportion de son aptitude à faire subsister sa nature dans la forme d'un tout politique totalitaire, ainsi organique sans réserve, que l'homme donne à cette nature d'induire en lui le souci de tendre vers un bien qui la dépasse, ainsi lui donne le moyen de le libérer du caractère unilatéralement immanent de son destin. La Cité libère l'homme de son conditionnement à proportion de sa puissance totalisante. Et le travers de toutes les politiques fondées sur le souci d'un bien commun réduit au statut d'instrument de la morale et de la piété individuelles réside dans la méconnaissance de cette complémentarité dialectique entre libération et totalisation.*

§ 30. 3. Suite.

Notons au passage qu'on ne saurait opposer liberté à totalité. La volonté humaine, appétit rationnel, a elle-même une nature induite par la nature ou essence humaine, ce qui ne l'empêche pas d'être gratifiée du libre arbitre. Plus la volonté est soumise à l'intellect, ainsi à ce qu'exige sa nature d'appétit rationnel, plus elle est maîtresse de ses actes puisque c'est sa nature qui la fait capable d'autodétermination. Si la structure hiérarchique de la Cité est projection de l'essence de l'âme (confer ici notre § 29. 2), la conformation de la multitude humaine à la forme coercitive de cette Cité, ainsi à l'État, est l'analogue, dans le macrocosme, de la soumission de la volonté à l'intellect ; or cette soumission est ce qui rend la volonté maîtresse d'elle-même ; donc c'est la fidélité aux exigences de l'État rationnel qui rend le citoyen effectivement libre, maître de son destin.

Précisons par ailleurs que si la nature a raison de fin pour celui qu'elle investit et fait exister en l'investissant, cependant que la fin ultime de l'homme est un Bien absolu dont la perfection transcende la nature humaine elle-même, c'est que la forme dans laquelle le Bien absolu se révèle appétible et accessible à la volonté humaine est celle du mode de subsistance de cette essence humaine dans l'essence divine ; selon cette exigence, jamais le désir n'excède l'essence dont il procède et vers laquelle il tend, cependant que ce vers quoi il tend peut dépasser infiniment le degré de perfection de l'essence elle-même qui le cause. Mais n'y a-t-il pas danger d'ontologisme à laisser entendre que la créature serait naturellement outillée pour s'emparer de son paradigme éternel et divin ? Aucunement, si l'on se souvient de ce qui fut exposé ici au § 29. 3 : Dieu et le créé sont absolument incommensurables mais, de ce que l'absolu n'est tel qu'à proportion de son pouvoir souverain d'assumer le relatif sans cesser d'être absolu, c'est que l'infini actuel n'est tel que moyennant sa condescendance à éprouver en lui-même, indépendamment du fait de la création, la finitude sans renoncer à son infinité ; or l'extrême de la finitude est le néant, lequel est aussi bien, dans la créature, ce à partir de quoi elle se met à exister, ce qui se voit le plus manifestement dans le vivant dont l'acte vital est celui d'une victoire sur la mort, ainsi sur le non-être de lui-même ; si tout être a la configuration d'une négation victorieuse de son être-autre, tout être est tel qu'il est tout entier en ce moment de lui-même qu'est son être-autre, cependant qu'il n'y est que sur le mode de son absence à lui-même, et cette pénurie ontologique fait s'identifier en elle tous les degrés d'être, aussi incommensurables soient-ils entre eux lorsqu'ils sont envisagés dans leurs identités positives respectives ; par conséquent l'incommensurabilité du créé et de l'Incréé se réalise moyennant une paradoxale communion des deux dans le néant qui définit en eux le principe de leurs pulsations vitales respectives. Dieu et l'esprit créé n'ont rien de commun, fors ce néant, qui est. Et, dans la perspective non historique d'une béatitude strictement naturelle, c'est ce point de suture entre fini et infini qui eût défini l'entéléchie du désir naturel infini d'infini. Que cette perspective ne soit pas historique ne la réduit pas à un cas d'école innocent ou oiseux. La béatitude surnaturelle à laquelle l'homme sauvé est destiné dépasse sans mesure la béatitude naturelle, mais elle ne saurait la dépasser sans l'assumer, parce que la grâce accomplit la nature dans son ordre propre, la soigne, dans l'acte de la surélever ; or accomplir la nature, c'est lui donner d'atteindre sa fin naturelle. Pour recueillir quelques compléments à ces développements, on peut se référer aux §§ 8, 28. 1 et 28. 2 du tome I du présent travail.

§ 30. 4. Suite.

Dans un être vivant, la cause formelle et la cause finale tendent à s'identifier l'une à l'autre. Aussi l'État, forme de la Cité dont la cause matérielle est un peuple pré-informé par une identité nationale, a-t-il raison de fin parce que l'ordre qu'il instaure et avec lequel il se confond est ce qui définit le bien commun. Dès lors, le souci du bien commun immanent et la vocation totalitaire de l'État ne sauraient compromettre la poursuite de la fin ultime — transcendante — de l'homme, puisque c'est de l'État, si ce dernier est rationnel, qu'il reçoit son pouvoir de faire se consommer et convertir son désir immanent en aspiration à la transcendance.

La forme de la Cité, dont la structure est identique à celle — spécifique — de l'âme qui habite chaque homme, s'incarne dans une matière constituée par la communauté d'individus focalisés par un identique destin politique : la réalisation d'une manière paradigmatique d'être homme, nommée identité nationale. Il existe une réciprocation de causalité entre individu et Cité, parce que, nous l'avons vu, l'individu sans la Cité est moins qu'une bête, et la Cité qui est qu'un tout d'ordre, n'est, sans l'individu concret, qu'un être de raison ; or deux choses qui s'impliquent réciproquement sont équivalentes, ce qui revient à dire qu'elles sont identiques sous un certain rapport, en l'occurrence sous le rapport de la structure de leurs formes respectives. On est ainsi fondé à souscrire à cette vieille idée grecque faisant de la cité une « extra-position » de l'âme. S'il en est ainsi, l'homme inscrit dans la Cité est « chez lui », subsistant dans l'élément de l'extériorisation de sa vie intérieure. Et cette syntonie entre la partie et le tout fait que l'homme est d'autant plus adéquat à sa nature que plus parfaitement intégré à ce tout et ordonné à lui. Par conséquent, s'il est vrai que le désir de transcendance est induit par la nature humaine, on dira que ce désir est d'autant mieux éveillé et respecté que l'individu est plus conditionné par le service immanent du tout politique ; il en est ainsi si ce tout est constitué de telle sorte que la position de sa perfection le fait s'excéder lui-même au profit d'une fin qui le transcende en libérant de sa férule ceux qu'il menait à leur accomplissement en les subordonnant à son bien qui est leur bien commun. Il en résulte bien qu'il existe une solidarité de principe entre le service du bien commun immanent et le souci de souverain bien transcendant. C'est même le service du bien commun qui éveille et avive le souci du souverain Bien. Le Politique, parce que promoteur de la vie communautaire organique, est médiation obligée, avons-nous dit, entre bien commun et Souverain Bien. L'intériorité humaine a besoin de se déployer (cette actuation est l'existence même de la Cité) pour accéder à la conscience d'elle-même, et elle requiert cette accession à la conscience de soi pour discerner sa fin ultime transcendante.

L'illusion d'optique, ruineuse tant de la vocation transcendante que de la vocation immanente de l'homme, est celle qui consiste à poser une hostilité de principe entre les deux finalités, et à résoudre cette hostilité par le choix de la frustration de la finalité immanente. Ce qui produit la société bourgeoise et bien-pensante qui s'accommode, avec une douce violence enrobée d'invitations à la « résignation chrétienne », des pires iniquités sociales et des tartufferies cléricales les plus honteuses. Il s'agit alors, selon cet esprit moralisateur méfiant et étriqué, hostile aux manifestations de la vie dont les possibles débordements l'effraient, de faire le choix d'une société imparfaite qui serait douée de la vertu, par ses imperfections mêmes, d'inviter les masses à ne point trop attendre de la Terre et à se tourner vers le Ciel, comme si la création était intrinsèquement mauvaise.

Le « monde » condamné par saint Paul, la Cité du diable évoquée par saint Augustin, c'est la création défigurée par les effets du péché, c'est la privation dont elle est affligée, ce n'est pas sa beauté et ce n'est pas sa nature. Ce qui termine une chose et la fixe dans sa finitude est aussi ce qui la fait être purement et simplement. Si la recherche de l'excellence du fini, ainsi de la perfection propre à l'immanence, devait être antinomique de la recherche du souverain Bien, ainsi du souci du salut, il faudrait dire qu'il existe une hostilité de principe entre l'ordre naturel en tant que naturel et non en tant que blessé, et l'ordre surnaturel. Mais ce serait la ruine des deux ordres.

§ 30. 5. Suite.

Deux observations méritent de compléter cette succincte présentation.

Tout d'abord, ce que la Révélation apporte au catholique, qui excède les pouvoirs de sa simple raison et qui, une fois reçu, en avive les convoitises, mais qui confirme de manière indiscutable les propos ici esquissés relativement à la vie divine, c'est le savoir que Dieu est trinitaire ; est affirmé de manière éclatante cette idée rationnelle selon laquelle l'identité concrète est identité de l'identité et de la différence. Dieu ne serait pas Dieu si Dieu n'était pas Père, Fils et Esprit. Il est de l'essence même de Dieu d'être Père géniteur, Fils engendré, Amour subsistant procédant du Père et du Fils. Les trois Personnes sont dans l'essence divine comme relations subsistantes intra-divines, et cette essence est tout entière en chacune des trois, et de plus chaque Personne est réellement distincte des autres ; il en résulte que l'absolue simplicité de Dieu est à penser comme assomption d'une différence réelle. S'il est vrai que le mystère n'est pas l'autre de l'intelligible, mais le « sur-intelligible » incompréhensible à tout esprit fini (mais on peut appréhender ce que l'on n'embrasse pas, ainsi ce que l'on ne « comprend » pas), il est non moins vrai que le degré de connaissance de Dieu auquel la raison finie peut naturellement parvenir est assumé et dépassé par la connaissance éternelle que Dieu a de lui-même, laquelle est exercée dans, par et comme la Vie trinitaire elle-même. Il est alors compréhensible que quelque chose des exigences de cette divine connaissance s'annonce comme dans un voile, de manière imparfaite mais réelle, dès le stade de la connaissance finie, et c'est là comme la prescience d'une nécessaire différence dans l'identité, requise par l'absoluité de cette identité. Il n'y a donc pas lieu de dénoncer une hérésie dans le concept de négatif non peccamineux, pour autant que ce dernier soit soigneusement distingué du mal moral, c'est-à-dire du péché. Le mal moral n'est pas l'épreuve du sacrifice — négation de soi — du bourgeon au profit de la fleur, il réside dans le refus, pour le bourgeon, de s'achever en fleur ; le mal moral résulte d'une chute de tension du négatif qui, édulcoré, perd la force de se retourner contre lui-même du fait de son absolutisation, par là se soustrait à sa sublimation. Ensuite, si le fascisme, pris en son acception générique, n'a pas bonne presse dans les milieux catholiques, ce n'est pas tant à cause de ses excès et inachèvements circonstanciels, qui sont indéniables ; c'est à cause de sa prétention, et de son pouvoir effectif d'en finir avec cet esprit tantôt théocratique et ultra-clérical, tantôt janséniste et sulpicien, tantôt les deux à la fois (toutes les formes du surnaturalisme communient, nonobstant ce qui les oppose, dans le même refus), avec lequel la mentalité catholique a fini par se confondre. Or c'est à cause de ce surnaturalisme que le catholicisme, par lui affaibli, s'est progressivement désolidarisé de la vie politique réelle tout en prétendant la conformer à son image névrotique, au point d'en venir à être expulsé par elle, pour le malheur tant de l'Église que de la Cité politique. Par une haine abrutissante de l'anti-surnaturalisme, les bien-pensants ont préféré, à la croisade des fascismes, le modernisme démocrate-chrétien, le judéo-bolchevisme et le judéo-maçonnisme libéral. S'ils n'ont pas perdu l'espérance de voir se reconstruire la Cité catholique, les bien-pensants antifascistes, se mettant à bien penser, comprendront peut-être que cette renaissance, si elle advient jamais, ne se fera pas sans l'apport irremplaçable du meilleur du fascisme.

CHAPITRE SEPTIEME

De la bêtise satisfaite et de la médiocrité en général.

§ 31. 1. Le « bon sens » de l'homme de droite.

Le parti des « Intellectuels », c'était le parti des dreyfusards, des « pétitionnaires » levés contre « l'injustice », dénoncés par Maurice Barrès le 1er février 1898, peu après le « J'accuse » de Zola. « Rien n'est pire, écrivait Barrès, que ces bandes de demi-intellectuels (...). Tous ces aristocrates de la pensée tiennent à affirmer qu'ils ne pensent pas comme la vile foule (...). Ces prétendus intellectuels sont un déchet fatal dans l'effort tenté par la société pour créer une élite ». Fascinés par l'universel abstrait (l'Homme des « droits de l'homme »), déracinés, les « Intellectuels », qui ne sont que des demi-penseurs, ont constitué la piétaille de ces idiots utiles médiocres et vaniteux, terriblement conformistes, qu'il est convenu de nommer « intellectuels de gauche ». Il est bien évident que la critique de Barrès est parfaitement fondée et éminemment actuelle. Mais l'aversion que suscite cette engeance chez les ennemis du déracinement culminant aujourd'hui dans le mondialisme engendre une espèce de simplisme cérébral et de misologie solidaire, dans le subjectivisme, de son contraire illustré par les faux penseurs verbeux.

Hegel considérait que l'ordre des raisons de connaître est l'ordre des raisons d'être, et que le réel est rationnel. A ce titre même, il jugeait qu'il est rationnel qu'il y ait de l'irrationnel. On peut expliquer ce jugement en ayant recours au vocabulaire de la scolastique, afin de ne pas effaroucher les âmes allergiques aux tropismes idéalistes.

L'intelligible n'est qu'en puissance dans la réalité sensible. L'intelligible en acte, c'est l'essence ou forme de la chose connue, cette forme en tant qu'abstraite du sensible, qui devient la forme de l'intellect lui-même en subsistant en lui comme universelle ; penser ce triangle concret, c'est abstraire la triangularité qui est singularisée en lui, se faire informer par cette triangularité et l'exprimer dans un verbe immanent qu'est le concept, ou l'idée. Mais, tirée du sensible, la forme subsiste dans le réel, où elle actualise la matière. Le réel qui entoure l'homme, ce réel mondain qu'il perçoit par ses sens, c'est une unité de matière et de forme, c'est-à-dire de puissance et d'acte. Or la puissance est ce qui fait s'identifier les contraires et les contradictoires : avant la position d'un choix entre deux partis contraires, la volonté est les deux en puissance, elle les fait s'identifier en elle, c'est-à-dire dans leur être en puissance, eux qui, quand ils sont en acte, sont exclusifs l'un de l'autre[8]. Si l'on se souvient que le principe de contradiction est le principe suprême de la pensée rationnelle ou logique, on conviendra que la puissance (celle dont il est question quand on parle d'être en puissance) est irrationnelle, au point que la matière, selon l'expression d'Aristote, ne peut être appréhendée que dans un

[8] La statue *est* en puissance *dans* la matière informe ; la statue est le composé de matière et de forme, de sorte que ce qui est en acte ou formel *est* bien *dans* la matière, c'est-à-dire subsiste en elle, mais sur le mode du n'être pas (n'être qu'en puissance est une manière de n'être pas), et c'est cela — être sur le mode du n'être pas — qui définit l'être en puissance ; être sur le mode du n'être pas est évidemment contradictoire ; ce qui est contradictoire tend à se repousser de soi, par là à s'identifier à ce qu'il n'est pas et avec quoi il entretient, considéré selon le régime ontologique de l'être en acte, un rapport de contrariété ou de contradiction ; c'est ainsi que l'être en puissance fait s'identifier les contradictoires et, de ce fait, se soustrait au principe de contradiction, principe fondateur du logique, ainsi du rationnel. Et c'est pourquoi, encore, l'identité des contradictoires définit l'essence de l'être en puissance, ainsi de ce dont le propre est de n'avoir pas d'essence (ou forme).

« raisonnement bâtard ». S'annonce ainsi naturellement l'idée que le passage de l'idée au réel, de l'intelligible au sensible, du rationnel à l'effectif, s'opère, comme incarnation d'une forme, par le lestage ou l'adjonction d'une dimension d'irrationalité au rationnel de l'idée. Il est rationnel *qu'il y ait* de l'irrationnel, parce que le pouvoir-être — le possible, le projet ou l'idée, ainsi le rationnel exclusif du contradictoire — n'advient à l'être qu'en s'affectant d'une instance d'être en puissance, c'est-à-dire d'irrationalité. Cela dit, est dit « possible » ce qui *peut* être, par conséquent un possible qui répugnerait à se réaliser ne serait pas réellement possible, et c'est par sa réalisation qu'il atteste l'authenticité de sa possibilité ; or cette réalisation est ouverture en lui d'une dimension d'irrationalité ; donc il est rationnel que le rationnel se pose, pour être rationnel, en un moment obligé d'irrationalité. On voit combien la raison est réelle : le rationnel n'est rationnel qu'en consentant à se faire réel ; et en retour le réel est rationnel parce qu'il est réalisation d'une idée, ou forme. Dès lors, la raison à distance du réel, l'universel abstrait, constructiviste parce que répugnant à s'incarner, à se soumettre à l'épreuve de sa réalisation, par là avide de créer une réalité rêvée docile à ses injonctions volontaristes, est irrationnelle et relève au fond de l'imaginaire. C'est cette forme d'intellectualité délirante, pauvre en concepts et gavée d'images, que dénonce Barrès à juste titre.

Cependant, l'aversion pour le verbiage auquel se réduit la cogitation des « Intellectuels » en vient trop souvent à embrasser un « bon sens » qui, sous couvert de forlancer la fausse raison, en vient à chasser la raison pour se réfugier dans une sacralisation de l'évidence qui se dispense de donner ses raisons (la pure clarté du transparent, le réel sans obscurité, sans épaisseur, par là sans réalité…) ; ou bien on se fixe dans une sacralisation de la passion obscure supposée, comme infaillible instinct plus savant que la science, fermenter dans les entrailles du peuple qui se gausse de toute réflexion, ce qui fait aboutir à une déification démocratique du peuple et à une absolutisation de la valeur de l'imaginaire. Mais par là, selon un itinéraire inattendu, on finit par échouer dans les mêmes eaux sales que celles de l'homme de gauche.

« **Rien n'est si totalement, acharnément, aveuglément contraire à la sagesse que le bon sens** » (*Principes et préceptes*, Lanza Del Vasto). Sous couvert de « retour au réel », à la « terre qui ne ment pas », à la sagesse populaire faite de ces précieux préjugés en lesquels est supposée se sédimenter l'expérience ancestrale des Anciens, on sombre facilement, dans le pays des contempteurs du constructivisme friand de verbiage capiteux, dans l'hostilité à l'égard de toute pensée réfléchie, exigeante, critique, novatrice. Un certain fanatisme thomiste, ou se voulant tel, qui réduit la pensée de l'Aquinate à une mécanique en se proclamant philosophie du bon sens improprement nommé « sens commun », n'est pas étranger à cet état d'esprit réducteur, spirituellement mortifère :

« **Le bon sens est le concierge de l'esprit : son office est de ne laisser entrer ni sortir les idées suspectes** » (Daniel Stern, alias Marie de Flavigny, comtesse d'Agoult, française d'origine allemande, 1805-1876 ; Karl Petit).

C'est que, pour le plus grand malheur de l'Antimoderne pathologique, toute idée, véritablement pensée, peut devenir suspecte : toute idée est invitation à la réflexion, laquelle n'est pas sans l'aspiration à rendre raison, à mettre la raison qui opine à l'épreuve de la recherche du fondement, laquelle est dérangeante parce qu'elle secoue l'intelligence paresseuse et pusillanime toujours en quête de se reposer dans l'évidence : toute vraie évidence est une évidence vraie, mais il y a de fausses évidences, et il n'existe pas de critère « évident » de l'évidence, parce que ce critère tenu pour évident renverrait à un autre critère, à l'infini. De ce que toute idée est invitation à la réflexion, le bon sens, ou au moins un certain bon sens se révèle l'ennemi de toute idée ; il s'attache passionnément à celles auxquelles il est habitué et il s'en veut le prisonnier, il est incapable de les expulser quand même elles seraient contestables ; et il se rend incapable de s'ouvrir à celles qui pourraient le combler après l'avoir inquiété. Il n'est qu'une manière de ne pas régresser, c'est d'avancer, non du tout parce que la vérité objective serait inaccessible, non du tout parce que les vérités acquises seraient relatives et évolutives, mais parce que la vérité est insondable, de sorte qu'on n'a jamais fini de l'approfondir.

Il y a des problèmes qui ne peuvent être traités que par la philosophie et qui, à ce titre, requièrent une certaine technicité rebutante pour ceux qui ne sont pas habitués à évoluer dans cet élément, et le vrai bon sens, en l'occurrence, est celui qui permet de comprendre qu'aucune activité humaine ne donne des fruits durables sans l'acquisition d'un art, ainsi d'une technique ; la philosophie a pour outil le langage ; il y a donc un art perfectionnant l'usage philosophique du langage, comme il en existe un autre pour perfectionner son usage rhétorique, ou son usage artistique (poétique). Trop souvent, il est vrai, la technicité langagière dont sont coutumiers cuistres et menteurs est un moyen de celer un vide de pensée que le bon sens dénonce légitimement. Mais il y a bon sens et bon sens. Il y a la prétention du littéraire à juger le philosophe selon les critères du littéraire ou du journaliste ; il y a la prétention de la brute à régler en trois mots les problèmes philosophiques les plus difficiles ; et ce « bon sens » n'est rien d'autre que l'effet de la bêtise satisfaite. Il est à remarquer que la bêtise est au fond toujours une bêtise satisfaite, en ce sens qu'il n'y a pas de bêtise complètement innocente. La bêtise est toujours l'effet d'un dérèglement de la sensibilité générateur d'une déviation de la volonté, et cela vaut même pour les gens intelligents que leur suffisance finit par rendre idiots. On est toujours assez intelligent pour être doué du pouvoir de savoir que l'on manque d'intelligence, parce que l'intelligence est réflexive, apte à se prendre pour objet. Mais s'objectiver revient à saisir ses limites, et s'habiliter à circonscrire ses limites suppose que l'on soit, au moins sous un certain rapport, au-delà d'elles, ainsi illimité. On est plus ou moins intelligent en ce sens que l'on est plus ou moins habité par le désir de connaître et de comprendre, plus ou moins gratifié de convoitise spéculative elle-même productrice

— sous la pression de cette *attention*, de cette « tension vers » si bien décrite par Simone Veil en termes de disponibilité oblative — de cette lumière plus ou moins intense habilitant à voir l'intelligible. Il y a aussi des degrés dans l'intelligence du fait que l'on est plus ou moins doué naturellement pour accomplir ces performances presque physiques ou sportives que sont les prouesses combinatoires, la faculté de mettre divers termes en relation pour conférer à leur ensemble l'unité d'un tout. Il y a incontestablement des personnes naturellement plus ou moins douées en intelligence, du double point de vue de la profondeur de l'induction et de la vitesse de la déduction. Mais toute intelligence en tant qu'intelligence est capable de réflexion, apte à se placer au-dessus d'elle-même, par là capable d'appréhender ce dont elle manque, ce qui revient à dire qu'elle sait ou peut savoir — mais de manière confuse — ce qu'elle ne sait pas. Dès lors, le vrai et fécond bon sens, celui qui consiste à suspendre ses jugements pour tenir l'intellect en éveil, en attente active de se mettre en syntonie avec le réel, est ce qui devrait permettre à tout homme de conjurer la tentation du « bon sens » générateur de bêtise satisfaite. Parce que toute connaissance est reconnaissance, l'ignorance est un savoir qui s'ignore, l'incompréhension une compréhension qui se méconnaît, et le vrai bon sens est le début de la sagesse, parce qu'il est lui-même attention, acte de retenir la dispersion de soi qu'est l'ouverture inconsidérée à la surface des choses ; en se désinvestissant de la pensée des choses pour la faire se concentrer sur elle-même, ou plutôt en s'exerçant à se saisir pensant son objet par l'acte même de le penser, la pensée se fait pensée de pensée, mais par là elle se restitue à sa véritable nature, elle devient consciemment sa connaissance et fait apparaître l'être saisi de l'intérieur de lui-même en le reconnaissant en elle-même, parce que l'intérieur des choses est leur concept, lequel est acte de l'intellect, c'est-à-dire l'intellect lui-même en tant qu'il est en acte. Et tout homme en tant qu'il est homme est capable de cela, mais cette opération suppose que la pensée, dans son effort de disponibilité pour la chose au départ compacte en son étrangeté, s'ouvre à la massivité de l'obscur, au lieu de le chasser comme un importun sans consistance et de se satisfaire, comme l'exige le « bon sens », de ces évidences qui s'imposeraient d'elles-mêmes. Le « bon sens » qui rend idiot est cette paresse ou suffisance d'une pensée qui tient pour inconsistant ce qui ne livre pas son intelligibilité de manière immédiate : « je ne comprends pas tout de suite, donc il n'y a rien à comprendre, et c'est de l'enfumage ».

§ 31. 2. Ce qui n'est pas immédiatement limpide relèverait de la modernité sophistique.

Cette dilection irrationnelle pour les vertus supposées du « bon sens » qui confond le spontané et le profond s'accompagne d'un refus systématique de toute prose et de tout discours convoquant un effort intellectuel. C'est pourquoi « **une grande insignifiance obtient facilement un brevet de bon sens** » (comte de Belvèze, *Pensées, maximes, réflexions* ; Pomerand). Expliquer les grands bouleversements historiques par la causalité des idées est plus délicat, plus risqué et moins aisé que convoquer le complot judéo-maçonnique dont il fut question ici plus haut (§ 28. 5). La substitution d'une dénonciation conspirationniste des complots à l'effort philosophique de compréhension du devenir historique relève de cette caricature du « bon sens » dont il vient d'être question, et qui est inspirée par le même subjectivisme que celui qui préside au développement du verbiage des cuistres. Si le fanatique du « bon sens » consent à se casser la tête au moins un peu, supposant magnanimement l'existence d'un sens à ce qu'il ne comprend pas tout de suite, c'est uniquement quand il sait que rien n'infirmera ce qu'il croit déjà savoir. Mais chaque fois qu'un discours ne semble pas aller dans le sens des convictions du lecteur, lequel ne lit jamais que pour confirmer ou bercer ses attachements intellectuels, le discours est d'emblée condamné, jugé confus et fallacieux. La propension à faire, de sa conscience durcie par l'aigreur et le ressentiment propres aux marginalisés désertés par l'esprit de leur temps, le tribunal sans appel de toute production intellectuelle, est bien l'expression d'une pulsion subjectiviste caractéristique des « Réprouvés ». En retour, quand ils prennent la parole ou la plume, ils exigent d'être immédiatement compris de leurs contemporains, considérant que le bon sens est la chose la mieux partagée de la Terre. En vérité, « **il n'y a que les médiocres et les vieilles filles qui considèrent comme une offense de n'être pas compris** » (Oscar Wilde, *Almanach des Lettres françaises et étrangères*, 15 avril 1924, G. Crès et Cie ; Pomerand).

Il se peut, de surcroît, que l'on soit vieille fille et médiocre. Et les médiocres mâles souffrant d'être incompris ressemblent aux vieilles filles : il leur pousse des ovaires. Les vieilles filles sont aigries parce que raidies dans une solitude qui les offense en tant qu'elles savent n'avoir pas su intéresser un homme, mais elles ne veulent pas le reconnaître et en déduisent que les hommes n'ont pas su les comprendre, que donc ils n'ont pas su discerner en elles leurs trésors cachés. De même pour les médiocres qui mettent sur le compte de leur génie incompris leur absence de succès. Ceux qui sont compris, ainsi appréciés, n'ont pas pour autant nécessairement du génie, mais ils n'appartiennent pas au registre des médiocres parce qu'ils s'en sont tenus à dire ce qu'ils avaient effectivement compris. Et les femmes qui ont su intéresser un homme ne sont pas nécessairement des beautés fascinantes mais elles ne sont pas des vieilles filles, aussi ne sont-elles pas médiocres et raidies, parce qu'elles ont su proportionner leurs prétentions à leurs moyens.

C'est pourquoi il n'existe pas de génie méconnu ; le génie, fort rare, est si écrasant qu'il est manifeste et provoque l'admiration des plus réticents ; mais même le simple talent appelle de lui-même la reconnaissance ; il n'y a pas de talent absolument méconnu, et ceux qui n'obtiennent aucune reconnaissance doivent se rendre à l'évidence qu'ils y sont pour quelque chose :

« **La légende du génie méconnu a été créée et soigneusement entretenue par les écrivains médiocres, qui, de tout temps, ont langui dans l'ombre et dans la pauvreté** » (*Critique des critiques*, Nagel, Marcel Pagnol ; Pomerand).

Le talent est toujours reconnu, même si le nombre de ceux qui le reconnaissent est faible du fait de la pauvreté spirituelle du temps où il éclot. Si le talent d'un homme n'est pas reconnu dans son temps, il le sera en un autre temps, et l'importance du travail de cet homme est toujours au moins pressentie de son vivant. Tout homme, même insurgé contre son temps, est un produit de ce temps, il l'exprime parce qu'il en est comme le résultat ; celui qui s'insurge contre son époque en est le porte-parole, son temps se le subordonne pour s'insurger contre lui-même et tendre inchoativement à se libérer de ses propres démons ; aussi cet homme trouve-t-il nécessairement un écho chez au moins quelques-uns de ses contemporains qui, tout comme lui, sont forgés par leur temps ; il est en effet bien peu probable que cet auteur soit le seul en lequel son époque ait choisi d'accuser réception de sa propre maladie et de ses contradictions. Celui qui a véritablement quelque chose à dire trouve toujours un public éclairé pour le reconnaître, même et peut-être surtout hors de son camp idéologique, parce que ce dernier, gâté par le ressentiment, n'est plus capable d'admiration. On se plaint trop souvent, à la droite de la droite, de n'être pas reconnu par son temps décadent, par sa société confisquée par les Loges et la Finance, les Juifs et les Médiocres que la démocratie promeut au rang d'élite. Cette plainte n'est pas sans fondement parce qu'elle contient une part de légitime indignation. Il serait temps peut-être, néanmoins, de s'avouer que si l'on n'est pas reconnu, c'est d'abord parce qu'on n'a pas de talent, et que la droite de la droite végète en premier lieu parce qu'elle est médiocre, réunissant en ses rangs la plus désolante collection de bras cassés sociaux.

Il est certain que, dans une communauté quelconque, politique en particulier, les dirigeants sont toujours plus faibles que les dirigés, de sorte que tout gouvernement des hommes est en son fond, d'une certaine façon, démocratique, même le plus monarchique qui soit. C'est pourquoi un peuple n'a jamais que les gouvernants qu'il mérite et, pour la même raison, une époque n'a jamais que les grands hommes qu'elle est capable d'honorer. Il en est bien, certes, quelques-uns qui, en d'autres temps, eussent été des grands hommes, à tout le moins des hommes dotés d'une notoriété proportionnelle à leurs talents, et qui ne le seront pas parce qu'ils n'auront pas été reconnus comme tels et que, faute de reconnaissance, ils perdront confiance en eux et consentiront à la grisaille de l'anonymat, laisseront leurs talents en jachère, gagnés par l'abandon du goût de parvenir. C'est pourquoi ils seront ignorés ou refoulés par les censeurs qui tiennent le haut du pavé dans le monde auquel ils appartiennent. Cela dit, si l'absence de reconnaissance suffit à empêcher un auteur ou un artiste, un scientifique ou un juriste de persévérer dans son effort d'exceller dans son domaine, on peut douter de l'authenticité des mérites qu'on lui suppose. Au moins peut-on se demander si cet obstacle de l'absence de reconnaissance ne devient pas dirimant à cause d'une dose de subjectivisme infectant l'âme du prétendant à la notoriété.

§ 31. 3. Un perroquet femelle dressé par Pierre Hillard.

Tout le monde chez les Réprouvés connaît aujourd'hui Pierre Hillard, spécialiste du mondialisme et de ses méfaits, titulaire d'un doctorat en sciences politiques et professeur de géopolitique. Courageux et savant dans son domaine, il embrasse dans sa vision du monde un catholicisme qui se veut sédévacantiste, et qui est fort attaché aux thèmes des « Gesta Dei per Francos » et de la « France tribu de Juda du Nouveau Testament » — ainsi peuple élu pour notre temps et pour la fin des temps —, aux vaticinations du « marquis » de la Franquerie, aux thèses de Julio Meinvielle, et à toutes ces choses qui peuplent l'imaginaire du catholique traditionaliste français typique ; ce qui bien entendu fait de Pierre Hillard un champion de l'antifascisme et de l'antinazisme, lesquels ont pour tare essentielle de n'être pas français. Pierre Hillard fait des émules et c'est l'un d'eux qui a récemment attiré notre attention sur « Youtube ». Il s'agit en l'occurrence d'un disciple en jupons (pour autant qu'elle en porte encore, car elle semble affectionner tout particulièrement le pantalon qui révèle ses formes dont elle entend faire profiter la planète). Sa haute pensée consiste en la recherche d'une troisième voie qu'elle révèle avec autorité, et cette démarche nous rappelle un certain slogan de haute tenue forgé par des maurrassiens pendant l'Occupation allemande : « ni fascisme, ni communisme, le roi ». La sauterelle philosophe et théologienne nous enseigne donc savamment qu'il existerait un mécanisme de la thèse et de l'antithèse instauré et manipulé par la Subversion, destiné à noyer le poisson, à faire se fourvoyer les bonnes volontés. Nos contemporains réactionnaires, selon la haute pensée de notre nouvelle Cassandre, se répartiraient entre partisans de Vladimir Poutine et fidèles de Donald Trump, s'attacheraient donc à de faux sauveurs, dans le prolongement de ceux qui, jadis, s'étaient donnés tantôt à Staline tantôt à Hitler, et prolongeraient les effets de leur cécité en acceptant d'être enfermés dans le dilemme du modernisme conciliaire et de la bouée de sauvetage lefebvriste. Il faut selon elle voir les choses de plus haut, comprendre que le siège de Pierre est vacant et que la solution politique, la seule qui soit sérieuse et recevable, est le retour à la doctrine des Deux Glaives si excellemment exposée par Boniface VIII.

Il y aurait beaucoup à dire sur cette pose de pseudo-sage voyant partout de fausses symétries, affichant une fausse lucidité, ouvrant de fausses troisièmes voies. Nous nous contenterons ici de faire observer ceci :

C'est précisément parce que le Troisième Reich s'est écroulé que les puissances d'argent sont devenues dominantes au point d'user de leur pouvoir financier pour conquérir le pouvoir politique au niveau mondial et enfermer le peuple dans des dilemmes incapacitants. Le Reich, moelle épinière de la croisade des fascismes, était le « catechon », l'unique puissance capable de retenir la mise en place des dispositifs qui assureraient la marche désormais invincible de l'avènement de l'antéchrist ; et c'est pourquoi tout le monde s'accorde, des complices divers de l'antéchrist — libéraux, communistes, maçons, hérétiques divers, tiers-monde revanchard, modernistes — aux idiots utiles de la contre-révolution, pour identifier en Hitler un anti-christ. Le mécanisme de la thèse et de l'antithèse, dont notre perroquet femelle et bas-bleu suffisant a plein la bouche, a été mis en place par cette chute du Reich qui, seul, avait encore les moyens d'inverser le sens de l'Histoire en rendant à l'Europe son statut naturel de centre du monde ; il ne saurait donc être la cause de ce dont il est la victime. Qu'il nous soit permis, pour lui rendre hommage, d'évoquer la grande figure d'un homme aussi incompris que lucide, au travers de son témoignage en forme de testament politico-religieux :

« **Dieu n'est pas une présence qu'un croyant au moment de quitter la vie puisse envisager légèrement... Je vais paraître devant Lui et toute mon existence va être jugée dans la lumière immédiate de sa Justice... Je vais paraître devant Lui...Et ce n'est pas pour moi le moment d'oublier que la vérité est son essence et de noircir ma pensée et mon âme avec une parole qui nierait cette vérité. Je parle donc selon ma conscience la plus profonde, selon ma conscience purifiée de toute considération humaine, et je déclare que je vois plus clairement que jamais, à cette heure où je vais mourir, que la solution suprême d'une entente, d'un accord total et définitif, avec l'Allemagne, avec la Grande Allemagne européenne de demain, est pour la France l'unique voie de son salut. A gauche et à droite du Rhin, les hommes sont les mêmes enfants de Dieu** ». Cardinal Baudrillart, « Testament spirituel » (1942), cité par

Vincent Reynouard dans « Marie Ponsard, avec Vincent Reynouard », Editions *Sans Concession*, septembre 2019, p. 157.

Alfred Baudrillart est mort en 1942 à 83 ans. Furieusement belliciste en 1914, très anti-hitlérien en 1939 (il parlait alors de « barbarie renouvelée du paganisme »), soutien actif en 1941 de la LVF en laquelle il voyait une armée de nouveaux croisés, il fut proche et peut-être membre du PPF de Jacques Doriot, non sans vouer une grande admiration à Alphonse de Châteaubriant, l'auteur ultra-collaborationniste de la « Gerbe des Forces ». Son changement d'orientation se fit quand il comprit que ni les puissances libérales et démocratiques ni les résidus du courant monarchiste ne constitueraient jamais un véritable rempart contre le bolchevisme. L'Église, comme souvent, avait deux fers au feu. Le cardinal Baudrillard (mais aussi Mgr Hudal) avait été préposé à l'entretien de l'un d'eux. Ce sont là des choses que les gens d'Eglise ne reconnaissent jamais après coup, et c'est l'une des raisons pour lesquelles il est si difficile à un catholique d'aujourd'hui d'exercer sans réticence aucune son devoir de piété filiale à l'égard de la gent ecclésiastique.

Le perroquet femelle entend faire parler de lui, se faire un trou dans le landerneau médiatique de la Contre-révolution, mais c'est manifestement le subjectivisme encore, le subjectivisme toujours qui, tourmentant ses ovaires, la fait délirer. Le subjectivisme est convertible avec l'orgueil ; l'orgueil rend idiot, même le diable. Alors les hommes, et les femmes qui jouent à l'homme…

Plus haut (§ 31. 3), nous avons essayé de montrer que le talent méconnu n'existe pas et que, si le talent des Réprouvés ne reçoit pas la reconnaissance de la société qu'ils habitent et qu'ils voudraient influencer, c'est — au moins pour partie — parce que ce talent n'existe pas. Or c'est précisément cette absence de talent qui suscite, dans l'orgueil blessé de l'Antimoderne, son attachement toujours plus accusé, inconditionnel et fanatique, à l'idée de « France peuple élu » ; on doit bien trouver quelque chose pour justifier ses prétentions. Quand aucun élément naturel ne plaide en faveur de sa cause, on en appelle à des justifications controuvées qui prétendront relever de l'ordre surnaturel. Ce qui est l'application fidèle, aux intérêts du contre-révolutionnaire patenté, de la mentalité judaïque.

§ 31. 4. La logique du subjectivisme réactionnaire à prétentions théologiques.

Nous ne reviendrons pas ici sur ce que nous pensons du sédévacantisme ; nous l'avons fait ailleurs. Mais la logorrhée de notre sauterelle exhibitionniste affligée de la loquacité d'un perroquet, qui revendique cette étiquette religieusement « radicale » en apparence, nous donne l'occasion de mettre en évidence une certaine logique objectivement suicidaire pour le camp des bannis. Avant que de dire un mot de cette logique déraisonnable, notons que le sédévacantisme est un engagement qui se veut sans concession, qui est objectivement beaucoup plus facile à soutenir qu'un engagement catholique traditionaliste laissant en suspens la question de l'autorité de l'occupant du Saint-Siège, parce que plus simple ; une telle position présente aussi l'avantage, pour celui qui la fait sienne, de se donner des airs d'intransigeant, d'homme « à qui on ne la fait pas », cumulant les mérites du courage et de la lucidité. Or c'est cette image qui est recherchée par celui qui embrasse une telle cause, et qui se révèle elle aussi, comme effet d'une coquetterie se donnant des airs de gravité sombre, être un effet du subjectivisme. Il y a un subjectivisme des Réactionnaires, ainsi une manière très moderne et très décadente, relevant du dandysme, de jeter le trouble et la zizanie dans les rangs des authentiques opposants à l'esprit moderniste de notre siècle.

Divers observateurs d'obédience sédévacantiste rappellent, en ce qui concerne l'histoire de l'Église, des choses exactes, à savoir que certains empereurs et rois ont procédé, en différents moments de l'Histoire, à des abus de pouvoir en prétendant se substituer au pape en divers domaines. Ils rappellent à bon droit que ces hommes politiques ont convoqué des argumentaires fallacieux d'inspiration nominaliste et conciliariste afin d'affaiblir la papauté, et que ces erreurs ont objectivement favorisé l'avènement de 1789 et plus tard de Vatican II. Tout cela est incontestable. Cela dit, ils auraient pu rappeler aussi que les responsabilités de la décadence politique et ecclésiale sont en fait partagées. Les hommes politiques ont abusé de leur pouvoir, mais les papes et hommes d'Église ont lancé, dans l'intention de libérer l'Église de l'hégémonie politique, des théories fausses, aussi fausses que celles qu'ils entendaient combattre dans l'autre sens : la donation de Constantin dont même un Louis Marion, dans son *Histoire de l'Église*, reconnaît qu'elle est un faux; puis les Fausses Décrétales qui cautionnaient cette funeste idée de fausse donation et au nom de laquelle le pape revendiquait des pouvoirs temporels illusoires qui l'opposaient aux trônes; puis les « Dictatus papae » de Grégoire VII qui reprenaient les mêmes prétentions fondées sur des faux; puis la doctrine théocratique soutenue par saint Bernard et reprise par Boniface VIII (après Grégoire IX, Innocent III et Innocent IV), selon laquelle le pouvoir politique ne serait légitime que s'il est concédé au roi par le pape (bulle *Unam sanctam*), comme si le pape possédait, de droit, les deux pouvoirs temporel et spirituel, et déléguait le pouvoir temporel au roi ou à l'empereur ; telle serait la signification du sacre. Il est à remarquer que plus tard le champion de la papauté contre les néo-conciliaristes est Joseph de Maistre, qui était un franc-maçon notoire et un judéophile inconditionnel, mais aussi un surnaturaliste revendiqué : la surnature serait contre nature, et cela serait admirable. Joseph de Maistre, surnaturaliste en diable, soutenait les thèses fumeuses de Barthélémy Holzhaüser relativement à la prétendue actualité de l'élection des Juifs, thèse reprise aujourd'hui par Julio Meinvielle, et cautionnée par Vatican II et en particulier par Jean-Paul II : les Juifs seraient toujours le peuple élu et auraient vocation à rentrer dans l'Église pour la diriger... C'est là, tout simplement, une tentative de judaïsation du catholicisme.

Les papes étaient fondés à se rendre indépendants des ingérences politiques dans leurs propres affaires religieuses, mais ils avaient tort de le faire en revendiquant une souveraineté théocratique sur tous les trônes, et en fondant leurs prétentions sur des faux historiques. Il y avait un juste milieu à trouver que personne n'a su adopter.

Si l'on est sédévacantiste, on fonde sa thèse sur l'idée selon laquelle le magistère ordinaire serait toujours infaillible ; dans *Unam sanctam*, la dernière phrase est indubitablement définitoire et marquée du sceau de l'infaillibilité, mais non le corps du texte qui soutient la doctrine des Deux Glaives, et qui relève du magistère ordinaire : c'est ce qu'expliquait Mgr Fessler, mandaté par Pie IX pour expliciter la signification du dogme de l'infaillibilité, et soucieux de nous faire comprendre que cette doctrine dite « des Deux Glaives » est une théorie canonico-politique datée, et que les opinions sur ce sujet sont libres.

Si l'on est sédévacantiste en acte, on embrasse la thèse de l'infaillibilité du magistère ordinaire, parce que c'est sur cette supposée infaillibilité que repose le seul argument susceptible d'être recevable en faveur de ladite position, les érudits sédévacantistes ayant éliminé la série des autres arguments : il y aurait au moins une hérésie dans le magistère ordinaire (le « radices habet » de *Dignitatis humanae*), donc son auteur aurait perdu l'autorité. Dès lors, on tient pour infaillible la « doctrine des Deux Glaives », ce qui signifie que l'on est théocrate... Et parce qu'il est *catholique* (théocrate), l'observateur sédévacantiste rappelle les erreurs que sont le gallicanisme, le fébronianisme, le démocratisme de Marsile de Padoue, les erreurs du jansénisme etc., et il a raison de le faire. Mais, parce qu'il est *théocrate* (catholique), il se garde bien de rappeler que les hommes d'Église ont procédé à des abus d'autorité en sens inverse, lesquels ont peut-être suscité, par réaction, les erreurs gallicanes. Et il y a lieu de se demander si cette démarche est très honnête, supposé que cette omission soit intentionnelle (à peine de prendre les ténors du sédévacantisme pour des ignorants, ce qu'ils ne sont pas, force est de discerner une intention dans ce mutisme).

L'homme est par nature un animal domestique ; l'autorité du père sur sa femme et ses enfants est naturelle, elle lui vient directement de Dieu par la nature humaine ; la fin dernière de son autorité est le salut de ses enfants, lequel exige l'appartenance à l'Église et la soumission du baptisé aux dogmes et à la discipline de l'Église, et sous ce rapport on peut dire que la cause finale de l'autorité paternelle est l'Église. Mais que cette dernière soit cause finale de l'autorité paternelle n'en fait pas une cause efficiente : un père ne tient pas de l'Église son autorité sur ses enfants, à telle enseigne que l'Église s'interdit d'arracher un enfant à sa famille pour en faire un chrétien ; il tient son autorité de Dieu par la nature humaine. Or l'homme est par nature un animal politique ; donc le raisonnement qui précède vaut aussi pour l'autorité politique. Et la théocratie n'est pas une doctrine catholique mais une erreur surnaturaliste, envers de l'erreur naturaliste.

Il existe une stratégie presque avouée dans le recours à ces exposés historico-religieux concernant la responsabilité des trônes quant à l'avènement de 1789, responsabilité fondée sur le manque de soumission des trônes à l'égard du magistère de l'Eglise ; cette stratégie est la suivante : il faudrait être sédévacantiste pour être catholique parce qu'il faudrait être théocrate pour être catholique, et il faudrait être théocrate pour être catholique parce que *Unam sanctam* est théocratique et serait couverte tout entière par l'infaillibilité. Ce qui est faux, tout simplement.

Il y a donc solidarité objective entre antifascisme, surnaturalisme, judaïsation de l'Église, esprit théocratique, et sédévacantisme. Mais il faut penser à distance des passions pour comprendre ces choses pourtant simples, et les passionnels n'aiment pas penser parce qu'il n'est pas de pensée sans critique d'elle-même, laquelle freine le désir de croire lui-même porté par la séduction de ce à quoi l'on entend croire ; ou bien ils aiment penser mais ne pensent que sous l'injonction de leurs chimères sentimentales. Ils développent une conception erronée des causes de la décadence, et le résultat est qu'ils retardent l'entreprise de salut de l'Église et de la société, loin de la servir ; ils se font les alliés objectifs de la subversion, quelque bruyants et agressifs qu'ils soient, la bave aux lèvres, insultants, effrontés et rageurs comme le sont les roquets.

La croisade des fascismes a servi la cause des peuples et l'ordre des choses mieux que les dépositaires de la vérité surnaturelle, qui, depuis le Ralliement, s'étaient fait contaminer par l'esprit démocratique. Les fascismes étaient-ils en tous points conformes aux exigences de la morale catholique ? Sûrement pas. Les fondements théoriques que se reconnaissaient les fascismes étaient-ils porteurs d'une vision du monde en tous points adéquate à la vision catholique de la vie ? On est encore fondé à en douter. Il reste qu'ils s'étaient définis par un refus des principes de 89 et de la philosophie des Lumières, du communisme, de l'individualisme, du libéralisme, de l'hédonisme, du relativisme, de l'égalitarisme, du mythe de l'homme naturellement bon, de l'esprit démocratique, du constructivisme appelé à devenir le transhumanisme, de l'avortement, du féminisme, de l'internationalisme, de l'industrialisme anti-écologique, de la philosophie de la maçonnerie, c'est-à-dire du gnosticisme, et de la judaïsation des esprits qui fait du Goï l'ilote du Juif et qui le déchristianise puisque l'ennemi essentiel du Juif est le Chrétien. Ces caractères négatifs ne suffisent pas, de soi, à définir une doctrine impeccable, mais ils contribuent à la promouvoir, et à la favoriser aussi bien dans les faits que dans les esprits ; au rebours des nostalgiques de la monarchie de droit divin, les fascistes ont su conquérir le pouvoir et le conserver, et ils le conserveraient toujours si tant les responsables de l'Église catholique que les cohortes de catholiques tantôt monarchistes tantôt démocrates-chrétiens avaient mis tout leur poids dans la balance en ayant l'audace de soutenir « durch dick und dünn » (pour le meilleur et pour le pire) cette croisade fasciste. Le mérite positif de cette croisade, déjà sur le plan théorique, fut de prendre et de faire prendre conscience des dysfonctionnements structurels de la société d'Ancien Régime, de sorte qu'il était vain de nourrir un projet d'avenir en se contentant de célébrer les mérites du passé. Mais se remettre en cause est une chose dont l'Antimoderne — à savoir celui chez qui la lutte contre la décadence prend la forme unilatérale de l'esprit réactionnaire — est incapable, non par bêtise mais par subjectivisme : « nous sommes le camp du bien, nous sommes parfaitement innocents du surgissement et de la victoire du mal ; il ne se peut pas que la modernité contienne captives des vérités dont nous n'aurions jamais été les dépositaires conscients, et celui qui nous conteste ce statut de victime en allant fouiller dans l'immondice moderne la pierre précieuse dont il prétend que nous manquerions pactise avec le mal sous couvert de nous amender ».

§ 31. 5. « L'enfer est pavé de bonnes intentions » (S. Johnson, cité par Boswell dans *La Vie de Johnson ;* Karl Petit).

En fait, ces « bonnes intentions » ne sont pas des intentions bonnes, car il y manque la prudence et la réflexion ; la « bonne intention », c'est l'intention de paraître bon, ou d'avoir bonne conscience, c'est la « belle âme » qui fait embrasser avec précipitation (celle du désir inavoué, subjectiviste, celé dans la bonne intention manifeste) une décision inopportune parce que non assez méditée ; on écoute les effusions de son « cœur », on jouit de sa propre « générosité ».

Dans le prolongement des §§ 31. 3 et 31. 4, nous voudrions à présent aborder un problème qui peut se formuler comme suit, et dont nous avons déjà parlé ici au § 25. 1 : le mieux, comme on dit, étant l'ennemi du bien, doit-on accepter le mauvais comme garde-fou nous protégeant du pire ? N'est-ce pas là servir une « bonne intention » ?

D'un côté, il semble bien qu'entre deux maux il faille toujours choisir le moindre.

D'un autre côté, ce qui est mauvais ne saurait devenir bon du fait qu'il peut être dépassé dans le mal, et l'on ne peut pas faire que ce qui est intrinsèquement mauvais devienne jamais bon, de sorte qu'il est toujours à rejeter ; on ne compose pas avec le mal ; un mal relatif est un mal ; on ne compose pas avec le mal relatif, quand bien même un mal relatif est aussi un bien relatif, de sorte que l'on ne peut consentir, semble-t-il, qu'à l'absolument bon.

Par exemple, le recours aux procédés contraceptifs est intrinsèquement mauvais, parce qu'il vise une fin qui est contre nature.

Mais on peut, diraient certains, y avoir recours, voire en favoriser la diffusion, parce qu'il évite la multiplication des avortements, qui sont des crimes abominables.

La morale catholique, qui coïncide avec la morale naturelle que celle-là, de manière générale, assume et dépasse, refuse une telle concession : on ne peut éviter un mal en recourant au mal qui, intrinsèquement vicié, exclut que l'on compose avec lui ; la fin (éviter un grand mal) ne justifie pas les moyens (avoir recours à un moindre mal).

Mais le législateur, qui vise le bien commun, est tenté de légaliser la vente des contraceptifs pour rendre acceptable, à un peuple dépravé, l'interdiction de l'avortement.

Il y a là un authentique problème parce que le bien commun enveloppe et dépasse le bien particulier, de sorte que l'art politique assume et dépasse la vertu du moraliste, cependant qu'il ne peut violenter les exigences morales ; or il semble bien ici que violence soit faite à la morale au nom du bien commun.

Dans le même ordre d'idée, les modernistes qui tiennent à se dire catholiques, revendiquant à ce titre le respect d'une parfaite continuité entre Vatican I et Vatican II, adoptent, pour faire accepter les « nouveautés » de l'Église conciliaire, le raisonnement suivant :

« Ce qui semble contredire l'enseignement de toujours doit être compris dans une perspective d'efficacité apostolique. Les religions autres que la religion catholique sont imparfaites et contiennent des erreurs, et il est nécessaire de se convertir au catholicisme pour plaire absolument à Dieu, mais d'abord ces religions contiennent des éléments de vérité qu'il suffit de compléter pour être en pleine communion avec l'Église ; ensuite il vaut mieux avoir une religion, même une fausse religion, plutôt que pas de religion du tout, parce que toute religion, aussi éloignée soit-elle du christianisme, donne une idée et un sentiment de la transcendance, et satisfait d'une certaine façon au réquisit de la vertu naturelle de religion. Au reste, même un traditionaliste anti-conciliaire admettrait que, dans le secret de l'économie de la Providence, l'adhésion à une fausse religion, par sa vertu de rendre possible l'exercice de la vertu naturelle de religion, peut constituer une espèce de disposition providentielle inclinant le sujet qui y adhère à se convertir, plus tard, au catholicisme, de telle sorte que toutes les religions peuvent concourir à la gloire de Dieu et au salut des hommes. Ce que nous ajoutons, nous conciliaires, c'est que, puisque toute religion peut rapprocher de Dieu, toute religion est inspirée par le Saint-Esprit qui s'en sert comme d'un moyen de conversion à la vérité absolue. Et c'est cela que, à tort et obstinément, le Traditionaliste refuse, qui considère que le constitutif formel d'une fausse religion est le refus du Saint-Esprit, ce qui oblige à en déduire que le Saint-Esprit ne saurait se médiatiser dans une fausse religion. Quand celui que nous tenons pour un vrai pape, et un bon pape, déclare que la pluralité des religions est comme la pluralité des races et des cultures, qu'elle est facteur de richesse par sa diversité ; que par là cette pluralité est voulue par Dieu, suscitée par Lui, il ne profère pas une hérésie, il ne signifie pas autre chose que ce que nous avons exposé. Ainsi donc, plus généralement, ce qui est imparfait peut être choisi, dans la mesure où cela dispose à tendre vers le parfait, et Dieu procède ainsi, qui amène de l'imparfait au parfait, qui va jusqu'à plébisciter l'imparfait pour sa vertu d'acheminer vers le parfait ; ce n'est pas le mauvais qui est aimé dans l'imparfait, c'est ce qu'il contient de bon ».

De son côté, le réalisme politique incline à raisonner comme suit :

« Entre la Cité catholique idéale et le fascisme historique, il y a de grandes différences, mais enfin, dans l'ordre naturel, ce fascisme faisait tout de même beaucoup mieux que les démocraties libérales individualistes et consuméristes, ou que le communisme matérialiste et athée. La victoire des fascismes historiques aurait permis aux peuples d'Europe de s'unir en un seul empire européen qui se serait libéré de la mâchoire américano-soviétique, qui en aurait fini avec le danger judéo-maçonnique, qui eût exclu la possibilité même de Vatican II, qui eût purifié l'Europe au moins de ses maladies démocratique et humaniste. Et cette victoire, exténuant les grands ennemis du catholicisme, eût disposé les peuples à s'acheminer vers la plénitude des exigences d'une politique saine, naturellement droite et surnaturellement catholique. A refuser les fascismes au nom de leurs infidélités à certaines exigences de la Cité catholique médiévale, on a objectivement favorisé la victoire de Satan. Le fascisme historique, tout imparfait qu'il était, était dans le vœu de la Providence ».

C'est à dessein que nous rapprochons le discours du fasciste catholique du discours du catholique embrassant la lettre du discours moderniste, afin de poser la question suivante : fascisme et modernisme, même combat, même tour d'esprit ? Les deux raisonnements pèchent-ils dans le même postulat ? Ou bien, les choses sont-elles moins simples que cela, le rapprochement opéré étant fallacieux ?

Tout d'abord, il nous paraît nécessaire de rappeler ceci : en un certain sens, la fin justifie par définition les moyens, puisque les moyens sont ordonnés à la fin et déterminés par elle. Lorsqu'une fin A se subordonne un moyen B, alors que la fin A est elle-même le moyen d'une fin C, il est clair que B ne saurait contrevenir aux exigences de C, quand bien même B serait efficace pour obtenir A. Et c'est en ce sens que « la fin ne justifie pas les moyens ». Or c'est précisément dans cette situation que l'on se trouve quand on examine le procédé consistant à déclarer que le Saint-Esprit soufflerait dans toutes les religions. Nous ne pouvons que reproduire le contenu de ce que nous déclarions plus haut (§ 25. 1) :

Si Dieu suscite toutes les religions, alors la religion catholique, que cette doctrine moderniste est supposée servir au titre de moyen d'apostolat (« si chacun suit pieusement les devoirs de sa religion, dit-on, il se rapproche de Dieu et ainsi tend à se faire catholique, sans rupture ni condamnation, ainsi en évitant les réactions de rejet »), devient une religion parmi d'autres, une religion qu'il n'est plus nécessaire d'embrasser ici-bas pour être sauvé. Celui qui ne croira pas ne sera pas condamné… Et c'est la destruction du catholicisme sous couvert d'en favoriser la diffusion. Il est contradictoire de convoquer des méthodes d'apostolat qui se fondent sur la négation de la vérité qu'un tel apostolat entend diffuser.

En vérité, les fausses religions sont mauvaises par essence, résultant d'un refus des injonctions divines, et ce qui est faux n'a aucun droit à l'existence. Il peut être opportun de les supporter dans une société, afin d'éviter de plus grands maux, mais autre chose est de tolérer, autre chose est d'avaliser ou d'encourager. Cela dit, quoique mauvaises par essence en tant que fondées sur de fausses révélations, les religions non chrétiennes peuvent par accident, en effet, servir indirectement au salut, dans la mesure où elles font mémoire de vérités morales d'ordre naturel disposant l'âme, visitée par l'Esprit-Saint, à s'ouvrir à l'autorité de la vraie et unique religion, pour autant que cette ouverture soit une rupture des liens qui attachent l'âme à la fausse religion. Mais il est strictement impossible que Dieu avalise le mal, le mensonge et l'erreur ; autre chose est de tirer, du mal, un plus grand bien, autre chose est de favoriser le mal sous le prétexte que Dieu a le pouvoir d'en tirer du bien. Ce n'est pas du mal en tant que mal que Dieu tire du bien, c'est du bien résiduel dont ce mal est la privation. Pour prolonger nos propos du § 25. 1, nous dirons que la force animant le Bien, dans l'épreuve — nécessaire à sa bonté — de l'assomption de tous les degrés inférieurs de bonté, est cette force même qui, comme négativité se prenant pour objet, convertit le négatif en être, alors que le mal est la maladie d'un tel négatif, son impuissance à se radicaliser suffisamment pour s'habiliter à se réfléchir ; procédant du Bien et menant à lui, une telle force, ou puissance de négativité, le présuppose ; Dieu tire le bien du mal en revitalisant la puissance de négativité constitutive de ce bien dont le mal qui l'affecte est la privation. On ne saurait donc avaliser le mal en tant que mal sous le prétexte qu'il contient encore de la négativité, puisque cette dernière est stérile, paralysée, anémiée. Cette reprise de notre argumentaire nous a permis de distinguer entre ce qui est mauvais par essence et bon par accident, par là, par symétrie, entre ce qui est bon par essence et mauvais par accident. Les fausses religions sont mauvaises par essence et bonnes par accident ; elles sont bonnes par ce qui, en elles, ne relève pas d'elles (elles sont une prétention à être une révélation surnaturelle, elles sont accompagnées de quelques éléments de vérité relevant de la vertu naturelle de religion). Le fascisme, au contraire, est bon par essence et mauvais par accident : il entend rétablir l'ordre des choses sans réamorcer le processus de dégénérescence des anciennes sociétés d'ordre, c'est-à-dire sans se rendre solidaire de ce qu'elles avaient d'imparfait ; mais il est mauvais par accident parce que, devenu circonspect à l'égard des stratégies apostoliques de la diplomatie vaticane génératrices d'esprit démocratique et théocratique, il néglige le lien nécessaire entre politique et (vraie) religion sans lequel non seulement l'âme humaine est surnaturellement frustrée, mais même privée de tout ce qui est nécessaire à l'intégrité de l'ordre naturel lui-même. Restaurer l'ordre naturel sans s'ouvrir suffisamment aux bienfaits de l'ordre surnaturel est bon dans son principe (dans sa fin) et mauvais par incomplétude, bon par essence et mauvais par accident : on vise un bien dont on n'aperçoit pas tous les aspects. Imposer un faux ordre surnaturel directement opposé au véritable, et honorer, ce faisant, quelque aspect de l'ordre naturel, est mauvais dans sa fin et bon par accident : on vise un mal en se subordonnant quelque moyen qui se trouve être bon.

Même s'il n'est pas le dernier degré du mal, ce qui est mauvais par essence et bon par accident ne saurait, au nom du principe d'une préférence accordée au moindre mal, être jamais choisi comme moyen de perfectionnement moral et de salut.

En revanche, même s'il est grevé d'erreurs et de déficiences qui peuvent être graves, ce qui est bon par essence et mauvais par accident peut être promu comme moyen de tendre vers un bien plus grand, et il est éminemment coupable de se priver d'un tel recours. En ce sens le mieux est en effet l'ennemi du bien. Refuser de servir la croisade des fascismes au prétexte que leurs doctrines ne faisaient pas sa place suffisante à la doctrine du Christ-Roi, c'était se rendre complice du judéo-maçonnisme anglo-saxon et du judéo-bolchevisme asiatique.

Nous pensons que le Ralliement fut un mal, quelque chose de mauvais par essence, qui violait la règle selon laquelle la fin ne justifie pas les moyens : il s'agissait de cautionner un moyen mauvais (l'idée démocratique) en vue d'une fin louable (la christianisation de la société civile par l'apostolat). On a vu que recourir à des moyens intrinsèquement mauvais en vue d'une fin bonne, est identique à cette erreur consistant à plébisciter le mal sous le prétexte qu'il est d'autres maux plus grands que lui. La logique du Ralliement était donc analogue à celle qui prévaut dans l'adoption des moyens contraceptifs pour éviter les avortements, ou dans l'adoption du relativisme religieux (Dieu susciterait toutes les religions qui toutes mèneraient à Dieu) pour éviter l'athéisme. Et il ne nous paraît pas excessif de déclarer l'esprit démocratique intrinsèquement mauvais, parce que ce qu'il peut y avoir de bon dans la démocratie ne peut accéder à l'existence qu'à l'intérieur d'un régime non démocratique. Même non fondée sur le principe faux de la souveraineté populaire (comme si le bien et le mal dépendaient des décrets de l'homme), la démocratie supposée se limiter à désigner le sujet qui recevra une autorité d'en haut est déjà mauvaise, parce qu'il faut bien posséder l'autorité de désigner pour désigner celui qui sera sujet de l'autorité ; in concreto, la démocratie dite chrétienne se résout en souveraineté populaire ;

c'est seulement quand l'ordre social ne dépend pas des fluctuations de la volonté populaire que le peuple peut sans dommage, et même avec fruit, être sollicité pour contribuer, dans les domaines où il est compétent (professionnel en particulier), à discerner le plus apte à remplir telle ou telle fonction, ou être consulté afin de donner un avis dont le dépositaire de l'autorité tiendra compte.

On peut toujours aller plus loin dans le mal ; faire du mal un objet de choix se voulant moral en excipant du fait qu'il s'agit d'un moindre mal, et qu'il suffit qu'il soit un moindre mal pour être tenu pour un bien, c'est au fond se disposer à avaliser tous les maux. Il nous reste donc à déterminer le critère à raison duquel le choix d'un moindre mal est illégitime ou légitime. On pourrait en effet penser qu'il s'agit de dosage, ainsi de pure quantité ; là où le bien l'emporte sur le mal, il faudrait choisir ; là où le mal l'emporte sur le bien il faudrait s'abstenir. Mais il est bien difficile de quantifier le bien et le mal moral qui sont d'essence qualitative ; de plus, ce qui est intrinsèquement mauvais exclut toujours d'être objet de choix, même quand il s'accompagne de l'obtention d'un certain bien. Ce n'est donc pas affaire de quantité.

Revenons sur cette équivalence : choisir au nom du « moindre mal » en allant jusqu'à cautionner des moyens intrinsèquement mauvais revient à se faire machiavélien, à embrasser la thèse selon laquelle la fin justifie les moyens, thèse dont nous avons vu qu'elle consistait à recourir à des moyens générateurs de maux oblitérant les biens dont la fin est elle-même le moyen. Dès lors, partout où des moyens certes imparfaits ne relèvent pas d'un choix machiavélien, le choix du moindre mal est légitime. Nous avons à dessein mis en parallèle le choix d'un catholique embrassant la cause fasciste, et le choix d'un autre catholique embrassant la cause moderniste ; ces deux choix sont inspirés par le souci du « moindre mal ». Mais, dans le premier cas, il n'y a pas de machiavélisme ; il y en a dans le second. Et parce que le machiavélisme relève d'une déviation passionnelle de la raison, force est de conclure qu'il relève là encore du subjectivisme. C'est par subjectivisme que le croyant frénétiquement gagné au souci d'apostolat au détriment de l'intégrité de la doctrine en vient à se faire moderniste. Mais c'est aussi par subjectivisme que le catholique intégriste pathologiquement attaché à tous les aspects d'une société complètement chrétienne (selon la représentation adornée qu'il s'en fait) en vient à bouder, campé sur son intransigeance qui le flatte, ce moindre mal que fut la croisade des fascismes, par là, objectivement, à cautionner l'abjection de l'état du monde contemporain.

CHAPITRE HUITIEME

Du désir.

§ 32. Un plaisir picoré dans quelques citations.

Commençons par la découverte (ou redécouverte) de quelques formules suggestives.

« **La vraie tristesse est dans l'absence de désir** » (Ramuz, *Journal*, Grasset ; Pomerand).

En vieillissant, on s'aperçoit de plus en plus clairement de ce que l'on pressentait avec horreur dans sa jeunesse, à savoir que ce ne sont pas tant les choses désirables qui animent le désir, que le fait même de désirer qui coïncide avec l'acte de vivre. Les objets de délectation sont aimés parce qu'ils éveillent le désir se prenant pour fin ; on leur rend hommage avec reconnaissance, quand bien même ils sont sordides ou misérables, et annoncent, en tant que tels, l'épreuve douloureuse du devoir imminent de s'en détacher : ils existent pour être crucifiés. Le désespoir est l'état résultant d'une exténuation du désir : tout désir semble porteur de salut, même si l'on réduit son désir à la manie ridicule et dégradante, qui comble le vide d'un temps insensé. C'est pourquoi :

« **Les cigarettes ont au moins le charme de vous laisser inassouvi** » (Oscar Wilde, *Intentions*, Stock ; Pomerand). Le tabac présente l'avantage de ne pas tuer le désir qu'il se propose de combler en l'assouvissant. C'est cela qui séduit dans la cigarette, aussi est-il stupide de faire miroiter la perspective de sevrer le désir afin d'arrêter de fumer, de faire haïr la dépendance, puisque c'est la dépendance même qui est séduisante dans le vice tabagique. Le tabac, comme la drogue en général, ne s'offre à aimer que pour éveiller le désir à lui-même et lui donner de se repaître de lui-même. Ainsi s'explique ce constat établi par Paul Geraldy, ce poète et dramaturge français qui, dit-on, s'y connaissait en relations amoureuses :

« **Quand elles nous aiment, ce n'est pas vraiment nous qu'elles aiment. Mais c'est bien nous, un beau matin, qu'elles n'aiment plus** » (Paul Geraldy, *L'Homme et l'Amour ;* Karl Petit).

La femme aime un homme qu'elle idéalise, elle aime en lui l'idéal dont il est en réalité la pâle figure, et c'est pourquoi l'homme sans la femme serait une brute primitive, parce que le regard de la femme, exigeant, lui enjoint, du fait qu'il veut lui plaire, de se conformer à cet idéal et d'aller au-delà de soi-même, de donner le moins mauvais de soi-même. L'âme masculine habite le corps de l'humain de manière fort approximative, elle lui est grossièrement jointe autant qu'elle l'habite, elle s'ajoute à lui autant qu'elle l'informe, et c'est pourquoi le corps de l'homme est lourd, peu gracieux, animal, déserté par l'esprit, sujet aux passions brutales proches de l'organique, cependant que son esprit, par constitution, moins investi dans la matière, est plus disposé que celui de la femme aux efforts d'abstraction. Il lui donne aussi d'être plus lucide sur lui-même que la femme, congénitalement tentée par le mensonge à soi, parce que l'immersion de son âme dans son corps, qui le spiritualise admirablement, qui transfigure sa chair en symbole de vie spirituelle, qui exhausse l'instinct génital en exigence de sentiment, est aussi ce qui rend son âme opaque à elle-même et la rend en quelque sorte ignorante d'elle-même. De ce fait, cette aspiration à l'idéal, définitionnelle de la féminité et principe de perfectionnement de la gent masculine, peut aussi être propension au mensonge à soi, lequel prend la forme d'un désir de soi larvé, d'un égoïsme celé ; la femme aime son amour à travers l'homme qu'elle aime, elle s'aime à travers l'amour qu'elle lui porte, ce qui la rend vulnérable au sortilège de ce que

Stendhal nommait la cristallisation : projeter sur l'objet aimé des qualités dont il est en réalité dépourvu, afin de le rendre aimable et par là de se donner des raisons de l'aimer, non pour lui-même mais pour entretenir le plaisir d'aimer. Évidemment, cela ne dure qu'un temps, la réalité se rappelle à la femme et son héros se dévoile un jour à elle tel qu'il est : un homme ordinaire parmi d'autres, décevant et trivial.

De plus, cet égoïsme lové dans le désir d'aimer peut engendrer la vanité qui la fragilise : « **Telle femme résiste à l'amour qu'elle éprouve, qui ne résiste pas à l'amour qu'elle inspire** » (Sophie Gay, 1776-1854, Marie Françoise Nichault de la Valette, épouse Gay, écrivain, compositeur et salonnière française ; Karl Petit). De plus, un tel égoïsme, au rebours de la propension native de la femme à se donner et à donner, à trouver son accomplissement dans le sacrifice d'elle-même et dans le dévouement, peut aussi la rendre extrêmement rancunière et plus implacable que l'homme, souvent débonnaire dans l'exercice de la vindicte : « **Le caractère de la femme, sans exception, se meut sur deux pôles, qui sont l'amour et la vengeance** » (Lope de Vega, *Mudarra le Bâtard* ; Karl Petit).

Une femme est néanmoins assez généreuse pour aimer un homme en toute lucidité, tel qu'il est avec ses misères et ses limites, sans le masque de l'idéalisation. Mais c'est une femme qui ne quitte pas son homme et qui sait qu'on aime avec sa volonté plus qu'avec son cœur et ses tripes, ce qui relève de la vertu virile ; et contracter cette vertu qui par définition n'est pas dans les tendances naturelles de la féminité n'est possible pour une femme qu'après qu'elle a été équilibrée par l'homme, qui l'aide à vouloir en lui apprenant à distinguer le vouloir du désir. Si elle se met à ne plus l'aimer, c'est qu'elle ne l'a jamais aimé, lui préférant l'image qu'elle s'en forgeait, et qu'elle substituait à la réalité parce qu'elle entendait n'aimer que son amour.

C'est pourquoi, soit dit en passant, « **l'amour est surtout la poésie des gens qui n'en sauraient avoir d'autre et c'est même par là que les jouissances qu'il prodigue sont un peu**

suspectes à ceux qui se sont exercés à conquérir les joies authentiques » (Abel Bonnard, *Savoir aimer*).

La maladie d'amour ébranle, soulève l'individu au-delà de lui-même, le secoue dans ses profondeurs, lui révèle une puissance d'aimer qu'il ne se soupçonnait pas ; il croit atteindre au sublime alors qu'il ne rencontre que lui-même. Quand l'amour est réduit à l'amour d'aimer, il ne renvoie l'individu qu'à lui-même, il dégénère en bien privé sans aucune communauté, en bien non diffusif de soi, ainsi en bien matériel, et c'est pourquoi l'amour charnel est justement défini, par Louis-Ferdinand Céline, tel « l'infini à la portée des caniches ». Ces considérations désenchantées nous disposent à mieux apprécier le sage conseil de Joubert :

« **Il ne faut choisir pour épouse que la femme qu'on choisirait pour ami, si elle était homme** » (Joubert, *Pensées* ; Karl Petit). En fondant l'amour sur l'amitié, on prévient ce glissement pervers qui fait dégénérer l'amour en amour de l'amour. De plus, « **le mariage peut être un lac orageux, mais le célibat est presque toujours un abreuvoir boueux** » (T. L. Peacock, *Mélincourt* ; Karl Petit). On entend souvent dire cette fausseté lamentable, que le mariage tuerait l'amour. Soyons plutôt assurés qu'il n'est d'amour véritable que dans le mariage, parce que seul l'engagement conjugal exténue la tentation d'un amour désordonné de l'amour, corrélative d'une recherche indéfinie d'objets d'amour renouvelables destinés à entretenir l'amour focalisé par lui-même.

§ 33. 1. Des paradoxes du désir.

L'expérience humaine, qui est mondaine, soumise au temps, à la relativité et à la contingence, nous révèle que le désir est contradictoire, à tout le moins paraît tel. C'est bien ce que voulait dire Oscar Wilde dans la forme d'une boutade :

« **Il y a deux tragédies dans la vie : l'une est de ne pas satisfaire son désir et l'autre de le satisfaire** » (Oscar Wilde,

L'Eventail de Lady Wintermere, 3ème acte (attribué à G.-B. Shaw) ; Karl Petit).

En tant qu'il révèle un manque, le désir est souffrance ; en tant qu'il est apaisé, il fait place à l'ennui, comme l'observait Schopenhauer, mais l'ennui est en son fond désir de désirer, souci « d'avoir envie de quelque chose ». Si la satisfaction du désir supposée supprimer la souffrance est relance du désir, c'est que ce dernier est une souffrance indépassable. Cela dit, s'il est substantiellement souffrance, d'où vient qu'il puisse s'aimer lui-même ? S'il est objet pour lui-même, c'est ou bien que l'homme aime souffrir, ou bien que le désir n'est pas réductible à la seule souffrance. On peut écarter la première hypothèse, parce que nous ne pouvons jamais rien aimer que sous la raison du bien, c'est-à-dire du désirable ; même le masochiste recherche un bien — caricature de l'expiation, souci de se poser en objet de fascination — dans le mal qu'il se fait subir ; l'objet de l'appétit est par définition un bien, et le mal est par nature objet de haine ou de répulsion. S'il est aimable au regard de l'appétit irascible — tendance vers un bien ardu en tant qu'il est ardu, par là tendance vers un obstacle en tant qu'il est objet de lutte —, c'est parce que la lutte est elle-même désirable, et elle est désirable parce que, en elle, se préfigure la victoire, qui est un bien. Le désir n'est donc pas réductible à la souffrance, et pourtant il est un manque ; même quand on désire un objet que sa possession ne supprime pas, à la différence de ces biens fongibles que leur usage détruit, le désir demeure un manque, parce qu'il révèle que le sujet aimant n'est pas véritablement lui-même aussi longtemps qu'il est privé de l'objet aimé, ce qui revient à dire qu'il est en manque de soi du fait d'être en manque de l'autre, et que lui et l'autre ont vocation à ne faire qu'un. Parce que le désir se définit par son objet, dans le moment où le manque n'est pas nécessairement souffrance, force est de convenir qu'il est certains types de manques qui relèvent du désirable et du bien. Récapitulons :

Le désir est manque, manque de l'objet du désir ; tout autant, le désir aime le manque puisqu'il s'aime lui-même ; donc le désir peut se révéler dans la configuration d'un manque de manquer. Or, en tant que manque, il est essentiellement relatif à son objet. Donc il existe un objet qui, pour le satisfaire, doit être inclusif d'un certain néant d'être sans cesser d'être de l'être plein ; comme enveloppant du néant d'être, un tel objet satisfait le manque de manquer, entretient le désir, lequel aspire à être entretenu dans sa soif puisqu'il est aimable d'aimer ; en tant qu'être plein, l'objet adéquat au désir apaise la soif.

Mais nous n'avons pas épuisé nos raisons d'être perplexes. C'est que — paradoxe déroutant —, le désir est infini du fait même d'être réflexif. En effet, quelque bon et aimable que soit un objet pour le désir, ce dernier n'est pas pleinement comblé, puisqu'il conserve par devers lui la ressource de revenir sur lui-même ; déclarer que le désir n'est épuisé par aucun degré de bonté, c'est bien confesser qu'il est infini.

On doit en inférer que l'objet d'un tel désir doit lui aussi être infini, afin d'être à la mesure de ce qui aspire à le posséder. Or l'infini saisi dans son concept, au-delà du mirage de l'imagination qui nous fait nous représenter un espace indéfini extensible ad libitum, c'est ce qui précisément se présente dans la forme d'une réflexion, d'un acte réflexif de s'identifier à soi, par là d'un mouvement circulaire dont le départ coïncide positionnellement avec l'arrivée. Un tel mouvement est structuré comme une négation de négation, puisque l'avancée dans le processus est retour vers son origine ; et ce qui est négation de négation contient en soi-même sa limite : il se nie et nie sa négation, il atteint sa limite en se niant, il contient sa limite en faisant de l'acte de la nier un moment obligé de lui-même. Et ce qui enveloppe sa limite est illimité, ou infini, puisqu'il excède toute limite par là qu'il l'enveloppe. Dès lors, ce bien infini dont le désir attend qu'il le satisfasse s'offre à la pensée comme victoire sur son autre, comme négation souveraine du manque absolu de bonté, comme plénitude victorieuse du vide qu'elle conserve dans l'acte de l'abolir. Et c'est à ce titre même qu'un tel objet se conforme au réquisit du désir tel qu'il s'est déjà révélé à nous : un objet plein inclusif d'un néant, un bien victorieux du néant (de bonté) qu'il assume. Mais n'oublions pas que le désir, en tant que réflexif, est retour sur soi. Il en résulte que le désir humain consiste dans la tendance vers un objet infini parce qu'inclusif du néant qu'il surmonte, et que ce désir consiste tout autant dans la tendance à se nourrir de lui-même. D'où la possibilité de les confondre.

Nous sommes bien mis en demeure de conclure au moins provisoirement ceci : le désir est tendance vers son autre ***et*** tendance vers lui-même, vers son autre entendu comme plein inclusif de vide, ***et*** vers lui-même entendu comme vide ayant la consistance du plein, c'est-à-dire comme appétit ou manque mais déjà actualisé, en partie satisfait et rempli. Expliquons-nous.

Un manque dont nous ignorons l'existence n'est un manque qu'en puissance, il n'est que puissance à être du manque, il ne nous tourmente pas, il est comme un homme serein que la maladie d'amour n'a pas encore désaxé, qui s'intéresse à sa famille, à son travail, à ses amis, à tout ce qui lui paraîtra vidé de consistance après qu'une femme en sera venue à l'ensorceler, à capter ses énergies, à mobiliser pour elle toutes ses puissances d'aimer, à accumuler sur elle, en la ravissant aux autres, toute leur puissance d'appétibilité. Il faut que le désir soit éveillé pour être aimable à lui-même et rendre possible sa réflexion en acte, c'est-à-dire pour amorcer le désir de désirer. On comprend par là que le désir s'éveille à lui-même en se portant vers quelque chose qui n'est pas lui, et à partir de lui revient sur soi en faisant de soi-même son objet, par là aime quelque chose pour s'aimer et ne s'aime qu'en aimant quelque chose qu'il n'est pas ; on reconnaît dans cette structure une négation de négation : le désir s'oublie dans l'exercice d'un appétit extatique, et il délaisse l'objet de cet appétit extatique pour se complaire en lui-même et jouir de lui-même ; plutôt : il le met sous le boisseau sans le quitter, parce qu'il est nécessaire à son actualisation ; il subordonne l'objet d'amour à l'amour de cet acte d'aimer. Mais l'Objet qui saurait le combler absolument, ou Bien absolu, s'est révélé lui aussi avoir la configuration d'une négation de négation, c'est-à-dire d'un plein inclusif de son absence à lui-même, absence non ablative de sa plénitude.

Dès lors, il doit exister un point de suture entre le désir de soi et le désir de l'Autre.

Un tel élément, doué du pouvoir de faire s'identifier, sans cesser de les maintenir en leur différence essentielle (l'un est Objet qui comble, l'autre est manque à combler), le désir et son Objet, semble se soustraire à tout souci d'identification, parce qu'il donne l'impression d'être impensable, contradictoire comme l'était le désir lui-même. Tentons néanmoins cette recherche.

§ 33. 2. Paradoxe n'est pas contradiction.

« Tout désir que nous cherchons à étouffer couve en notre esprit et nous empoisonne. Le seul moyen de se délivrer de la tentation, c'est d'y céder » (Oscar Wilde, *Le portrait de Dorian Gray*). Cette formule à l'emporte-pièce, issue d'une certaine complaisance dans le désir de provoquer à bon compte, est un cas typique de confusion entre le négatif et le mal. Ce n'est pas se délivrer de la tentation que d'y céder, c'est évidemment s'en faire l'esclave, en lançant le processus asservissant du mauvais infini de la réitération, ainsi du fini qui n'en finit pas de finir. Un désir qui tourmente celui qu'il investit a pour vocation morale, s'il est en soi mauvais, d'être sublimé, détourné de son objet et conservé comme énergie que la volonté dirigera vers un bien qui aura le mérite de grandir celui qui l'appète.

Mais il y a une vérité captive dans le propos de notre spirituel sophiste : ce qu'il dit est vrai du désir de connaître. Pour se dispenser de faire mémoire de cette dérangeante vérité, on dit souvent, dans les milieux chrétiens affligés de surnaturalisme, qu'il est essentiel de lutter contre la « libido sciendi » ; que la curiosité est un vilain défaut, que l'intelligence est naturellement orgueilleuse et tend à excéder le champ de ses compétences en exténuant celui de la foi ; que la sagesse purement humaine est obsolète, que la charité s'y est substituée avantageusement ; que cette sagesse profane, vertu intellectuelle définie telle l'unité de la vertu d'intelligence et de la vertu de science, qui prétend ainsi remonter aux causes premières et en tirer les conséquences, s'arroge outrageusement la prétention de voir toutes choses du point de vue de Dieu ; que donc le désir de connaître est perverti, pervers, périlleux, qu'il convient de se retrancher dans une sainte ignorance à l'ombre de la foi obscure. On réservera, dit-on, l'intelligence pour le service pratique des œuvres pieuses, ou pour aider à l'intelligence de la foi quand cela se révèle nécessaire, c'est-à-dire pour expliciter le contenu des dogmes, comme servante de la foi ; un point c'est tout.

En vérité, ce n'est pas la convoitise de la raison, son désir de connaître en tant que tel qui est peccamineux, ce sont d'une part l'intérêt porté aux choses qui ne le méritent pas et qui détournent l'âme de sa vraie fin, d'autre part la tendance à dénaturer l'Objet du connaître pour le proportionner à la finitude de la raison créée qui, dès lors, ne cherche pas tant à connaître ce qui la dépasse qu'à lui interdire de la dépasser en le dominant. Elle substitue une idole à son objet en décidant d'oublier qu'elle a procédé à une telle substitution. Le défaut n'est pas dans la raison désirante (l'intellect en tant qu'il se meut), mais dans la volonté qui, mouvant « quantum ad exercitium actus » l'intellect qui en retour la meut « quantum ad specificationem actus », s'enivre de son pouvoir moteur et se déconnecte du magistère de la raison.

Pour soumettre sa raison, on doit invoquer des raisons parce que la raison est ce qui fait l'humanité dans l'homme. Or choisir de renoncer à quelque chose suppose, comme tout choix, un jugement ; renoncer à sa raison consiste à renoncer à juger, mais c'est par là renoncer à choisir. Donc la raison ne saurait renoncer à elle-même, ainsi à sa convoitise. Pourtant la raison humaine ou créée doit renoncer à comprendre ce qui est au-dessus de ses pouvoirs, elle ne peut qu'errer en s'obstinant à s'emparer de ce qui la dépasse, parce que cette obstination la détruit dans son ordre de raison, à la manière dont l'œil affrontant le soleil se brûle et se rend aveugle. Il est dans l'intérêt de la raison humaine, de sa rationalité même, de ne pas excéder ses pouvoirs. Mais comment peut-elle s'objectiver sa limite — elle doit la connaître pour prendre garde à ne pas la dépasser, elle doit savoir jusqu'où il est licite que s'étende son désir de connaître — sans être au-delà d'elle, ainsi sans faire le contraire de ce qu'elle se propose de faire ? Il semble bien, sous ce rapport, que la raison soit infinie potentiellement, dans l'unique mesure où elle est, elle aussi, réflexive : elle peut se prendre pour objet. Mais comment aurait-elle encore une limite à respecter, si elle est, de soi, infinie ?

La foi dit pourtant à la raison que cette dernière a des limites, et la raison se révèle incapable de rendre raison à partir d'elle-même de sa propre existence, en ce sens que savoir qu'elle existe ne la fait pas exister. Elle est dépositaire d'un acte d'exister qu'elle ne s'est pas donné. Au mieux peut-elle remonter à la cause première de sa propre existence, mais elle ne peut s'identifier à elle.

La raison est potentiellement infinie tout en étant structurellement limitée, en ce sens qu'il est des vérités que d'une part elle est incapable de découvrir par ses propres forces, que d'autre part elle ne comprendra jamais (au mieux est-elle vouée à les appréhender), en ce sens qu'elle ne les embrassera jamais dans toute leur extension et dans toute leur profondeur.

Si la raison admet une limite, c'est qu'il existe un au-delà de la raison humaine.

Si la raison, en tant qu'elle est raison, est infinie, c'est que rien d'intelligible ne lui est en droit inaccessible, mais c'est aussi qu'elle est circulaire, parce que tout ce qui est concrètement infini, ainsi capable d'infinité en acte, est tel qu'il admet la figure de la négation de négation (il inclut son autre dont il se libère, il est illimité du fait qu'il enveloppe son autre), laquelle fait de la raison l'origine du mouvement par lequel elle s'atteint. Mais ces deux dernières caractéristiques invitent à comprendre que la raison fait de tout intelligible, de toute détermination de pensée, un moment du processus à raison duquel elle s'atteint et se connaît.

Puis donc qu'il doit exister un au-delà de la raison créée, du fait même qu'elle est créée, quand corrélativement toute détermination du savoir est un moment du processus constitutif de la raison, par là une détermination intérieure au savoir de soi de la raison, c'est que cet au-delà d'elle est encore, au moins sous un certain rapport, en elle. Il ne lui manque rien pour être infinie, et cependant elle est privée de tout ce qui pourrait la faire divine.

D'abord, la raison humaine n'est pas la raison suffisante de la réflexion qu'elle exerce, parce qu'elle ne parvient pas, en s'atteignant réflexivement, à se poser elle-même ; son activité ne la fait pas exister ; elle puise, à un acte d'exister qu'elle ne se donne pas, la vertu de s'atteindre par réflexion.

Ensuite, si la raison possède en elle-même l'au-delà d'elle-même, c'est que cet au-delà s'offre à elle dans le moment de son absence à lui-même. N'avons-nous pas observé plus haut (§ 33.1) que l'Objet, ou Bien absolu, qui comble absolument le désir humain, a lui-même la forme d'une négation de négation, celle d'un plein non ablatif de sa plénitude mais inclusif de son absence à lui-même ? Si le bien et l'être sont convertibles, le plus haut degré de bonté, celui de la Bonté absolue, est le plus haut degré d'être, de telle sorte que l'absence à soi dont il fait une détermination de lui-même est le plus débile de tous les degrés d'être et, à la limite, le néant. Mais il est encore présent dans son absence à lui-même puisque ce qui a des moments est tel qu'il est tout entier, quoique non totalement, en chacun de ses moments.

Ces choses rappelées, on entrevoit que l'au-delà de la raison créée, présent en elle sans cesser d'être un véritable au-delà d'elle, n'est autre que cette instance, intrinsèque à l'Absolu, selon laquelle il est présent à lui-même sur le mode de son absence à lui-même ; ce qui est puissance absolue atteste l'absoluité de sa puissance en exerçant tous les degrés de sa perfection, en se les rendant consubstantiels, jusques au degré nul de toute perfection. La raison humaine ou créée est ainsi telle qu'elle n'est inclusive de son au-delà divin que sur le mode de l'absence à lui-même de ce dernier. C'est l'immanence de l'infini au fini, mais de l'infini dans sa négativité, et non dans sa perfection positive, qui habilite le savoir à s'objectiver sa limite, à se reconnaître une limite, cependant que cet acte d'objectivation suppose qu'un tel savoir soit illimité.

En termes qui relèvent de la représentation, nous dirons que la raison humaine, par ses seules ressources, est impuissante à connaître naturellement Dieu dans sa perfection positive, sinon par analogie, mais que son savoir d'une telle impuissance, qui requiert qu'elle soit à sa manière infinie, lui est tellement accessible que l'Objet de ce savoir gît en elle, mais comme néant de lui-même. La raison atteint un intelligible quelconque et revient sur elle-même, par là se sait sachant ce qu'elle sait, mais aussi sachant tout le connaissable de manière confuse par là qu'elle se sait, en et comme point de suture entre elle-même et l'Absolu, se révélant capable de se placer au-dessus d'elle-même pour se juger et se savoir limitée ; c'est au reste à partir de ce savoir univoque, qui phénoménologiquement équivaut à une nescience, que la raison est fondée à établir des analogies qu'elle saura distinguer des métaphores, parce qu'elle reconnaîtra, en un tel terme, la raison de ses analogies.

La raison atteint un intelligible et revient sur soi, le désir *de la raison* se fait désir de lui-même par la médiation de l'objet extérieur qu'il connaît. Parce que la raison est expressive de l'essence de l'homme, en tant qu'elle est sa différence spécifique, et que tous les désirs humains procèdent de cette essence, il n'est pas abusif de remarquer que tous les désirs humains procèdent proleptiquement du désir de connaître, quand bien même, trop souvent, ils s'exercent au détriment du désir de connaître. De ce fait, ils obéissent à la loi de fonctionnement de la raison désirante : un désir s'actualise en tendant vers un objet délectable, et revient sur soi pour jouir de lui-même mais, s'il est vertueusement exercé, il ne revient sur soi que pour prendre conscience de l'inadéquation entre son objet et lui, afin de s'élancer à nouveau vers un bien supérieur, selon la dialectique de l'amour décrite dans le *Banquet* de Platon. C'est en ce point de suture entre le fini et l'infini, qui fait le fondement immanent du Moi, que la vie de grâce peut relayer la vie naturelle, gratuitement et sans être dans les vœux de la nature humaine en tant que telle.

« Noli foras ire, in teipsum redi ; in interiore hominis habitat veritas » (*De vera relig.* 39,72), nous enseigne saint Augustin. En quoi le retour sur soi du désir et du savoir nous donnerait-il occasion de nous approcher de Dieu, ainsi de nous délester des pesanteurs et de la viscosité du Moi en nous ouvrant au Tout Autre, si ce Moi n'était, en son tréfonds, un appel — ainsi une présence, une mémoire : acte de rendre présent ce qui est absent — de ce Tout Autre pour nous attirer à Lui ? De cet appel, l'homme, étant libre, retient ce qu'il veut entendre. Parce que le désir humain et l'Objet ultime de ce désir ont la même forme réflexive, le désir, en tant que manque de son Objet, coïncide en son fond avec cet Objet considéré dans le moment de son absence à Lui-même. Et c'est pourquoi privilégier, dans l'exercice du désir, le retour sur soi, c'est une manière de chercher Dieu, mais Dieu absent à Lui-même, c'est-à-dire, si le mouvement réflexif ne relance pas un mouvement extatique, l'absence de Dieu que nous entendons combler alors avec des biens finis, afin de les rapporter à nous-mêmes ; la pathologie consistant à privilégier unilatéralement la réflexivité dans l'exercice du désir consiste à confisquer le désir de Dieu pour le subordonner au désir des choses.

La réflexion du désir sur lui-même dessine en négatif la vocation du désir à tendre vers Dieu, ainsi à s'arracher à lui-même pour s'oublier dans sa tension vers un Bien extérieur. Ce que nous voudrions donc souligner ici, c'est que privilégier la réflexion du désir sur lui-même par rapport à l'objet, quel qu'il soit, du désir en général, cela revient au fond à faire du désirable l'instrument de la glorification de soi ; et cela même consiste à chercher à se faire investir par la connaissance du divin, mais sans consentir à renoncer aux biens finis.

***Et l'on tient là l'essence du subjectivisme*.**

L'Antimoderne, le Réactionnaire, le Réprouvé marginalisé dans ce monde de Ténèbres où il est contraint de vivre, représente, par le seul fait de sa courageuse existence, une remise en cause du mal et du mensonge, et de l'erreur et de la maladie. Comme tout individu placé de force dans le courant de ces effluves suffocants, il s'insurge et, à sa mesure, rend témoignage à la vérité mais, plus ou moins contaminé par ce qu'il combat, il succombe à ce qu'il dénonce en s'en rendant complice, non du fait qu'il travestirait la vérité, mais, par une ruse maligne, du fait même qu'il s'en veut le héraut, en cela qu'il rapporte à lui-même le mérite d'en faire mémoire et de la proclamer. Tentons de décrire les articulations de cette ruse.

§ 34. Surnaturalisme et subjectivisme.

« Je suis père de famille nombreuse, j'ai douze enfants, je ne suis pas divorcé, nous récitons chaque jour le chapelet en famille, maints prêtres nous honorent de leur amitié et de leurs visites, l'un de mes fils est prêtre, un autre est séminariste, deux de mes filles nourrissent le projet d'entrer au couvent. Nous sommes glorieusement pauvres, la moitié de mon salaire est consacrée au paiement des pensions scolaires de nos enfants placés en écoles hors contrat ; nous sommes monarchistes légitimistes, nous attendons le Grand Roi et le Grand Monarque, nous sommes attachés aux révélations de la Stigmatisée de Blain, nous sommes Français, l'existence de la Sainte Ampoule est pour nous une certitude, nous ne lisons que les bons livres recommandés par nos pasteurs ; nous plaidons pour le retour à la terre, pour la vie naturelle, pour les médecines parallèles ; notre foi catholique est agrémentée d'un attachement aux révélations privées qui, pratiquement, finit par avoir presque plus d'importance que le contenu de notre credo ; on nous donne en exemple dans les paroisses. Le spectacle de ces jeunes époux sans enfants nous scandalise, les hommes portent des blue-jeans, les femmes ont des jupes trop courtes ou font du sport après avoir fait des études, ces gens assistent à de bonnes messes mais il est clair qu'ils ne sont pas « de chez nous », ils n'ont pas notre « sensibilité » ; ils n'ont pas nos références historico-mystiques, celles par lesquelles nous nous comprenons à demi-mot et qui forment le ciment affectif de nos groupes ; nous préparons le monde de demain par nos efforts d'autant plus héroïques qu'ils sont plus discrets et moins reconnus ; nous nous efforçons à tout voir avec un regard surnaturel. Nous sommes les élus de ces temps d'apocalypse, nous sommes les intransigeants et les purs ; qui n'est pas avec nous est contre nous. Familles d'abord ! Notre manière de faire de la politique est de fonder des familles, et notre effort s'y limite parce que la fin du Politique est de toute façon la prospérité des familles. Notre zèle nous autorise à distribuer bons et mauvais points — pour leur bien — à tout le monde, à désigner autrui qui ne pense et ne sent pas comme nous à la vindicte des perplexes ou des tièdes. On nous marginalise mais nous plébiscitons notre ghetto afin de ne pas nous faire contaminer par ce monde de perdition ; mais nous aurons notre revanche, on viendra nous aduler un jour, nous manger dans la main, on nous rendra justice, c'en sera fini des humiliations sociales, à nous enfin la reconnaissance, les honneurs et les richesses dont nous saurons, quant à nous, faire un usage vertueux. Nous sommes les nouveaux Juifs dans un monde redevenu païen, et c'est pourquoi notre antijudaïsme ne peut pas ne pas se teinter d'une dilection refoulée pour cette engeance à laquelle nous ressemblons tant. Notre premier ennemi est le nazisme, le néo-paganisme, le racisme, le fascisme, tout ce qui se compromet avec le naturalisme, avant même l'athéisme, le libéralisme et le communisme ».

Ces bonnes gens ont pour préoccupation essentielle de préserver leurs enfants du « monde » corrupteur, comme si les chers petits anges tout purs, innocents, n'étaient pas frénétiquement mus par le désir de s'ouvrir au monde, et aussi à ses vices ; l'extérieur l'emporte toujours sur la vie de famille parce qu'il est dans la nature des choses que le bien commun du Politique l'emporte en excellence sur le bien particulier promu par la morale ; cette loi continue de s'appliquer quand bien même le Politique est devenu corrupteur et s'est détourné du bien commun. Et le repli familial — analogue au culte nostalgique d'un paradis terrestre où le lion et l'agneau seraient allés boire à la même source en chantant, pacifiquement, la gloire du Créateur — relève lui aussi de l'irénisme subjectiviste, de la complaisance dans le monde des chimères. Un comportement chrétien, c'est-à-dire viril et réaliste, proscrit évidemment le péché et évite les tentations du péché, mais le chrétien sait que tout bien fini peut devenir occasion de tentation, et que les biens finis sont pourtant à aimer, avec le risque de les aimer trop, c'est-à-dire mal. La vraie prudence consiste, dès lors, à cultiver un sens du combat et un goût pour le combat, lequel doit commencer par être dirigé contre l'extérieur — des ennemis humains ou des obstacles physiques, des limites physiques ou intellectuelles à dépasser par esprit de compétition — afin d'être intériorisé et dirigé contre soi-même, contre ses passions (en lesquelles se médiatise le vouloir) qui mettent trop souvent l'homme hors de lui-même ; mais on notera que les passions de l'irascible sont convoquées pour apprendre à lutter contre celles du concupiscible, et que les premières sont seules à être capables de lutter contre leurs propres débordements, de sorte qu'on ne peut en aucune façon faire l'économie de leur usage. Si l'homme doit « se faire violence », comme le signifie la sagesse populaire, c'est qu'il est en demeure, pour vivre moralement, d'user de violence contre ces mouvements violents que sont les actes désordonnés, qui toujours, à ce titre même, violentent l'ordre naturel. Ce qui signifie que la paix est violence faite à la violence ; au moins la paix a-t-elle cette configuration originelle, quand bien même la violence n'eût jamais été existante en acte. Le mal est la complaisance et le repos dans un bien fini qui a vocation à n'être aimé que pour être dépassé en vue d'un bien meilleur ; si le Bien n'est tel qu'à être maître de sa bonté, selon une maîtrise éprouvée dans le pouvoir d'exercer tous ses degrés inférieurs de bonté, c'est que la poursuite du Bien, dont les biens finis sont les instruments, est aussi le plébiscite de la tendance vers ces biens ; le Bien est tout entier et non totalement en chacun de ses moments idéels qu'il exerce pour les excéder et se convertir à lui-même ; ce qui signifie que le Bien est l'acte souverain de consentir au fini auquel il s'arrache, et de se rendre victorieux du fini auquel il consent. Nous avons donc vocation, nous aussi, à aimer les biens finis et à nous arracher à eux ; et le mal est le refus de faire l'épreuve d'un tel arrachement ; mais ce refus est solidaire de cette autre démission qui consiste, de la part de ce qui est bon, à refuser de se risquer dans ses degrés inférieurs de bonté, comme si ce négatif était lui-même du mal, alors qu'il est intrinsèque au bien.

La plante, autotrophe, se nourrit du minéral ; l'animal dévore les plantes, les animaux se dévorent entre eux, et l'homme se subordonne tout le contenu de la planète contre l'hostilité de laquelle il lui est naturel de lutter, à commencer par l'épreuve du travail qui rend la terre féconde ; l'ordre naturel est tissé de conflits qui s'équilibrent. Mais toute forme de négatif, pour ces bien-pensants, relève du mal, mais par là, avec cette obstination suicidaire de la bonne conscience aveugle, ils se font les alliés objectifs du mal moral qu'ils entendent vertueusement combattre.

Et parce qu'il existe dans la Nature du négatif qui ne saurait être imputable au péché, se développe immanquablement, à partir de tels présupposés pétris de « moraline », une hostilité de principe à l'égard de l'ordre naturel en tant que tel, et un tel développement induit l'acceptation de cette idée selon laquelle l'intromission du surnaturel serait bienheureusement contre nature. Et c'est bien la définition du surnaturalisme.

Si tout mouvement extatique du désir, qui porte sur les biens naturels, est par principe frappé de suspicion, le désir, incoercible, ne trouvera pour se satisfaire, selon le principe de réalité, d'autre voie que celle de la réflexivité

unilatérale : aimer son amour plus que ce que l'on aime, non sans se donner la caution pieuse d'un mépris pour les biens de ce monde au nom de l'amour de Dieu. Et ce surnaturalisme se consommera dans le subjectivisme.

Le surnaturalisme est la perversion du surnaturel, il est la manière privilégiée dont le subjectivisme en vient à s'infiltrer dans les forces anti-subjectivistes.

CHAPITRE NEUVIEME

La métaphysique, chasse gardée des ecclésiastiques.

§ 35. « La métaphysique n'est pas une discussion stérile sur des notions abstraites qui échappent à l'expérience, c'est un effort vivant pour embrasser du dedans la condition humaine dans sa totalité » (Jean-Paul Sartre, *Qu'est-ce que la littérature* ? ; Karl Petit).

Ce n'est pas assez de dénoncer le subjectivisme dans les milieux qui sont supposés employer toute leur industrie à le forlancer et à le bannir. Ou plutôt, cette mise en évidence des ravages du subjectivisme ne serait pas complète si nous ne prenions en compte l'accusation de subjectivisme dont nous ne manquerons pas d'être la cible et qui, par inversion accusatoire, nous est destinée par les bien-pensants, tant la bien-pensance catholique et traditionaliste que la bien-pensance néo-païenne — car c'en est une — attachée à sa vulgate nietzschéenne, darwinienne, gnostique et antichrétienne. Sachant qu'un engagement anti-subjectiviste peut lui-même être inspiré par une pulsion subjectiviste maligne qui lui fait ignorer le subjectivisme là où il est et le voir là où il n'est pas, nous pensons nécessaire de mettre à l'épreuve la solidité de notre propre aversion pour le subjectivisme en tentant de soutenir deux thèses qui, généralement, sont imputées — à tort selon nous — au subjectivisme par les Réactionnaires.

La première concerne un problème à la fois théologique et philosophique : le dernier acte libre de l'homme est-il antérieur à l'avènement de la mort (séparation de l'âme et du corps), ou bien est-il le premier (et le seul) de l'état d'âme séparée ?

La deuxième concerne le problème du rapport entre Église et État : un pape peut-il déposer un souverain temporel ?

§ 36. 1. Idée polémique : un exemple de conflit apparent entre dogme et raison.

Il existe une formule moderniste, dans *Gaudium et Spes*, que certains osent même croire infaillible, qui s'inscrit dans le chemin tracé par le Père de Lubac, selon lequel Dieu ne pourrait créer un être d'esprit sans lui donner la grâce : « puisque le Christ est mort pour tous et que la vocation dernière de l'homme est réellement unique, à savoir divine, nous devons tenir que l'Esprit-Saint offre à tous, d'une façon que Dieu connaît, la possibilité d'être associés au mystère pascal »[9]. Elle

---

[9] Constitution pastorale *Gaudium et Spes*, Chapitre I, « sur l'Eglise dans le monde de ce temps », Vatican II ; (le cardinal Ratzinger reconnut en elle un « contre-Syllabus ») :

« 4. Devenu conforme à l'image du Fils, premier-né d'une multitude de frères, le chrétien reçoit « les prémices de l'Esprit » (*Rm* 8, 23), qui le rendent capable d'accomplir la loi nouvelle de l'amour. Par cet Esprit, « gage de l'héritage » (*Ep* 1, 14), c'est tout l'homme qui est intérieurement renouvelé, dans l'attente de « la rédemption du corps » (*Rm* 8, 23) : « Si l'Esprit de celui qui a ressuscité Jésus d'entre les morts demeure en vous, celui qui a ressuscité Jésus Christ d'entre les morts donnera aussi la vie à vos corps mortels, par son Esprit qui habite en vous (*Rm* 8, 11). Certes, pour un chrétien, c'est une nécessité et un devoir de combattre le mal au prix de nombreuses tribulations et de subir la mort. Mais, associé au mystère pascal, devenant conforme au Christ dans la mort, fortifié par l'espérance, il va au-devant de la résurrection.

5. Et cela ne vaut pas seulement pour ceux qui croient au Christ, mais bien pour tous les hommes de bonne volonté, dans le cœur desquels, invisiblement, agit la grâce. En effet, puisque le Christ est mort pour tous et que la vocation dernière de l'homme est réellement unique, à savoir divine, nous devons tenir que l'Esprit Saint offre à tous, d'une façon que Dieu connaît, la possibilité d'être associé au mystère pascal.

est moderniste en tant qu'elle semble rendre vain tout souci terrestre d'apostolat et de conversion des incroyants, en suggérant que tout homme, au moins à l'instant de rendre son âme à Dieu, bénéficierait, du seul fait qu'il est homme, d'une révélation concernant ses fins dernières *surnaturelles*, et jouirait du pouvoir de choisir sa destinée éternelle comme si son refus de s'ouvrir à la Vérité pendant sa vie terrestre ne constituait pas un obstacle dirimant pour l'acquisition de son salut. Mais cette formule, si l'on se place sur le plan strictement *naturel*, contient peut-être une vérité captive que la doctrine traditionnelle ne semble pas avoir explicitée, et que nous pourrions formuler comme suit : tout homme à l'instant de sa mort, du seul fait de la séparation de l'âme et du corps qui s'opère, jouit du pouvoir de se connaître naturellement autant qu'il est possible, par là de connaître sa destinée *naturelle* ultime, et il pose un acte ultime de liberté qui décide de son destin éternel. La fin surnaturelle est telle qu'elle assume, en la dépassant, la fin naturelle : se soustraire à sa fin naturelle revient à se soustraire à sa fin surnaturelle (saint Thomas, *S.Théol.* II^{a} II^{ae} qu. 10 a. 1) puisqu'il est contre *nature* de refuser la foi et plus généralement la grâce, bien que la grâce soit absolument gratuite. Si la fin surnaturelle assume en la dépassant la fin naturelle, c'est que celle-là ne se substitue pas à celle-ci, et que le souci de sa fin naturelle demeure, pour l'homme, d'actualité, de sorte que l'on est fondé à se demander si l'acte de la mort — qui, de soi, est naturelle — invite l'âme à se déterminer ultimement en vue de son nouveau mode d'existence, ou bien supprime tout pouvoir

---

6. Telle est la qualité et la grandeur du mystère de l'homme, ce mystère que la Révélation chrétienne fait briller aux yeux des croyants. C'est donc par le Christ et dans le Christ que s'éclaire l'énigme de la douleur et de la mort qui, hors de son Évangile, nous écrase. Le Christ est ressuscité ; par sa mort, il a vaincu la mort, et il nous a abondamment donné la vie pour que, devenus fils dans le Fils, nous clamions dans l'Esprit : Abba, Père ! »

d'autodétermination postérieure au dernier choix opéré pendant la vie terrestre.

Ce qui sera suggéré ici ne remet aucunement en cause l'existence des limbes et la gratuité de la grâce, de sorte que, selon nous, le Créateur aurait effectivement pu créer un monde en état de pure nature, et que ceux qui meurent aujourd'hui sans être baptisés, mais sans mériter l'enfer, c'est-à-dire sans péché personnel (posé par leur libre arbitre), vont aux limbes. Mais il est vrai que, dans l'esprit de beaucoup, il existe une solidarité entre cet enseignement relatif à l'autodétermination de l'homme en tant qu'âme séparée, et le refus de la doctrine traditionnelle des limbes. En fait, selon nous, il existe une solidarité (dans l'erreur) entre le refus des limbes et la doctrine de *Gaudium et Spes* selon laquelle *l'Esprit Saint* — donc une initiative *surnaturelle* — offrirait nécessairement la possibilité d'être associé au mystère pascal ; mais il n'existe pas de solidarité entre l'affirmation d'une autodétermination du vouloir dans le premier instant de la vie de l'âme séparée et l'idée d'une intervention nécessaire de l'Esprit-Saint aussitôt la mort de l'homme consommée, même si cette idée d'intervention requiert celle d'une possibilité d'autodétermination du vouloir de l'homme en état d'âme séparée. Notre propos est donc, d'une certaine façon, de soutenir la thèse de Cajetan sur cette question : dans son commentaire de la question 64 (article 2) de la *Prima Pars*, le cardinal de Saint-Sixte enseigne en effet que le dernier acte humain (libre) ayant valeur de mérite ou de démérite s'exerce « in primo instanti separationis animae a corpore ».

Reconnaissons cependant que cette position n'est pas sans favoriser objectivement, sous un certain rapport, l'esprit du modernisme, lequel ne cesse d'en appeler à la dignité de l'homme et à sa liberté, mais qui, dès qu'il est question de responsabilité capable de conditionner une damnation, s'efforce à édulcorer la liberté de l'homme, à relativiser sa responsabilité dans la position d'actes peccamineux, à laisser entendre que le péché ne serait pas chose si grave que cela en ce sens que l'homme ne saurait pas tant que cela la gravité de ses actes et serait victime des circonstances, et que, de toute façon, Dieu étant amour, tout homme serait en dernier ressort sauvé. L'homme pourrait ainsi pécher autant qu'il le voudrait sur Terre, il lui resterait, si l'on peut dire, une chance intacte de se rattraper ; il pourrait, contre l'affirmation du divin Maître, refuser de croire sans être condamné. Apportant de l'eau au moulin de cette propension toute moderne à croire qu'on peut impunément se moquer de Dieu du fait que Dieu est Amour, une telle thèse cajétanienne suscite en effet la suspicion de manière compréhensible. Mais cela ne signifie pas que la position de Cajetan serait fausse. Qu'une thèse puisse être enrôlée dans l'élaboration de discours hérétiques ne fait pas d'elle une thèse qui serait en soi hérétique.

« **La liberté signifie la responsabilité. C'est pourquoi la plupart des hommes la craignent** » (G. B. Shaw, *L'esprit de Bernard Shaw. Cité. Léon Treich* (Gallimard ; Pomerand). Et c'est bien le fait des modernistes que de délester la liberté humaine de son poids de responsabilité chaque fois que des conséquences tragiques peuvent en résulter.

Selon la position thomiste classique, un homme commettant un péché mortel pose, avec son péché, le choix délibéré d'aller en enfer, et c'est pour cela qu'un tel péché est dit mortel ; c'est par sa seule mauvaise foi, entendue comme mensonge à soi, qu'il se masque sa responsabilité, de sorte que, saisi par la mort en état de péché mortel, il se destine de lui-même à l'enfer. Dans cette perspective, il importe donc à l'homme de rester vigilant à tout moment de son existence terrestre, de fuir le péché sans concession, parce que cet homme sera pour l'éternité ce qu'il aura voulu être, et voudra pour l'éternité ce qu'il aura décidé de vouloir dans le dernier acte libre de sa vie terrestre. Le pécheur se contentera de constater, sans pouvoir se reprendre, que cette damnation était bien ce qu'il avait décidé d'embrasser en s'affectant de son péché. Selon un tel point de vue, il ne peut se reprendre non comme ayant une velléité de le faire, mais parce qu'il ne lui est plus donné de vouloir, l'autodétermination du vouloir étant supposée intrinsèquement liée aux conditions terrestres de subsistance de l'âme humaine.

Avant que de poursuivre, on voudra bien noter cependant que la thèse classique est à double tranchant.

Elle peut en effet insister heureusement sur la nécessité d'être vigilant, sur l'effort à prodiguer pour conjurer les pièges de la mauvaise foi, sur la responsabilité absolue de l'homme et sur l'enjeu fondamental de chacun de ses actes libres : dans chaque acte, il peut se choisir en quelque sorte pour l'éternité. Sartre enseignait qu'en se choisissant, l'homme choisit l'Homme, pose la valeur de ce qu'il choisit et ne peut faire que cette valeur ne soit pas universelle, dût-il en être le créateur, de telle sorte qu'en se choisissant il choisit pour tous les hommes. La thèse classique du dernier acte libre humain irrévocable signifie plutôt qu'en posant le choix d'un péché mortel, l'homme investit dans cet acte, qu'il veuille le savoir ou se le masque, son destin éternel, et que seule la perpétuation de son existence, après la position d'un tel acte, fait qu'à cet homme est encore accordé un temps l'habilitant à modifier son destin.

Mais cette même thèse limite l'usage, par l'homme, de sa liberté au temps de sa vie mondaine assujettie au devenir ; elle lui interdit de se choisir selon et à partir de la pleine connaissance d'une exhaustive objectivation de lui-même récapitulant sans reste ce qu'il a fait de lui-même ; elle lui interdit donc de ratifier ou de remettre en cause, en un acte ultime, ce qu'il est librement devenu, et pour ces diverses raisons elle peut en retour l'inviter, à chaque moment de sa vie, à ne prendre aucun risque, à se réfugier dans un état routinier et presque végétatif de lui-même par lequel il se dispensera d'aimer les biens finis, de vouloir habiter son monde et y déployer ses potentialités naturelles, parce que cela est dangereux, charriant toujours une occasion de péché. Aucun catholique ne contestera que l'homme ne soit sur Terre que pour apprendre à la quitter, parce que la vraie vie commence là où finit la vie mondaine. Mais d'aucuns penseront qu'on ne se dispose à la quitter de manière salvatrice qu'en évitant de s'y investir, en se mettant entre parenthèses, en évitant de vivre pour éviter de mal vivre, quand d'autres considéreront que, s'il faut apprendre à vivre pour vivre bien, il faut commencer par vivre pour apprendre à vivre, avec tous les risques que cela comporte. Nous nous demandons donc si la thèse que nous avons nommée « classique » relativement au dernier acte humain porteur d'un poids moral n'est pas, sous des dehors austères bien peu appropriés à l'esprit d'irresponsabilité propre à notre époque, une thèse néanmoins gravide, à sa manière, de travers surnaturalistes.

§ 36. 2. L'âme, son corps et la mort.

Saint Thomas enseigne certes que subsister sans son corps est *violent*, ainsi contraire à la nature de l'âme humaine (*C. G.* IV 79), mais il considère en même temps qu'il est naturel au corps, parce que matériel et composé d'éléments contraires, de se soustraire au magistère de l'âme (*C. G.* IV 52), ce qui les fait naturellement se séparer ; il estime même (*S. Théol.* I^a^ 89 2) que l'âme séparée est dans un état plus parfait que lorsqu'elle est unie au corps. Autant dire que la question n'est pas vraiment réglée[10]. On voudra bien remarquer que si — un état de pure

---

[10] Dans la *Somme théologique* (I^a^ 75, 1 et 2, et 75, 6), il est enseigné que l'âme humaine est subsistante et immortelle, et que cela est démontrable par la simple raison. Mais dans *In I Cor.* (cap. 15 1, 2), saint Thomas déclare qu'il est quasiment impossible de soutenir l'immortalité de l'âme humaine si la résurrection des corps est niée ; l'âme est séparée du corps contre sa nature et par accident, explique-t-il ; elle est imparfaite sans son corps au point que « mon âme n'est pas moi » ; l'âme séparée n'est pas, pour lui, une personne. Or il est, continue-t-il, impossible que ce qui est naturel et par soi soit fini et comme annihilé, et que ce qui est contre nature et par accident soit infini ; ce qui aurait lieu si l'âme devait toujours durer sans corps. C'est pourquoi les Platoniciens ont tenu à soutenir la doctrine de la réincarnation, certes hérétique, mais avec une certaine logique selon

nature relevant du possible — la mort qui est naturelle n'est pas suivie d'une résurrection du corps qui est strictement surnaturelle, alors cette mort peut avoir raison d'entéléchie de la vie terrestre. Dès lors, la fin étant première en intention et ultime en exécution, les puissances opératives humaines propres à la vie terrestre doivent être tenues pour procéder proleptiquement du statut de l'âme séparée, par là doivent être tenues pour manifester dès ici-bas quelque affinité avec le mode de connaître propre au régime d'âme séparée, à savoir un mode de connaître analogue à celui des anges. Si l'idée mérite d'être retenue, on est invité à s'ouvrir à cette autre idée selon laquelle, dès le stade terrestre de l'existence de l'âme, une intuition, certes très confuse, de l'être en tant qu'être et des essences des réalités créables est concomitante du pouvoir d'abstraire à partir des données sensibles, et même est requise par l'exercice d'un tel pouvoir. Ce qui serait faire se rapprocher l'une de l'autre l'école augustinienne (saint Bonaventure et Duns Scot) et l'école thomiste.

§ 36. 3. Ce que nous dit la foi sur cette question.

Le dogme dit que la volonté humaine est rendue incapable de changer d'orientation aussitôt accomplie la consommation de la séparation de l'âme et du corps. Mgr Bernard Bartmann, dans son « Précis de théologie dogmatique » (Œditions Salvator, tome II, 1936) rappelle (page 507) en effet que, « avec la mort finit pour l'homme le temps du mérite et du démérite ; un changement substantiel de ses dispositions et une modification essentielle de son sort ne peuvent plus avoir lieu » ; il ajoute (page 508) que « si l'on demande pourquoi l'aptitude méritoire de l'homme prend fin avec cette vie, on n'en peut trouver la *raison* que dans une ordonnance positive de Dieu ». Enfin il rappelle cette thèse qui est de foi : « Tout homme,

---

l'Aquinate, parce qu'ils avaient soutenu la thèse de l'immortalité de l'âme humaine.

immédiatement après sa mort, sera jugé par Dieu, dans un jugement particulier dont la sentence sera irrévocable » (page 509).

La manière habituelle de comprendre cet enseignement qu'aucun catholique ne saurait contester est la suivante : surpris par la mort, l'homme est fixé dans l'état en lequel l'a placé le dernier acte libre posé par sa volonté *avant* l'instant de la mort, et c'est sur cet état qu'il est jugé.

§ 36. 4. Intelligibilité du dogme.

Il semble qu'il y ait une difficulté logique dans cette interprétation du dogme. Efforçons-nous de formuler cette difficulté.

La volonté, dotée par essence de libre arbitre, ne peut être fixée dans un choix irréversible que si elle décide librement de se fixer en lui. On ne peut lui ôter son libre arbitre sans lui ôter son essence, aussi ne peut-elle être figée dans une orientation volontaire que si elle s'y détermine librement. Il n'est pas plus au pouvoir de Dieu d'ôter son libre arbitre à une volonté humaine que de créer une âme humaine qui ne serait pas individuée par un corps. Si la volonté peut être fixée irréversiblement dans un choix, elle ne peut être rendue incapable de poser un autre choix que si elle a fait le choix — la volonté libre est assez maîtresse d'elle-même pour cela — de poser un acte qui sera irréversible ou exclusif de tout autre choix. Si la volonté humaine pouvait se trouver engagée et figée dans un choix irréversible *qu'elle n'aurait pas choisi être tel*, ainsi — en l'occurrence — par le seul fait de la cessation de la temporalité liée au mode terrestre d'exister de l'âme humaine, il faudrait dire que la volonté atteint à la béatitude du seul fait de se séparer du corps, ce qui, rendant impossible tout refus de Dieu, rend corrélativement verbale l'affirmation de la liberté de la créature. Il en est ainsi parce que la seule chose qui puisse nécessiter la volonté en vertu de sa nature même et non de la décision posée par son libre arbitre, c'est la vision de Dieu qui ne peut pas ne pas être aimé aussitôt qu'aperçu dès lors que, aussi bien, l'objet formel de la volonté est le Bien, et que Dieu est ce Bien même[11]. Par conséquent, si la volonté est tenue pour capable de se fixer dans un choix irréversible dont l'objet n'est pas le Dieu béatifiant, ainsi nécessitant, c'est que cette fixation ne peut procéder que de la volonté même en tant que libre : la seule chose, redisons-le, qui soit capable de nécessiter par nature la volonté sans avoir été choisi par elle, ainsi sans son aval obligé, c'est la vision de Dieu, la saisie du Bien auquel la volonté est ordonnée par nature et non par choix, parce que la raison formelle de ce Bien est d'abord principe de choix avant d'être objet de choix (la question, au vrai, de la permanence du libre arbitre dans la Vision, est une thèse controversable et controversée ; d'aucuns considèrent que le Bien est principe de choix et ne saurait être objet de choix, parce que l'on ne délibère jamais que des moyens et non de la fin ultime ; selon nous, mais là n'est pas le sujet dont nous traitons ici, la volonté ne peut ne pas vouloir le Bien, mais elle peut décider, pour son malheur, de le chercher ailleurs qu'en Dieu qui pourtant est le Bien). Or l'acte ultime posé par la volonté pendant sa vie terrestre, en lequel elle est supposée demeurer fixée sans retour dès que séparée du corps, n'est pas la Vision ; donc cet acte est libre en ce sens que, s'il est irréversible, c'est librement que la volonté, en et par lui, se détermine irréversiblement.

Or cette autodétermination par laquelle la volonté s'investit dans un choix qu'elle veut irréversible, c'est-à-dire dans un choix qu'elle se rend incapable de reprendre, suppose que la volonté ait pleine conscience de ce qu'elle choisit. Si en effet il était donné à la volonté de découvrir le sens et la portée de son choix

---

[11] « Virtus autem passiva voluntatis se extendit ad bonum in universali, *est enim ejus objectum bonum universale*, sicut et intellectus objectum est ens universale. Quodlibet autem bonum creatum est quoddam particulare bonum, *solus autem Deus est bonum universale* » (*Somme théologique* Qu. 105 a. 4).

seulement après qu'elle l'a posé (comme, dit-on, la volonté de l'homme découvrant, dans sa condition séparée, le sens de son acte volontaire terrestre ultime posé juste avant l'instant de la mort), alors l'homme, constatant que ce qu'il apprend avoir voulu sans le savoir vraiment ne correspond pas à ce qu'il croyait vouloir, pourrait toujours aspirer à reprendre cet acte pour lui en substituer un autre, et il ne serait pas irréversiblement fixé dans son choix, ou bien il serait irréversiblement fixé en lui par autre chose que par sa propre volonté, ce qui semble impossible (voir alinéa précédent). Dans une perspective thomiste, la volonté, appétit rationnel, est actualisée par l'intellect. Pris stricto sensu, l'acte gratuit est impossible, qui prétend faussement au maximum de liberté parce que croyant se « libérer » de la férule de l'intellect ; et cela est impossible parce qu'il équivaudrait au réflexe, lequel exclut par définition d'être libre : si l'homme doit attendre la position de son acte pour savoir ce qu'il a décidé de poser, c'est que cet acte s'est voulu en lui et qu'il ne l'a pas véritablement décidé ; choisir, c'est savoir ce que l'on choisit, puisque l'acte du choix présuppose ce savoir, la volonté étant mue par la raison. Or, si la volonté ne sait l'irréversibilité de son choix qu'après avoir fait l'expérience, a posteriori, de l'irréversibilité de ce dernier, c'est qu'elle ne l'a pas voulu *comme* irréversible. Or se peut-il sans injustice que la responsabilité d'un tel acte, considéré dans son irréversibilité, lui soit imputée, si elle ne l'a pas choisi comme tel, comme irréversible ? D'autre part et plus fondamentalement, le caractère irréversible d'un choix est constitutif de ce choix, de telle sorte que ce choix doit être *pensé* comme irréversible pour être *posé* librement comme tel, et il doit être conçu comme irréversible pour être ce choix et non un autre. Selon la doctrine catholique, n'est jeté en enfer, qui est éternel, que celui qui veut y aller, au moins en ce sens qu'il ne veut pas aller au Ciel, se préférant à Dieu ; si le dernier acte libre – mortellement peccamineux – posé par un homme avant de mourir devenait irréversible du seul fait de la cessation de la temporalité, et non parce que l'auteur de cet acte avait voulu poser un tel acte comme irréversible, alors il irait en enfer sans l'avoir voulu d'une volition irréversible ; ce qui signifie qu'il n'aurait pas voulu aller en enfer puisqu'il est définitionnel de la condition infernale d'être éternelle.

§ 36. 5. Une objection.

On peut certes objecter qu'il est possible de se déterminer de manière irréversible pendant la vie terrestre en choisissant par exemple de se marier ou d'accéder au sous-diaconat.

Mais c'est une irréversibilité de droit et non de fait, une irrévocabilité d'intention et non ontologiquement consommée : l'abbé peut défroquer ; l'homme marié doit être fidèle pour la vie, mais il peut se parjurer, trahir son engagement, divorcer. Il peut toujours décider, certes en violant les exigences de son devoir moral, de se comporter comme un homme non marié. L'homme montre ainsi qu'il peut vouloir, en cette vie, poser des choix conçus et voulus comme irréversibles, mais en fait, aussi longtemps qu'il est intérieur au seul monde sensible, l'irréversibilité de tels choix a besoin, pour être maintenue telle, d'être répétée, confirmée et entretenue à chaque instant ; et celui qui se marie sait cela au moment où il se marie : il sait que son choix doit être tenu pour irréversible bien qu'il ne le soit pas de fait. L'homme qui pose, en cette vie, un acte libre qu'il veut irréversible, sait qu'il aura à le ratifier, à le renouveler à tous les instants de sa vie, de manière réfléchie ou tacite. Il le sait comme n'étant pas irréversible de fait, et il le veut comme tel ; son choix est dit irréversible en ce sens qu'il s'engage moralement, de manière irréversible, à s'y tenir, non au sens où, de fait, un tel choix sera, en tant que tel, irréversible. Seul le Bien absolu, qui nécessite la volonté – elle est déterminée en acte quant à la fin, elle est en puissance quant aux moyens – peut combler la volonté au point de lui ôter le pouvoir de se reprendre (puisqu'il la nécessite) ; seul il peut la combler, ainsi la nécessiter à raison de lui-même et non à raison de la décision, opérée par la volonté, de rendre son choix irréversible.

La question de la subsistance du libre arbitre dans la Vision béatifique est, avons-nous dit, controversée dans l'École. Il est certain que les élus sont fixés dans le bien de telle sorte qu'ils ne puissent pas chuter dans le mal, parce que la certitude de la possession irréversible d'un bien fait partie de leur béatitude. Mais le libre arbitre n'est pas, à strictement parler, la faculté de choisir entre le bien et le mal, parce que vouloir le mal est vouloir mal, et vouloir mal revient au fond à vouloir moins dès là que le mal a raison de privation (et « vouloir moins » ne signifie pas ici « être moins responsable », mais « décider de ou vouloir absolument limiter sa puissance de vouloir, investir toute sa puissance de vouloir dans la position d'un acte qui est incapable de combler cette puissance mais dont elle attend qu'il la comble »). Le libre arbitre, puissance d'autodétermination du vouloir, est cette propriété de la volonté à raison de laquelle cette dernière conserve la maîtrise de l'exercice de sa puissance à poser son acte quand bien même ce dernier a déjà été posé : la volonté se détermine à tel bien, et cette détermination n'est pas ablative de l'exercice actuel de son pouvoir de le choisir, ce qui revient à dire que le repos de la volonté dans son bien est la pérennité ou la continuation de l'acte de l'avoir élu ; en cette vie, la maîtrise de sa puissance à poser son acte se révèle aussi maîtrise de la puissance à poser l'acte contraire, parce que la puissance est puissance des contraires, et que « in statu isto », la possession de son bien n'est pas définitive du fait que ce bien n'est pas le souverain bien ; mais que la volonté soit puissance à choisir le mal en même temps que puissance à choisir le bien est accidentel à l'essence du libre arbitre. Et donc, supposé que le libre arbitre humain soit maintenu dans la Vision, cela vient de ce que le libre arbitre est revitalisé — l'objet du choix étant le principe de ce choix — par l'Objet (parce qu'il est aussi Sujet et cause première) qui ne l'en nécessite pas moins, de sorte que la permanence du libre arbitre dans la Vision, quoique concomitante de l'actuation nécessitante du vouloir, est un effet de la vertu nécessitante de cet Objet. Il conviendrait alors de rendre raison du fait que liberté et nécessité peuvent coïncider nonobstant leur opposition radicale (ce qui déjà, dans l'École, se pose dans les termes du problème de la prémotion physique), mais nous n'en dirons que quelques mots plus bas (§ 38.1).

§ 36. 6. 1. Liberté et don de soi, exaltation de soi et amour du souverain bien.

En fait, quand la volonté s'engage dans un choix qu'elle veut irréversible, elle poursuit la double fin d'une part de s'exalter elle-même, d'autre part de se reposer dans le souverain bien ou dans ce qu'elle tient pour tel. La volonté s'exalte :

La volonté libre radicalise sa liberté en renonçant librement à l'exercice de son pouvoir d'autodétermination reçu en son acception de capacité de reprise de son acte antérieur ; il faut s'appartenir souverainement pour se donner totalement, se posséder absolument pour renoncer à soi sans retour, et la décision de se déposséder de soi atteste la plénitude du pouvoir sur soi-même ; c'est ce qui se produit dans le don ; « donner et retenir ne vaut » ; se donner, c'est faire l'épreuve du pouvoir de s'aliéner sans cesser de demeurer identique à soi ; c'est disposer de soi, c'est être libre ; et l'acmé de la liberté coïncide avec ce don de soi ; ne peut être libre que celui qui est capable de se lier par serment.

La volonté se comble :

Elle ne peut aspirer à poser un choix qu'elle veut irréversible que si elle reconnaît dans l'objet de ce choix un bien en lequel elle désigne ce qu'elle tient pour le souverain bien, ou ce qu'elle sait être intrinsèquement lié à ce qu'elle tient pour le souverain bien, puisque seul le souverain bien la comble, et tout autant la nécessite, la rend irréversible. La volonté ne trouve donc le moyen de se déterminer de manière irréversible que quand elle a claire conscience de la cause finale de ses choix, à savoir le Bien que lui prescrit sa nature d'appétit rationnel, ou ce qu'elle décide de tenir pour tel. Mais parce que ce Bien, qui objectivement est Dieu, ne peut être connu dans une Vision avant que l'homme ne soit sauvé, ainsi béatifié, la volonté ne peut avoir pleine conscience de ce qu'elle choisit qu'en accédant au savoir de ce qu'elle est, car la nature d'une chose est signifiée par sa fin, non pas au sens où la nature de l'homme serait divine, mais au sens où il est définitionnel de l'homme de désirer connaître Dieu, parce qu'il est par essence « imago Dei » : connaissant sa nature par intuition réflexe, la volonté sait sa fin ultime, et c'est à raison de ce savoir qu'elle peut choisir son destin de manière irréversible. Il s'agira de choisir pour Dieu, ou au contraire pour le Moi se déifiant, à savoir contre Dieu ; pour autant qu'elle devienne transparente à elle-même et sache ce qu'elle doit vouloir en vertu de ce qu'elle est, la volonté saisit corrélativement ce à quoi elle doit renoncer (les faux biens, les biens désordonnés) pour agir pleinement selon sa nature, et son destin dépend de ce qu'elle accepte ou bien refuse de renoncer à ce qui la sépare d'elle-même, qui la sépare aussi de Dieu.

La volonté s'exalte et se comble (ou se crucifie en tant que libre) tout en un, parce que la liberté du vouloir est elle-même un bien qui, à ce titre, est une similitude participée du Bien qui est son Objet, de sorte qu'il assume superlativement ce bien qu'est pour elle-même la volonté libre. C'est dans la possible déconnection des deux aspects de la satisfaction de la volonté que tient le drame de la destinée humaine, la volonté pouvant, pour son malheur, choisir de s'exalter en s'intronisant pour elle-même souverain bien, et non en cherchant son actualisation ultime en Dieu. S'actualiser en un seul acte, c'est poser un acte effectivement irréversible : si la volonté s'actualise exhaustivement en un seul acte, elle ne se réserve plus aucune potentialité lui permettant de relativiser cet acte, de le reprendre et de lui en substituer un autre. Mais s'actualiser en un seul acte, c'est aussi se combler, et se combler consiste pour elle à tendre à se déiformer en entrant en possession du Bien. Donc poser un acte irréversible revient pour elle à s'absolutiser. Dès lors, elle peut être tentée par orgueil de tendre à s'absolutiser non par consentement au Bien qui la comble (et qui, ce faisant, lui fait poser un acte irréversible), mais par l'exercice de son aptitude à s'engager de manière irréversible sans s'ordonner à un tel Bien, ce qui revient pour elle à faire de sa puissance de renoncer à soi, acmé de sa puissance d'autodétermination, le contenu même du bien béatifiant par lequel elle entend se satisfaire.

Quoi qu'il en soit, la volonté n'est en mesure de poser un acte irréversible que si elle se connaît sans reste, entrevoyant, en cette connaissance de soi, l'appétibilité du Bien effectivement nécessitant pour elle, c'est-à-dire tenu pour souverainement bon ; c'est en accédant au savoir d'elle-même sans obscurité résiduelle que l'âme *s'expérimente* sans doute possible être faite pour Dieu, n'être faite que pour Lui, et qu'elle prend conscience, sans possibilité de se soustraire à cette évidence, de ce à quoi elle doit renoncer si elle entend se tenir disponible pour son vrai Bien. C'est en étant rendue transparente à soi, et à cette seule condition, que l'âme est confrontée en toute lucidité au choix fondamental : préférer, de manière irréversible, Dieu à toute chose, ou bien, de manière non moins irréversible, se préférer soi-même à Dieu.

Certes, l'homme sait bien — mais savoir théoriquement n'est pas expérimenter — dès ici-bas qu'il est fait pour Dieu et ultimement seulement pour Dieu, et il sait bien qu'il doit renoncer à tout bien fini pour préserver sa vocation dernière, sans quoi il faudrait professer qu'il n'est responsable sur Terre d'aucun choix peccamineux ; mais ce sont là des choses qu'il sait idéalement, sur le mode d'un idéal régulateur de son comportement naturel ou vertueux, et non sur le mode d'une exigence actuelle non ajournable ; il sait dès ici-bas qu'il doit tenir moralement pour exigible l'application de ce qu'il sait, et qu'il doit le savoir sans s'en détourner, et c'est pourquoi la responsabilité de ses actes lui est imputable ; mais il sait tout autant que tout acte qu'il pose en cette vie temporelle est susceptible d'être repris aussi longtemps qu'il vit, de telle sorte que lorsqu'il pose un acte peccamineux, il le sait de fait révocable et le veut et ne peut le vouloir que comme révocable puisque c'est le savoir qui actualise le vouloir ; et il le sait comme révocable parce qu'il n'appréhende sa fin ultime que sur le mode de l'idéal, au titre de principe de choix libres et non à celui d'objet de choix.

§ 36. 6. 2. Suite.

Le corps est ce qui est incapable de faire coïncider toutes ses parties les unes avec les autres, ou encore ce qui empêche une réalité de se contenir, d'être pour elle-même son propre contenu ; est corporel ce dont l'extérieur est extérieur à l'intérieur, ce qui donc exclut que son extériorisation lui soit intérieure. Au contraire, est spirituel ce qui se sait, et savoir est savoir que l'on sait ; savoir est s'objectiver ce que l'on sait, ainsi savoir est une espèce d'extériorisation ; mais parce que savoir est savoir qu'on sait, l'extériorisation qu'est l'objectivation s'inscrit dans le circuit réflexif de l'acte par lequel on s'atteint ; il s'agit bien d'une extériorisation intérieure. Par conséquent le corps est principe d'inconscience. Le corps est ce qui donne à l'âme d'être en contact et en relation d'échange avec la réalité extérieure, lui permettant d'échapper au solipsisme, mais il est aussi ce qui la rend opaque à elle-même. Aussi la volonté n'accède-t-elle à la pleine conscience de ce qu'elle veut ou peut vouloir de manière définitive que moyennant la séparation de l'âme et du corps, car c'est là seulement qu'elle est pleinement intelligible à elle-même. Donc, l'âme n'étant confrontée en toute lucidité au choix ultime qui décide de son destin éternel qu'en accédant à la pleine connaissance de soi, il semble qu'il faille mourir pour poser l'acte ultime qui décide de la condition éternelle de l'âme (sauvée ou réprouvée).

§ 36. 6. 3. Suite.

La foi est plus parfaite que la raison parce que son autorité est plus grande. Or le dogme exclut que la volonté puisse changer d'orientation après sa séparation d'avec le corps. Donc, si ce qui précède est recevable, cet acte ultime qui décide de la condition éternelle de l'âme humaine doit participer tant de la vie terrestre que de la vie de l'âme à l'état séparé, à l'intersection des deux ; un tel acte s'accomplit dans l'acte de la mort, entre la vie terrestre et la vie d'âme séparée, dans l'instant qui les sépare et qui tout autant les unit, qui les différencie et qui tout autant les identifie, à la manière dont le présent, terme du passé et principe du futur, fait s'identifier en lui ces deux extrêmes que tout autant il sépare.

Cet acte libre ultime est l'achèvement du dernier acte libre posé dans l'état de non-séparation, et il peut consister soit dans la ratification ou confirmation de ce même acte par lui-même, soit dans sa remise en cause.

Mais l'exigence du dogme est quand même respectée si l'on retient que l'acte de la mort fait partie de la vie, et peut être considéré comme l'achèvement de la vie terrestre, son terme constitutif qui, certes, est aussi sa suppression. Si l'instant de la mort est le dernier instant de la vie (le « terminus ad quem » de la vie mondaine étant le « terminus a quo » de la vie de l'âme séparée), cet acte ultime de la volonté libre ratifiant ou reniant ses actes passés s'accomplit aussi dans la condition d'âme séparée ; l'acte de mourir est exercé pendant que l'on est en train de vivre, et s'achève (se consomme et se renie) dans l'état d'âme séparée ne vivant plus d'une vie mondaine.

§ 36. 6. 4. Suite.

Selon la réponse traditionnelle à la question de la détermination du destin de l'âme dans l'acte de la mort, l'âme prend acte de ce qu'elle mérite, et se découvre sans fard, se juge telle qu'elle est sans pouvoir se fuir, et s'oriente vers ce que lui mérite son état, sans qu'il soit besoin d'en appeler à un choix ultime supplémentaire. Force est de se demander pourquoi elle est rendue incapable de fuir (quand elle est objectivement devenue haïssable à elle-même) ce qu'elle a fait d'elle-même durant sa vie mondaine, ainsi pourquoi elle est rendue incapable de se déterminer, de revenir sur ses actes passés. On doit se souvenir que si elle conserve son libre arbitre en étant séparée du corps, cependant qu'elle ne peut plus se reprendre, c'est parce qu'elle a librement choisi de ne pouvoir se reprendre, s'est librement déterminée à renoncer au pouvoir de se déterminer dans le futur. On dira qu'elle découvre qu'elle s'était déjà déterminée sans retour en se mentant, en se masquant le caractère irréversible de son choix, et plus généralement qu'il n'est pas un seul acte libre qui ne soit implicitement choix de Dieu ou choix de l'enfer, et que la mort se contente de rendre évidente cette responsabilité de la volonté ; mais enfin, une volonté peut-elle choisir de s'investir dans un choix qu'elle veut et rend irrévocable, si elle est obscure à elle-même ? Ne doit-elle pas se connaître absolument pour accéder à cette souveraine maîtrise de soi par laquelle elle peut renoncer à cette versatilité en laquelle elle a coutume, de manière erronée, de reconnaître sa liberté ? Poser un acte de volonté irréversible, c'est s'investir tout entier et totalement en cet acte, c'est épuiser toutes ses possibilités de volition en un seul acte, et c'est pourquoi cela revient à maximiser le pouvoir d'autodétermination du vouloir : l'acte de se rendre incapable de remettre en cause ce qu'on a choisi n'est que l'envers de la souveraine liberté de cet acte. Mais l'acte libre n'engage la volonté de manière définitive, s'il est permis de s'exprimer ainsi, que dans la mesure où la volonté, voulant ce qu'elle sait, sait en retour ce qu'elle veut et tout ce qu'elle peut vouloir. Qu'elle veuille ce qu'elle sait — soit : que l'homme veuille ce que lui fait connaître son intellect proposant un bien à la volonté —, cela dépend de la nature même de la volonté qui est appétit rationnel, tendance actualisée par la connaissance intellectuelle du bien. Qu'elle sache nécessairement ce qu'elle veut — soit : que l'homme sache ce qu'il veut quand il le veut et ne se contente pas de le désirer, quand donc il exerce une volition et non seulement une velléité —, que l'homme soit en demeure de savoir ce qu'il veut pour que le mouvement de sa volonté soit une authentique volition, c'est la même chose que de vouloir ce que l'on sait. Et donc, voulant ce qu'elle sait et sachant ce qu'elle veut, la volonté ne peut s'exprimer selon le maximum de son pouvoir d'autodétermination (celui qui l'engage tout entière et totalement) que dans la mesure où elle sait tout ce que sa nature l'invite à vouloir, et par là tout ce qu'elle lui prescrit de ne pas vouloir. Et cette condition est remplie quand l'âme est transparente à elle-même, et semble-t-il, seulement dans cette situation.

§ 36. 6. 5. Suite.

Au reste, déclarer que l'homme en état de péché mortel est justement damné quand le saisit la mort — laquelle le saisit sans lui demander son avis et sans s'annoncer —, et maintenir, comme il semble qu'il faille logiquement le faire, que la volonté ne peut poser un choix irréversible que si elle le veut tel, cela revient à poser que, au fond, en tout choix libre, quel qu'il soit, la volonté s'engage selon une intentionnalité d'irréversibilité, et que, de fait, elle ne peut se reprendre que par un décret qui ne dépend pas d'elle, à savoir le fait de continuer à vivre sur Terre. Or cela même nous paraît problématique, parce que celui qui pèche, même mortellement, pose un acte alors qu'il est assujetti au temps, et sait qu'il y est assujetti, que par là il lui sera loisible probablement de se ressaisir et de changer de direction morale. Qu'il soit gravement coupable de prendre le risque de se révéler mortellement pécheur à l'instant de mourir n'est pas douteux, de même qu'est gravement coupable d'imprudence, et responsable, celui qui — par vanité, par gourmandise ou par faiblesse —, prend sciemment le risque, en s'enivrant, de périr d'une crise cardiaque ou d'un accident vasculaire cérébral. Mais autre chose est de commettre la faute de prendre un risque inconsidéré, autre chose est de vouloir de manière irrévocable s'enfermer dans son péché. Il nous semble bien que l'acte libre qui détermine l'homme à une vocation effectivement irréversible doive exiger, pour être tel, que cet homme soit capable de vouloir cette irréversibilité *en la sachant être effectivement telle*, ce qui n'est acquis pour aucun acte posé dans la vie temporelle, du fait même que la temporalité est porteuse, à raison d'elle-même, d'une possibilité de reprise de cet acte.

§ 36. 6. 6, suite. Les deux positions sont-elles incompatibles ?

Cela dit, on peut quand même se demander si la réponse ici esquissée diffère beaucoup de la réponse traditionnelle. La volonté est maîtresse de ses actes, ainsi maîtresse d'elle-même non seulement quant à ses actes mais quant à son état : elle se fait influencer, et même conditionner par l'usage qu'elle fait d'elle-même, elle est modifiée par sa propre activité, elle contracte des habitus. Celui qui a fait mauvais usage de sa liberté pendant sa vie terrestre a en quelque sorte influencé sa nature (individuée) au point de se rendre progressivement incapable de renoncer à ce qui l'empêche d'atteindre sa vraie fin, ainsi de poser un acte rédempteur qui contredirait la voie de perdition que sa volonté a embrassée des décennies durant ; il a élevé les murs de sa propre prison en sachant qu'ils seraient de plus en plus difficilement franchissables. Il ne peut que constater qu'il s'est destiné à l'enfer, ainsi constate-t-il qu'il ne veut pas autre chose que ce qu'il voulait quand la mort l'a figé, à savoir sa perdition sans retour ; cela explique que la volonté, dans cette situation, soit pratiquement incapable, dans le moment où elle s'appréhende séparée, de poser un nouvel acte qui contredirait ses actes peccamineux passés, ou plutôt de faire ultimement se contredire par lui-même son dernier acte posé dans l'état d'union de l'âme et du corps ; plus précisément, son acte ultime est une « nolition », un non-acte de vouloir, un « ne pas vouloir » ayant raison de « vouloir ne pas vouloir », une décision de ne pas vouloir, un abandon volontaire (par découragement, ou perte d'espérance) au poids, porteur de damnation, de la série antérieure de ses actes peccamineux. Mais il n'est pas acquis que le même raisonnement puisse être tenu à propos de l'âme demeurée orientée vers le Bien : ses actes vertueux passés l'ont non seulement accoutumée à choisir le bien, mais ont revitalisé ou enrichi sa puissance de choisir ; vouloir le mal est vouloir mal, et donc vouloir moins, au sens où nous l'avons entendu plus haut (§36. 5) ; vouloir le bien est vouloir bien, et donc vouloir plus ; mais être doté d'une plus grande puissance de vouloir est corrélatif d'un enrichissement de la vigueur du libre arbitre ; la volonté est d'autant plus capable de poser un acte nouveau en tant que séparée, cependant qu'elle est obscure à elle-même aussi longtemps que, quelque vertueuse qu'elle soit devenue dans le cours de sa vie terrestre, elle ne connaît pas son état séparé. Si l'irréversibilité des choix opérés dans la vie terrestre a besoin en permanence d'être confirmée dès lors que, dans la vie temporelle, une telle irréversibilité est plus intentionnelle qu'acquise (voir plus haut : § 36. 4, deuxième alinéa), le choix irréversible proprement dit n'est-il pas requis quand l'âme est révélée à elle-même ?

§ 37. 1. Le point de vue d'un thomiste de renom.

Sur la question, voici ce qu'enseigne le Père Sertillanges dans son *Catéchisme des Incroyants* (Flammarion 1964 pp. 299 à 318) ; chacune de ses assertions est suivie de notre commentaire :

1) *« Le pécheur s'accommode de la privation de Dieu parce qu'il ne connaît ni Dieu ni lui-même, et ne peut donc se rendre compte de la souveraine convenance de l'Être premier avec chaque être, mais très particulièrement avec l'être raisonnable, en état de plonger en Dieu, par l'intuition du ciel, jusqu'à d'intimes profondeurs. Mais nous croyons qu'à l'heure du jugement, une subite révélation de ce rapport est faite à toute âme. C'est la lumière du jugement même. Ensuite, pour le misérable damné, cette lumière devient une conscience inextinguible de son malheur ».*

Un tel enseignement nous suggère ceci :

Si une subite révélation (il s'agit d'une révélation naturelle, non surnaturelle) de cette souveraine convenance de Dieu avec l'âme humaine est faite à l'âme dans l'acte de se séparer du corps, cette révélation, qui est une nouvelle connaissance, constitue, en tant que connaissance, un principe nouveau d'autodétermination du vouloir, puisque la volonté est mue par l'intellect. Il est bien évident qu'une telle connaissance concerne l'âme et son destin ; si l'âme se voyait privée de son pouvoir d'autodétermination ultime dans l'acte d'accéder au savoir évident de l'essence de sa vocation ultime, il faudrait dire que l'âme se voit imputer la responsabilité d'un choix dont certains éléments nécessaires à la claire délibération qui y a présidé lui manquaient. Il faudrait dire qu'elle peut se damner par aveuglement involontaire et non en plénière responsabilité ; mais alors on ne pourrait plus dire que ne vont en enfer que ceux qui veulent y aller.

Si l'idée de la souveraine convenance de l'Être premier avec la nature de l'âme humaine est acquise dans et par une révélation opérée à l'heure du jugement, c'est que la révélation faite à l'âme de son état doit être accomplie pour que soi appréhendée la possible disconvenance de l'âme avec son Principe ; mais si le caractère irréversible de la volonté engagée dans ses choix peccamineux suppose la conscience d'une disconvenance, c'est que l'âme ne se damne que par un acte ultime qui semble bien supposer l'acte de la mort que présuppose ladite révélation.

§ 37. 2. Sertillanges (suite).

« Que savons-nous de ce que devient, dans cet autre état de l'être, notre catégorie du temps ? Que savons-nous de l'âme séparée et du régime psychologique où elle s'établit ? Ce qu'on est en mourant, peut-être le demeure-t-on par une nécessité de constitution spirituelle, par un arrêt de l'évolution psychique en matière de choix. En tout cas, nous savons que ce n'est plus alors le temps de la grâce ».

Le problème est pour nous de savoir si cet arrêt de l'évolution psychique en matière de choix est opéré par la volonté même (ce que nous croyons, pour les raisons exposées dans notre § 36. 4 ci-dessus), ou s'il dépend d'une décision divine indépendamment de tout choix humain, comme si le pouvoir d'autodétermination du vouloir pouvait être supprimé sans l'aval de la volonté elle-même.

§ 37. 3. Suite.

« *Et qui peut peser le péché sans savoir ce qu'est Dieu, ce qu'est l'homme dans son rapport naturel et surnaturel avec Dieu ?* ».

C'est précisément cette certitude qui nous invite à croire qu'il existe un choix ultime de la volonté humaine *après* qu'elle s'est enquise de son état et a été rendue apte à le juger à l'aune de ce qu'elle doit être. C'est seulement s'il sait ce dont il se prive que le damné se fait librement damné, et il n'est damné que s'il choisit de l'être. Et c'est seulement dans la révélation de son ordination naturelle et foncière à Dieu que l'homme sait effectivement ce dont il se prive.

§ 37. 4. Suite.

« *L'homme qui soupçonne chez son père quelque grandeur mystérieuse inconnue de lui et quelque sacrifice secret, mais incomparable, accompli en sa faveur par ce père, n'est-il pas responsable, s'il offense ce père, de cela même qu'il ne connaît point ? Nous qui savons la grandeur incommensurable de notre Dieu, l'infini de sa tendresse, l'ampleur du sacrifice de la croix, sommes-nous fondés vraiment à dire : je ne suis pas responsable à l'égard du mystère des justices célestes, sous prétexte qu'au moment de la faute nos images mentales ne nous les représentent point* ? ».

Cela est vrai, mais autre chose est de pressentir la gravité du mal que l'on choisit, autre chose est de poser un acte effectivement irréversible : tout acte volontaire mondain même voulu comme irréversible est tel qu'il a besoin d'être reconduit, confirmé, entretenu à chaque instant, pour engager l'homme dans tout son être, comme nous pensons l'avoir établi dans notre § 36. 4 ci-dessus. Quand bien même l'homme sait, ou entrevoit, pendant sa vie terrestre, qu'un choix opéré par lui peut avoir une conséquence éternelle (choisir un mal est déjà se placer sur le chemin de la damnation, et le pécheur le sait), ainsi peut avoir le poids d'une volition irréversible, il sait aussi, en posant un tel acte, que, supposé même que cet acte ait été voulu comme irréversible, cette irréversibilité était d'intention et non de fait ; surtout, il ne mesure pas véritablement le risque infini qu'il prend, parce qu'il est incapable de mesurer le degré de la convenance de Dieu avec son âme, de sorte qu'il est tout aussi incapable de mesurer exactement le degré de disconvenance de son âme avec son propre péché ; il s'agit alors plus d'une imprudence, certes déjà peccamineuse, que d'un refus délibéré et définitif de Dieu. Dans l'hypothèse, il y aurait en enfer des âmes qui non seulement regrettent de souffrir, sont frappées de remords, mais regrettent d'être en enfer et aspirent à en sortir, sont animées de contrition ; or la condition infernale exclut la contrition.

§ 37. 5. Suite.

« *La pénitence est possible ici-bas, parce que nous sommes dans un temps d'essai, d'« épreuve », sous un régime de grâce, et parce que la nature fluctuante de nos esprits, sujets de l'imagination, nous fait tantôt sortir du chemin et tantôt y rentrer. Mais arrachés par la mort à cette double condition ; ayant à rendre compte, et non plus à essayer ; n'ayant plus de grâces de relèvement, parce que nous ne sommes plus sur la route (…) ; n'étant plus livrés à ces fluctuations qui ne tiennent qu'aux images mentales, création du cerveau animé, nous entrons dans le domaine du définitif, du fixe, et 'là où l'arbre tombe, là il demeure'* ».

Ce que nous avons du mal à penser, c'est que l'impossibilité, pour l'âme, de se déterminer par volonté libre après sa séparation d'avec le corps, tienne à sa seule situation d'âme séparée, comme si le pouvoir de changer d'orientation était régi par un mode de fonctionnement de la volonté indépendant de son pouvoir d'autodétermination. La volonté est obscure à elle-même aussi longtemps qu'elle est unie au corps, puisque le corps est principe d'inconscience ; elle est dans le temps pour la même raison, puisque le temps est mesure du mouvement, et parce que le mouvement est acte de ce qui est en puissance, laquelle puissance, ici, suppose la matérialité, ainsi le corps. La volonté est incapable de poser un acte libre irréversible, d'une irréversibilité de fait et non seulement d'intention, aussi longtemps qu'elle est obscure à elle-même, c'est-à-dire aussi longtemps que l'âme est unie au corps. On obtient donc que l'impossibilité pour la volonté de poser un acte absolument irréversible est corrélative de sa condition temporelle. Mais c'est la nature de cette corrélation qui fait problème.

Suffit-il que cette condition temporelle, qui ne dépend pas de la volonté, soit levée pour que, ipso facto, cette même volonté soit incapable d'une nouvelle autodétermination ? Ou bien est-ce parce que, soustraite à sa condition temporelle, la volonté a puisé en ce nouvel état le pouvoir de s'engager de manière irréversible, que cette soustraction à la condition temporelle est ablative d'un pouvoir de changer d'orientation ? Si la première hypothèse est exacte, on obtient ceci : aussi longtemps qu'elle a vécu dans sa condition incarnée, l'âme volontaire n'a su poser que des actes qui avaient besoin d'être ratifiés par d'autres actes, ou corrigés par eux, parce qu'elle était impuissante à être certaine, du fait de sa méconnaissance de soi, d'avoir effectivement posé des actes irréversibles ; mais devenue de condition séparée, l'âme volontaire se révèle impuissante à poser d'autres choix, et son impuissance est posée par l'acte même à raison duquel elle pourrait, devenue transparente à soi, être opérativement habilitée à poser de tels choix. Et cela nous paraît peu intelligible.

§ 37. 6. Suite.

« Aucun de nos vouloirs particuliers n'est un vouloir absolu en ce sens qu'on le veuille, en fait, définitif : le pécheur se réserve sans doute de changer plus tard ; en tout cas il le pourrait, sous un régime de grâce, ne l'eût-il pas voulu tout d'abord. Toutefois, il y a dans tout acte pleinement délibéré une sorte de volonté inconditionnée dont il faut tenir compte, un choix sans condition de temps, un choix hors du temps, un choix qui, si l'avenir ne dépendait que du vouloir actuel en son essence même, vaudrait pour tout le temps, et qui inclut donc ce qu'on pourrait appeler une éternité subjective, en

passe de décider pour l'autre, à moins que dans le temps qui lui est laissé le pécheur ne change ».

Ce développement, qui en quelque sorte répond à notre hypothèse du § 36. 6. 5, appelle de notre part la même observation que celle dont nous avons fait suivre la citation contenue dans notre § 37. 4. Nous comprenons que, selon le Père Sertillanges, aucun vouloir humain exercé en cette vie n'est une volition absolue (c'est-à-dire inclusive du refus effectif, effectivement définitif, d'être remise en cause), du fait que l'homme sait qu'il est immergé dans le temps et qu'il a pour cette raison le loisir de changer d'orientation ; mais supposé que la conscience de sa temporalité soit levée du fait d'être extrait de la vie temporelle par la mort, ce même acte, de soi relatif et non absolu, se révélerait, selon l'auteur du célèbre catéchisme, telle une volition absolue. Il faut comprendre ici, semble-t-il — pour autant que, par égard pour l'auteur, on se refuse à constater une contradiction dans son propos —, qu'une volition est toujours gravide d'un engagement absolu de celui qui la pose, mais que seule la temporalité désamorce son intentionnalité en la délestant de sa portée absolue. Il s'agirait d'un engagement absolu que ses conditions temporelles d'insertion dans l'existence rendraient, de fait, relatif, ainsi révisable.

Et cela encore nous paraît peu intelligible :

La volonté est par nature, de manière non délibérée, ordonnée au Bien absolu au regard duquel elle n'est pas libre (on ne délibère que des moyens), et c'est pour cela qu'aucun bien particulier ne la nécessite et que, le choisissant, elle le rend déterminant pour elle, ce qui revient à dire qu'elle le veut *librement* ; dès lors, tout acte visant un bien particulier est exercé dans le sillage, ou plutôt dans la ligne de mire de la recherche du bien absolu ; tout acte libre a quelque chose d'absolu en ce sens qu'il emprunte à son appétit de l'absolu la puissance de se déterminer au relatif au travers duquel il vise l'absolu. Tout acte libre, sous ce rapport, résulte d'une volition médiatement inconditionnée, mais en fonction de ce que la raison, qui inspire la volonté, peut savoir de l'absolu, et ce savoir dépend, quant à lui, du mode d'existence de l'âme, incarnée ou séparée. La temporalité de l'exercice mondain de la liberté vient du caractère successif — ainsi mobile — de l'élection des moyens en vue de la fin. Et les moyens dont il y a consécution ne se présentent pas à l'esprit dans l'unité d'un simple regard, ils s'inventent, se découvrent eux-mêmes de manière progressive, et se révèlent contingents, imposés par les circonstances. Aussi, en dernier lieu, le caractère révocable des actes libres posés en cette vie, non exclusif du fait que ces derniers procèdent proleptiquement de la fin ultime vers laquelle incline de manière naturelle — ainsi nécessaire — l'orientation de la volonté, vient de ce que l'intellect, qui meut la volonté, est lui-même assujetti au temps. Ce dernier voit dans une relative obscurité, il passe de la puissance à l'acte et, parce qu'il meut la volonté, les volitions sont marquées d'un caractère relatif ou révisable : sur Terre, on veut toujours sous caution, même quand on croit vouloir absolument ; on veut toujours selon un degré d'engagement proportionné au degré de clarté de l'intellection qui meut la volition. Dès lors, s'il y a vocation de la volonté à s'investir absolument dans tout choix — si tout choix, du seul fait qu'il est libre, engage en droit, implicitement, la volonté dans une « éternité subjective » —, *en fait* cette volonté ne s'investit jamais de manière absolue dans ses choix mondains.

La mauvaise foi, le mensonge à soi consiste pour l'âme à se masquer le caractère médiatement absolu de tous ses choix, mais cela laisse entier le problème de savoir si la volonté peut, en état de vie mondaine, poser un choix qui serait irrévocable de fait et non seulement d'intention ; il nous semble que ce qui est voulu d'une irrévocabilité d'intention se révèle toujours en fait, ici-bas, révocable. Vouloir le mal consiste à décider de chercher le Bien là où il n'est pas, ainsi à absolutiser ce qui est relatif, à se faire juge de ce qu'est le Bien. La liberté de la volonté en vient à prétendre à définir, ou même à se donner la nature de la volonté même. On peut, en empruntant ce vocable à Sartre, parler de « choix fondamental » (ou bien Dieu, ou bien le Moi qui se veut créateur du bien et du mal, et de sa nature même, et telle est la liberté qui s'exalte en se prenant pour fin), lequel fera épouser une certaine logique (dégagée par la « psychanalyse existentielle ») à la volonté qui, focalisée par un tel choix, n'aura pas recours à n'importe quel moyen pour atteindre le but qu'exprime un tel choix. Et cette logique est en effet telle que les moyens sont marqués par l'absoluité du but défini par le choix fondamental. Mais l'absoluité de ce choix désigné comme fondamental est elle-même suspendue à la volonté libre qui, toujours, peut en changer au cours de la vie, parce qu'elle s'ignore elle-même en partie, est opaque à elle-même. Ce que nous essayons de dire laborieusement, c'est que la temporalité n'est pas seulement ce qui affecte extrinsèquement nos choix en connotant d'une valeur accidentellement relative ce qui serait par essence absolu ; elle rend intrinsèquement conditionnels des choix que la volonté se sait en désir d'exercer en vue d'un choix absolu.

§ 37. 7. Suite.

Le pécheur « *change tant qu'il veut ici-bas. Mais comme au-delà il n'y a plus de changement, il est de droit, à parler en rigueur, que le pécheur ayant péché 'dans son éternité à lui', comme dit saint Augustin, 'Dieu le punisse dans la sienne'* ».

Ce développement appelle de notre part la même observation que celle dont nous avons fait suivre la citation contenue dans notre § 37. 5.

§ 37. 8 Suite.

« *Si l'on peut être damné — comme être sauvé — par un seul acte, c'est que cet acte exprime, au regard infaillible de Dieu, notre personnalité profonde telle que nous nous la sommes donnée à nous-mêmes, notre liberté en son élan total, notre attitude décisive en face de la vie* ». *La connaissance de ce fait,* « *nous ne l'avons jamais avec certitude, et le plus souvent nullement. Rien n'est plus mystérieux pour nous que nous-mêmes. Mais ce que nous ne savons pas, bien que ce soit notre œuvre, Dieu le sait* ».

Pouvons-nous nous donner notre personnalité profonde sans savoir avec certitude que nous nous la donnons ? Peut-être. Mais pouvons-nous vouloir nous la donner sans savoir que nous le voulons ? Cela paraît bien délicat.

Nous comprenons ici que, selon notre théologien, l'homme peut se damner en un seul acte posé *avant* la mort ; qu'il peut s'engager de manière irréversible par le dernier acte libre posé dans le temps de la vie terrestre, parce que cet acte exprime ce que l'âme a fait d'elle-même non par hasard mais en toute connaissance de cause et de manière définitive, puisque cet acte exprime « notre liberté en son élan total, notre attitude décisive en face de la vie » ; or qui dit « liberté en son élan total » dit acte irréversible, engagement sans retour de la volonté en son acte, acte voulu comme irréversible, acte épuisant les puissances d'autodétermination du vouloir, par là tel qu'il ne puisse pas être repris par ces mêmes puissances. Mais la volonté ne peut épuiser en un seul acte, à la manière des anges, son pouvoir d'auto-actuation, que si elle se connaît sans reste, parce que, autrement, ce qu'elle croit pouvoir vouloir ne coïncide pas avec ce qu'elle peut effectivement vouloir, et alors elle ne se détermine pas sans reste, de sorte que l'élan de sa liberté n'est pas total, par là n'est pas irréversible. Or force est de se souvenir que, dans l'optique même du Père Sertillanges (comme il appert de son enseignement exposé ici dans les §§ 37. 1 à 37. 3 et 37. 6), l'âme ne se connaît pas telle qu'elle est en son fond aussi longtemps qu'elle est unie au corps. Donc le raisonnement du Père Sertillanges paraît révisable, qui attribue à l'âme des pouvoirs qui lui viennent de son état séparé pour expliquer qu'elle puisse se déterminer sans retour avant cet état séparé.

On dira que Dieu sait peser l'âme quand bien même elle ne sait pas véritablement ce qu'elle a fait d'elle-même et comment elle se veut elle-même (sauvée ou réprouvée) ; on dira que Dieu sait en vérité ce qu'elle a voulu faire d'elle-même et que la mort la révèle à elle-même telle qu'elle a voulu être, et être sans retour. Le problème est que l'âme ne peut pas vouloir quelque chose en y engageant tout son pouvoir de vouloir sans savoir qu'elle le veut. La même difficulté logique que précédemment se dégage donc ici.

§ 37. 9. Suite.

Il n'est ni impossible ni injuste qu'un homme ayant mené une vie vertueuse tout au long de sa vie soit damné pour un seul péché commis à la fin de sa vie. Néanmoins, *« on ne voit pas Dieu tendant un piège à sa créature, la surprenant, après une vie de mérite, au moment d'un oubli, fût-il, de soi, mortel. Les jugements de Dieu totalisent ; ils pèsent l'âme plus que le fait. L'âme <dans l'hypothèse> est honnête : donc <cet> honnête homme, en état de péché mortel comme par accident, ou bien ne mourra point, Dieu lui laissant le temps de se ressaisir et de se révéler lui-même, ou bien il mourra, mais prévenu par des grâces dernières qui le mettront en demeure d'opérer in extremis cette même révélation* ».

Il nous semble, à la lecture de ce texte, que le Père Sertillanges n'aurait pas vu une difficulté illusoire ou un sophisme dans le problème que nous nous efforçons ici, péniblement, à poser et à résoudre.

Mais nous confessons apercevoir une espèce de contradiction entre l'idée d'un homme en état de péché mortel « comme par accident », et l'idée selon laquelle (voir au § 37. 6 les enseignements de ce Père sur la question de l'enfer) tout acte libre terrestre envelopperait un engagement absolu que seule la temporalité rendrait réversible, ainsi relatif. Si l'on peut être en état de péché mortel « par accident », c'est qu'on est par essence non pécheur mortellement, et que l'acte peccamineux matériellement mortel n'a pas engagé la volonté de manière irréversible ; il ne l'a pas engagée non parce qu'elle était dans le temps, mais parce qu'elle était incapable de poser un acte irréversible aussi longtemps qu'elle était dans le temps, et cela non du fait du temps en tant que tel, mais du fait de sa méconnaissance suffisante d'elle-même et de sa fin ultime. Ce n'est pas à dire que, à nos yeux, tout péché mortel serait impossible pendant la vie terrestre ; il va de soi que l'homme peut pécher mortellement, ainsi savoir qu'il pèche et qu'il mérite l'enfer : le péché est dit mortel en tant qu'il détruit l'amitié avec Dieu en faisant fuir la grâce. Le péché mortel détruit en l'homme, tendanciellement, du fait que son vouloir se fait affecter par sa propre activité, son aptitude (laquelle, depuis la Chute, suppose la grâce) à renoncer aux biens peccamineux, et, ce faisant, le pécheur prend le risque, lui-même peccamineux, de se révéler incapable, quand il s'agira de choisir sans retour, de faire le bon choix : c'est un peu le cas de l'ivrogne qui, à l'absorption de chaque verre d'alcool, sait qu'il détruit chaque fois un peu plus son pouvoir de se soustraire jamais à son vice, et sait qu'il ignore le véritable état de délabrement de ce pouvoir même, se supposant toujours la force d'arrêter plus tard, alors qu'il l'a exténuée depuis longtemps. Il est évidemment responsable de sa propre déchéance, il est responsable de sa possible incapacité future et ultime à faire le bon choix. Dieu nous donne une volonté libre que nous pouvons modeler par l'usage que nous en faisons ici-bas ; si nous en faisons mauvais usage, nous l'affaiblissons, et nous en sommes évidemment responsables ; et de plus, étant responsables de son affaiblissement, nous sommes responsables de notre impuissance à faire le bon choix quand l'alternative ultime — Dieu ou le Moi — s'impose à nous à l'heure du jugement, quand se produit cette subite révélation, évoquée par le Père Sertillanges (au § 37. 1), de la souveraine convenance de Dieu avec l'âme. C'est en ce sens, selon nous, que nous devons nous tenir prêts à chaque instant, puisque Dieu viendra nous surprendre comme un voleur. Et nous croyons pour notre part, bien que ce ne soit pas de foi, qu'il y a beaucoup de monde en enfer, et que cela est évidemment juste. Quand l'âme souillée par sa faute s'est tellement accoutumée à ses vices qu'elle en est venue à trouver haïssable ce qui est en soi délectable (à la manière dont le sevrage salvateur suscite la pituite et le delirium tremens dans l'ivrogne qui engloutira sa dose de poison en ayant l'impression de se soigner), la perspective du purgatoire, éminemment douloureux, et le peu d'appétibilité qu'évoque pour elle la perspective du salut en Dieu, l'invite à préférer à ce dernier la damnation. Ce qu'il y a de terrible dans la liberté de notre volonté, de véritablement formidable, c'est qu'elle est responsable d'elle-même non seulement parce que cause de ses actes, mais encore en ce sens qu'elle maintient intact ou exténue, par ses actes, sa puissance d'aimer le bien. Ce que nous devons redouter au plus haut point dans la perspective de notre mort, c'est la situation d'une âme constatant qu'elle n'est même plus en appétit de l'Objet qui seul convient absolument à sa nature.

§ 37. 10. Suite.

« *Le pécheur ne sort point de l'enfer parce qu'il ne se repent point ; il ne se repent point parce qu'il est hors de la zone du changement possible, hors le flux et le reflux de l'âme, hors le temps de la grâce. Il est toujours puni parce qu'il est toujours pécheur, éternellement obstiné dans son mal* ».

La question est de savoir si c'est parce qu'il ne se repent point, se figeant librement dans son péché, qu'il est hors de la zone du changement possible, ou si c'est parce qu'il est placé hors d'une telle zone qu'il se trouve dans l'incapacité de se repentir, c'est-à-dire de se déterminer « in diversa ».

§ 37. 11. Suite.

Il y a des cas de rémission accordés à des damnés, *« mais quoi qu'il en soit de leur authenticité, qui n'a aucune garantie certaine, on les interprète conformément à la doctrine. Saint Thomas dit : ceux-là sont sortis de l'enfer parce que leur sentence n'était pas décisive. (...) Rien n'enchaîne le pouvoir divin en ce qui concerne l'application de ces règles. La règle est : toute destinée vraiment à son terme est fixée à tout jamais. Mais quand est-elle à son terme, cela dépend de la Providence. Régulièrement, c'est le temps de la vie ; mais au delà, s'il plaît à Dieu, l'épreuve peut se poursuivre ; on peut être 'voyageur' ailleurs que sur ce sol ; on peut être voyageur sur ce sol une seconde fois, comme ce fut le cas de Lazare ressuscité. Cela ne fait aucun tort aux principes et peut répondre à certaines situations morales ».*

§ 37. 12. Suite.

« (...) nous sommes responsables de nos actes dans la mesure de nos lumières et de nos pouvoirs ».

L'enseignement du Père Sertillanges des §§ 37. 10 et 37. 11 nous inspire les considérations suivantes :

Quand bien même un cas de rémission accordé à un damné n'a jamais eu lieu et ne se produira jamais (c'est au reste notre opinion), saint Thomas considère la chose comme possible, à savoir que la sentence ayant livré un tel homme à l'enfer n'était pas décisive. Qu'est-ce à dire, sinon qu'un homme en quelque sorte « surpris » par la mort en état de péché mortel n'est pas, du seul fait d'être placé hors du temps, justiciable de l'enfer *éternel*, c'est-à-dire n'est pas encore tenu pour avoir librement choisi l'enfer de manière irréversible (on ne va en enfer que si l'on veut y aller, et seulement si l'on veut y aller de manière irréversible) ? N'est-ce pas suggérer que le choix de l'enfer éternel, assurément possible à nos yeux, requiert l'épreuve de l'acte de la mort en tant que cet acte seul donne à l'âme de se déterminer en toute connaissance de cause ?

Nous n'avons pas abordé ici la question du rapport entre liberté humaine et grâce. Nous devons croire, parce que le dogme nous l'impose, que le temps de la grâce est celui de la vie terrestre, et que le « temps » de la justice fait suite à celui de la miséricorde. La grâce étant gratuite, Dieu la donne à qui Il veut et quand Il veut. Et l'état de péché mortel ne peut être changé – nous le savons aussi par la foi – que moyennant la grâce qui, seule, peut permettre au pécheur de se détourner efficacement du mal en les rets duquel il est emprisonné (la grâce, au passage, ne détruit pas le libre arbitre et le mérite, tout au contraire elle les renforce). On ne peut donc plus mériter ou démériter après la mort consommée. Mais ces vérités indubitables laissent entier le problème de savoir si la décision ultime opérée par la volonté humaine est posée, en vertu de la nature même de la volonté, avant l'acte de la mort ou *dans* cet acte même. Et nous avons opté pour la seconde réponse. Pour reprendre le vocabulaire du Père Sertillanges dans son développement exposé dans notre § 37. 10, c'est parce qu'il ne se repent pas que le damné ne sort pas de l'enfer ; c'est parce qu'il s'est librement figé dans son péché qu'il s'est placé hors de la zone du changement possible, et c'est parce qu'il s'est révélé à lui-même sans fard dans l'épreuve de la mort – laquelle épreuve, consommée, est corrélative de la suppression de la temporalité – qu'il a pu poser un acte libre effectivement irréversible. Mais cet acte ultime, qui suppose, si l'on peut ainsi parler, qu'on ait un pied dans le temps et un autre dans l'au-delà du temps et du devenir, est encore un acte mondain, assujetti au devenir, s'il est vrai que l'acte de mourir achève, aux deux sens du terme, la vie terrestre, et lui appartient à la manière dont le terme d'un voyage appartient au voyage que, tout autant, il clôt.

S'interrogeant sur l'opportunité d'une restauration de la nature humaine après la Chute, saint Thomas (*In III Sent. d. 20, q. 1, a. 1, quaestiuncula 1*) répond à l'objection selon laquelle la nature de l'ange est aussi précieuse que la nature humaine, et que donc cette dernière n'avait pas à être rachetée dès lors que celle-là ne le fut pas. Exposant la réponse de l'Aquinate, Marie de l'Assomption (Emilie d'Arvieu, *Nature et grâce chez saint Thomas*, Parole et silence 2020, p. 306) fait observer ceci : l'ange connaît en pleine lumière en raison de son intellect déiforme, il se détermine librement sans délibération discursive, saisissant intuitivement la conclusion dans le principe, et par là se fixe dans un choix immuable ; alors que l'intellect humain, qui est raison, requiert de délibérer laborieusement pour se déterminer, ce qui induit une marge d'ignorance et « laisse la possibilité à la volonté de changer d'objet ». L'ange au contraire est mis d'emblée en présence de tout ce qu'il peut connaître, de sorte que son vouloir, par nature, est capable de se fixer d'emblée. Cette explication nous invite à comprendre ceci : décider de poser un acte irréversible, cela revient à épuiser toute la puissance du vouloir en cet acte ; ainsi le vouloir ne peut-il se reprendre puisqu'il s'est dépossédé de toute instance potentielle en retrait de lui-même l'habilitant à s'investir autrement ; la volonté ne peut épuiser sa puissance d'autodétermination en un seul acte qu'en excluant de pouvoir être postérieurement séduite par un autre choix, ce qui équivaudrait à lui faire regretter son choix précédent ; mais pour épuiser toute la puissance du vouloir en un seul acte, l'intellect qui meut ce vouloir doit être mis d'emblée en présence de tout ce qu'il peut connaître et est susceptible de vouloir ; autant dire que la personne qui se détermine ainsi doit se connaître sans obscurité car, s'il demeure en elle une poche d'ignorance d'elle-même, elle est structurellement impuissante à s'investir tout entière et totalement — ainsi irréversiblement — en un seul acte. Récapitulons : en dehors de la Vision, rien, autre que la volonté même, n'est capable de lui faire poser un choix irréversible ; à défaut d'un savoir exhaustif d'elle-même, elle est incapable de poser un tel choix ; à moins de faire l'épreuve de la condition d'âme séparée (le corps étant principe d'inconscience), le sujet voulant conserve par devers lui une poche d'obscurité ; dès lors, l'acte véritablement irréversible n'est possible pour l'homme que dans le premier instant de sa condition incorporelle, lequel instant est tout autant le dernier de sa vie d'âme incorporée.

Autre chose est de repérer une vérité captive dans un texte moderniste (*Gaudium et spes*), autre chose est de céder à la séduction du modernisme — inspiré par le subjectivisme — de ce texte.

§ 38. 1. Liberté et nécessité sont en relation dialectique.

Si, par impossible, une volonté créée était mise, contre son gré, au contact de Dieu, elle ne pourrait pas ne pas l'aimer, tendre vers Lui de toutes ses forces, parce que Dieu est concrètement ce Bien absolu dont l'idée constitue l'objet formel de la volonté : tendance vers le Bien en tant qu'il est conçu, ainsi pris dans son universalité ou son essence. Mais cette actuation de la volonté serait évidemment exhaustive, ne laissant aucune virtualité du vouloir insatisfaite, ou en puissance. De ce fait, la volonté serait actuée tout entière et totalement en un seul acte, et en un seul acte qui serait irréversible, en un acte qui lui échapperait et qu'elle ne pourrait reprendre parce que, si elle pouvait le reprendre pour lui en substituer un autre, c'est que serait demeurée en elle une puissance de volition non actuée ; la volonté, en l'occurrence, serait nécessitée. Cela dit, quand il est donné à la volonté de se tourner vers le Bien pour se faire remplir de Lui, c'est librement qu'elle se tourne vers lui, en ce sens que cette orientation qu'elle contracte procède de son choix, est un effet de son libre arbitre, est le fruit d'une autodétermination. Et la volonté sait qu'en se tournant vers un tel Bien, elle sera nécessitée par lui ; aussi peut-on dire que, se tournant vers lui, la volonté décide souverainement de se faire nécessiter, ou encore de s'actualiser exhaustivement en une seule opération. Et cette décision est le sommet de la souveraineté sur soi du vouloir, ainsi l'acmé de la puissance du libre arbitre, car c'est là la position d'un engagement radical ; un engagement qui peut être remis en cause est un engagement avorté, parce que le propre d'un engagement est d'engager au sens de mobiliser, de convoquer ; se déterminer en se donnant une détermination qui peut être révoquée, c'est, pour la volonté, poser une détermination qui peut être défaite, qui contient en elle-même la possibilité d'être indéterminée, dé-déterminée, prête pour la position d'une nouvelle détermination qui sera tout aussi incertaine, aussi inchoative ou avortée que la précédente. Une volonté libre, maîtresse d'elle-même, absolutise sa puissance d'autodétermination en expérimentant le fait d'être capable de se libérer de toute chose, même d'elle-même, et l'acte de radicaliser sa liberté revient à décider librement de s'en défaire : le libre arbitre absolutise son pouvoir en se dépossédant de soi, et il se dépossède de soi en décidant librement de s'actualiser en un seul acte qui, en son unicité, sera, par le fait même, irréversible : par un tel acte, la volonté se dépossède de la propriété de son usage, et fait le don de sa maîtrise d'elle-même, mais par là même, si l'on peut ainsi s'exprimer, elle éternise l'acte souverainement libre de se déterminer.

Cette sommaire analyse permet de comprendre que l'exercice d'un libre arbitre considéré dans le sommet de sa puissance coïncide avec l'épreuve consistant dans le fait de se reconnaître comme nécessité. Il y a solidarité infrangible entre les deux aspects de la volonté, selon qu'elle est considérée dans sa nature définie comme appétit, ou dans sa nature définie comme pouvoir d'autodétermination. Dieu ne peut pas béatifier l'homme sans l'accord de l'homme, et l'homme ne peut pas accéder au bonheur parfait et à la liberté absolue sans se livrer sans retour, ainsi sans se donner sans reste à l'Objet de son amour.

Ce constat nous invite spontanément à méditer sur le problème de la prémotion physique, mais aussi sur celui de la mauvaise foi, et enfin sur celui de la permanence du libre arbitre dans la Vision béatifique.

La volonté ne peut pas ne pas céder à l'appétibilité infaillible du Bien quand il s'impose à elle, mais cette nécessité n'est que l'envers de la souveraine maîtrise d'elle-même : la volonté est nécessitée par ce qui est source de sa propre autonomie ou puissance d'autodétermination, laquelle est revitalisée et comme radicalisée par l'acte à raison duquel, comblée, la volonté est nécessitée. Comme le faisait observer saint Bonaventure (*I Sent., I 3 1 ad 2*), si l'homme tenait de la montagne qu'il tente de soulever la force par laquelle il y parvient, il soulèverait les montagnes les plus pesantes plus aisément que les plus légères ; si l'objet de la force était en même temps sa cause, la puissance de porter serait démultipliée par la pénibilité de ce sur quoi elle s'exerce ; si l'objet du vouloir est la cause de la puissance de vouloir, la volonté est revitalisée par ce qui l'exténue en la comblant.

Sartre nomme « facticité du Pour-soi » cette impossibilité de ne pas être libre pour une liberté plénière qui pourtant n'est pas sa propre origine : l'homme est jeté dans l'existence sans l'avoir demandé, il y est jeté comme libre, et n'y est jeté par personne, et il n'y peut rien. Et c'est un fait que nous ne pouvons pas ne pas être libres, quand bien même nous pourrions souhaiter nous soustraire à l'angoisse de notre responsabilité, et la fuir par la mauvaise foi. Nous retiendrons ici, de cette idée de facticité du Pour-soi, que la liberté entendue comme libre arbitre est comme emprisonnée par elle-même en tant même que liberté ; il en résulte que la liberté se libère de ce qui l'emprisonne, ainsi se radicalise en tant que liberté, par l'acte de renoncer librement à soi, ce qui revient à dire qu'elle s'affirme, *se* niant, dans sa négation, et maximise son affirmation de soi par l'exercice de cette négation même. Une liberté qui ne serait pas libre de ne pas être libre ne serait pas absolument libre, de sorte qu'elle bascule dans son contraire, la nécessité, quand elle s'absolutise ; elle se doit d'être libre de tout, même d'elle-même, pour être dite disposer de soi, ainsi pour être libre. Mais une nécessité se dit toujours d'une relation, elle dit la relation infrangible qui unit deux termes (tels, par exemple, le corps et l'âme, quand on déclare qu'il n'est pas d'âme humaine qui ne commence d'exister dans le statut qui est celui de l'acte d'un corps), de sorte que toute nécessité est relative, étant l'attribut d'une relation, et il en résulte qu'une nécessité absolue n'est plus une nécessité : elle bascule en liberté. Dieu nous fait infailliblement accomplir Ses décrets par une consécution d'opérations volontaires exercées par nous et souverainement autonomes, fruits de notre volonté et de notre raison. L'identité contradictoire de la liberté et de la nécessité se réalise quand les deux s'absolutisent chacune dans sa ligne : en nous autorisant à reprendre l'analogie ici exposée dans notre § 15. 4, nous dirons qu'il en est de la liberté par rapport à la nécessité, et vice versa, comme il en est du polygone inscrit dans un cercle, qui se sublime en cercle en radicalisant son identité polygonale ; il est non contradictoirement polygone et cercle du fait même d'absolutiser cette identité polygonale qui, de soi, est exclusive de la circularité ; se réalisant, une telle identité se révèle possible et, devenant possible, elle n'est plus contradictoire, ce qui revient à dire que le non-contradictoire est en soi dépassement de la contradiction assumée, victoire sur la contradiction éprouvée.

§ 38. 2. 1. Sur la rationalité du contradictoire.

Dire que le non-contradictoire consiste dans le dépassement de la contradiction assumée, c'est là, pour celui qui identifie la sagesse au bon sens qui sent bon l'évidence et que ne paralyse pas la crainte des fausses évidences, un propos qui sent l'hérésie, qui pue le marxisme et le relativisme, qui substitue le devenir à l'être et fait de toute vérité un résultat à jamais provisoire, intrinsèquement dépendant des exigences de la praxis. Tel est à tout le moins le sentiment du Réactionnaire fier de l'être, qui dénonce avec jubilation toute tentative de se soustraire à la loi d'airain du principe de non-contradiction, principe suprême de la pensée, drapeau du bon sens infaillible, norme de l'honnêteté, ami de la vérité objective et hantise des subjectivistes.

Et ce champion du bon sens, érudit, expliquera doctement qu'il peut s'agir non de Marx qui est passé de mode, mais de Hegel qui ne vaut guère mieux, auteur d'un panthéisme idéaliste délirant qui substitue, dans un langage ésotérique prompt à duper les niais, les sécrétions de ses orgueilleuses méninges à la réalité à laquelle il ne veut pas se soumettre.

Remarquons donc ici simplement, afin de calmer les ardeurs comminatoires de notre censeur, que, pour le plus intransigeant des objectivistes réalistes, tout est de l'être, et que chaque être est autre que les autres, et ainsi que l'être est ce qui fait s'identifier les êtres les uns aux autres (quelque différents qu'ils soient, ils ont au moins en commun d'être), et aussi ce qui les fait se séparer les uns des autres (les différences qui opposent les êtres sont encore de l'être) ; faire mémoire de cela, c'est confesser que l'être en tant qu'être est doué du pouvoir d'identifier les êtres entre eux et de les différencier, et qu'il est éminemment ce qu'il a le pouvoir de faire dans ce en quoi il se réalise ; puisqu'il « fait » de l'identité et de la différence dans les êtres, c'est qu'il *est* cette identité de l'identité et de la différence. Mais rien ne se contre-divise à l'être que le non-être, donc l'être — à savoir ce qui fait que les êtres sont de l'être, ainsi sont — est à la fois lui-même et la négation de lui-même, être et néant ; par conséquent il est devenir ; mais si l'être *est* devenir, cependant qu'il s'agit du devenir de son être, c'est que le devenir, qu'il est, devient, et devient nécessairement le contraire de lui-même, à savoir de l'être : l'être, considéré en son exigence d'immobilité, l'être en son besoin de ne pas être contaminé par cette espèce de non-être relatif qu'est le devenir, c'est ce qui se constitue dans la configuration d'une négation souveraine du devenir qu'il assume. Et ce qui a la forme d'une négation de négation est en soi réflexion. A sa manière, un Scolastique ne dit pas autre chose quand il enseigne que les transcendantaux sont des concepts qui s'attribuent à leurs inférieurs logiques non seulement quant à ce qu'ils ont de commun (en cela ils se comportent comme des genres) mais encore quant à ce chacun a en propre (sous ce rapport ils sont irréductibles à des genres, et c'est pourquoi l'être n'est pas un genre).

Dire de l'être, pour signifier qu'il est assomptif de son contraire, qu'il se *constitue* en tant qu'être, c'est insinuer qu'il serait cause de soi, et que ce qui n'est pas cause de soi est causé, mais causé par ce qui, en tant que cause première, est cause de soi. Mais le spécialiste du bon sens critique l'idée de cause de soi parce que, dit-il, il faut être pour être *cause* et n'être pas pour être cause *de soi*. L'idée de cause de soi serait encore une de ces chimères idéalistes qu'un enfant bien né dissipe en une seconde.

Mais si ce dont on parle est, comme on vient de le voir, soi-même et son autre, unité de lui-même et de sa négation, alors, en tant qu'il est lui-même, il est cause et, en tant qu'il est le non-être de lui-même, il n'est pas, et il peut avoir valeur d'effet. Et ce qui donnait l'impression d'être impensable se révèle pensable, non parce qu'il serait non contradictoire, mais parce que la contradiction se révèle pensable ; pour le dire autrement : non parce qu'il serait du rationnel exclusif de contradiction, mais parce qu'il y a une rationalité de l'irrationnel ; et cette rationalité est ce que l'on nomme la dialectique.

Le germe est ce qu'il est, il est germe ; mais dès que posé, le germe devient, il est germe et en même temps il est le processus de devenir plante, il est donc unité de lui-même et de sa négation, puisque devenir consiste à se maintenir dans l'être en se niant ; le résultat est négation du départ, par définition ; il est donc négation du germe *et* négation de cette négation de soi que ce germe était tout autant, il est donc position du germe et sa négation, unité de lui-même et de son autre, et c'est bien là ce en quoi consiste la plante qui *achève* le germe (elle l'accomplit en le supprimant) tout en produisant des germes et en s'épuisant à les produire; mais il était originellement cette unité (de lui-même et de son autre) ; le résultat est donc retour à l'origine, par là réflexion, mais encore, comme position de sa présupposition, il est cause de soi, non certes individuellement, mais spécifiquement, car ici les germes produits par la plante ne sont pas les germes dont est issue la plante.

Et la chose est encore plus évidente si l'on considère le vivant en général qui n'est tel qu'à se régénérer en permanence, à conjurer sa mort ou sa résolution dans le néant ; si le vivant est vivant, est ce qu'il est, par et comme l'acte de se régénérer, c'est qu'il est l'acte rédempteur de se sauver du processus de devenir néant, c'est donc qu'il est l'acte de se nier (devenir néant) et l'acte de nier sa négation, par là il est bien l'unité de lui-même et du processus de devenir lui-même.

Les Scolastiques contemporains savent bien que le principe de non-contradiction n'est pas analytique parce que « tout être contingent est causé » fonctionne comme « tout nez est camus » ; tout camus est nez, tout nez n'est pas camus ; de même qu'il n'est pas contradictoire qu'il y ait des nez qui ne soient pas camus, il n'est pas contradictoire qu'il y ait de l'être contingent qui ne soit pas causé, qui soit donc sans raison, suspendu dans le vide. Et il ne sert de rien, pour pallier cette difficulté, de rappeler que si, certes, le fait d'être causé n'appartient pas au sujet du jugement « tout être contingent est causé », en revanche ici le sujet est inclus dans le prédicat à titre de sujet, en ce sens que le fait d'être causé est un propre de l'être contingent, comme le rire est le propre de l'homme ; l'homme est animal raisonnable et le rire n'est pas dans sa définition, mais il est son propre, et de même, dira-t-on, être causé n'est pas inclus dans le concept d'être contingent mais lui appartient comme son propre.

On peut rétorquer cela en effet, mais en reconnaissant que l'expérience est requise pour que soit identifié un propre : on doit avoir constaté que l'homme rit pour reconnaître en ce rire une manifestation propre à l'humanité, on ne peut déduire le rire du concept d'homme ; on doit se placer du point de vue de l'origine de l'être contingent, avoir expérimenté le fait qu'il est causé, pour s'autoriser à déclarer que le fait d'être causé est son propre ; or se placer du point de vue de l'origine de l'être contingent, c'est tenir pour acquis ce qui est en question, à savoir qu'il est causé. Dès lors, le principe de causalité n'étant pas réductible au principe de non-contradiction, un raisonnement de type « quia », qui consiste à remonter des effets à leur cause, et qui se fonde sur le principe de non-contradiction, n'est recevable que s'il est sous-tendu par cet autre principe, à savoir que rien n'est sans raison : tout être en tant qu'il est être a une raison d'être ; on raisonne alors ainsi : tout être a une raison d'être, ceci n'est pas sa raison d'être, donc ceci a hors de soi sa raison d'être qui sera nommée sa cause, dans la double ligne de l'efficience et de la finalité. Il n'est pas, en d'autres termes, de raisonnement de type « quia » qui ne présuppose un raisonnement de type « propter quid ». Si l'on convient que la série des êtres qui ne sont pas leur raison d'être et qui renvoient à un au-delà d'eux qui leur est causalement antérieur ne saurait être infinie, il faudra s'arrêter à un principe premier auquel sera reconnu le statut de celui qui *est* sa raison d'être, qui rend raison de ce qu'il est et du fait qu'il est, et force est bien d'en appeler ici à l'idée de cause de soi. Si toute la métaphysique est fondée sur le principe de causalité, elle est fondée sur une pétition de principe si elle récuse absolument l'idée de cause de soi. Et le scepticisme élaboré qu'est le kantisme, si prisé aujourd'hui, ne s'y trompe pas, qui récuse d'un même élan le savoir de l'être en soi, ainsi l'ontologie, et l'idée de cause de soi ou preuve ontologique, qui consiste à montrer qu'il est une essence qui est raison de sa propre existence. Souvenons-nous de la démarche séduisante d'un Duns Scot attaché à élaborer une preuve vraiment métaphysique et non physique (celle du Premier Moteur d'Aristote) de l'existence de Dieu : l'idée d'une cause première est non contradictoire, nous dit le Docteur subtil ; donc elle est possible ; si elle est possible, elle existe nécessairement parce que, étant cause première, elle exclut de passer du possible au réel, ou de la puissance à l'acte, sous l'influence d'une autre cause qui lui serait par définition antérieure ; et si elle est possible sans être jamais réelle faute d'un principe pour faire passer du possible au réel, c'est qu'elle n'est pas réellement possible. On passe bien du possible au réel, et ce n'est, chez Duns Scot, ni la preuve ontologique ni la preuve d'un Dieu cause de soi parce que Duns Scot tient pour acquis que le principe de causalité est analytique ; s'il ne le tenait pas pour acquis, il ne pourrait pas affirmer que l'idée d'une cause première est possible ou non contradictoire[12] : ce qui nous

[12] On serait même spontanément tenté de penser le contraire :

Le Premier dans l'ordre de l'être est par définition, s'il existe, cause première, et il se doit, à ce titre, d'être ce que les dérivés se contentent d'avoir : il est l'être même, parce qu'il ne donne rien qu'il ne tire de lui-même, n'ayant rien reçu en tant qu'il est premier ; or il ne saurait tirer quoi que ce soit de quelque chose qu'il aurait, parce qu'il serait, dans l'hypothèse, composé, et que toute composition s'opère en conjuguant un acte à une puissance ; or un composé de puissance et d'acte ne saurait être premier, à moins de se faire l'origine de la puissance qu'il est supposé actualiser, et ainsi à moins d'être, en tant qu'il est acte, gravide de cette puissance dont il est censé se faire, en tant que composé, procéder en l'actualisant ; mais s'il est gravide, en tant même qu'acte, d'une telle puissance, c'est qu'il est primitivement ce qu'il s'habilite à avoir, de sorte que, en dernier ressort, il doit bien être les perfections dont il dispose pour s'habiliter à les donner. Le Premier est

fait comprendre qu'elle est possible, c'est précisément qu'elle est réelle, et nous tenons qu'elle est réelle parce qu'elle est requise par le principe de non-contradiction (pour qui admet son caractère analytique). Ce dernier mis de côté, la réalité d'un premier devient problématique, et tout autant sa possibilité car, s'il n'existe pas, on peut remonter indéfiniment et vainement de cause en cause, jusqu'à peut-être une cause non causée, si elle existe, mais qui demeurera contingente et qui donc sera suspendue dans le vide, existentiellement absurde parce que sans raison d'être, qui aurait pu ne pas être et qui n'est pas la raison suffisante des êtres dont elle est cause, se révélant à ce titre cause de mouvement et non cause d'être ; il s'agit alors de remonter indéfiniment dans le temps, il n'est plus question d'en appeler à une série de causes actuellement subordonnées. Supposé qu'il existe une cause non causée qui soit elle-même contingente, une telle cause est dite première selon le temps et non selon la causalité, puisqu'elle n'est pas causée de fait mais aurait pu l'être, de sorte qu'elle n'est pas la raison de sa puissance causatrice et se contente de communiquer une information qu'elle a reçue ou aurait pu recevoir, et que donc elle n'est pas ; dès lors, n'étant pas, dans l'hypothèse, la perfection qu'elle communique, elle l'a ; et puisque la causalité est cette communication même, elle n'est pas cause absolument mais seulement « secundum quid », ou accidentellement cause, selon la succession et non selon l'être.

§ 38. 2. 2. Principe de causalité et principe de raison suffisante.

Mais alors, dira-t-on, si le principe de causalité n'est pas analytique, d'où vient que le souci de la cause, au constat d'un effet, s'impose invinciblement à l'entendement ? Tout simplement parce que le principe de raison suffisante

---

l'être que les dérivés ont. Mais nous avons vu plus haut dans ce même § que l'idée même d'être semble bien contradictoire, par là impossible.

« travaille » dans l'entendement, dans son dos, sans qu'il le sache spontanément.

Un « Moi », un être capable de dire « Je », ne saurait être une simple puissance à être conscience de soi ; il ne peut être conscience de soi qu'en acte mais, parce que toute conscience est conscience de quelque chose, la conscience pure est inconscience. Il est nécessairement conscience de soi en acte (dût-il n'avoir pas conscience de lui-même en tant qu'il n'est conscience de rien), parce que la conscience de soi est extériorisation intérieure, alors que l'être en puissance est un intérieur en attente de son extériorisation ; ce qui est extériorisation intérieure est ce dont l'intérieur enveloppe son extériorisation, ce qui n'est intérieur qu'à s'extérioriser dans lui-même, ce qui n'est puissance que dans l'exercice de son acte. Par ailleurs, l'être en tant qu'être a la forme d'un cogito, puisque l'être, ayant le statut de transcendantal, est identité de l'identité et de la différence, identité à soi réflexive. De plus, le cogito a la forme d'un rendre raison de soi puisque, étant son opération immanente ou sa réflexion, il consiste à se poser, à poser — par réflexion sur soi — le soi qui se réfléchit ; une puissance qui *se* pose comme puissance (à poser son acte) par l'acte que pose cette puissance est ce qui se fait être par son opération, à tout le moins ce qui n'est que dans l'exercice de son opération, telle une réflexion ontologique, mais sans être la raison première de la réflexion qu'elle exerce, ce qui suffit à préserver la césure infrangible entre le créé et l'incréé.

Donc l'être en tant qu'être, identité à soi réflexive identique à celle du cogito configuré telle une cause de soi, est ce rendre raison de lui-même ; et le *cogito reconnaît, par une espèce d'instinct de la raison qui l'exerce, que sa forme est celle de l'être même.* C'est ce qui explique cette invincible tendance à remonter de l'effet à la cause, et à s'attacher à l'idée illusoire du caractère analytique du principe de causalité, alors que cet attachement est en vérité l'œuvre du travail, en la raison, du principe de raison suffisante ou principe de raison d'être. Il faut même dire que si la raison est capable de discerner un être causé dans l'effet, de reconnaître l'effet comme effet, c'est parce qu'elle discerne la cause de cet effet en lui, à la manière dont l'intellect reconnaît la beauté dans les choses belles du fait qu'il a une précognition de l'Idée de beauté, Idée qui l'habilite à rassembler les occurrences du beau afin de le chercher en elles :

De manière générale, la cause est par définition cause de l'effet, mais elle n'est dite cause que par sa relation à l'effet (réel ou possible, mais un possible n'est réellement possible que s'il se réalise), de sorte que, dépendant de l'effet pour être cause, elle fait l'aveu que l'effet est aussi cause de la cause, ce qui revient à dire qu'une cause absolument cause est cause de soi (elle se fait poser par son effet), et que ce qui est cause sans être cause de soi est suspendu à une cause de soi. Ce qui est cause est effet de soi-même, donc ce qui est effet a une cause, c'est-à-dire une cause qu'il est (s'il est cause première) ou, à défaut, une cause qu'il a ; et ce qui n'est pas cause de soi est effet ; ainsi, ceci (n'importe quoi), qui tombe dans l'intellect, et qui y tombe en s'y révélant comme être, y est reconnu comme effet parce qu'il y est attendu, en tant même qu'il est être, comme cause et effet de soi, cependant qu'il n'y tombe pas en se révélant cause de soi ; donc il y est reconnu comme effet en exigence passive de la révélation d'une cause. D'où l'impulsion vécue par la raison qui part de l'effet vers la recherche d'une cause, comme si le concept d'être causé était enveloppé par celui d'être contingent.

L'aristotélo-thomisme montre excellemment que connaître est *se* connaître, parce que l'intellect possible ne connaît son objet que dans et comme l'acte de s'objectiver lui-même en tant que devenu intentionnellement l'objet à connaître. Ce qui signifie que l'intellect ne connaît son objet que comme se connaissant en lui. Or le cogito a la forme d'une cause de soi. Donc il reconnaît dans ce qui est à connaître quelque chose qui, en droit, devrait être cause de soi ; et, que ce connaissable ne le soit pas en fait, enjoint à l'intellect de solliciter cette cause, d'en appeler à l'existence d'une cause. C'est en cela qu'il n'est pas de démonstration de type « quia » qui ne présuppose implicitement une démarche rationnelle de type « propter quid » : on remonte de l'effet à la cause en épousant (sans savoir nécessairement qu'on l'épouse) l'acte par lequel l'effet fait retour à la cause, c'est-à-dire l'acte par lequel la cause se fait cause de soi par la médiation de l'effet, en ce sens que : a) dans le cogito exercé par l'homme, dont la structure devrait être celle du connaissable, le Moi qui s'atteint par réflexion pose comme son effet ce Moi qui est cause du Moi posé (l'effet est bien cause de la cause et ainsi la cause est bien cause de soi, à tout le moins en a-t-elle la forme) ; b) dans la cause première, en elle-même et sans référence obligée aux effets créés (qui sont contingents), cette cause se fait cause de soi par la médiation de tous ses effets possibles qu'elle contient idéellement dans la forme de tous les degrés, assumés par elle, de sa propre perfection.

Quand on sait que l'être en tant qu'être est cause et qu'il est en droit cause de soi (lorsqu'il s'agit de l'être absolu, absolument être, ainsi de l'Être premier), on comprend que *remonter de l'effet à la cause* est inséré dans l'acte selon lequel la cause se pose elle-même et *s'intronise cause de son effet.* La démarche « quia » est bien insérée dans une démarche « propter quid ».

Les preuves de l'existence de Dieu n'en restent pas moins des démarches opérées à partir des effets créés puisque l'intellect, n'accédant au savoir de lui-même qu'en étant savoir de quelque chose qu'il n'est pas, ne se dispose à rendre efficientes ses exigences d'apriorité que par la médiation de la donation d'un objet qui ne peut, pour lui, provenir que de l'expérience, ainsi des effets de la Cause première.

§ 38. 2. 3. Réflexion ontologique.

Pour en finir avec cette mise au point, autorisons-nous un bref recours à la technicité rebutante de ce qui se veut rigoureux. Le lecteur indisposé peut sauter ce paragraphe sans scrupule.

Notons donc que ce qui est résultat d'une victoire sur son autre est retour à l'origine qui, comme unité d'elle-même et de son devenir-autre, coïncide avec sa vocation originaire à basculer dans son autre, de sorte que cette origine est elle-même contradictoire : s'il est dans la nature de A de se convertir en non-A, c'est que A est primitivement contradictoire, en cela que A est potentiellement non-A. Mais cette origine est contradictoire de manière plus profonde. Elle est contradictoire en cela qu'elle est négation de soi (elle *est* bien son devenir-autre) *et* négation de cette négation. Précisons : elle est négation de cette négation en ce qu'elle est autant négation de sa vocation à se nier que cette vocation même, parce qu'elle est résultat qui se trouve être identique à l'origine et qui à ce titre confirme l'origine considérée en sa vocation à se nier, cependant qu'un résultat est toujours et par définition autre que son origine, négation de cette dernière, sans quoi il n'y aurait pas de devenir ; étant à la fois identique à son origine (parce qu'il s'agit d'une réflexion qui la confirme comme origine et donc la confirme en sa vocation à se nier) *et* le négateur de cette origine (parce qu'il est résultat par définition opposé à son origine), laquelle n'est qu'à se nier, le résultat considéré comme origine est bien, *en cette origine même*, lui-même et sa négation de soi, par là unité contradictoire d'attraction et de répulsion.

Remarquons que ce qui est résultat d'une victoire sur son autre est réflexion, identité à soi réflexive, ainsi retour à soi à partir de l'extrême inférieur de son orbite, extrême en lequel l'origine se convertit en son contraire, mais aussi fait se renier ce contraire en direction d'elle-même : si A, origine, n'est que comme étant à se nier, l'auto-négation de A en non-A (extrême inférieur de l'orbite) est encore A, mais A considéré tel « A en son être-autre » ; cela dit, puisque A n'est qu'à se nier, alors « A en son être-autre » l'est aussi, ce qui exige que l'auto-négation de A, ou non-A, se nie aussi, selon une négation qui, comme négation de négation, fait retour à l'origine.

Tel est donc bien cet autre en lequel cette origine se convertissait, qui est aussi du négatif se niant : ce qui, dans l'extrême supérieur de l'orbite, est ce A qui s'est révélé être à la fois A voué à se nier *et* rétention de la vocation à se nier de ce A, ainsi **lui-même et sa négation de soi**, se résout, en étant relancé — par sa réflexion sur soi — dans l'exercice de sa vocation à se nier, en « A en son être-autre » qui est tout autant, on l'a vu, négation de cet être-autre, qui donc est, lui aussi, **lui-même et sa négation**. Les deux extrêmes supérieur et inférieur de cette orbite sont donc respectivement A (en sa vocation à se nier) et non-A (entendu comme négation de cette vocation à se nier de A) d'une part, et d'autre part non-A (entendu comme résultat de l'exercice de la vocation à se nier de A) et non (non-A), soit encore A. Il est clair que l'extrême inférieur de l'orbite, qui est le moment de la réflexion en lequel elle change de sens, est ce en quoi *s'objective* l'origine qui est résultat, ainsi consiste dans l'acte pour le résultat de se réduire à un moment du processus dont il est le résultat ; si l'on se souvient que le résultat est identique à l'origine, on comprend que l'objectivation de soi de l'origine la fasse se libérer de sa contradiction constitutive en lui donnant d'avoir cette contradiction, ainsi de ne l'être pas.

Et ainsi, en redoublant, au terme de sa réflexion, sa négation de soi en direction de « non A » — ce qui est l'acte même de s'objectiver en non-A —, l'origine confirme l'autre dans l'acte où elle le vainc (en le faisant se renier en elle). En redoublant sa négation de soi, l'origine confirme l'autre dans son caractère contradictoire ; il reste contradictoire nonobstant sa négation de négation ; elle le rend doté d'une contradiction désormais fixée parce que confirmée, et elle actualise son objectivation de soi en se réduisant, comme résultat du processus, à un moment du processus (dans l'extrême inférieur de l'orbite) dont elle est le résultat. Et le propre d'un moment est précisément de passer, ainsi de se nier, de telle sorte que la réduction à un moment de lui-même du résultat contradictoire du processus libère ce résultat de sa contradiction.

Le non-contradictoire se révèle victoire sur la contradiction qu'il assume, parce que l'assomption de cette contradiction est aussi l'acte de s'y soustraire en ayant ce qu'il est.

Il résulte de ce constat qu'il est rationnel qu'il y ait de l'irrationnel :

« **Tout être humain est un fou qui se garde** » (Jacques de Lacretelle, *préface au roman anglais « Haute plainte »* ; Pomerand). Il est définitionnel du rationnel d'être victoire sur l'irrationnel, sur l'arbitraire, en particulier sur l'énergie formidable de la subjectivité nue, incandescente, qui se veut elle-même en sa vacuité radicale, s'intimise en pur vouloir soustrait à la norme de la raison, et s'exalte dans la passion qu'elle investit et démesure, ce qui définit les pulsions du subjectivisme. Si la conception « raisonnable » de la raison (Hegel parlerait de la manière dont l'entendement se représente la raison), exclusive de la déraison, chasse l'irrationnel du rationnel, ainsi expulse l'être en puissance active — la puissance fait s'identifier les contradictoires et définit la réalité de l'irrationnel — de l'être en acte qui pourtant n'est tel qu'à raison de sa puissance à se maîtriser lui-même, alors la déraison subjectiviste se déploie librement à côté de la raison, ne subit plus rien qui la somme de se convertir à la rationalité, et se met à proliférer sans que la raison « raisonnable » le sache, laquelle, quand elle prend tardivement acte de son existence et du danger qu'elle représente pour elle, la croit étrangère à elle et ne la comprend pas.

Selon le vocable que nous avons adopté plus haut, d'inspiration directement hégélienne, le dialectique est le négatif du rationnel, la raison dans sa négativité, il est ce moment d'irrationalité requis par l'intégrité du rationnel, et il se distingue de l'absurde, qui est le mal de la raison. Expulser l'instance d'irrationalité requise par le rationnel est donc une autre manière de confondre le négatif et le mal. L'homme raisonnable fanatique du bon sens ne comprend pas qu'une rationalité négative puisse être à l'œuvre dans les délires du subjectivisme et ses produits polymorphes ; il n'entrevoit donc pas que les fruits pourris du monde moderne puissent contenir des vérités captives, celles-là mêmes qui manquaient au monde spirituel contre lequel s'est érigé ce monde décadent. Et c'est pourquoi l'Antimoderne est balayé par ce monde, en geignant, en criant à l'injustice, en se repliant sur l'excellence incomprise qu'il se suppose.

La raison est une conquête sur la déraison, une victoire obtenue sur le subjectivisme qui rend idiot parce que celui qui en est affligé entend se nourrir de soi-même, et c'est pourquoi « **un imbécile ne s'ennuie jamais ; il se contemple** » (Rémy de Gourmont, *Promenades philosophiques*, Mercure de France ; Pomerand). A force de se croire l'innocente victime de son temps méchant et ingrat, cible candide de l'iniquité des manipulateurs et de la déchéance de la masse complice de sa propre servitude mais dont bien entendu le Réactionnaire s'exclut, se retranchant dans un exil intérieur qu'il veut aristocratique, notre Réactionnaire en vient à se croire autosuffisant et infaillible.

§ 38. 3. Comment le mal moral est-il possible ?

Il est possible à la créature libre de se refuser au Bien que lui prescrit sa nature. S'il en était autrement, la faute morale ou le péché serait impossible. Mais d'où vient qu'une réalité puisse se soustraire à l'injonction de sa nature, si son pouvoir de s'y soustraire — qui se trouve être, en l'occurrence, son libre arbitre — procède lui-même de sa nature ? Comment se peut-il, en particulier, que la volonté se puisse investir tout entière et totalement, épuisant en lui sa puissance de vouloir, dans un acte par là irréversible, mais un acte dont le contenu sera l'absolutisation (la déification peccamineuse) d'un bien relatif qui, par définition, n'épuise pas les ressources du vouloir ?

Cela est possible parce que les deux aspects du vouloir ci-dessus évoqués (aspiration à être comblé en tant qu'il est appétit, aspiration à se déterminer souverainement en tant qu'il est libre arbitre) peuvent être, de fait, déconnectés l'un de l'autre, en un certain sens qu'il conviendra de préciser.

Comme dissociables l'un de l'autre, ils sont tels que la volonté peut se prendre pour objet, se vouloir comme autonome, exalter sa liberté, célébrer son absoluité dans l'acte d'un souverain refus par lequel elle jouit de sa toute-puissance dans l'acte de renoncer au bonheur : la liberté s'absolutise en décidant souverainement de se déposséder d'elle-même. Ce faisant, la volonté révoltée se met en porte-à-faux avec elle-même puisque l'un des deux aspects n'est pas, normalement, sans l'autre. Mais cette insurrection est possible dans la mesure où leur infrangibilité est telle qu'ils s'appellent nécessairement l'un l'autre, mais sans être concomitants, de telle sorte que le libre arbitre peut choisir de privilégier l'un des deux termes par rapport à l'autre. Il est dans l'ordre que l'exaltation de la liberté du vouloir *procède* du respect, opéré par ce dernier, de la recherche du Bien auquel l'ordonne sa nature, car enfin, on n'aime pas Dieu pour être libre, on est libre pour aimer Dieu, et il en est ainsi parce que Dieu a raison de cause finale ultime de toute chose créée ; la gloire de Dieu coïncide avec notre béatitude, mais la béatitude est aimable en tant qu'elle accomplit la gloire de Dieu ; et, a fortiori, le libre arbitre n'est pas la raison d'être du bien auquel il donne accès ; c'est le Bien, dont la possession est la béatitude, qui est raison d'être du libre arbitre que, en tant que Cause première, un tel Bien ne pose en la créature que comme le moyen de L'atteindre. Mais il est toujours possible au libre arbitre d'inverser l'ordre naturel de consécution des deux aspects du vouloir. Or le destin de l'âme change du tout au tout selon qu'elle aspire à son autonomie par l'acceptation du don de soi au Bien qui la nécessite (le libre arbitre s'en trouvant renforcé : ce qui comble ou nécessite l'appétit du vouloir, son Objet ultime, est aussi ce Sujet causant qui le crée, qui lui donne son être d'appétit *et* son pouvoir de se déterminer), ou par l'affirmation première de son autonomie, selon une priorité qui lui enjoindra de chercher le Bien comme effet de son exaltation, ce qui dénature l'appétit pour ce Bien, rend difforme la représentation de ce Bien ; et ce travers s'exerce dans une démarche qui obligera la volonté à refuser le Bien comme cause et raison première de la liberté du vouloir ; le résultat de cette entreprise est que la volonté peccamineuse cherchera le Bien là où il n'est pas, elle absolutisera le relatif. Et cette inversion, ce renversement, cette perversion s'accomplit dans la mauvaise foi, entendue comme mensonge à soi.

D'où le troisième problème (confer notre § 38. 1), avec ceux de la prémotion physique et de la permanence du libre arbitre dans la Vision, que pose la méditation portant sur la responsabilité du vouloir humain, et plus particulièrement sur l'instant en lequel s'opère le choix ultime de ce vouloir : comment le mensonge à soi est-il possible ? Comment peut-on être menteur et menti en même temps et sous le même rapport ? Ces trois problèmes sont dépendants du premier que nous avons évoqué au début de ce chapitre (§ 36. 2) : le pouvoir d'abstraire s'accompagne-t-il d'une intuition de l'être en tant qu'être, de manière univoque quoique non ablative de l'analogie ?

De ces questions redoutables, nous ne dirons ici (§§ 40 et 41) que quelques mots qui se voudront plus des pistes de réflexion que des résolutions. Préalablement, nous aborderons la question d'un aspect du pouvoir du pape dans son rapport avec l'autorité politique des princes.

CHAPITRE DIXIEME

Du Pape et du prince.

§ 39. 1. La thèse du cardinal Bellarmin.

Cette brève réflexion consacrée au rapport de subordination entre le prince et le pape n'est que le prolongement des considérations développées ici au § 31. 4. Une opinion fort répandue dans les milieux réactionnaires est que le respect de l'ordre des choses en sa totalité passe par la subordination des trônes au Saint-Siège, et que l'émancipation du Politique par rapport à l'Église serait la première cause du processus de décadence qui mène à ce que nous connaissons aujourd'hui, à savoir la maladie profonde qui affecte tant l'Église que l'État. Voyons-y de plus près.

Résumons le contenu d'un cours fort bien fait, rédigé par Monsieur l'abbé Gleize, professeur d'ecclésiologie au séminaire d'Écône, et consacré à saint Robert Bellarmin.

Promu au rang de docteur de l'Église par Pie XI en 1931, ce docteur traite, dans la troisième *Controverse* de ses *Disputations sur les controverses de la foi chrétienne*, du pouvoir temporel du pape.

Robert Bellarmin entend adopter une position moyenne, entre ceux qui nient tout pouvoir temporel au pape, et ceux qui lui reconnaissent un plein pouvoir ecclésiastique et politique sur tout l'univers. Selon Bellarmin, le pape ne possède de manière directe et immédiate aucun pouvoir temporel, mais seulement un pouvoir spirituel induisant un pouvoir politique indirect dans les matières temporelles ; le pape possède en vue du bien spirituel le pouvoir suprême pour ordonner les matières temporelles de tous les chrétiens. Afin d'expliquer le rapport exact entre l'Église et l'État, il use d'une analogie : l'Église est à l'État ce que l'esprit est à la chair. La chair est soumise et l'esprit dirige, mais jamais l'esprit ne se mêle des actions de la chair, sauf quand une opération de la chair est nécessaire à l'obtention d'une finalité poursuivie par l'esprit. L'État a pour fin la paix temporelle, l'Église a pour fin le salut éternel. Les deux pouvoirs peuvent subsister séparés comme au temps des Apôtres, mais, lorsqu'ils sont unis, ils forment un corps unique dans lequel l'inférieur est subordonné au supérieur. Aussi longtemps que les affaires temporelles ne s'opposent pas à la fin spirituelle, ou qu'elles ne sont pas nécessaires pour l'obtenir, l'esprit ne s'entremet pas des affaires temporelles et les choses demeurent comme elles l'étaient avant que les deux pouvoirs ne fussent unis. Si un différend naît entre les deux, le pouvoir spirituel doit réfréner le temporel. Saint Thomas, quant à lui, relayé beaucoup plus tard par le pape Léon XIII (*Immortale Dei*), considère que la puissance séculière est soumise à l'Église comme le corps l'est à l'âme (II^a^ II^ae^ qu. 60 a. 6 resp.), et non comme la chair à l'esprit. Dans son *De Regimine Principum* (L.1, c. 15), l'Aquinate enseigne que le soin de la fin ultime, ou du bien commun transcendant, appartient au pouvoir ecclésiastique, et que tous les biens temporels doivent être voulus en vue de ce bien transcendant ; aussi tous les rois de la chrétienté doivent-ils être soumis au vicaire du Christ, en tant que lui revient le soin de la fin dernière. Quelle subordination cela recouvre-t-il exactement ?

La question du rapport vrai entre l'Église et l'État découle d'un principe général qui n'est autre que le rapport entre charité surnaturelle et vertus morales (II^a^ II^ae^ qu. 23, a. 4, 7, 8), entre nature et grâce, et qui a vocation à être appliqué à la chose politique. La charité est la forme de toutes les vertus en ce sens que, dotée d'un objet spécifique, elle est cependant aussi une vertu générale par son influence en tant que moteur et fin de toutes les vertus morales. Elle a pour objet le bien commun entendu tel l'exercice de toutes ces vertus morales, non formellement comme objet spécifique, mais « causaliter », au titre de cause efficiente et de cause exemplaire. Contre le pélagianisme, il faut affirmer qu'aucune vertu n'est convenablement pratiquée sans la charité ; contre le jansénisme et contre le protestantisme, le bien moral et donc l'acquisition des vertus sont accessibles sans la grâce, mais imparfaitement. Dans l'état historique, ou réel, de nature déchue et rachetée, les vertus morales sont possibles et réelles mais imparfaites ; la grâce est nécessaire à un double titre, comme « sanans » et comme « elevans », pour qu'il y ait vertu morale parfaite et pour que le bonheur surnaturel soit accessible — bonheur que la vertu naturelle ne saurait faire acquérir. C'est donc la charité qui donne à tout acte vertueux d'être ordonné à sa fin, et en ce sens la charité est bien définie forme de toutes les vertus. Mais elle n'est pas dite forme au sens d'essence, ou comme forme intrinsèque de la vertu ; elle ne l'est pas non plus au sens où elle serait la forme extrinsèque exemplaire (ou règle propre) de toute vertu. Elle est dite forme au sens où elle est la cause efficiente (comme « sanans ») et la fin de toutes les vertus, parce qu'elle n'est pas forme des vertus dans leur être de vertu mais seulement par rapport à leurs actes. L'information n'est pas habituelle mais se fait acte par acte, elle est une information accidentelle qui s'ajoute à la vertu déjà douée d'une forme propre.

L'usager d'une construction indique comment il faut construire, mais sans construire lui-même ; seul l'architecte construit. De même la charité indique comment il faut gouverner, sans gouverner elle-même, elle perfectionne la vertu de prudence et les autres vertus, mais elle ne les remplace pas.

Cela dit, pour que l'analogie soit exacte, il faut ajouter ici que l'usager ne se contente pas d'indiquer la manière de construire, il redonne des forces à l'architecte afin qu'il puisse construire excellemment.

§ 39. 2. Suite.

En II[a] II[ae] qu. 60 a. 6 ad 3, saint Thomas use, pour expliquer l'intervention du pouvoir spirituel dans le temporel, de l'analogie de l'âme et du corps. Cela dit, il ne s'agit que d'une analogie, laquelle, comme toute analogie, conjugue similitudes et différences.

Quant aux similitudes, on remarque d'abord que, de même que l'âme et le corps sont des principes d'être et non des êtres suffisants, c'est-à-dire des principes ayant vocation à subsister en composition et constitutifs d'une seule substance, et non comme deux substances, de même, « in statu isto » (chute et rachat), l'ordre spirituel et l'ordre temporel ont vocation à composer pour constituer une seule réalité sociale. De plus, âme et corps sont deux principes distincts, d'origines distinctes, et séparables ; l'âme humaine est immédiatement créée par Dieu, et elle peut être séparée du corps qui alors dépérit. Et l'Église, de même, peut subsister triomphante au Ciel quand les États temporels peuvent apostasier, ce qui les fait mourir à moyen terme.

Quant aux différences, on doit observer que le corps ne peut exister sans l'âme, alors que la Cité peut subsister sans l'Église. La séparation de l'Église et de l'État est une violence faite à l'état concret et historique de nature déchue et rachetée, mais non à l'hypothétique état de pure nature.

On voit ainsi que l'Église informe l'État à la manière dont la charité informe les vertus morales ; elle ne le fait ni comme forme intrinsèque ni comme forme exemplaire, mais « in causando », dans la double ligne de l'efficience et de la finalité et non dans l'ordre formel proprement dit. De surcroît, cela ne vaut que pour cet état de nature déchue et rachetée.

On doit donc conclure que le pape informe le prince comme la charité informe les vertus morales ; il n'y a pas de pouvoir direct du pape sur les États, ce qui revient à dire que la théocratie n'est pas une doctrine véritablement catholique.

Il convient, dès lors, d'éviter tant l'augustinisme politique et le jansénisme que le protestantisme qui tendent à confondre Église et État et à soutenir la thèse du pouvoir direct. Mais le naturalisme est aussi faux, qui prétend que l'État pourrait parvenir à sa fin naturelle parfaite sans l'Église. Le pape Sixte V, théocrate, n'aimait guère cet aspect de la doctrine de Bellarmin, à savoir la négation d'une possession, par le souverain pontife, d'un pouvoir direct en matière temporelle ; il prétendit même mettre le livre à l'Index mais la mort le surprit avant qu'il ne réalisât son projet.

Mais Bellarmin soutenait que le pape *a le pouvoir de déposer les princes*, ce qui valut à sa doctrine l'hostilité du Parlement de Paris.

§ 39. 3. Réflexion critique.

L'auteur du cours que nous venons de résumer évoque avec mesure et honnêteté l'analogie, si souvent employée à des fins surnaturalistes, entre d'une part le rapport de l'âme et du corps, d'autre part celui de l'Église et de l'État. Est récusée la doctrine augustinienne du pouvoir immédiat et direct de l'Église sur les États et sur les princes.

Ce qui néanmoins nous laisse perplexe, c'est la manière dont est évoqué le rapport entre nature et surnature. On se contente de déclarer que la nature est soumise à la surnature et que le pouvoir politique est soumis au pouvoir ecclésiastique. Ce n'est pas faux, mais c'est insuffisant pour définir clairement la manière dont s'articulent les deux pouvoirs de telle sorte que l'un ne morde pas sur les prérogatives de l'autre.

Dans nos §§ 4. 1 à 10. 5 ci-dessus présentés, auxquels nous renvoyons, nous avons tenté de montrer que les réquisits attachés aux notions de nature et de surnature appelaient, pour être maintenus ensemble sans préjudice pour aucune des deux, que fût élaboré un concept du point de suture entre fini et infini, immanence et transcendance, nature et grâce. Un tel concept a pour vocation de rendre possible l'assomption de la fin naturelle par la fin surnaturelle, et de conjurer l'idée d'une substitution de la fin surnaturelle à la fin naturelle. Puisque la nature est surnaturellement *soignée* par l'acte à raison duquel elle est surélevée, c'est qu'elle est exaltée dans son ordre de nature dans le moment même où elle se subordonne à une vie qui excède ses pouvoirs, tendant vers un au-delà d'elle qui la dépasse infiniment cependant qu'il existe en elle une convenance — qui n'est nullement une exigence — à l'égard de cet au-delà. Dire qu'elle est exaltée, c'est signifier qu'elle est confirmée dans les limites qui la définissent et qui la font être, de telle sorte que la poursuite d'une adéquation d'elle-même à de telles limites est légitime et reconnaît en cette adéquation quelque chose qui a aussi raison, pour elle, de finalité, ainsi de bien qu'elle aime en s'y rapportant. Or cette adéquation s'obtient dans une organisation politique, seule capable de faire se déployer toutes les virtualités de la nature humaine. Donc la poursuite de l'idéal politique, ayant raison de fin, exclut d'être court-circuitée par le souci de la fin surnaturelle ; de surnaturelle, elle devient surnaturaliste quand on se soustrait à un tel souci, en sciant la branche sur laquelle la surnature est assise.

On peut dès lors, ces choses rappelées, définir les prérogatives respectives du pape et du chef politique.

Nous n'avons rien à objecter quant à l'idée d'un pouvoir politique indirect de la part du pape.

Nous admettons la royauté sociale de NSJC sur toute Cité en tant que Cité, en cela que, pour un catholique, toute société devrait être en droit catholique, et que tout homme sur Terre devrait être catholique. Si l'ordre surnaturel soigne l'ordre naturel et l'invite, de ce fait, à s'enraciner dans ses limites constitutives, non sans corrélativement le sommer, le surélevant, de tendre vers une fin glorieuse et surnaturelle qui transcende infiniment ses pouvoirs naturels, c'est que, à moins d'accepter de déchirer l'homme entre deux fins (l'une immanente, l'autre transcendante), la fin naturelle est un moment obligé de l'obtention de la fin surnaturelle dont le bien qu'elle représente consiste, considéré en lui-même et indépendamment de l'acte contingent de création du monde, dans l'assomption et le dépassement intemporels de tous les degrés finis de bonté. A cette condition se vérifie la nécessaire conjugaison de la continuité (pour conjurer le déchirement) et de la rupture (pour préserver la gratuité) des ordres naturel et surnaturel. Mais se rendre à une telle idée, c'est évidemment souscrire à cette autre idée selon laquelle l'ordre politique tout entier — ainsi la société prise comme tout et non seulement les individus qui la composent — est subordonné à la fin religieuse. Et c'est bien là plébisciter l'idée du Christ roi des nations.

Nous reconnaissons aussi que le pouvoir politique, depuis le péché originel, ne peut atteindre sa perfection, même dans son ordre propre, que s'il est soutenu par la surnature qui soigne et surélève, ce qui implique la non-séparation de l'Église et de l'État.

Mais nous pensons que si le pape peut, légitimement, inviter ses sujets (les baptisés) à s'insurger contre un mauvais chef, *il ne peut pas déposer directement des souverains temporels* (ce que soutient pourtant le cardinal Bellarmin) ; il ne peut pas disposer de ce qu'il ne possède pas. De même, le pape peut inviter un petit baptisé à désobéir à un père indigne, mais il ne peut pas déposer son père, le déclarer privé de son autorité naturelle sur son fils, comme s'il possédait cette autorité qu'il aurait déléguée au père de famille ; en vérité, le père exerce une autorité qui procède directement de Dieu, mais par la nature humaine et non par l'Église qui ne peut pas arracher les enfants à leurs familles même quand elles ne sont pas catholiques. Analogiquement, il en est de même pour les sociétés puisque l'homme est par nature un animal politique autant qu'un animal domestique.

Le pape a une autorité directe sur les baptisés, le Christ a une autorité directe sur les sociétés comme sur les individus (le Christ est Dieu et à ce titre il est l'origine de tout pouvoir, il est créateur de tout pouvoir), mais le pape n'est pas le Christ parce que le pape n'est pas Dieu (il n'est pas créateur des pouvoirs naturels), de sorte que c'est sur chaque baptisé entendu comme membre de la société ecclésiale que le pape a autorité morale directe, mais non *directement* sur le même homme en tant que membre de la société politique ; le pape a une autorité morale *indirecte* sur le citoyen (ou sujet d'un roi) en tant que citoyen, mais ce pouvoir se limite à inviter un tel subordonné à s'émanciper d'une autorité naturelle viciée qui lui fait perdre la foi ou plus généralement compromet son salut ; de fait, toute société devrait être catholique, et un chef qui empêche l'Église de sanctifier ses sujets doit être chassé par ceux que le pape invite, légitimement, à s'insurger contre un mauvais chef. Mais le pape n'a pas autorité directe sur les citoyens en tant que citoyens, car ce serait disposer d'une autorité ou d'un pouvoir politique direct. Le pape est lui-même instrument du règne social du Christ, lequel est obtenu par l'effet de la sanctification des citoyens (ou sujets du roi) et du roi lui-même ; ce règne social est opéré par l'initiative des citoyens guidés par leurs chefs naturels, et non directement par le pape ; ce règne social n'est pas obtenu par l'exercice d'une autorité du pape sur le roi. Le pape est vicaire du Christ en ce sens qu'il a un pouvoir délégué par le Christ pour sanctifier les hommes, mais l'Église n'est pas le corps mystique du pape, et de même le pape n'est pas le Christ, il n'est ni l'origine ni la fin des pouvoirs naturels, ni même de son propre pouvoir surnaturel.

La surnature est *instrument* de réfection de la nature blessée, et *fin* de la nature elle-même ; le pape est instrument de la sanctification des fidèles et des sociétés, et le Christ est fin tant des fidèles que des sociétés, et il est fin du pape lui-même.

Pour reprendre le vocabulaire de la IIª IIªᵉ q. 23, nous dirons que le pape « informe le prince comme la charité informe les autres vertus », en ce sens que cette information opère par mode d'efficience et de finalité (non que le pape soit fin du prince, mais la fin promue par le pape est fin du pouvoir du prince), et n'est pas une information essentielle (qui réduirait, dans une perspective théocratique et augustinienne, le prince à un exécutant des ordres politiques du pape). Concrètement, cette information opérant par mode d'efficience (la grâce soigne et surélève) et de finalité (la béatitude ultime est surnaturelle, elle est fin de la perfection naturelle) se traduit par le devoir d'acceptation de l'enseignement des papes, de la diffusion des sacrements et de la discipline morale proposée par l'Église. Le roi, s'il a été sacré, c'est-à-dire s'il a solennellement remis sa vocation naturelle à diriger les actes de la religion naturelle (dont il eût été le pontife en état non historique de pure nature) au dépositaire de l'autorité spirituelle de la religion révélée, doit aussi accepter d'être le bras armé de l'Église quand le pape le requiert pour une cause juste. Mais le pape n'a pas à essayer de diriger le roi comme si son pouvoir (incontestable) de soigner la nature par la grâce l'habilitait à diriger les sociétés et leurs rois.

Celui qui use du bateau connaît la fin (extrinsèque au bateau) et est habilité à signifier au constructeur du navire les performances que l'on attend de son œuvre. Mais connaître la fin extrinsèque de la société n'habilite pas à diriger les travaux de construction de la société et à exercer l'art de naviguer.

Le cardinal Bellarmin, et peut-être l'auteur de l'article qui lui fut consacré, se défendent de revenir à la théocratie augustinienne, mais ils reprennent d'une main ce qu'ils lâchent de l'autre quand ils condamnent toute politique régie par les concordats (dont Mgr Lefebvre s'accommodait aisément), et quand ils prétendent que le pape pourrait déposer un roi. La politique des concordats est fâcheuse si elle signifie que l'Église n'aurait pas pouvoir (indirect) sur la société en tant que société, mais seulement sur les individus qu'elle contient et qui se trouvent être de fait catholiques, membres de cette autre société qu'est l'Église. L'Église a pouvoir sur la société en tant que société, mais pouvoir indirect, qui se limite à excommunier un prince indigne, ainsi à signifier aux sujets de ce prince qu'il faut lui désobéir. Elle n'a pas le pouvoir de décréter qu'il est privé d'autorité naturelle, parce que l'on ne peut pas reprendre ce que l'on n'a pas donné, de même qu'on ne peut donner ce que l'on ne possède pas. Mais la politique des concordats peut être bienfaisante si, par elle, est signifié que la fin naturelle de l'homme n'est pas abolie par la fin surnaturelle qui lui a été gratuitement assignée. Reconnaissant le pouvoir indirect du pape, le chef d'État, plébiscitant par là le devoir de ne violer aucune des dispositions requises pour que soit obtenu le salut de ses sujets ou citoyens, est en retour fondé, par un concordat, à rappeler qu'il est souverain dans sa fonction de faire atteindre à ses sujets leur finalité naturelle, qui est toujours actuelle et sur la poursuite de laquelle le chef politique est plus compétent que le pape lui-même.

Le pape peut faire déposer un roi par l'initiative des sujets catholiques de ce roi, mais non déposer un roi directement. Si l'on plaide en faveur de ce dernier point, on retourne à la doctrine théocratique de Boniface VIII (« Unam sanctam »). Le trésor des grâces dispensées par l'Église féconde, soigne et surélève l'ordre naturel qui sans ces grâces ne serait même pas pleinement naturel. En cela la vie de l'Église a raison d'efficience (c'est en et par elle que la nature est soignée), mais elle n'est dite efficiente que dans un sens thérapeutique : elle est cause du recouvrement de la santé, elle n'est pas cause de la vie du corps qu'elle soigne. L'Église a aussi raison de finalité (c'est en vue d'elle, prise comme communion des saints, et de la Vision, que la nature est surélevée). Mais la vie de l'Église ne se substitue pas à l'ordre naturel et à ses énergies qui seraient alors, s'il y avait substitution, passivement mues par elle et feraient du chef politique un exécutant du « super politique » que serait le pape.

La royauté du Christ sur les nations n'est pas la royauté du pape. L'esprit théocratique d'une certaine spiritualité janséniste et aujourd'hui souvent sédévacantiste, qui hypertrophie les pouvoirs du pape, explique, chez ceux qu'habite un tel esprit, cette tendance à l'insurrection contre les pouvoirs politiques, à la contestation, à la revendication démocratique sous couvert de respect du surnaturel auquel on en appelle à tout bout de champ, au point que l'on est fondé à se demander si ce n'est pas ce goût subjectiviste pour la querelle et la remise en cause de l'ordre naturel qui inspire secrètement les tenants de l'esprit théocratique. Cela dit, quand le pape érigé en divin terrestre en vient, pour le malheur de l'Église, à se faire le fourrier de l'esprit démocratique, les théocrates, attachés par surnaturalisme à l'idée de sacre du roi qui serait selon eux le principe de sa légitimité en en faisant le donataire d'une autorité qu'il ne posséderait pas, se font démocrates avec une douce violence, ce qui n'a rien d'étonnant.

En termes métaphoriques, le pape dit au constructeur de bateau (le chef politique) quelle est la fin surnaturelle du bateau (la fin du politique n'est pas seulement la réalisation en acte, communautaire, de toutes les potentialités de la nature humaine, elle est de contribuer à faire participer les hommes à la vie même de Dieu, par la grâce, elle est donc de les disposer à recevoir cette grâce) ; le pape exige du capitaine de bateau que les ecclésiastiques habitent en paix le bateau et sanctifient les matelots ; le pape peut attendre de ces matelots sanctifiés qu'ils fassent avancer le bateau en direction de la Terre promise (le salut) ; le pape est fondé à inviter les matelots à se débarrasser d'un capitaine incompétent ou immoral ; mais le pape ne peut ni construire le bateau, ni le diriger, ni nommer ni défaire les capitaines.

§ 39. 4. Bilan.

Dans l'hebdomadaire *Rivarol* n° 3540 du 9 novembre 2022, dans un article consacré à la grande figure d'Edouard Drumont, on trouve à la page 9 le rappel suivant :

« Dans sa critique méthodique du monde conservateur, Drumont n'excepte pas le clergé. Il qualifie les évêques de « préfets en violet » quand d'autres, à la même époque, les désignaient comme des « lièvres mitrés » (…). Sauf quelques rares et remarquables exceptions, relève Drumont, l'évêque est un brave homme, un digne prêtre, absolument servile envers l'autorité, et qui n'a jamais une minute dans sa vie l'intention de braver la persécution. Le grand polémiste reconnaît toutefois que cette décadence n'est pas absolument propre au parti conservateur et au clergé. Les Français dans leur ensemble en sont atteints. Drumont lance, le 20 avril 1892, *La Libre Parole*, le quotidien auquel il va désormais consacrer l'essentiel de son énergie jusqu'à sa mort. Voici ce qu'il déclare à ses collaborateurs lors de la préparation du premier numéro : ***« Rappelez-vous qu'ici, nous devons être, en quelque sorte, des « anarchistes catholiques ». Nous sommes des***

démolisseurs et des révolutionnaires. Il n'y a pas à améliorer ce régime qui n'est qu'une émanation de la finance internationale. Il n'y a qu'à le saper et le détruire. Il faut faire table rase de cette fausse république et édifier à sa place la vraie République française ».

Plus récemment, il nous fut rapporté qu'un bon prêtre catholique traditionaliste, auteur de sermons édifiants, avait exhorté en chaire ses fidèles à payer leurs impôts, et qu'il serait peccamineux de se soustraire à un tel devoir. Dans une société dont les dirigeants œuvrent pour le bien commun, il va de soi que cette exhortation est légitime. Mais notre société actuelle est dirigée par des hommes qui sont explicitement les ennemis du peuple qu'ils dirigent, avilissant ses membres en imposant des lois ignobles, organisant l'invasion de leur pays par tous les Étrangers de la Terre, réduisant l'État, en sa prérogative d'exercer la pression fiscale, au factotum des banques après avoir cédé à ces dernières le privilège pourtant régalien de battre monnaie, substituant les préceptes de la judéo-maçonnerie à ceux de l'Évangile ; une petite minorité de peut-être trois-cent mille individus exerce, dans nos pays d'Europe vassalisés, une véritable tyrannie sur un peuple qu'elle avilit et rend solidaire de ses vices afin d'acheter son aval dans l'entreprise satanique de subversion radicale de l'ordre des choses. Même si le coût fiscal des remboursements de l'avortement n'excède peut-être pas quelques dizaines d'euros annuels par contribuable, même si l'État se charge encore de construire des routes et de faire arriver les trains à l'heure, la fin poursuivie par un tel État est intrinsèquement mauvaise, et payer ses impôts de bon gré en se reconnaissant le devoir de le faire revient à cautionner les buts poursuivis par un tel État, à lui donner les moyens de poursuivre son activité subversive ; un État insurgé contre son peuple est pire qu'une situation de guerre civile. Il semble donc sous ce rapport que le véritable devoir du citoyen vertueux soit de s'insurger, selon un élan révolutionnaire, contre une telle iniquité. Mais une telle attitude est peu compatible avec cet esprit illustré par le mouvement de pensée dit démocrate-chrétien, selon lequel la stratégie conquérante de l'Église doit consister à s'accommoder coûte que coûte des pouvoirs en place afin, sous la direction de leurs pasteurs, de forcer les laïques réduits à des sous-curés à gagner par l'apostolat la société civile. Or cette attitude est plus ancienne que ne l'est l'esprit démocrate-chrétien, elle s'enracine en son fond dans l'augustinisme politique, et jusque dans ces reliquats d'augustinisme politique sévissant dans la doctrine de Robert Bellarmin, qui reconnaît au pape le pouvoir de déposer les rois comme si l'autorité politique était donnée par l'Église aux princes, comme si donc l'Eglise était possesseur à l'origine du pouvoir politique. Car si, selon cette perspective, l'Église est tenue pour possesseur originel de l'autorité politique, c'est seulement, conservant pour elle le glaive spirituel, pour avoir consenti à le remettre au prince, qu'elle se dispense d'exercer un pouvoir politique direct d'essence théocratique. Et cela signifie qu'elle se réserve le droit de revenir à tout moment sur un tel consentement en forme de concession. En d'autres termes, quand l'Église est forte et reconnue parmi les peuples, elle exige la théocratie et, quand elle est faible, elle entend imposer la démocratie pour regagner le terrain perdu en profitant de la faiblesse d'un tel régime, ce qui revient encore, par des moyens détournés, à faire retour à la théocratie. De plus, adopter un tel point de vue est évidemment solidaire de cet autre, selon lequel tout l'office du Politique serait de rendre possible l'œuvre du salut surnaturel, sans égard pour quelque souci que ce soit de l'ordre naturel lui-même, sinon en tant qu'il est juste assez servi pour rendre possible la poursuite de la fin surnaturelle. En d'autres termes, *la fin surnaturelle de l'homme s'est substituée à sa fin naturelle.*

Qu'il nous soit dès lors permis d'insister sur ce point : le surnaturalisme a des effets éminemment concrets, palpables, et désastreux, qui châtre la pugnacité des laïques, condamne par principe tout esprit révolutionnaire pour lui préférer la compromission, la négociation, c'est-à-dire la politique de la fuite ; qui destine ses fidèles à se faire pacifiquement égorger au nom du Sacré-Cœur pourvu qu'il leur soit encore permis d'assister à la messe, comme si leur servilité leur garantissait le droit d'exercer notre sainte religion, alors qu'elle nourrit l'impudence, l'effronterie, la malfaisance destructrice qui prennent pour objet de haine privilégié le vrai culte de Dieu, dont elles veulent l'éradication. Devant de telles perspectives, notre invitation à procéder à un changement d'optique (celui que nous évoquions dans notre § 10. 5) dans la conception du Politique se révélera peut-être moins oiseuse qu'il n'y paraissait aux gens pressés excédés par les abstractions.

Autre chose est de se laisser happer par les sirènes du laïcisme qui, inspiré par le subjectivisme, refuse la royauté sociale de NSJC, autre chose est de croire lutter contre le laïcisme en épousant des thèses théocratiques.

CHAPITRE ONZIEME

Retour sur quelques questions.

§ 40. Sur la mauvaise foi.

Avant que d'en finir sur un ton plaisant et léger avec ces méditations décousues non toujours digestes, il nous reste à aborder les questions évoquées dans notre § 38. 3, dont nous avions remis l'esquisse de traitement à plus tard.

La volonté est d'autant plus libre de choisir son objet qu'elle est plus nécessitée par lui, elle s'exalte d'autant plus comme pouvoir d'autodétermination souveraine qu'elle est plus radicalement soumise à sa fin ultime naturelle. Elle peut pourtant pécher en préférant s'exalter comme libre sans se soumettre à sa fin et, ce faisant, sa liberté même en est gâtée. C'est là au fond une chose qu'elle entrevoit parce qu'elle fait l'expérience de sa vocation à l'infini, lequel lui est congru en tant qu'il est son objet seul capable d'apaiser un désir infini, cependant qu'il semble la violenter en la faisant s'excéder au-delà de ses limites constitutives, selon une exigence qui semble l'inviter à se défaire, puisque la nature d'une chose, qui la limite en la déterminant, est sa fin. Elle entrevoit la solidarité entre exaltation de soi et soumission au Bien parce qu'elle éprouve l'apparente contradiction qui consiste à se reposer dans son adéquation à sa nature et à excéder toute limite naturelle ; l'épreuve d'une telle tension l'invite à attendre de son Objet qu'il soit aussi la racine de son appétit pour lui, telle la montagne qu'évoque saint Bonaventure (*I Sent.* 1, 3, 1 ad 2[um]), observant que si l'homme tient d'elle sa force, il la soulève d'autant plus aisément qu'elle est plus lourde. Sachant, cela dit, que pécher revient à se rendre malheureuse, la volonté orgueilleuse le fait quand même au nom, subjectivement parlant, de sa prétention au bonheur. Ce qui revient à dire qu'elle se ment, et qu'il n'est pas d'acte peccamineux qui n'engage un mensonge à soi. C'est cela qui nous reste à expliquer : le menteur sait qu'il ment, le menti ne sait pas qu'on lui ment, et pourtant le menteur est ici le menti qui semble savoir et ignorer une même chose en même temps et sous le même rapport.

Souvenons-nous de ce qui fut développé ici au § 38. 2. 3, et appliquons-le au cas de la volonté : l'acte est victoire sur sa puissance qu'il confirme et en laquelle s'identifient les contraires ; soit : cependant que naturellement focalisée par le bien qui lui fait aimer ce qu'elle doit choisir pour l'atteindre, la volonté décide d'ignorer ce qu'elle sait en se faisant happer par un bien inférieur qui a raison de mal en tant qu'il la prive d'un bien plus grand ; en se réfugiant dans le régime de son être en puissance, la volonté s'éclipse (vouloir, c'est vouloir quelque chose de déterminé et donc d'actuel) et ainsi oublie qu'elle sait son ordination au bien, mais elle est capable d'être non contradictoirement en puissance et en acte en même temps et sous le même rapport, en ce sens qu'elle est capable de se poser en son être en puissance sans cesser d'être en acte puisque l'acte est victoire sur la puissance *qu'il assume* ; et cet être en puissance est précisément la subjectivité pure, néant de conscience parce que conscience de rien (toute conscience est conscience de quelque chose).

La volonté est confirmée dans son être en puissance par l'objet qui l'actualise, tout comme un verre d'eau – qui est en puissance à être rempli lorsqu'il est vide – qui a d'autant plus la puissance d'être rempli qu'il l'est plus en acte ; sous un certain rapport, puissance et acte s'excluent ; sous un autre, ils sont coextensifs ; on ne peut, sous un certain angle (celui de la puissance non actuée), être en puissance et en acte en même temps et sous le même rapport, et pourtant la puissance est enrichie par son acte. De plus, vouloir quelque chose, c'est comme être conscience de quelque chose : tout savoir est savoir que l'on sait, tout vouloir est vouloir que l'on veut, ainsi toute volition est retour de la volonté sur elle-même autant qu'elle est mouvement extatique de la volonté vers son objet. La volonté est ainsi focalisée par son bien qui l'actualise et est exclusif de son contraire en tant qu'il est un objet actuel de choix (choisir est exclure), mais corrélativement elle est revitalisée en tant que puissance à vouloir, c'est-à-dire en tant que cette puissance qui fait s'identifier les contraires : elle est puissance à ce bien comme elle est puissance à son contraire, et de plus la conscience de vouloir s'éclipse en elle puisque la puissance à être conscience est conscience en puissance ; elle peut s'offrir subjectivement d'être « sincère » en convoitant le contraire de ce qu'elle a choisi, ainsi en ignorant ce qu'elle sait, puisque vouloir est se vouloir, puisque donc la volition (de quelque chose d'autre qu'elle) est aussi vouloir de soi, vouloir de cette puissance à vouloir un tel acte, laquelle est aussi puissance à vouloir son contraire, et éclipse de sa conscience de vouloir l'objet qu'elle veut. L'intelligibilité de la mauvaise foi suppose la réflexion ontologique, laquelle est solidaire de l'idée de cause de soi. Et la mauvaise foi explique ainsi la possibilité même du péché, c'est-à-dire ce pouvoir de s'insurger contre sa nature en puisant à sa nature pour le faire : c'est bien la nature du vouloir qui, tout en un, l'ordonne au Bien et lui fait haïr le mal, *et* lui donne d'être maître de ses actes, fussent-ils dirigés contre ce Bien.

On peut ajouter que la volonté veut et se veut dans un même acte, ce qui signifie qu'elle réduit ce qu'elle veut à un moment de la réflexion par laquelle elle se veut, mais tout autant, en se voulant, elle ne veut que son Objet ultime mais considéré dans le moment selon lequel un tel Objet, qui se sait et se veut, se réfléchit dans son processus, ainsi se réduit à un moment du processus dont il est le résultat et l'origine et par là, comme infini en acte, assume idéellement tous les moments finis ; ce qui explique que la volonté créée soit intemporellement assumée par Lui, indépendamment d'elle, tel un moment du vouloir de soi de son Objet, en même temps qu'elle est susceptible de ne saisir en lui qu'un moment du vouloir d'elle-même ; elle devient peccamineuse en mettant l'accent sur le deuxième point de vue, et elle peut savoir et ignorer la même chose parce que la conscience pure est néant de conscience ; elle sait et elle sait qu'elle sait, mais l'acte de savoir qu'elle sait est l'acte de se poser comme puissance à savoir, et donc comme puissance aussi bien à ce qu'elle sait qu'à ce qu'elle rêve ; en se focalisant sur le fait de savoir qu'elle sait, elle s'atteint comme conscience pure qui est inconscience. En se prenant pour fin dernière, c'est encore Dieu qu'elle veut, mais elle veut la déité de Dieu pour se l'approprier. Le pécheur rend malgré lui hommage à Dieu jusque dans son refus de Dieu.

§ 41. Sur le mode de connaître de l'âme séparée.

Dans le problème qui oppose Cajetan à la lecture commune de saint Thomas, et qui porte sur la question de l'ultime acte libre de l'âme humaine (dernier de la vie terrestre, et/ou premier de la vie séparée ?), nous avons essayé de donner nos raisons en faveur d'un certain aspect de la position de Cajetan. Mais notre solution souffre d'une difficulté que nous n'avons pas abordée, à savoir la possibilité pour la volonté de se déterminer en dépit du fait que son état séparé la prive des puissances sensibles extrinsèquement requises par tout acte d'intellection, lequel meut la volonté. On objectera donc que si l'homme est privé du pouvoir de sentir et de former des images, il est privé de celui de penser, par là de mouvoir la volonté qui ne meut l'intellect (quant à l'exercice de l'acte) qu'en tant qu'il meut la volonté (quant à la spécification de cet acte). On en déduira que l'homme est structurellement empêché de poser un acte libre en condition d'âme séparée. Répondons à cette objection en convoquant un arsenal conceptuel qui nous servira pour compléter nos réponses précédentes, en particulier pour évoquer le pouvoir d'intuition de l'intellect, en plus de son pouvoir d'abstraire (problème abordé dans notre § 36.2).

§ 41. 1. Il existe une innéité des principes.

Les choses ne sont intelligibles qu'en puissance, parce que l'intellection est l'acte commun de l'intellect et de l'intelligible, ce qui signifie que ce qui est intelligible en acte est un intellect en acte. Si les choses étaient intelligibles en acte, elles seraient des intellects en acte, elles seraient pensantes, et il est par trop évident que ce n'est pas le cas. Donc elles appellent d'être rendues intelligibles en acte pour être intelligées, d'où la théorie aristotélicienne des deux intellects, l'intellect possible qui reçoit les intelligibles, et l'intellect agent qui les actualise en tant qu'intelligibles.

L'intellect agent est cet intellect qui a la vertu de faire passer de la puissance à l'acte, dans l'élément de ce plus haut degré d'élaboration du sensible en tant que sensible qu'est le phantasme, les intelligibles contenus en puissance dans le sensible. Rien ne passe à l'acte que par une réalité en acte, donc on doit en déduire, nous semble-t-il, au nom même des principes d'Aristote, que l'intellect agent possède éminemment cette actualité qu'il communique, et donc qu'il est éminemment, en acte, cette intelligibilité en puissance qu'il actualise. Telle n'est pourtant pas la position de l'Aquinate, et nous ne voyons pas en quoi nous devrions le suivre sur ce point qui, certes, induit l'idée d'une innéité des principes premiers du connaître et des idées en général :

Saint Thomas, probablement pour s'opposer à l'averroïsme de Siger de Brabant, exclut l'idée même d'une innéité des principes, dans la question disputée *De Anima* (quaest. unica, article 5 resp.) : « Quidam vero crediderunt intellectum agentem non est aliud quam habitum principiorum indemonstrabilium in nobis. Sed hoc esse non potest, quia etiam principia indemonstrabilia cognoscimus abstrahendo a sensibilibus ». Étienne Gilson commente : « l'intellect agent est cause efficiente des principes et de leurs caractères formels, mais il ne contient rien de ce qui constitue leur contenu » (Gilson, *Saint Bonaventure*, Vrin 1924, page 135) ; le célèbre historien ajoute page 136 : « la lumière intellectuelle est un moyen de connaître, mais elle n'est jamais l'objet connu ; on peut <contre J. Durantel, *Le Retour vers Dieu,* Paris Alcan 1918> soutenir le contraire et se dire thomiste, mais il est bon de savoir qu'on pense alors en augustinien ».

Confessons que nous nous disons thomiste et qu'il ne nous gêne pas de penser en augustinien sur cette question parce que, paradoxalement, c'est en épousant les principes aristotéliciens du thomisme que nous embrassons un tel point de vue. Poursuivons donc.

L'intellect agent est éminemment l'actualité de cette intelligibilité en puissance qu'il actualise ; mais s'il est un intelligible en acte, il est aussi un intellect en acte puisque l'intellection est acte commun de l'intellect et de l'intelligible. Il est vrai qu'une sensation est acte commun du sens et du sensible sans que le sensible en acte soit nécessairement sentant, mais on n'en peut dire autant de l'intelligible en acte, parce que savoir est savoir que l'on sait, enveloppe une réflexion qui exclut la matérialité, ainsi la potentialité ; si l'acte de l'intelligible peut être l'acte d'un intellect, c'est que cet acte d'être intelligible enveloppe lui aussi une réflexion, laquelle, puisqu'il est objet pour lui-même en tant qu'il est réflexion, est la forme d'un sujet, ainsi d'un intellect, de telle sorte que l'intelligible en acte n'a pas seulement le pouvoir d'être éventuellement l'acte d'un intellect, il *est* nécessairement cet acte. Cela dit, si l'intellect agent est intelligible en acte, il est aussi nécessairement intellection, il est sujet-objet, il est réflexion, il est savoir de lui-même. En tant que savoir de lui-même, il devient lui-même en tant qu'autre, il est ce qui est à savoir, et il doit l'avoir pour le savoir effectivement, ce qui revient à dire qu'il doit nécessairement s'objectiver, se savoir dans son « état d'être devenu ce qui est à savoir » — c'est-à-dire, en l'occurrence, lui-même. Mais cette réflexion par quoi l'intellect agent est intelligible en acte, afin d'être l'actualité de tous les intelligibles qu'il actualise pour les offrir à l'intellect possible, est une opération *constitutive* de lui-même en tant qu'intellect, ce qui signifie qu'une telle réflexion est ontologique autant qu'elle est noétique, parce que le verbe en lequel il se connaît est encore lui-même dès lors que ce n'est pas un autre que lui qu'il est intentionnellement devenu pour le connaître (dans ce cas, le verbe ou concept tient lieu de ce qui est à connaître, il est l'immanence au connaissant du connaissable), c'est lui-même en tant qu'autre (ici, ce qui tient lieu de ce qui est à connaître, c'est ce qui est à connaître) : il est l'opération de s'engendrer. Dès lors, le verbe en lequel il se connaît n'est pas seulement ce que l'intellect connaît, il est l'acte même de le connaître ; il en résulte que ce verbe en lequel l'intellect se connaît est lui aussi un intellect qui a vocation à se comporter à l'égard du premier comme le premier se comporte à son égard. Mais l'intellect agent, créé, n'est pas la raison suffisante de la réflexion qu'il exerce, il a la forme d'une cause de soi sans l'être. Par conséquent ce verbe en lequel il s'objective est seulement en puissance à s'objectiver ce dont il procède, ou à s'objectiver au moins quelque aspect de l'intelligibilité de ce dont il procède, et cela signifie que ce en quoi s'objective, pour être objectivant en acte, ou intellect en acte, l'intellect agent, *n'est autre que l'intellect possible lui-même.* L'intellect agent est un acte de se penser qui, comme toute intellection, produit un verbe immanent ou concept, lequel est l'intellect possible. Il appert, selon un tel dispositif destiné à dévoiler les articulations ontologiques de l'intellect et à rendre raison de ses opérations, que les intelligibles que cet intellect, en tant qu'agent, est capable d'actualiser, sont les moments du processus réflexif par lequel il est intellect agent. Étant sa réflexion, il est unité du résultat et du processus, il est donc en acte les intelligibles qu'il actualise dans le sensible. L'intellect agent est son savoir sans l'avoir, et c'est pourquoi il n'est pas une conscience de soi, ou plutôt, il a le savoir qu'il est, mais cette identité de l'être et de l'avoir ne s'accomplit que dans l'intellect possible qui n'est en acte qu'en pensant quelque chose qu'il reçoit, de telle sorte que la conscience pensante est l'acte de l'intellect possible, lequel acte est, tout autant, l'acte de se penser, en celui-ci, de l'intellect agent.

Si l'âme devient intelligible en acte du fait qu'elle est séparée du corps, l'intellect agent devient objet de l'intellect possible qui puise en lui les intelligibles en acte qu'il avait accoutumé de recevoir d'une abstraction opérée sur les phantasmes par l'intellect agent ; et l'on tient là une possibilité d'actuation de l'intellect possible nonobstant la suppression des puissances sensibles de connaître, ce qui explique que la volonté puisse s'exercer après la séparation de l'âme et du corps, à tout le moins dans l'instant où s'opère cette séparation. Les espèces que l'intellect puise dans l'intellect agent quand l'âme est séparée l'invitent à fonctionner comme celui d'un ange, et pourtant cela ne lui est pas antinaturel parce qu'il est par nature doté d'un intellect agent : « Minuisti eum paulo minus ab angelis » (*Psaume* VIII 6 : tu l'as fait de peu inférieur aux anges). Et il faut bien, au passage, qu'il en soit ainsi, s'il est vrai que l'homme est par nature mortel et que la grâce est gratuite ; il eût été possible que l'homme vécût en état de pure nature, destiné à mourir et à ne pas ressusciter puisque la résurrection des corps est surnaturelle ; à peine de faire de Dieu un créateur injuste ou maladroit, ou bien de compromettre la gratuité de la grâce, force est bien de convenir que l'état d'âme séparée aurait pu contracter le statut d'entéléchie de la vie humaine, ainsi d'accomplissement de cette vie, et que le mode quasi angélique d'exercice de ses puissances opératives eût été, en l'état, naturel. Il est certes dans la nature de l'homme d'être corporel, mais précisément, comme principe d'individuation, le corps est conservé par l'âme en tant que nié ; il est conservé comme principe d'individuation, et nié en tant que matériel.

Par ailleurs, ce n'est pas la singularité ou individuation de la forme qui la rend inintelligible en acte, c'est le coefficient de contingence dont elle est grevée du fait que la matière est principe d'individuation. Aussi une forme universalisée en tant qu'abstraite de la matière est-elle nécessairement intelligible en acte. Si donc l'intellect possible avait une forme entitative propre, il serait, étant lui-même immatériel, immédiatement intelligible en acte, il serait savoir de soi sans la médiation de la donation d'un intelligible à lui offert par l'intellect agent ; or l'expérience prouve que cela n'a pas lieu : il n'y a conscience de soi que s'il y a corrélativement conscience de quelque chose que la conscience n'est pas ; donc la forme de l'intellect possible est la forme qu'il intellige, il est puissance à être de l'intellect aussi longtemps qu'il est intellect en puissance, il est puissance pure, plus potentielle que la matière prime, laquelle, comme prime, n'est pas, ainsi est néant, et de ce fait il est, si l'on peut dire, le mode de subsister de la matière prime en tant que prime, laquelle à ce titre n'est plus matière ; il est néant. Il est rationnel qu'il en soit ainsi puisque l'intellect agent, qui n'est tel qu'à s'objectiver, se posant en s'opposant à lui-même, est aussi, s'il est considéré en lui-même indépendamment de son acte d'objectivation immanente, néant[13]. Étant réflexion, l'intellect agent est négation de négation, victoire sur tous les degrés d'intelligibilité qu'il assume, du plus élevé (qu'il est) au plus indigent, ce qui révèle dans le plus indigent le plus élevé, mais considéré dans le moment de son absence à lui-même, ou encore dans sa négativité. Si l'on retient que l'actuation d'une puissance la confirme comme puissance dans le moment où elle l'actualise, on peut ainsi dire que l'intellect possible actualisé en l'intellection d'un intelligible quelconque est confirmé par là dans son identité de pure puissance identique au néant, c'est-à-dire dans son identité de suprême intelligible considéré dans le moment de son absence à lui-même. Et quand l'intellect possible, actué, revient sur soi, il se saisit comme la forme même

---

[13] Ce qui est ce qu'il est sans l'avoir est identique à soi sans se différencier de soi ; mais ce dont l'identité à soi est exclusive de sa différence d'avec lui-même (à raison de laquelle il est identique à soi comme acte de s'identifier à soi par victoire sur sa différence) est doté d'une identité *différente* de sa différence, ainsi d'une identité qui se trahit en se faisant affecter par ce contre quoi elle prétend être immunisée. L'identité concrète est identité de l'identité et de la différence, aussi l'être est-il ce qu'il est en ayant ce qu'il est. L'intellect agent qui ne s'objective pas en intellect possible n'est pas.

de la déité (le suprême intelligible, l'être en tant qu'être accédant au savoir absolu de lui-même), mais privée de son effectivité du fait que cette réflexion opérative de l'intellect possible n'est pas ontologiquement positionnelle de ce dernier.

Ce que saisit là l'intellect possible, c'est l'idée d'être, c'est-à-dire l'être dans sa négativité absolue, et telle est la présence des raisons éternelles dans l'intellect possible, non ablative de leur transcendance : « Si donc le non-être ne se conçoit que par l'être et l'être possible que par l'être réel, et si l'être exprime l'acte pur d'exister, il suit que l'être est la première idée conçue par l'intelligence, et que cet être est l'Acte pur. Mais ce n'est pas un être particulier où l'exister se trouve restreint par le mélange de puissance et d'acte ni non plus l'être analogue vide de toute actualité <parce qu'abstrait, l'abstraction mettant de côté l'existence réelle>, parce que dénué de toute existence. Il reste que cet être soit l'Être divin » (saint Bonaventure, *Itinéraire de l'esprit vers Dieu*, chapitre 5, traduction Henry Duméry, Vrin 1981 p. 85). Nous ne nous objectivons pas en cette vie les raisons éternelles qui sont en nous, mais leur présence, fût-elle la présence du moment de leur absence à elles-mêmes, suffit pour nous faire reconnaître ou attester comme universels et nécessaires le nécessaire saisi dans le contingent, et l'universel saisi dans le particulier.

§ 41. 2. 1. Anamnèse conceptuelle : connaître est reconnaître ; catégories et transcendantaux.

Cette présence, en lui, de l'être absolument être ou des raisons éternelles, meut l'intellect possible de l'intérieur de lui-même, et c'est ce qui explique la *réminiscence* :

« Comment, en effet, notre intelligence saurait-elle qu'un être est déficient et incomplet si elle n'avait aucune connaissance de l'être sans défaut ? » (saint Bonaventure, idem c. 3, p. 65). En effet, l'intellect en tant que possible en quête de savoir cherche l'intelligible dans les sensibles dont, en tant qu'agent, il l'abstrait ; mais il fallait bien qu'il fût en possession d'une espèce de pré-connaissance de ce qu'il cherche pour s'habiliter à le chercher, c'est-à-dire pour rassembler les sensibles au sein desquels il exerce son pouvoir abstrayant.

Le beau fini saisi dans les choses est ce en quoi est reconnu le Beau absolu, parce que la diversité des beautés et leur limite sont perçues moyennant la référence au Beau absolu ; privation de lumière, l'obscurité n'est identifiée comme telle que si l'on jouit d'une idée de la lumière. On peut certes abstraire l'essence commune des particuliers, mais il faut qu'ils appartiennent au même genre, car au-delà des genres suprêmes on ne trouve que les transcendantaux, principes premiers de toute connaissance, convertibles avec l'être dont nous n'avons pas spontanément une idée claire qui serait le fruit d'une abstraction, car comment abstraire — ainsi séparer — l'être de ce qui n'est pas lui, si tout est de l'être ? L'être est une notion éminemment confuse qui se présente, en l'état, comme contradictoire et impensable puisque, comme transcendantal, il se dit de tous les étants, aussi bien quant à ce qu'ils ont de commun et qui les identifie entre eux que quant à ce que chacun a de propre et qui le différencie des autres ; l'identité de l'identité et de la différence, considérée comme donnée brute, semble contrevenir aux exigences du principe de non-contradiction. L'être et le beau n'étant pas des genres, on doit disposer d'un autre moyen que l'abstraction « a parte rerum sensibilium » pour accéder à leur concept ; et les transcendantaux sont investis dans tous les genres, convoqués par eux pour que ces derniers soient intelligibles : ce qui tombe d'abord dans l'intellect, c'est l'être (« primo in intellectu cadit ens », l'être est objet formel de l'intellect comme le visible l'est de la vue), et les genres ou espèces n'ont de sens que parce que l'on sait que ce sont des genres *de l'être* dont il faut bien, de ce fait, appréhender le sens pour accéder à celui des genres. Il faut donc bien qu'il y ait une intuition de l'être en tant qu'être concomitante du pouvoir d'abstraire, voire antérieure à lui, qui, loin de procéder des concepts qu'élabore ce dernier, donne à de tels concepts génériques ou spécifiques leur certitude et une universalité de droit, qui ne se limite pas à une universalité de fait. Développons ce point.

La triangularité abstraite des triangles est tenue pour nécessaire, non seulement pour ces triangles-ci, mais pour tout triangle possible, et elle est tenue pour telle parce qu'elle est reçue comme participant d'un transcendantal : une catégorie est un genre *de l'être*, elle se veut jouir d'une portée universelle, qui excède l'ordre du sensible ou de l'expérimentable, et de plus elle se prévaut d'une portée réaliste ; un prédicament désigne une détermination de la pensée de l'être *et* de l'être que la pensée pense ; il désigne une détermination de l'être en général et non seulement de l'être sensible dont il se trouve, pour l'homme, qu'elle est tirée. Si l'on prend acte du fait que tout concept se résout dans un genre de l'être, on déduit de ce qui précède que tout ce qui est ici déclaré à propos des catégories doit se dire de tous les concepts ; l'universalité de cette catégorie qui n'a de valeur universelle et réaliste qu'à être un genre de l'être est une universalité noétique en ce sens que ce concept est un universel de prédication ; mais son universalité noétique est et se veut être le reflet d'une universalité de causalité ; ou encore, à ce terme universellement prédicable correspond dans les choses une cause immanente qui est raison de leur identité spécifique ; plus simplement : nous tenons nos concepts abstraits pour l'expression d'une essence objective qui se fait réalité en s'individuant. Mais remarquons ceci : si l'on obtient cette idée d'être dans la ligne de l'abstraction formelle (comme abstraire la forme de la matière), on n'aboutit qu'à cette contradiction d'une idée d'être expressive du pouvoir d'identifier les êtres entre eux à raison de son pouvoir de les différencier les uns des autres, ou encore douée du pouvoir d'exprimer ce qu'il y a de plus commun aux réalités tout en désignant en elles ce que chacune a de plus intime, ce qui, en l'état, est inobjectivable et proprement impensable ; et si l'on abstrait l'être des étants selon une abstraction totale (abstraire non à la manière dont on abstrait la forme de la matière, mais à la manière dont on abstrait le tout potentiel de ses inférieurs, tel le genre des espèces), on obtient un être si vide qu'il équivaut à la matière purement indifférenciée, laquelle n'est pas. Ainsi donc, si l'on ne jouit que d'une idée d'être infiniment confuse obtenue par une abstraction bâtarde, le transcendantal supposé conférer leur portée universelle et réaliste aux concepts que produit notre intellect agent sera une idée d'être dont la signification sera indécise. Si un tel être signifié dans une telle idée d'être n'est que le résultat d'une abstraction opérée sur les réalités sensibles, l'objet de la métaphysique, étroitement physique, fera dégénérer la métaphysique en physique, et les concepts suspendus à une telle idée d'être ne pourront se prévaloir d'autre chose que de signifier la structure du sensible ; ils seront impropres à signifier l'être en tant qu'être, qui excède le champ de notre expérience sensible. Ce seront des catégories qui valent pour l'ordre du fini et non pour celui de l'infini. Et si cette idée d'être abstraite du réel sensible se veut, du fait du caractère problématique de son sens (identité de l'identité et de la différence) non tant une abstraction formelle qu'un être de raison, la métaphysique dégénérera en logique formelle, et de plus, nos catégories tirant leur portée d'un transcendantal réduit à un être de raison, elles ne seront pas tant expressives de l'essence de ce qui est que des diverses manières dont il nous est donné de le penser dans l'universel ; c'est alors qu'elles contracteront le statut que leur reconnaît le kantisme, non pas la désignation de l'essence de l'être en soi, mais celle du principe synthétique d'unification du divers phénoménal afin de nous donner une expérience d'objet, étant bien entendu que l'en soi du réel nous échappera et que la connaissance sera à jamais réduite au « pour nous ».

§ 41. 2. 2. Suite : réalisme et idéalisme.

L'assurance absolue d'une convenance entre la pensée humaine et l'être en tant qu'être suppose leur identité sous un certain rapport, parce que cette identité, qui radicalise l'exigence de convenance absolue de l'un à l'égard de l'autre, supprime du même coup le problème d'instauration d'une telle convenance. Mais qu'en est-il des données d'un tel problème ?

La vérité est définie telle l'adéquation de la pensée au réel. Pour être elle-même réelle, ou objective, cette adéquation doit être vérifiable : toute vraie évidence est une évidence vraie, mais il n'est pas acquis que tout ce qui se présente comme une évidence soit une vraie évidence. Cela dit, pour comparer le réel au savoir que nous en avons, nous devons les connaître tous les deux, et chacun séparément. Or, s'il faut savoir le réel pour savoir que le savoir est conforme au réel, ainsi pour savoir que le réel est effectivement su, c'est que l'on est confronté au dilemme suivant : ou bien la pétition de principe, ou bien le renvoi à l'infini. Ou bien, en effet, l'on tient pour acquis que le réel est effectivement su, atteint tel qu'en lui-même, et dans ce cas il est vain de s'enquérir des conditions de l'adéquation de la pensée au réel — à charge cependant, pour l'ami des évidences hermétique à tout questionnement relevant de la critique de la connaissance, de donner les raisons pour lesquelles il tient de telles évidences pour acquises (il existe de fausses évidences, à défaut d'évidences fausses) ; ou bien cette vérification de la susdite adéquation est tenue pour opportune, mais alors, soucieux de savoir si notre connaissance des choses est conforme aux choses telles qu'elles sont en elles-mêmes, nous devons comparer notre connaissance des choses aux choses elles-mêmes *qu'il faut connaître* pour que la comparaison soit possible, et, dans cette situation, nous sommes en demeure de nous interroger sur le bien-fondé de cette dernière connaissance, de telle sorte que les relations d'adéquation se multiplient, et alors l'enquête se reproduit à l'infini, se révèle ainsi impossible ; si, pour le dire autrement, le réel est connu dans et par un concept, la conformité de concept au réel est attestée par la connaissance des deux termes qui sont à comparer, mais c'est par un nouveau concept que sera saisi le réel auquel le premier concept doit être adéquat, et le problème de l'adéquation au réel de ce deuxième concept se pose autant que pour le premier. Rappelons par ailleurs que l'identité de l'être et du savoir définit l'absolu ou le divin : le plus haut degré d'être est la vie, et le plus haut degré de vie est le connaître, donc la manière la plus parfaite d'être de l'être est l'acte d'intellection, acte commun de l'intellect et de l'intelligible, identité concrète du sachant et du su ; si l'être pris absolument est un connaître, ainsi une pensée, la connaissance ou pensée de cet être est nécessairement une pensée de pensée. Puis donc que l'adéquation entre être et connaître — ainsi le pouvoir de vérité de l'intellect — suppose l'identité de l'être et du savoir sous un certain rapport, dans le moment où cette identité est définitionnelle de Dieu (tel est l'« intelligere » subsistant d'Antoine de la Mère de Dieu et de Jean de Saint-Thomas), force est d'en conclure que la raison finie n'est assurée de ses pouvoirs de science métaphysique qu'à proportion de son aptitude à rendre raison de l'immanence de la pensée divine à la pensée humaine, mais d'une immanence qui ne soit pas ablative de leur incommensurabilité. L'Aquinate le reconnaît bien à sa manière, puisqu'il plaide en faveur d'un intellect agent, principe universel d'actuation des intelligibles, en lequel il discerne un rayon dérivé de la lumière divine ; s'il est permis de penser (confer notre § 41. 1) que le thomisme autorise parfois, quant à son esprit, ce qui peut offenser sa lettre, nous dirons que l'intellect agent, acte d'intellection subsistant, sujet-objet et réflexion constituante, a la forme d'une pensée de pensée qui vérifie l'identité de la pensée et de l'être ; aussi est-il permis de déclarer qu'il a la forme de la déité, mais sans l'être puisque, aussi bien, il n'est pas la raison suffisante de cette réflexion par laquelle il advient à l'être. Il demeure, dans la perspective ici esquissée, que le savoir de soi de l'intellect agent est cet acte de l'intellect possible en lequel s'objective et prend conscience de soi l'intellect agent, de telle sorte que tout ce qui actualise l'intellect possible actualise de manière concomitante, en ce dernier, l'idée d'être entendue telle l'identité de l'être et du savoir définitionnelle de l'acte pur d'être ; et c'est cette actualisation que transcrit le concept d'« ens commune ». L'être commun objet de la métaphysique n'est autre, d'une certaine façon, que le savoir de soi de l'intellect — en termes modernes :

la conscience de soi pure — parce que ce dernier a la forme de l'être absolument être.

Il appartient à la raison thomiste de rendre raison de ce que la pensée augustinienne, prolongée par la démarche de saint Bonaventure, se contente de présupposer mais qui présente le mérite de rappeler, à l'entendement thomiste, que ce dernier ne saurait se dispenser d'un tel souci s'il entend fonder sa prétention à connaître, par la simple raison, l'être en tant qu'il est être. En effet, le réaliste pose l'existence de l'intellect agent pour expliquer ce qu'il tient pour acquis, à savoir que la pensée humaine est par nature congrue à l'être en tant qu'être ; mais le réaliste limite les pouvoirs de l'intellect agent à la vocation d'actualiser les intelligibles en puissance dans le sensible, ce qui ne garantit pas la congruence de l'intellect à l'être en tant qu'il est être. On doit donc rendre raison du passage de l'objet propre de l'intellect humain (la quiddité du sensible) à son objet adéquat (l'être en tant qu'il est être), parce que — ainsi qu'on le constatera dans le prochain § — ni la doctrine de l'analogie ni le principe de causalité ne le permettent à raison d'eux-mêmes. Si notre *savoir* de l'être n'est pas moins que le savoir (de soi) *de l'être* en nous immanent à nous dans la forme d'un savoir de soi de notre pensée, il n'est pas excessif de remarquer que, dans un certain sens, le réalisme métaphysique se fonde sur un idéalisme absolu (objectif et subjectif) ; si l'absolument être est son propre savoir ; si tout savoir en acte est prolation d'une idée, l'absolument être est son idée qui, immanente à notre pensée et forme a priori du penser en général, donne à notre pensée de tout saisir sous la raison d'être[14].

Voilà pourquoi, nous semble-t-il, il est requis, pour lester nos concepts d'une portée réaliste et véritablement métaphysique, d'en appeler à une intuition de l'être en tant

[14] Il serait fécond selon nous de rapprocher les moments du système hégélien (Logique, Nature, Esprit) des trois moments ici esquissés de l'appareil noétique humain : intellect agent, intellect possible, intellection.

qu'être, qui sera intuition de l'être absolument être, mais considéré dans la seule occurrence qui nous le rende accessible sans compromettre sa transcendance, à savoir tel l'être absolu dans sa négativité ; c'est pour nous une manière de faire nôtre l'idée bonaventurienne de « contuitio », redécouverte dans une perspective originale par Rosmini qui discernait dans l'idée d'être la forme a priori de l'entendement. Dès lors, l'abstraction en général, et l'induction (qui est aux jugements ce que l'abstraction est aux concepts), supposent l'acceptation d'un pouvoir d'anamnèse conceptuelle, et ainsi se révèlent solidaires d'une forme d'innéisme. Et c'est dans la manière dont nous concevons le rôle et les pouvoirs de l'intellect agent que cet innéisme est selon nous rendu possible.

§ 41. 3. Univocité et analogie.

Montrons enfin que cette présence de l'être absolument être — mais seulement dans le moment de son absence à lui-même — dans l'intellect possible est aussi le fondement de l'analogie. On parle d'analogie de proportionnalité propre quand on déclare que la sagesse divine est essentiellement différente de la sagesse humaine, mais que la sagesse divine est à Dieu ce que la sagesse humaine est à l'homme ; la sagesse divine n'est nullement cette sagesse humaine affectée d'un coefficient qui la démultiplierait, elle est réellement autre que la sagesse humaine qui ne saurait, en tant que telle, nous faire univoquement accéder à la sagesse divine, mais dans les deux cas on parle à bon droit de sagesse, parce que l'identité ne concerne pas les deux sagesses, mais le rapport que chacune entretient avec son sujet propre. La sagesse humaine est ce qui fait que l'homme est dit sage, et la sagesse divine est ce qui fait que Dieu est déclaré sage ; la sagesse est autre dans les choses autres. On parle d'analogie d'attribution quand on dit que la sagesse se dit de Dieu et de l'homme du fait que la sagesse divine est cause de la sagesse humaine ; la cause reçoit le nom de son effet parce que le principe de causalité enseigne que l'effet ressemble à sa cause en ce que la causalité consiste en une communication (ainsi une donation) d'information qui va de la cause (laquelle ne peut donner que ce qu'elle a, et qu'elle a si parfaitement, comme cause première, qu'elle l'est) vers l'effet qui reçoit cette forme en la transformant intrinsèquement ; il la transforme intrinsèquement parce qu'il la fait s'approprier à lui et qu'elle subsiste en lui selon le mode d'être du récepteur ; on dira alors que lorsque nous saisissons l'essence de la sagesse dans la considération des hommes sages dont nous l'abstrayons, cette dernière peut être légitimement prédiquée de Dieu selon la triple démarche de l'affirmation (Dieu est sage), de la négation (Dieu n'est pas sage, aussi bien qualitativement que quantitativement, comme les hommes peuvent l'être), et de l'éminence (tout ce qu'il peut y avoir de perfection dans la sagesse humaine appartient à Dieu comme à l'origine de toute sagesse, et elle est réalisée en Lui de manière suréminente) ; mais, dans cette prédication, nous échappe le mode selon lequel elle est réalisée en Lui. Certains considèrent que cette prédication nous fait confusément saisir quelque chose de Dieu, le mode seul de réalisation (dans la cause) d'une telle perfection nous échappant ; d'autres insistent sur le caractère inconnaissable de la sagesse divine parce que, disent-ils, une perfection n'est pas dissociable de son mode, elle n'est même accessible qu'à travers lui : les deux modes étant incommensurables, le premier étant inconnu, la chose dont il est le mode nous est aussi, nécessairement, parfaitement inconnue. Toute prétention d'un concept à coiffer (à « subsumer ») le divin et le créé reviendrait à faire de l'être un genre, et des transcendantaux autant de « super-catégories », ce qui est faux dans les deux cas. Les thomistes se disputent depuis toujours pour savoir, des deux grandes formes d'analogie, laquelle est le fondement de l'autre, ou plus simplement celle qui est la plus fondamentale.

Si l'on se souvient (§ 41. 2) que la réminiscence est requise pour qu'il y ait abstraction assurée de sa portée universelle et réaliste, et que cette réminiscence est expliquée par l'innéité des premiers principes, laquelle renvoie à la présence de l'absolu au sein d'un intellect habilité à faire le constat de la relativité du relatif (ceci est beau, il y a du plus ou moins beau et cette beauté participe du Beau), force est d'en inférer que la raison d'une analogie de proportionnalité propre, qui use de concepts analogues, ne peut être autre chose que le premier analogué en soi (ou ne peut résider ailleurs qu'en lui), et non « quoad nos ». Et c'est la possession de cette raison qui rend opératoire le discours analogique, en cela qu'elle est seule à permettre de discriminer entre une analogie de proportionnalité propre et une analogie de proportionnalité métaphorique.

Expliquons-nous.

Dans l'*Épître aux Ephésiens* (III, 14-15), l'Apôtre évoque le Père « de qui toute paternité au Ciel et sur la terre tire son nom ». C'est parce que Dieu est en soi Père, de toute éternité, qu'il existe une paternité participée chez les hommes ; la Paternité divine est cause première de la paternité humaine, et c'est à Dieu en premier lieu que convient le nom de Père, c'est à Lui que cette perfection convient de manière parfaitement intrinsèque et, en droit, c'est elle qui explique la paternité humaine, qui nous dévoile ce que signifie d'être père, parce que le secret des vertus du participant réside dans le participé. En soi, Dieu est le premier analogué ; mais pour nous, si nous entendons, en dehors des lumières de la foi, nous faire quelque idée de ce que peut être la Paternité divine, c'est à la paternité humaine que nous puiserons notre information, et nous prédiquerons de Dieu la paternité par analogie avec la paternité humaine. En soi ou dans l'ordre de l'être, le premier analogué est la Cause, pour (ou dans l'ordre du connaître) nous il est l'effet. Cela rappelé, demandons-nous si la formule, quand on parle des « eaux vives », selon laquelle la vie des eaux est aux eaux ce que la vie du corps vivant est au corps vivant, est une véritable analogie de proportionnalité propre. Il est clair qu'il n'en est rien, parce que les eaux ne vérifient pas la raison adéquate du vivre : caractère de ce qui se meut par soi (selon toutes les espèces de mouvement, dont l'acte de régénération), d'un mouvement spontané quant à son origine et immanent quant à son terme (le degré de perfection du vivre étant proportionné à celui de l'immanence d'un tel terme). En parlant des eaux vives, on ne dresse là qu'une analogie de proportionnalité métaphorique, et non propre, puisque les eaux n'ont pas en elles-mêmes le principe de leur mouvement ; vivre est le caractère de ce qui a en et par lui-même le principe de son mouvement et/ou de ses opérations. Mais comment pouvons-nous distinguer entre les deux ? Seulement par la connaissance de la raison de l'analogie, signifiée dans la définition classique du vivre, que nous venons d'exposer.

Et la raison d'une telle analogie se prendra du premier analogué en soi, et non pour nous. En effet, selon l'analogie d'attribution, « sain » est dit analogue et se prédique de « corps », de « urine » et de « climat », parce que le corps entretient certaines relations avec l'urine (qui manifeste la santé) et avec le climat (qui la cause) ; mais l'attribution n'est intrinsèque qu'à propos du corps, car seul le corps est sain, à proprement parler ; il n'y a attribution intrinsèque que dans le cas du corps vivant. Mais cette analogie d'attribution peut aussi se formuler en termes d'analogie de proportionnalité : la santé de l'urine est à l'urine ce que la santé du corps vivant est au corps vivant. Et ici l'on remarquera que c'est une analogie de proportionnalité métaphorique, puisque « santé » ne convient pas intrinsèquement à « urine », laquelle n'est pas plus saine que les eaux ne sont vivantes. Or comment sommes-nous assurés de ce que cette proportionnalité est métaphorique et non propre ? Parce que nous disposons de la raison de l'analogie : est sain ce qui possède la santé, laquelle est la bonne disposition d'un corps vivant en tant que corps vivant. Et cette raison ne se découvre que dans le corps vivant, qui est le premier analogué en soi. C'est donc moyennant la connaissance du premier analogué en soi que se peut distinguer une proportionnalité réelle d'une métaphore. Dès lors, si « être » se dit de Dieu et de l'homme, il faut savoir ce qu'est l'être de Dieu (la raison de l'être en tant qu'être, qui est Dieu puisque Dieu est l'acte d'être, Celui dont l'essence est d'être) pour être assuré que, quand on déclare d'une créature qu'elle est, on le dit selon une analogie réelle et non selon une métaphore. On doit savoir ce que signifie « ce dont l'essence est d'être » pour être assuré que « être » se prédique proportionnellement de l'homme ou de toute créature. Or accéder à ce savoir ne saurait procéder d'une induction ou d'une abstraction (au reste nécessairement bâtarde) opérée à partir des créatures, car ce serait là partir d'un premier analogué « quoad nos ». Et c'est l'innéité des principes qui fait accéder à un tel savoir.

On peut certes en appeler à l'analogie d'attribution pour fonder l'analogie de proportionnalité et, par là, se dispenser, croit-on, d'avoir recours à la thèse de l'innéité des premiers principes : la sagesse de Dieu est à Dieu ce que la sagesse de l'homme est à l'homme parce que, expliquera-t-on, la sagesse divine est cause de la sagesse humaine qui ressemble à sa cause en tant qu'elle en est une participation. Mais on ne parvient à une attribution intrinsèque (en prédiquant de sa cause la perfection considérée dans l'effet) que si l'on admet le caractère analytique du principe de causalité : Dieu est cause de toute chose et possède éminemment les perfections qu'Il communique ; or prétendre que le principe de causalité serait réductible au principe de non-contradiction, cela même s'est révélé problématique (voir notre § 38. 2) : le principe de causalité est fondé sur le principe de raison d'être, lequel exige que l'être en tant qu'être soit cause, et que le Premier soit le rendre raison de Lui-même. Or il a été montré plus haut (même §) que ce qui est le rendre raison de soi-même est une réflexion ontologique, réflexion capable de réduire son résultat, ou identité positive avec soi, au moment — en lequel un tel résultat s'objective, s'y libérant de sa contradiction — de son identité négative avec lui-même, tel un mouvement habilité à s'intérioriser en se réduisant tout entier à un moment de lui-même (ce moment en lequel l'avancée dans le processus change de sens et fait retour vers l'origine du processus), se supprimant par là en tant même que mouvement. Donc le principe de causalité ne peut être fondé que si la raison se révèle capable d'affronter le risque douloureux d'une démarche dialectique en laquelle elle fait l'épreuve de se perdre (la raison est invitée à se maintenir comme raison en consentant à glisser dans le gouffre de l'irrationnel) pour se ressaisir ; et cela même n'est possible que si, du sein même de son déchirement constitutif (le séjour dans l'irrationnel dont la rationalité est le résultat victorieux), la raison reconnaît en lui un moment obligé du rationnel ; or cette reconnaissance suppose l'immanence, à la raison, à l'intellect en tant qu'il se meut, des raisons éternelles, ou innéité des principes premiers du connaître. Plus fondamentalement, rendre intelligible le concept de cause de soi, c'est adopter la conception circulaire de l'être en tant qu'être, laquelle exige que tous les degrés d'être, jusques au néant, soient assumés par l'être absolument être, lequel, à ce titre, se révèle immanent, mais dans sa négativité, à tous les êtres dont il est la raison. Mais convenir de cela, c'est reconnaître que l'être absolument être est immanent, dans le moment de son absence à lui-même, à l'intellect fini ; c'est donc convenir qu'un intellect créé ne serait pas un intellect s'il n'était habité par la présence en lui des principes innés du connaître en général.

Donc, si l'on entend fonder l'analogie, on ne peut faire l'économie d'une intuition intellectuelle de l'être en tant qu'être. Cela dit, la présence, en notre âme, de l'absolu dans sa négativité, s'opère dans un terme qui relève à la fois du fini et de l'infini, qui est le point de suture entre les deux, et qui donc, valable pour les deux, se révèle *univoque*. Il sera tel non selon l'acception scotiste de l'univocité, qui parle d'un être obtenu par « abstractio totius » et qui équivaut à « presque rien », à « l'effet le plus imparfait de Dieu ». Il sera tel parce qu'il sera compris comme inséré dans cette réflexion ontologique constitutive de tout être en tant qu'être ; et cette conception de l'univocité saura faire sa place à l'analogie : chacun des moments du processus est l'absolu tout entier mais non totalement, de sorte que tous les moments du processus s'identifient en lui, cependant qu'ils sont différents positionnellement les uns des autres, et sous ce rapport le concept d'être est bien analogue.

Souvenons-nous, au passage, que l'on peut bien douter du caractère univoque, équivoque ou analogue du concept d'être ; il n'est pas d'acte dubitatif qui ne présuppose la certitude, de même qu'on peut douter de la clarté d'une atmosphère à condition d'avoir quelque idée de ce que c'est que la clarté. Par conséquent on ne peut douter du statut du concept d'être qu'en référant ceux dont on dispose, et dont on doute, à l'idée univoque d'être ; la condition de possibilité de l'acte d'attester des différences suppose l'identité « secundum quid » des différents. Quant à l'argument selon lequel l'analogie d'attribution (qui se fonde sur les propriétés de la causalité : l'effet ressemble à sa cause) serait incapable de fonder l'analogie de proportionnalité, sous le prétexte que le concept de cause serait lui-même analogue et non équivoque (Dieu, dit-on, n'est pas cause dans le même sens que les créatures exerçant une causalité sur d'autres créatures), nous nous contenterons de rétorquer qu'il en est du concept de cause comme il en est du concept d'être : il est analogique au sens où les modes de sa réalisation, ou manières d'être cause, sont analogues entre eux, mais non au sens où la chose dont il y a mode serait elle-même analogue : la manière divine de causer n'est pas la manière humaine de causer, mais c'est toujours de la causalité et, pour le savoir, il faut bien référer la causalité finie et la causalité divine à un même et univoque concept de cause pour attester leur différence.

Plaider en faveur d'une intuition de l'être en tant qu'être fondée sur un certain type d'immanence de Dieu à la créature pensante mais non exclusive de la transcendance du Créateur n'est nullement embrasser une thèse ontologiste. Il n'est pas question ici de prétendre que l'intellect humain verrait toute chose en Dieu, ou que la connaissance qu'il aurait de Dieu serait première par rapport à la connaissance qu'il a des choses. Ce qui est à dire, c'est, avec saint Thomas, que « primo in intellectu cadit ens » (*Commentaire de la métaphysique*, I 2). Si l'on écarte tant la thèse du caractère analytique du principe de causalité que celle d'une possibilité de prédication analogique de l'être fondée sur la saisie d'une connaissance du seul être fini et sensible, on est bien contraint de se rendre à l'idée suivante : on sait, de tel être saisi en son essence abstraite par l'intellect agent, que c'est de l'être, parce qu'on reconnaît en lui, en cet être rencontré par expérience, la *nature de l'être* ; or la nature de l'être, c'est, en son fond, cet *Être dont la nature est d'être*, à savoir Dieu même, qui doit bien être immanent à l'intellect comme condition de possibilité d'appréhension intellectuelle — et non seulement sensible — de l'existence du réel ; il doit bien aussi être immanent à l'intellect comme condition d'appréhension du caractère transcendantal de l'être (il transcende les genres), et comme condition de la portée ontologique des catégories de la pensée et des lois de la raison. Déclarer que l'intellect agent, de structure déiforme mais non divin, se pense en et comme l'acte de l'intellect possible, c'est bien signifier que notre *pensée* de l'être est pensée (de soi) *de l'être* en nous, parce que tout ce que nous connaissons avec certitude procède « **ex lumine rationis divinitus indito *quo in nobis loquitur Deus*** » (*Question disputée de Veritate*,11, 1, 13). C'est seulement s'il est acquis pour nous que « pensée de l'être » se prend au double génitif qu'il nous est permis d'être assurés que nos catégories et concepts sont riches de l'essence des choses et valent pour tout être en tant qu'être.

En guise de conclusion.

Le subjectivisme est lové dans l'esprit unilatéralement réactionnaire.

§ 42. Saint Thomas et saint Bonaventure.

« **Borné dans sa nature, infini dans ses vœux, L'homme est un dieu tombé qui se souvient des cieux** » (Lamartine, *Premières méditations poétiques* ; Karl Petit).

« Vous aimez les équivoques et souffrez d'un esprit tordu, dira-t-on : vous avouez votre sympathie pour une poésie à connotation gnostique, vous tressez des verges pour vous faire fouetter ». Mais, outre le fait qu'Aristote, qu'il serait fort de café de taxer de gnosticisme, définissait l'homme tel un dieu mortel, faire référence à une thèse suspecte de gnosticisme signifie seulement, cher lecteur sourcilleux, qu'il y a peut-être une vérité captive dans la gnose, d'autant plus précieuse que la gnose est plus abominable.

Pour saint Bonaventure et l'école franciscaine, la philosophie n'est que la médiatrice entre la foi pure et la science théologique, et c'est l'essence même de chaque ordre de connaissance que d'être un simple degré entre les deux autres qui l'encadrent. Il en résulte que l'unification parfaite des sciences vers laquelle tend, comme vers un idéal, la connaissance rationnelle, se révèle impossible du point de vue de la simple raison. Mais l'unification des sciences est dans le vœu de la raison, parce que son objet adéquat est l'être en tant qu'être, auquel rien n'échappe, et qui est convertible avec l'Un ; c'est pourquoi la position du Docteur séraphique rend le désir *de la raison* à jamais insatisfait, et en appelle, semble-t-il, à l'intervention de la grâce pour apaiser ce désir rationnel et réconcilier la raison avec elle-même, condamnée qu'elle est à être en porte-à-faux avec elle-même aussi longtemps qu'elle est livrée à elle-même. Précisons :

Étienne Gilson (*La philosophie de saint Bonaventure*, Vrin 1924 p. 412-413) procède au parallèle suivant :

« La nature thomiste n'a rien qu'elle ne tienne de Dieu, mais une fois constituée par Dieu et assistée par lui elle contient en elle-même la raison suffisante de toutes ses opérations. La nature bonaventurienne, au contraire, n'a pas reçu de Dieu une mise de fonds suffisante pour que l'influence divine générale puisse rendre raison de ses opérations les plus hautes (…). Le Dieu de saint Thomas n'a plus qu'à 'mouvoir' la nature comme nature, et c'est pourquoi cette dernière le cherche par un intellect inné qui travaille sur un donné du dehors ; le Dieu de saint Bonaventure 'achève' continuellement la nature comme nature, et c'est pourquoi cette dernière le cherche par un intellect qui marche à la rencontre de cette action divine vers le dedans. **L'âme thomiste, en raison de sa suffisance même, ne peut** <nous mettons en gras> **remonter plus haut qu'elle-même dans sa propre direction ; sa perfection la ferme par le fond, et quand elle y cherche Dieu, c'est elle qu'elle trouve**, elle qui fait de la forme, de la vérité, de la vertu. L'âme bonaventurienne, en raison de son insuffisance même, est comme ouverte par le fond, elle constate sinon Dieu, du moins l'action directe de Dieu qui passe par toutes les lacunes dont elle souffre, et c'est lui qu'elle rejoint comme raison suffisante immédiate de ce qu'il y a de forme, d'intelligibilité et de perfection dans les opérations qu'elle accomplit ».

Il y a en l'homme le désir et les moyens de le satisfaire. Pour saint Bonaventure, ils ne sont pas proportionnés l'un à l'autre, et c'est l'insuffisance des moyens qui enjoint au théologien de poser une présence de Dieu à l'âme qui lui sera presque consubstantielle, à tout le moins absolument nécessaire pour que l'âme humaine soit supportable à elle-même ; le déficit structurel et non peccamineux de perfection a pour envers une plus grande proximité du Créateur à sa créature, et donc en retour une plus grande audace, mais aussi une plus grande disponibilité, de la part de la créature dans son aspiration à posséder son Auteur. Pour saint Thomas, le désir et les moyens de le satisfaire sont proportionnés, et cette proportion, qui accuse mieux l'autonomie ontologique de la créature et ses pouvoirs positifs propres, en retour rive cette dernière à sa finitude : nous n'avons pas, en thomisme, possibilité d'élaborer un concept de l'exister en tant que tel, l'« esse » est « extra genus notitiae », et l'on est contraint d'embrasser la thèse de ce qui sera nommé l'apophatisme de l'« esse ». Pour saint Bonaventure, le désir de Dieu, qui à lui seul, selon notre théologien, suffit à prouver l'existence de Dieu, est aspiration à quitter cette terre impuissante à combler les désirs de l'homme mal outillé structurellement ; pour le thomisme, l'homme est bien outillé, il est doté d'un désir d'habiter son monde, mais il y a coupure entre le fini et l'infini ; l'homme doit s'accommoder d'un désir impuissant à le rapprocher de son Objet. A n'en pas douter, le thomisme préserve, mieux que l'École franciscaine, l'intelligence du croyant de la tentation moderniste de rendre la grâce exigible. Mais on est contraint, en thomisme, de rester, en fait de connaissance de l'être en tant qu'être, sur le plan de l'analogie, laquelle nous dit plus ce que l'absolu n'est pas que ce qu'il est, et ne se prévaut d'un savoir positif sur lui que pour accuser son ignorance, parce que le partisan de l'analogie sait qu'il n'est pas de négation de quelque chose qui ne suppose un savoir minimal sur ce dont on entend exténuer le savoir qu'on en a : savoir qu'on ne sait rien de quelque chose, c'est encore savoir quelque chose de lui, à peine de l'ignorer à ce point qu'on ne sait même plus ce qu'on peut affirmer n'en pas savoir. Quand le savoir analogique, dans l'occurrence de l'analogie d'attribution, prétend excéder ce programme (connaissance analogique promotrice d'apophatisme), il outrepasse ses droits en péchant, nous pensons l'avoir établi (§ 41. 3), par pétition de principe. Or si notre *savoir* de l'être (en tant qu'être) n'est jamais, sous aucun rapport, savoir de soi *de l'être* en nous, c'est toute notre connaissance qui devient transcendantale, mais au sens kantien et non scolastique du terme ; ou bien elle présuppose sans le dire, pour échapper à la fausse opposition de l'en soi et du pour nous, la garantie inavouée de la foi. De cette idée non thomiste de la nécessité d'une immanence de l'absolu au relatif pour fonder l'universalité et la nécessité de notre savoir en sa portée réaliste, nous retiendrons la thèse bonaventurienne de l'innéité des principes premiers de la connaissance, mais non pour les raisons qu'invoque Bonaventure, et cela, paradoxalement, afin de demeurer dans le giron du thomisme. Pour reprendre le vocabulaire de Gilson, notre nature a, selon nous, reçu une « mise de fonds » suffisante pour satisfaire ses désirs, son désir infini d'infini, sans qu'il soit besoin de convoquer la surnature pour cela : l'intromission de la surnature fait accéder la nature à un Objet transcendant en transfigurant jusqu'au désir naturel de cet Objet (le désir naturel de Dieu n'est pas exigence de l'intromission du surnaturel, et n'est pas destiné à connaître Dieu comme Dieu se fait connaître par le don de sa grâce) ; mais cette « mise de fonds » excède, selon nous, les pouvoirs de connaissance étroitement analogique que le thomisme strict lui reconnaît.

Dès lors, nous confessons quant à nous éprouver une séduction certaine pour ces deux prestigieuses manières d'exercer son humanité qu'évoque Gilson dans le texte que nous venons de citer, au point que nous aspirons depuis toujours, comme beaucoup d'autres, à les faire s'harmoniser, mais, quant à nous, à l'intérieur du thomisme et donc sous la direction d'une démarche thomiste attachée à l'hylémorphisme étendu au rapport de l'essence et de l'exister.

C'est à quoi tend au fond tout notre effort, dans le sillage conscient ou inconscient de beaucoup d'autres : « **Il faut être ignorant comme un maître d'école/ Pour se flatter de dire une seule parole/ Que personne ici-bas n'ait pu dire avant nous** » (Musset, *Namoun* ; Karl Petit). Redire toujours la même chose, ce n'est pas seulement de la possible cryptomnésie (on est toujours plus ou moins le résultat de ses lectures), mais c'est une servitude de la condition humaine qui se redit en tout homme inlassablement ; ce sont les mêmes exigences logiques et métaphysiques qui se formulent en chaque âme, à chaque époque. Alors à quoi bon écrire ce qui a bien peu de chances de n'avoir pas été déjà formulé, et probablement beaucoup mieux, par autrui ? Parce que la manière dont ces choses se redisent inlassablement est réinventée par chacun, au double sens d'une redécouverte et de l'éclosion d'une manière de voir originale ; qu'elle puisse être un tant soit peu originale n'en fait pas une production intellectuelle de qualité, mais céder au désir de mettre au clair ce que l'on pense en l'écrivant n'est autre qu'épouser le désir qu'éprouvent ces choses de se dire en nous, c'est-à-dire d'essayer à se dire, indifféremment, chez les grands esprits et chez les gens ordinaires, dont nous sommes. En s'essayant à se dire, elles qui n'en finissent pas d'essayer de se dire, elles accèdent à la conscience d'elles-mêmes, ce qui signifie que, ne maîtrisant pas la clé de leur propre intelligibilité aussi longtemps qu'elles ne se sont pas complètement reconnues dans leurs formulations déjà accomplies, elles se risquent à se faire objectiver par n'importe qui, lequel aurait mauvais gré à ne pas les servir ne serait-ce que par le plaisir qu'il y prend et que pourraient y prendre ceux qui lui feront l'honneur de le lire ; quelque médiocre que soit le résultat, ce dernier peut être la matière à partir de laquelle un autre reprendra l'affaire en main pour dire ces choses plus adéquatement.

Rappelons en quelques mots pourquoi notre *savoir* de l'être doit être savoir *de l'être* s'il entend échapper à l'enfermement de la pensée en elle-même.

Un homme normalement constitué fait spontanément confiance aux pouvoirs de sa raison, à la portée réaliste de ces derniers : de même que nous ne mangeons pas du plaisir de manger, mais du pain et de la viande, de même nous ne pensons pas des actes de penser, mais des choses que notre pensée pense et qu'elle sait immédiatement n'être pas réductibles à elle du fait même qu'elle les pense. Cela dit, l'être en tant qu'il est être, objet adéquat de l'intellect, semble répudier les pouvoirs d'appréhension de l'être propres à notre raison, puisque cet objet se révèle en fait inobjectivable dès là qu'il conjugue l'identité et la différence en donnant l'impression de se gausser du principe suprême de notre raison, à savoir le principe de non-contradiction : l'être se dit de ce qui unifie les êtres et de ce qui les différencie, et c'est en dernier ressort pour cette raison que la raison se résout à déclarer l'être analogue, ni univoque (identité pure) ni équivoque (différence pure). Mais cela ne parvient pas à satisfaire le besoin objectivant de la raison parce que répudier conjointement l'identité et la différence ne satisfait pas au vœu de penser l'identité de l'identité et de la différence, qui seul permet de se plier aux exigences d'un véritable concept d'être. Si de surcroît l'on prend acte du fait que le concept d'être est lui-même de l'être, intérieur à ce dont il est le concept, par là inclus dans ce qu'il exprime et qu'il devrait contenir en tant qu'il s'en veut l'expression (exprimer, c'est extérioriser l'intérieur qui doit bien contenir ce en quoi il s'exprime pour qu'il soit effectivement question d'extériorisation de l'intérieur), on s'aperçoit aisément qu'un tel concept d'être, qui suppose une conception (un acte de concevoir), veut que cette conception de l'être soit intérieure à l'être qu'elle dit concevoir ; mais c'est là convenir de ce que le *concept* d'être n'est véritablement son concept que s'il est le concept *de l'être*, et que le savoir de l'être doit se prendre au double génitif. Si notre pensée prétend, comme elle le doit, exercer un savoir de l'être, c'est parce que l'Être exerce en nous, selon un mode de présence approprié à notre finitude, le savoir de lui-même qu'il a et qu'il est. Toute la question est de savoir comment cette présence peut s'expliquer par une « mise de fonds » intrinsèque à notre condition naturelle, comme l'exige le thomisme.

§ 43. Esquisse de résolution.

Comment peut-on être thomiste en faisant sa place à l'exigence bonaventurienne de présence de Dieu dans l'âme ?

Une perfection déterminée, qu'il s'agisse d'un type essentiel d'être ou d'une qualité, est toujours solidaire de son envers négatif dont elle est, en tant que sa négation, le résultat victorieux ; c'est ce que nous enseigne la doctrine de la réflexion ontologique. Pour qui voudrait s'en faire une idée sans s'embarrasser de vocabulaire hégélianisant si peu prisé par le Réactionnaire, l'Antimoderne et le sectateur du bon sens aveuglé par les évidences, on peut dire les choses dans les termes suivants, qui sont d'origine scolastique, par là marqués du sceau de l'« orthodoxie » spéculative :

Est substance ce qui existe en soi, ce qui est *un* être. Est accident ce qui existe non pas en soi mais en un autre, à savoir en la substance, et qui signifie non un être mais une manière d'être un être. L'accident est à la substance comme l'est l'acte à la puissance, il la manifeste et il la parfait. Elle est en particulier dotée d'accidents propres, telle, en l'homme, la faculté de penser, parce qu'il est par essence animal raisonnable ; cela signifie que la substance ne serait pas réellement cette substance humaine si elle ne posait en elle ses accidents propres ; elle se pose donc *elle-même* en les *posant*, elle se pose *en* elle-même en se les *opposant*. La substance est à ses accidents, analogiquement, tel l'intérieur par rapport à son extériorisation ; s'il ne s'extériorisait pas, il serait extérieur à — ainsi indépendant de — cet extérieur auquel il est pourtant essentiellement relatif, il nierait ainsi cette relation à son autre qui pourtant le constitue, et il serait extérieur à lui-même, par là ne serait pas effectivement intérieur ; de même, la substance s'actualise en tant que substance dans la position de ses accidents. Parce qu'ils sont plusieurs, ils l'explicitent diversement. Dès lors que c'est elle qui s'explicite en eux, il faut bien que sa simplicité ou unicité se manifeste elle aussi en eux. Mais si elle s'actualise en eux, y actualisant ainsi sa propre simplicité, c'est qu'elle s'actualise dans des différences. Or comment le simple, l'absolument identique à soi, peut-il se constituer comme simple dans l'épreuve de se poser dans l'élément du divers, sinon en tant qu'il est la négation victorieuse de cette diversité en laquelle il se nie ? S'il en est bien ainsi, c'est que sa simplicité est une victoire sur une diversité qu'elle assume, de sorte qu'elle s'explicite bien dans des accidents qui doivent être divers. Mais comment peut-elle être victorieuse de la diversité de ses accidents sans les supprimer, par là sans (re)devenir cette substance dont nous venons de voir qu'elle est incapable d'être substance du fait qu'elle n'a pas d'accidents ? Remarquons qu'une faculté est un accident, mais qu'elle est aussi une puissance opérative : l'intellect est accident de la substance humaine, et il est puissance de l'acte d'intellection. En tant qu'accident il est acte (de la substance), en tant que faculté il est puissance (de son opération) ; aussi l'acte opératif est-il l'acte même de la substance, par la médiation de ses facultés : ce n'est pas l'intellect qui pense, c'est l'homme, par son intellect. La substance s'explicite dans ses accidents (facultés) qui sont divers (l'homme pense, veut, sent, imagine, se souvient) mais, comme victoire obtenue sur eux, elle exige que les actes de ces puissances soient comme autant de moments d'une même actuation principielle par laquelle la substance s'unifie, ou manifeste l'acte de son unification avec elle-même : la substance d'un être s'anticipe en ses puissances opératives et se fait par leurs actes faire retour à elle-même. La substance est réflexion ontologique, négation de négation, identité à soi réflexive. Par là, elle est tendance à être les actes de ses puissances opératives, elle est effort pour s'identifier à eux. Et en cela elle est imitation de et assimilation inchoative à son Modèle en lequel être et opérer sont une même chose : Dieu est bien l'acte de se penser ; Dieu n'a pas d'accident mais Dieu est superlativement l'acte de ce que la créature, par ses puissances accidentelles, se contente d'avoir ; et que Dieu soit acte pur ne le dispense pas d'être puissance, mais puissance active absolue ; l'agir divin, en tant qu'acte, se confond avec l'acte d'être divin mais, comme expression de la puissance active absolue, il est différent de l'acte entitatif divin (auquel il ne cesse pourtant de demeurer identique), et c'est cette différence qui autorise à ne pas rendre Dieu intrinsèquement dépendant de sa création du monde créé : l'acte d'être divin étant nécessaire, l'agir divin l'est tout autant qui se confond avec un tel acte d'être, mais cette espèce d'agir qu'est l'acte créateur devrait être tenue pour nécessaire elle aussi s'il était absolument impossible d'introduire une différence réelle entre être et agir à l'intérieur même de leur identité.

Plus simplement encore : si le verre est dit plein en puissance aussi longtemps qu'il n'est pas rempli, il n'est plus en puissance mais en acte après qu'il a été rempli ; pourtant, sa puissance à être plein est d'autant plus cette capacité de l'être qu'il se trouve être, de fait, plus rempli. La puissance est comme niée par son acte, et tout autant elle est confirmée par lui, revitalisée parce que contestée ; or ce qui est conservé et perfectionné par cette conservation, cependant que conservé comme nié, c'est ce qui est sublimé, tel le chêne qui conserve le gland dont il procède dans la forme d'une puissance, intestine au chêne, à produire des glands.

Donc il n'est pas d'actualité qui ne soit sublimation d'une puissance. Ce qui est purement acte est sublimation de toute puissance, et conservation de toute potentialité dans la forme d'une puissance active absolue. Dieu est acte pur parce que puissance active absolue, et réciproquement.

Solidaire de son envers négatif dont elle est le résultat victorieux, une perfection est en puissance à elle-même en lui, se pose en lui comme puissance à elle-même, mais il faut remarquer deux choses à ce sujet ; d'une part, des degrés divers de perfection sont entre eux comme des contraires, l'un étant la privation relative de l'autre ; d'autre part les contraires s'identifient dans l'être en puissance. Il en résulte que si une perfection se fait procéder de l'être en puissance en lequel elle se pose comme s'y anticipant, ce dernier contient tous les degrés de perfection comme leur « terminus a quo » en lequel tous s'anticipent et auquel tous renvoient comme à la condition obligée de leur surrection. Aussi, s'approprier à une perfection déterminée en usant de ses puissances opératives, c'est-à-dire se boucler sur soi, cela équivaut à être renvoyé, dans l'extrême inférieur de son orbite, à ce même « terminus a quo » entendu comme point de départ obligé d'un élan vers l'au-delà de cette perfection. Il en résulte que l'on ne se dispose à aller au-delà du monde et de la finitude qu'en tendant vers eux, et non en se préservant d'eux par la fuite sous le prétexte que l'on risquerait de s'y perdre et que l'on prétendrait se réserver pour le meilleur.

La nature d'un être est sa finalité. Changer de finalité revient à changer de nature. Et s'ouvrir à l'infini, à l'au-delà du naturel, à l'ordre de la grâce qui surnaturalise, équivaut, semble-t-il, à défaire les limites constitutives de sa nature. Ce n'est là bien sûr qu'une apparence puisque la grâce soigne la nature en la surélevant. Mais l'unique condition, pour un être naturel, de se disposer à excéder son ordre fini — ainsi à s'ouvrir à une possible vie de grâce —, sans détruire ou atrophier l'ordre naturel lui-même, c'est que le « terminus a quo » de l'ordre surnaturel soit aussi à la fois le « terminus a quo » et le « terminus ad quem » de l'ordre naturel lui-même. Il doit être « terminus ad quem » de l'ordre naturel pour que soit assurée la convenance de la nature à l'égard de la surnature, selon une continuité qui est tout autant une césure parfaite afin de préserver la gratuité de la surnature. Et s'il est « terminus a quo » et « terminus ad quem » de l'ordre naturel, c'est que cet ordre a la configuration d'une réflexion ontologique. Mais un tel « terminus a quo » de l'ordre surnaturel doit aussi, avons-nous dit, être le « terminus a quo de l'ordre naturel » ; et il est nécessaire, de surcroît, chacun des degrés de perfection (naturelle et surnaturelle) ayant la forme d'une réflexion, que ce « terminus a quo » de l'ordre surnaturel soit ce à quoi renvoie l'entéléchie de l'ordre naturel, c'est-à-dire la perfection à laquelle sa nature destine un être. A cette condition, c'est moyennant la recherche de l'excellence naturelle, qui enracine l'homme dans sa finitude, qu'il lui est donné de se disposer à s'ouvrir sans se renier à un ordre qui le transcende.

Si l'on néglige cette condition, on en vient à l'idée qu'il faudrait se réduire à un abandonné de la nature, ayant pris le parti de l'abandonner, pour se disposer à se faire déiformer par la surnature. Il faudrait être un avorton, laid, faible, ignorant et congénitalement morbide pour se donner le moyen d'être un saint. Le chrétien sait qu'il vaut mieux être un saint au physique débile ou un rustre sans culture plutôt qu'un athlète ou un savant orgueilleux. Mais enfin, il reste qu'il est préférable, même pour un chrétien, d'être grand plutôt que petit, fort plutôt que faible, beau plutôt que laid, intelligent plutôt qu'idiot, heureux d'être ce qu'on est plutôt que mal dans sa peau et tourmenté ; il vaut mieux s'éprouver naturellement comme destiné à la réussite et à la victoire plutôt que résigné congénitalement à végéter dans la médiocrité et l'esprit de défaite ; un saint triste, dit-on volontiers, est un bien triste saint. Et c'est l'effort prodigué pour exceller dans cet ordre naturel, autant qu'il est possible, qui seul dispose l'âme à cette aptitude abnégative qu'est la vraie résignation chrétienne. Si l'on conteste cette assertion, il est difficile, nous l'avouons, de ne pas plébisciter l'adage du jeune Maurras parlant du « venin du Magnificat » (« deposuit potentes de sede et exaltavit humiles ») : si le refus des grandeurs du monde — ainsi des hiérarchies qui en font l'harmonie — au nom des beautés du Ciel ne s'accompagne pas d'un authentique amour pour ces grandeurs dont l'assomption renvoie celui qui les atteint à la recherche d'une grandeur céleste, on doit plébisciter, en en rendant le christianisme responsable, ce renversement égalitaire des valeurs, générateur d'esprit démocratique[15] et fomenté par l'orgueil des faibles. Or la tournure d'esprit qui favorise cette préférence pour la médiocrité naturelle au nom de la grâce, c'est tout simplement ce que l'on nomme le surnaturalisme, dont on a vu (§ 34) qu'il est la chambre d'incubation du subjectivisme, par là de l'esprit de décadence.

Ce sont là des choses que nos ancêtres, qui valaient mieux que nous parce que plus vigoureux, sous tous les rapports, que leurs rejetons affadis que nous sommes, comprenaient d'instinct. Ils comprenaient qu'on ne quitte les grandeurs appétibles du monde qu'en commençant par les aimer, avec

---

[15] Ce « droit pour les poux de manger les lions », selon le mot de Clemenceau cette fois bien inspiré.

détermination et même avec passion. C'est pourquoi le joug d'un surnaturalisme outrancier, dans la forme d'une théocratie médiévale frustrant objectivement l'ordre naturel, ne suffisait pas à leur faire perdre leur vitalité ; aussi les siècles de chrétienté médiévale furent-ils incomparablement plus riches, même dans l'ordre naturel, que nos siècles modernes de décadence. Mais il n'en est plus de même aujourd'hui. L'instinct de la raison face au dilemme du surnaturalisme d'une part et d'autre part du paganisme ou de l'ontologisme (forme atténuée du gnosticisme) ne suffit plus pour ne pas l'ébranler ; la raison doit être déployée pour regagner cette confiance en elle-même, en ses pouvoirs de science métaphysique. Et c'est à ce projet que nous avons voulu contribuer, ici comme dans nos précédents travaux. Nos lecteurs, s'il en est, sauront si notre effort fut opportun ou complètement vain.

« **Amis, qu'est-ce qu'une grande vie, sinon une pensée de la jeunesse exécutée par l'âge mûr ?** » (Alfred de Vigny, *Cinq-Mars* ; Karl Petit).

Il faut s'ignorer largement soi-même pour oser croire à l'accessibilité de certains idéaux ; c'est pourquoi seule la jeunesse est à même de nourrir cette insolente audace en quoi consiste la prétention à vivre selon un idéal. S'il n'en était ainsi, on se résignerait, la plupart du temps, à survivre. La grande difficulté, porte étroite d'une vie réussie, consiste à entretenir cette débauche de vitalité gaspilleuse au moment où survient l'expérience porteuse de fatigue et de désenchantement, mais expérience requise par les conditions de réalisation des idéaux, lesquelles sont l'assagissement des passions et la maturation des idées.

Confidence faite au lecteur : l'auteur n'y est pas parvenu ; mais il pense savoir, par l'expérience de ses échecs, ce qu'il eût fallu faire et ne pas faire pour y parvenir. Puissent l'aveu de tels échecs, et les leçons qu'il en a tirées, aider les plus jeunes à faire mieux que lui.

TABLE DES MATIERES

PREAMBULE

§ 1. Les charmes du bric-à-brac. 9

§ 2. L'art de choisir ses citations. 10

§ 3. Paganisme exténué 10

§ 4. 1. Nature et grâce 11

§ 4.2. Homme de droite, antimoderne, fasciste, réactionnaire. 13

§ 4. 3. Suite. 17

§ 5. Renaissance incontournable ? 17

§ 6. Réaction contre décadence, cautère sur une jambe de bois. 19

§ 7. 1. Subjectivisme et réaction 21

§ 7. 2. Nature humaine et personne. 23

§ 7. 3. Personnalisme et subjectivisme. 27

§ 8. 1. Bien commun et souverain bien. 29

§ 8. 2. Toute dissension naît de la présence d'un problème non résolu parce qu'il est ignoré. 32

§ 9. Dogme contre psychologie dogmatique. 35

§ 10. 1. Cause première du subjectivisme de droite 37

§ 10. 2. Peut-on se subordonner corps et âme à la Cité sans la déifier ? 37

§ 10. 3. Le bien est diffusif de soi. 38

§ 10. 4. Comment harmoniser vocation immanente et vocation transcendante ? 41

§ 10. 5. Suite. 42

§ 11. Conclusion du préambule. 48

CHAPITRE PREMIER

DE L'INTELLIGENCE DES FAIBLES. 49

§ 12. « Les ruses et les machinations ténébreuses ont été imaginées par les hommes pour venir en aide à leur lâcheté » (*Bellérophon*, Euripide ; Pomerand). 49

§ 13. Indignité de la ruse. 52

CHAPITRE DEUXIEME

DE LA MECHANCETE ET DE L'ENVIE. 59

§ 14. Ruse et envie 59

§ 15. 1. « La ruse, qui est le propre de l'esprit, est souvent employée pour suppléer au manque d'esprit et pour vaincre l'esprit supérieur d'autrui » (Leopardi, *Oeuvres morales* (Lemerre) ; Pomerand). 60

§ 15. 2. « L'envie est essentiellement le vice français. Le Gaulois se venge par la raillerie et par l'épigramme de tout ce qui l'humilie et il se sent humilié par tout ce qui le dépasse. Rabaisser est sa tendance » (Lamartine, Pomerand). 61

§ 15. 3. « Les enfants sont hautains, dédaigneux, colères, intéressés, volages, timides, intempérants ; menteurs, dissimulés ; ils rient et pleurent facilement… ils ne veulent point souffrir de mal et aiment en faire : ce sont déjà des hommes » (La Bruyère, *Les Caractères* ; Pomerand). 63

§ 15. 4. Le Français, homme moyen. 65

§ 15. 5. Envie, esprit égalitaire, liberté débridée. 70

§ 15. 6. Destin organique de la France.................................... 75

CHAPITRE TROISIEME

DE L'INSUPPORTABLE SUFFISANCE DES CRITIQUES. 79

§ 16. « Celui qui prétend reprocher à un auteur son obscurité ferait bien de regarder d'abord en lui-même pour voir s'il y fait bien clair. Dans la pénombre, une écriture même fort nette devient illisible » (Goethe, *Maximes et réflexions*, trad. G. Bianquis, Gallimard ; Pomerand). 79

§ 17. 1. L'Antimoderne ne subsiste que par sa critique de la modernité. 84

§ 17. 2. Légitimité de la critique. 89

§ 17. 3. Suite. 91

§ 17. 4. Un critique doit pouvoir être critiqué. 94

CHAPITRE QUATRIEME

DES REFUGES DU SUBJECTIVISME CHEZ CEUX QUI FONT PROFESSION D'Y ECHAPPER. 97

§ 18. « La misanthropie, espèce de vanité cachée sous une peau de hérisson, n'est pas une vertu catholique » (Balzac, *Le Médecin de campagne* ; Pomerand). 97

§ 19. « La bêtise féminine est déjà bien irritante, la bêtise cléricale l'est plus encore que la bêtise féminine dont elle semble parfois le mystérieux surgeon » (Georges Bernanos, *Journal d'un curé de campagne* ; Pomerand). 103

§ 20. 1. 1. Le fumier du talent. 108

§ 20. 1. 2. N'être que par ce que l'on conteste....................117

§ 20. 1. 3. Subjectivisme contre esprit de système. 122

§ 20. 1. 4. Essence et esse. 128

§ 20. 2. « Quand j'étais jeune, on me disait : vous verrez quand vous aurez cinquante ans. — J'ai cinquante ans, et je n'ai rien vu » (Erik Satie, *Karl Petit*)..........................131

CHAPITRE CINQUIEME

DU NEGATIF ET DU MAL.. 135

§ 21. Introduction. 135

§ 22. Bonté et inégalité, la bonté de l'inégal.........................136

§ 23. Pourquoi le bien est diffusif de soi. 138

§ 24. Négativité et puissance active. 143

§ 25. 1. Le mal n'est pas le négatif. 146

§ 25. 2. Le négatif n'est pas contre nature...............................151

§ 26. 1. Illustrations..152

§ 26. 2. « Nul ne mérite d'être loué pour sa bonté, s'il n'a pas la force d'être méchant. Toute autre bonté n'est le plus souvent qu'une paresse ou une impuissance de la volonté » (La Rochefoucauld, *Réflexions ou Sentences et Maximes* ; Pomerand). 159

§ 26. 3. « Un homme a toujours le droit de se venger, si peu que ce soit ; la vengeance est bonne pour le caractère ; d'elle naît le pardon » (Graham Greene, *Le fond du problème* ; Karl Petit). 162

§ 26. 4. Logique de la vengeance. 164

§ 26. 5. Vengeance et charité. 169

§ 26. 6. La vengeance est d'abord une vertu. 171

§ 27. La paix sans négatif, fruit du subjectivisme surnaturaliste. 176

§ 28. « Il y a souvent un vice jugulé, dominé à la source des vies admirables » (François Mauriac, *Dieu et Mammon* ; Karl Petit). 182

CHAPITRE SIXIEME

DE QUELQUES LIEUX COMMUNS AUSSI FAUX QUE REPANDUS DANS LES MILIEUX BIEN-PENSANTS. 187

§ 28. 1. La question juive 187

§ 28. 2. Le constitutif formel de la judéité. 188

§ 28. 3. Antisémitisme subjectiviste 194

§ 28. 4. Antisémitisme passionnel, amour refoulé. 196

§ 28. 5. « Catholicisme » judéomorphe. 199

§ 28. 6. « Et Israël sera un sujet de sarcasmes et de raillerie parmi les peuples » (*A. T.* I *Rois*, IX 7 ; Karl Petit) 201

§ 29. 1. Révolution et contre-révolution 207

§ 29. 2. Retour sur la différence entre mal et négatif 211

§ 29. 3. Appétit politique de réalisation de soi et désir de Dieu. 215

§ 30. 1. Fascisme catholique. 218

§ 30. 2. Suite. 222

§ 30. 3. Suite. 226

§ 30. 4. Suite. 228

§ 30. 5. Suite. 230

CHAPITRE SEPTIEME

DE LA BETISE SATISFAITE ET DE LA MEDIOCRITE EN GENERAL. 233

§ 31. 1. Le « bon sens » de l'homme de droite........................233

§ 31. 2. Ce qui n'est pas immédiatement limpide relèverait de la modernité sophistique. 239

§ 31. 3. Un perroquet femelle dressé par Pierre Hillard.......242

§ 31. 4. La logique du subjectivisme réactionnaire à prétentions théologiques. 246

§ 31. 5. « L'enfer est pavé de bonnes intentions » (S. Johnson, cité par Boswell dans *La Vie de Johnson ;* Karl Petit). 251

CHAPITRE HUITIEME

DU DESIR. 261

§ 32. Un plaisir picoré dans quelques citations......................261

§ 33. 1. Des paradoxes du désir. 264

§ 33. 2. Paradoxe n'est pas contradiction. 268

§ 34. Surnaturalisme et subjectivisme. 274

CHAPITRE NEUVIEME

LA METAPHYSIQUE, CHASSE GARDEE DES ECCLESIASTIQUES.. 279

§ 35. « La métaphysique n'est pas une discussion stérile sur des notions abstraites qui échappent à l'expérience, c'est un effort vivant pour embrasser du dedans la condition humaine dans sa totalité » (Jean-Paul Sartre, *Qu'est-ce que la littérature* ? ; Karl Petit). 279

§ 36. 1. Idée polémique : un exemple de conflit apparent entre dogme et raison. 280

§ 36. 2. L'âme, son corps et la mort. 285

§ 36. 3. Ce que nous dit la foi sur cette question. 286

§ 36. 4. Intelligibilité du dogme.. 287

§ 36. 5. Une objection.. 290

§ 36. 6. 1. Liberté et don de soi, exaltation de soi et amour du souverain bien.. 292

§ 36. 6. 2. Suite.. 295

§ 36. 6. 3. Suite.. 295

§ 36. 6. 4. Suite.. 296

§ 36. 6. 5. Suite.. 298

§ 36. 6. 6, suite. Les deux positions sont-elles incompatibles ? 299

§ 37. 1. Le point de vue d'un thomiste de renom. 300

§ 37. 2. Sertillanges (suite)... 301

§ 37. 3. à 37. 12. Suite. 302

§ 38. 1. Liberté et nécessité sont en relation dialectique. 314

§ 38. 2. 1. Sur la rationalité du contradictoire. 318

§ 38. 2. 2. Principe de causalité et principe de raison suffisante. 323

§ 38. 2. 3. Réflexion ontologique. 326

§ 38. 3. Comment le mal moral est-il possible ?.................... 330

CHAPITRE DIXIEME

DU PAPE ET DU PRINCE. 333

§ 39. 1. La thèse du cardinal Bellarmin. 333

§ 39. 2. Suite. 335
§ 39. 3. Réflexion critique. 337
§ 39. 4. Bilan. 343

CHAPITRE ONZIEME
RETOUR SUR QUELQUES QUESTIONS. 347
§ 40. Sur la mauvaise foi. 347
§ 41. Sur le mode de connaître de l'âme séparée. 350
§ 41. 1. Il existe une innéité des principes. 351
§ 41. 2. 1. Anamnèse conceptuelle : connaître est reconnaître ; catégories et transcendantaux. 356
§ 41. 2. 2. Suite : réalisme et idéalisme. 359
§ 41. 3. Univocité et analogie. 363

EN GUISE DE CONCLUSION.
LE SUBJECTIVISME EST LOVE DANS L'ESPRIT UNILATERALEMENT REACTIONNAIRE. 371
§ 42. Saint Thomas et saint Bonaventure. 371
§ 43. Esquisse de résolution. 376

TABLE DES MATIERES. 383

ISBN : 978-2-9581793-6-6

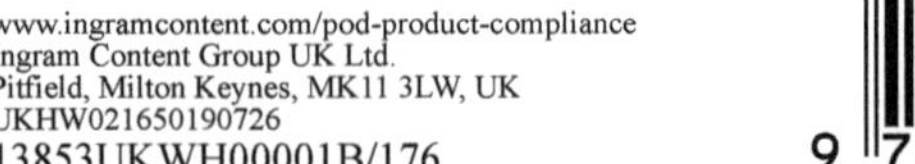

www.ingramcontent.com/pod-product-compliance
Ingram Content Group UK Ltd.
Pitfield, Milton Keynes, MK11 3LW, UK
UKHW021650190726
13853UKWH00001B/176

9 782958 179366